"十二五"普通高等教育本科国家级规划教材

教育类专业基础课系列教材

教育测量与评价

第三版

主编◎黄光扬　副主编◎刘　尧　龙文祥

U0369801

华东师范大学出版社

·上海·

图书在版编目(CIP)数据

教育测量与评价/黄光扬主编. —3 版. —上海:华东师范大学
出版社,2021

ISBN 978 - 7 - 5760 - 1179 - 1

Ⅰ.①教…　Ⅱ.①黄…　Ⅲ.①教育测验—高等学校—教材
②教育评估—高等学校—教材　Ⅳ.①G40 - 058.1

中国版本图书馆 CIP 数据核字(2021)第 065289 号

教育类专业基础课系列教材

教育测量与评价(第三版)

主　　编　黄光扬
责任编辑　范美琳
责任校对　林文君　时东明
装帧设计　俞　越

出版发行　华东师范大学出版社
社　　址　上海市中山北路 3663 号　邮编 200062
网　　址　www.ecnupress.com.cn
电　　话　021 - 60821666　行政传真 021 - 62572105
客服电话　021 - 62865537　门市(邮购)电话 021 - 62869887
地　　址　上海市中山北路 3663 号华东师范大学校内先锋路口
网　　店　http://hdsdcbs.tmall.com

印 刷 者　上海景条印刷有限公司
开　　本　787 毫米×1092 毫米　1/16
印　　张　22.5
字　　数　512 千字
版　　次　2022 年 1 月第 3 版
印　　次　2025 年 6 月第 8 次
书　　号　ISBN 978 - 7 - 5760 - 1179 - 1
定　　价　56.00 元

出 版 人　王　焰

(如发现本版图书有印订质量问题,请寄回本社客服中心调换或电话 021 - 62865537 联系)

第三版前言

与时俱进,革故鼎新,这不仅是党和国家对高校教材建设的时代要求,也是高校按照教育规律办学的客观要求。2014年国家教育部把《教育测量与评价(第二版)》教材列为第二批"十二五"普通高等教育本科国家级规划教材(见教高函〔2014〕8号文)。随着国家基础教育课程改革不断深化、高等教育办学管理体制改革不断创新以及教育测量与评价理论技术的不断进步,本教材有必要进行修订,以便使教材内容对各级各类教育测量与评价实践活动起到更好的引领性和正确的导向性作用。为此,在华东师范大学出版社有关领导和编辑的大力支持下,我们组织力量对第二版教材进行再次修订,现在呈现在大家面前的是新修订的《教育测量与评价(第三版)》教材。本次教材修订在保持原教材合理篇章结构的前提下,主要针对以下几个方面作了改进:

第一,认真审读各章节内容,对书中存在的语言文字瑕疵进行改正;对书中一些专业性概念进行更为科学严谨地表述(比如结构效度)。

第二,贯彻落实中共中央、国务院印发的《深化新时代教育评价改革总体方案》(中发【2020】19号)中的有关精神,强调学校教育教学要践行社会主义核心价值观,加强道德建设和德育工作,以及落实立德树人根本任务,并在相关章节内容中加以贯彻落实和融合体现。

第三,注意到国家教育部已经陆续完成了基础教育课程标准尤其是高中课程标准的修订,同时也出台了一系列有关加强和改进学校教育评价方面的指导性意见,因此,本教材中凡与此有关的概念、内容,我们均做了必要的更新或适当修改补充。

第四,对教材各个章节中的学习目的、编写者及课任教师建议的阅读文献、课堂讨论题、阅读材料、研究性学习专题等做了必要的调整和更新,适当强调问题导向,旨在增加教材的教书育人功能和学习弹性功能。

第五,与时俱进地补充了一些新内容、新概念和新材料。例如,在第五章"确定评价指标权重"有关内容中增加了"层次分析法",同时在"阅读材料"中增加了有关我国教育部普通高等学校本科合格评估和审核评估的内容;在第七章第四节中删除了"基于题目双基度指标下的经验评判法"内容;在第八章中增加了"学科核心素养"有关概念内容以及"中国学生发展核心素养"方面的阅读材料;在第十章中增加内隐联想测验的有关概念和内容;在第十二章更新了国家学生体质健康标准评价指标和评分标准等相关内容;在教材后面的附录中,把2013年国家教育部公布的《中小学教育质量综合评价指标框架(试行)》内容作为附录一,而把所有附表都作为附录二。

总之,这次教材修订,我们站在新时代党和国家关于深化教育评价改革以及学科专业发展前沿的新高度,更加强调以教育测量与评价改革牵引教育领域综合改革,更加紧密联系国家基础教育课程深化改革以及教育测量与评价科学化进程。修订后的教材更具有以下几个鲜明特点:一是体现国家意志和新时代、新要求、新精神;二是体现学科内容蕴含着的优秀传统文化思想,增强对我国教育测量与评价学科的文化自信;三是体现教育测量与评价学科的内容整合发展趋势;四是体现教育测量与评价学科内容应用的广阔性和重要性;五是处理好学科内容和方法的继承与发展;六是坚持学科思想文化引领、教材体例创新、教学研习问题更新,增强教材的引领性、教育性、科学性、发展性、启发性、可读性和应用性。

本教材由黄光扬任主编,刘尧、龙文祥任副主编。本次教材修订由黄光扬主持,根据作者个人意愿进行分工执笔。为尊重作者的劳动以及体现文责自负的原则,现把各章节执笔人调整如下:第一章、第六章、第七章、第八章、第九章由黄光扬执笔(其中第九章第五节由林云鹏执笔);第二章、第三章由董圣鸿执笔;第四章、第五章由龙文祥执笔;第十章、第十三章由刘晓瑜、黄光扬执笔;第十一章由刘尧、傅宝英、黄光扬执笔;第十二章由刘尧、田里、黄光扬执笔。最后,全书内容由黄光扬统合和统稿。

在教材修订过程中,我们又参阅和摘引了国内外同行的一些资料。对此,本书除了尽可能地给予详细注明外,还由于受到条件限制事先未能一一致函征询,在这里表示歉意和深深的谢意。同时,在这里也要衷心感谢华东师范大学出版社有关领导和编辑的大力支持,如果没有他们多方面的支持以及辛勤的编辑且精益求精的工作,第三版教材的出版也就不可能这么顺利和完善。

党的二十大报告强调,深化教育领域综合改革,加强教材建设和管理,完善学校管理和教育评价体系,进一步强化教材在"立德树人"和"教书育人"中的协同作用。本教材应该更多听取意见与建议,不断探索与改进,使其更规范、更丰富、更实用,更好地发挥铸魂育人的功能。

最后要说的是,尽管本教材再三修订更新,但难免有不尽完美之处,敬请有心的同行专家和读者不吝赐教,以便将来更加向好。

编写和修订者

2023 年 8 月

第二版前言

教育测量与评价是所有成功教学的基础,它不仅在教育科学体系中占有显赫的地位,而且在教育教学过程中具有重要而广泛的应用价值,也是学校和政府做出诸多教育决策的重要依据。由于教育测量与评价在实践中具有强烈的导向作用,因此,教育测量与评价常常成为教育改革的突破口和课程改革的支撑点之一。正因为如此,在教育领域乃至社会各界已有越来越多的人士关注着教育测量与评价的学科发展。

为适应 21 世纪高等师范院校"教育测量与评价"课程教学以及我国各级各类学校进行考试与评价改革的需要,我们在"21 世纪高等师范教育教材编写委员会"的授权下,组织编写了《教育测量与评价》一书,由华东师范大学出版社于 2002 年 8 月第一次出版发行。本教材自出版以来,被许多高等院校以及教师教育培训机构选做教材,个别省市把本教材选做自学考试有关开考专业的指定教材,许多教育工作者也把本书作为学习和研究的书籍,教育界许多人士和读者对本教材给予充分的肯定,使本教材在专业面比较窄的客观事实面前,保持了一定的读者群,并在短短几年中重印近 10 次。

根据社会发展以及读者的建议,我们对教材各章进行了与时俱进的修订和必要的校正,着重对教材内容与材料进行更新和补充,并对概念和问题作更加科学的阐述和说明。包括:教育部普通高校本科教学工作水平评估制度和评估方案;教育部以及国家体育总局最新颁布的《中国学生体质健康评价标准》;考试命题的教育测量法则和人文关怀;我国传统考试评价的文化特点反思;表现性测验评价原理与方法;教育测量与评价在国家教育质量监控以及教育管理体制变革中的应用;国际学生评价项目(PISA)新进展等许多方面。

本教材经过修订,进一步凸显了以下几个特点:一是体现时代精神,弘扬民族优秀传统文化思想;二是体现教育测量与评价学科内容整合的趋势;三是体现教育测量与评价学科内容的丰富性、发展性以及实际应用的广阔性和重要性;四是较好地处理了学科内容和方法的继承、发展与创新的关系;五是保持体例创新、问题更新,增强了教材的可读性、启发性、教育性和科学性。

本教材由黄光扬任主编并主持修订。在编写和修订过程中,由黄光扬提出全书各章节框架结构、编写体例要求和修订思路,并邀请刘尧和龙文祥担任副主编,然后分工编写和修订,最后由黄光扬负责全书的修改、统稿和统校。本书各章节编写和修订分工如下(按章顺序):第一章、第六章、第七章、第八章、第九章由福建师范大学黄光扬执笔(其中第九章第五节由林云鹏执笔);第二章、第三章由江西师范大学董圣鸿执笔;第四章、第五章由安徽师范大学龙文祥执笔;第十章、第十三章由华南师范大学刘晓瑜执笔;第十一章由浙江师范大学刘尧和傅宝英执笔;第十二章由浙江师范大学刘尧和田里执笔。

在教材的编写和修订过程中,我们参阅了国内外同行的最新资料,也引用了他们的一些新的研究成果与数据资料。对此,本书尽可能给予详细的注明,但由于受到条件限制事先未能一一致函征询,在这里表示歉意和深深的谢意。本书在修订过程中得到了华东师范大学出版社的大力支持,特别是赵建军和吴海红两位编辑为本教材的修订再版付出许多努力,在此表示感谢。由于我们水平所限,编写和修订的经验不足,书中可能还有不妥或错漏之处,敬请各位专家同行与读者批评指正。

编写和修订者

2012 年 2 月

第一版前言

教育测量与评价是当今世界教育科学研究的三大领域之一。它不仅在教育科学体系中占有显赫的地位,而且在教育教学过程中具有重要而广泛的应用价值。由于教育测量与评价在实践中具有强烈的导向作用,因此,教育测量与评价常常成为教育改革的突破口,也往往成为课程改革的支撑点之一。新世纪新理念,改革与创新是关键。为适应 21 世纪高等师范院校"教育测量与评价"课程教学以及我国各级各类学校进行考试与评价改革的需要,我们在"21 世纪高等师范教育教材编写委员会"的授权下,组织编写了《教育测量与评价》一书。这本新教材,具有如下几个鲜明的特点:

(一) 体现时代精神与要求

全面推进素质教育,尤其是国家新一轮基础教育课程改革,要求我们转变教育思想观念,树立新的课程观、教学观、质量观、人才观和考试评价观。本教材贯彻素质教育的思想,体现基础教育新课程改革的理念与精神,使考试评价不仅要"关注学生的学业成绩,而且要发现和发展学生多方面的潜能,了解学生发展中的需要,帮助学生认识自我,建立自信",以及要"改变课程评价过分强调甄别与选拔的功能,发挥评价促进学生发展、教师提高和改进教学实践的功能"。

(二) 体现学科内容整合的趋势

当前,教育测量和教育评价这两个学科内容具有相互整合的趋势。我们在教材的第一章中以翔实的资料,有力地说明了这一点。本教材用"教育测量与评价"作为书名,其用意也在于此。考虑到篇幅限制和教材内容的学术水准,本教材侧重于探讨教育测量与评价的基本原理和方法,以及把这些基本原理和方法应用于学生的课业发展、智能发展、创新能力发展、思想品德发展、体育发展等方面的测量与评价。本教材在整合学科内容、拓展研究广度的同时,把握理论与方法的深度;在重视阐述理论观点与原理的同时,注重它们的实际应用和指导,以期扩大本书的适用范围。

(三) 较好地处理了继承、发展与创新的关系

近十几年来,国外教育测量与评价的新思想、新理念、新模式、新方法层出不穷,如表现性评价、质性评价、真实性评价、另类评价、实作评价、档案袋评价、动态评价、游戏化评价、多元智力评价以及成功智力评价等。这些新思想、新方法、新模式,有的比较成熟,具有可行性和推广使用价值;有的则很繁琐,缺乏可行性,不具普遍性;还有一些,花样虽新,但缺少内涵,被人喻为"杂耍式"评价方法,没有多少应用价值。为此,我们以科学、求实和创新的态度,对国外教育测量与评价的发展趋势,给予充分的关注和冷静的思考。在编写教材时,主要把握考试评价改革呈现多元化与人性化的趋势,重点突出教学与考试评价相融合、动态评价与静态评价相结合、质性评价与量化评价相结合、过程评价与结果评价相结合、纸笔测验与表现性测验评价相结合、主观题测验评价与客观题测验评价相结合等理念,较好地处理了继承、发展与创新的关系,使本书内容在理论与应用上更有生命活力。

(四) 体例创新,增强了教材的可读性

本教材不仅在篇章结构的设计上有其独到之处,而且在编写体例上进行了一些创新。我们试图使新教材成为教与学的有效工具,力求使新教材成为启迪思维、开拓视野、深入探究、培养创新精神的好材料。所以,我们进行了教材编写体例的独特设计,讲究了撰写内容的行文风格。比如,每一章开头都列出了学习目的,它告诉读者学习本章后应掌握哪些要点;每一章开头都列出编写者及课任教师建议的阅读文献,便于读者进一步学习和研究。此外,在每一章正文内容中都精心设计一个课堂讨论题、一个研究性学习专题、一个重要内容补充或案例。最后,每一章末尾都要求列出关键术语、内容提要与小结以及练习与思考题,想方设法帮助读者掌握重要的概念、观点和内容,加深理解和掌握各章重要内容。

本教材由黄光扬任主编。在编写过程中,由黄光扬提出全书各章节框架结构及其编写体例要求,并邀请刘尧和龙文祥担任副主编,然后分工编写,最后由黄光扬负责全书的修改和统稿统校。本书各章节编写分工如下(按章顺序):第一章、第六章、第七章、第八章、第九章由福建师范大学黄光扬执笔(其中第九章第五节由林云鹏执笔);第二章、第三章由江西师范大学董圣鸿执笔(其中第三章中的第二节由董圣鸿和黄光扬共同执笔);第四章、第五章由安徽师范大学龙文祥执笔;第十章、第十三章由华南师范大学刘晓瑜执笔;第十一章由浙江师范大学刘尧和傅宝英执笔;第十二章由浙江师范大学刘尧和田里执笔(其中第一节由黄光扬执笔)。

在教材编写过程中,我们参阅了国内外同行大量的文献资料,也引用了他们的一些研究成果与数据资料。对此,本书尽可能给予详细的注明。由于受到条件限制事先未能一一致函征询,在这里表示歉意和深深的谢意。由于编者水平所限,再加上时间仓促,书中不妥或错漏之处在所难免,敬请各位同行与读者批评指正。

本书编写者

2002 年 3 月

目　录

第一章　教育测量与评价的学科发展

学习目的

学完本章后,你应当能够:

1. 定义教育测量和教育评价。
2. 认识教育测量与教育评价之间的关系。
3. 辨析教育测量、教育评价、教育评估、教育测验若干概念的区别与联系。
4. 了解教育测量与评价的主要发展历程。
5. 认识教育测量与评价的学科地位及社会价值。
6. 了解基础教育课程改革精神及对教育测量与评价的要求。
7. 认识教育测量与评价对教师职业专业化的重要性。
8. 认识古代科举考试制度与传统文化发展的关系。
9. 了解国际教育测量与评价学科领域的一些名人、名言、名著。

编写者及课任教师建议的阅读文献

1. 国务院关于基础教育改革与发展的决定,国发〔2001〕21 号。
2. 教育部关于印发《基础教育课程改革纲要(试行)》的通知,教基〔2001〕17 号。
3. 教育部关于印发义务教育语文等学科课程标准(2011 年版)的通知,教基二〔2011〕9 号。
4. 瞿葆奎主编:《教育学文集第 16 卷:教育评价》,人民教育出版社 1989 年版。
5. 刘本固著:《教育评价的理论与实践》,浙江教育出版社 2000 年版。
6. 冯天瑜、杨华著:《中国文化发展轨迹》,上海人民出版社 2000 年版。
7. 李兵、刘海峰著:《科举:不只是考试》,上海教育出版社 2018 年版。
8. _____
   _____
9. _____
   _____

第一节　教育测量与评价的基本问题

教育测量与评价是所有成功教学的基础,也是诸多教育决策的重要依据。正因为如此,在教育领域乃至社会各界,已有越来越多的人士在关注教育测量和教育评价的学科发展和应用。那么,什么是教育测量与评价? 它们与教育测验、教育考试、教育评估等概念有什么联系和区别? 在这一节中,我们将对这些基本问题做一探讨。

一、教育测量与评价的含义

(一) 测量的含义与要素

1. 测量的含义

唯物辩证法告诉我们,任何事物都是质与量的统一体。研究事物时,人们总是希望既能够从质的规定性又能够从量的规定性两方面去研究它们,以便更全面、客观、准确地把握事物。所谓测量(measurement),从广义上讲,就是根据某些法则与程序,用数字对事物在量上的规定性予以确定和描述的过程。例如,我们依据事先约定的长度单位,用标准化的长度量具测量人或物体的高度;根据力学中的杠杆原理,或者根据作用力与反作用力相等的原理,用杆秤、磅秤或天平等量具测量人的体重或物体的重量;按照热胀冷缩的规律,借助标准化的温度量具测量物体的温度。人们还可以进一步根据某些科学原理,采用一定的程序,间接地测量出一座山的海拔高度、两个建筑物之间的距离、一个星球的质量甚至一个原子的直径等。这些都是物理量的测量例子。

2. 测量的要素

纵观上述种种物理量的测量,不难知道,无论是直接测量(如测量人的身高),还是间接测量(如测量地球与月亮之间的距离),要实现这些测量一般需要具备如下一些基本条件:

首先,必须依据某些科学原理和法则,发展出合适的量具或制定出科学的测量方案。试想一下,倘若没有公认的长度单位和标准化的量具,怎么可能准确地测量物体的长度? 如果没有科学的测量方案与程序,怎么可能测量大如地球、小如原子的质量?

其次,必须有意义相对明确的测量单位。无论是直接的还是间接的物理测量,通常都需要有意义明确的并为大家所公认的测量单位。如"厘米""米""秒""千克""立方米""光年""纳米"等。有了明确的测量单位,就可以使测量结果有意义,并使测量结果可以让人理解。例如,当人们明确了长度单位"厘米"的内涵后,说某人的身高是170厘米,则意味着这个人的身高是"厘米"单位长度的170倍。

最后,用数字对事物在量上的规定性予以确定,就需要有一个测量或计算的起点,这个起点叫参照点。参照点不同,其测量结果也就不同,而且测量结果之间也无法进行直接比较。例如,测量大山的高度,以山底下某标志为测量的起点和以某个海平面为测量起点,所测的高度显然是不同的。在国内通常说某个山峰的海拔高度,指的就是以我国黄海的平均海平面为测量起点来测量山峰的垂直高度。再如,用温度计来测量水温,可以用"摄氏"温度计,也可以用"华氏"温度计,但它们的测量参照点是不同的。摄氏温度为零度时,华氏温度则不是零度。就广义的测量来讲,参照点有两种,一种是绝对的零点,另一种则是相对的零点。例如,测量物体的重量、长度等都是以绝对零点为起点的;而以海平面为测量山峰高度的起点、以摄氏零度作为水温的测量起点时,就是一种相对的参照点,这是人为确定的参照点。

测量的量具、测量的单位和测量的参照点,是测量的三个基本要素或三个基本条件。测量结果是否准确可信,依赖于科学规范的测量程序、有效的测量工具、意义明确的测量单位和测量的参照点。

(二) 教育测量的含义与特点

人们不仅能对事物的许多物理、化学属性如长度、重量、距离、体积、温度、硬度、结构成分及运动速度等做出越来越准确的物理测量,而且也能够对人自身的许多生理及心理特性如身高、体重、血压、血型、心跳、肺活量乃至人的知识水平、能力、气质、性格、兴趣、态度等精神特性进行测量。这些精神特性方面的测量,不仅表现在学校教育领域,而且涉及社会的许多部门;不仅要关注量的规定性,而且还需要关注其质的规定性。

1. 教育测量的概念

关注学校教育教学的效果,这是理所当然的事。教育测量,就是针对学校教育影响下学生各方面的发展,侧重从量的规定性上予以确定和描述的过程。学校教育实践活动的客观需要,促进了教育测量科学研究及学科发展。教育测量学是一门发展较早、应用较多、内容较丰富的教育科学分支。

教育测量是为了了解学生的发展,尤其是为评定学习成绩而进行的测量活动。这是教育测量活动最原始的动机,也是教育测量学科发展最早的立足点。在学校教育背景下,通过课程、教师和学生的相互作用进行教学,无论是教育者还是受教育者,都需要了解学生学到些什么,掌握程度如何,学习者有哪些变化,学生的成绩和发展进步用什么方式加以考核记载,所有这些基本的原始的教育需要,都要借助于教育测量活动加以实现。

教育测量关注学校的教学效果,而教学效果是教与学双方共同作用的结果。因此,教育测量的结果在用于评定学生学习效果的同时,还被用于了解教师的课堂教学效果。一句话,教育测量反馈的是关于课堂教与学两方面的信息。

教育测量关注学生的发展,而学生的发展是多方面的。除了掌握学科的知识与技能外,还要发展学生的道德、情感、态度、价值观、兴趣、思维能力、实践能力、创造能力等。一句话,教育测量涉及学生德育、智育、体育、美育、劳动技能以及个性、心理素质等许多方面。然而,由于许多身心特性存在着复杂性和模糊性,使得教育测量比物理测量有更多的困难,教育测量的结果也不像物理测量的结果那么容易理解。

2. 教育测量的特点

物质与精神是哲学范畴中的两个基本概念,质与量的矛盾统一是所有事物的基本特性之一。从总的方面看,教育测量属于精神特性的测量。这种测量活动的实现,当然也要满足一般测量的三个基本条件,即前面所说的测量的单位、测量的工具和测量的参照点。但与物理量的测量相比,教育测量具有如下一些鲜明的特点:

（1） 间接性和推断性

物理量的测量大多是直接性的,如测量桌面的长和宽,可直接用尺子量一量。虽然教育测量无一例外地关注到人类自身,但测量内容主要是关于人的种种非物质属性,如人的知识水平、人的聪明才智、人的气质性格、人的心理素质、人的创造能力等。而今天的科学技术还无法支持教育测量科学发展到能用某种量具直接进入人脑或人体内去测量人的这些属性。目前,我们只能通过人的外显行为或通过人对来自外界的一些刺激所作出的反应,对人的知识技能、智力水平、思维品质、创造能力、心理素质、情感态度、思想道德等作出间接性的、推断性的测量。即使是涉及人的一些体能和运动能力,如速度、耐力、弹跳力、柔韧性和灵活性等,一般也是通过人的外显行为,如做引体向上、俯卧撑、立定跳远、立地摸高、中长跑运动、体操表演等一些实际表现加以测量与分析。

（2） 测量对象的模糊性和测量误差的不可避免性

测量的误差一般有系统误差和随机误差。通过发展精良的测量工具,按照科学的测量法则和规范的测量程序,我们完全有可能把物理量的测量误差控制在人定的误差范围内。如要测量桌子的长度,我们完全可以使测量的结果具有令人满意的精确度。但是教育测量则不然。我们所测的精神特性,如知识水平、智力水平、社会适应能力、创造能力、创新精神、人际关系技能等,一方面它们不像桌子的长度或人的重量等物理特性那样明确,另一方面它们又一直受人的心理活动影响,同时它们的测量只能是对外显行为与反应的取样分析加以推断,这就使教育测量的对象具有模糊性和不确定性。教育测量的误差除了随机误差、系统误差之外,还存在抽样误差。尽管科学规范的教育测量过程能最大限度地减少这些误差,但我们无法消灭这种误差,而且与物理量的测量相比,教育测量的误差相对较大。因此,教育测量的结果只是学校各种教学决策的依据之一。凭借学生之间成绩的微小差异,判定或排列学生的能力高低名次,其证据是不充分的。

（3） 量表具有多样性,结果具有相对抽象性

所谓量表(scale)或量尺,指的是确定了测量单位和参照点并具有取值系统的测量工具。例如,有刻度的尺子是测量物体长度的量表或量尺。在教育测量中,按照标准化程序命制的试卷就是教育测量的一种量表。由于教育测量对象的复杂性和多样性,以及制定教育测量量表的类型与精确度不同,教育测量量表具有多样性。

心理学家史蒂文斯(S. Stevens)根据测量的精确程度,把量表从低级到高级分成称名量表、顺序量表、等距量表和比率量表四种水平:

称名量表(nominal scale)是最低水平的一种量表,这种量表是用来对事物或人的心理现象进行分类的。例如,根据被试在一份气质类型调查表上的回答,确定被试的气质类型;依据被试对颜色的喜好或坐姿习惯,判断被试的性格类型与特征等,通常用到的是一些简单的称名量表。应用这种量表对事物进行分类,即使给不同的类别指派不同的数值,一般也不具

有实在的数量意义,只是表明事物的类别或性质不同而已。

顺序量表(ordinal scale)也用于对事物或人的心理现象进行分类,但这种分类是以所测属性的数量大小为基础进行的。例如,借助一份试卷,可以对学生作出合格与不合格的顺序分类,也可作出优、良、中、差四个等级的顺序分类。近几年来,小学成绩判定使用的"四等级评分制"以及中华人民共和国成立初期中小学成绩判定使用的"五分制"等都是一种顺序量表。

等距量表(interval scale)比顺序量表高一个层次,它不但能在一个连续体上表示事物量的大小,而且具有相同的测量单位。不过,等距量表的零点是相对的,即人为确定的相对零点。教育测量往往是一种行为抽样,测验结果所得分数"零"不是绝对的无。此外,测验的原始分数经过统计处理后推导出一种新的量表分数,此时分数"零"有时也是一个相对的零点。

比率量表(ratio scale)除了具有量的大小和相等单位外,还具有绝对的零点。最高水平的量表是比率量表。在物理量的测量中,如测量人的身高与体重、测量物体的高度等,其量表便是一种比率量表。在教育测量中,如果测量的目标可以用行为总体(而不是抽样)来实现,比如,测量小学生能正确拼写 26 个英文字母中的多少个字母时,连一个字母也不能正确拼写而得零分的学生,我们可以推断这里的"零"就是绝对的无。但是,绝大多数的教育测量,其内容往往不可穷尽,故大多数教育测量往往没有绝对的零点。

二、教育评价的基本问题

1. 评价的含义

在我们的日常生活和文化活动中,经常用到"评价"(evaluation)这个词语。从评价某人的烹调手艺,到评价某人的为人处世;从评价某学生的科技作品,到评价某作家的文学新作;从评价学生的学习结果,到评价课程的有效性和教师课堂教学的质量;从评价某高校的办学指导思想是否明确以及学校定位是否合理,到评价一所高校的整体办学水平等,可以说,无处不在使用着"评价"这个词语,我们每个人都自觉不自觉地参与评价活动或处于被评价的位置上,学校教育工作者尤其如此。

那么,何谓评价? 广义地讲,评价泛指衡量、判断人物或事物的价值。评价活动的过程是对人物或事物的价值进行分析、衡量和判断的过程。在评价过程中,无论是事实判断还是价值判断,都需要以事实为依据,通过收集多方面的资料证据,对人类社会活动的效果、物质产品和精神产品的质量及价值等作出判断。

2. 教育评价的概念

当把"评价"一词特别地用于学校教育领域或课堂教学情境时,在一些情况下,"评价"就是"教育评价"一词的简称。在另一些情况下,它指的是教育目标分类中最高层次的认知能力水平——评价。下面是国内外一些学者对"评价"一词在教育教学活动情境下的含义的若干典型解释:

① 格兰朗德(N. E. Gronlund)认为,评价是为了确定学生达到教学目标的程度,收集、分析和解释信息的(课堂)系统过程;评价包括对学生的定量描述(测量)和定性描述(非测量)两方面。根据格兰朗德的观点,评价总是包括对测量结果需求程度的价值判断(例如,玛

丽学习数学取得了长足的进步)。一个完整的评价计划将包括测量和非测量两种方法,用公式加以形象地表达,即:①

$$评价 = 测量(定量描述) + 非测量(定性描述) + 价值判断$$

格兰朗德认为,评价是所有成功教学的基础。这句话成为了现代教育评价的一句世界性名言。

② 斯塔费尔比姆(L. D. Stufflebeam)等人认为,"评价是一种划定、获取和提供叙述性和判断性信息的过程。这些信息涉及研究对象的目标、设计、实施和影响的价值及优缺点,以便指导如何决策、满足教学效能核定的需要,并增加对研究对象的了解"②。斯塔费尔比姆还说过一句在世界上有影响力的话,他说:"评价最重要的意图不是为了证明,而是为了改进。"

③ 美国教育评价标准联合委员会(Joint Committee on Standards for Educational Evaluation)曾对"评价"给出一个简明的定义,"评价是对某些现象的价值如优缺点的系统调查,是为教育决策提供依据的过程"③。

④ 泰勒(R. W. Tyler)指出:"评价过程在本质上是确定课程和教学大纲在实际上实现教育目标的程度的过程。"④

⑤ 布卢姆(B. S. Bloom)在其《教育评价》一书中对"评价"这个概念做了两种不同的解释。第一种解释在本质上是针对"教育评价"来说的,他说:"据我看来,评价乃是系统收集证据用以确定学习者实际上是否发生了某些变化,确定学生个体变化的数量或程度。"第二种解释实际上是针对教育目标分类来说的,他把教育目标分成认知、情感和动作技能三大领域,又把认知领域的教育目标分成知识、领会、应用、分析、综合、评价这六个能力层次或学习水平。对此,布卢姆指出:"评价是为了某个目的而进行的,对各种想法、作品、解答、方法、资料等的价值作出判断的活动。评价涉及应用准则和规格来估量各种具体事物的准确性、有效性、经济性和令人满意的程度。判断可以是定量的,也可以是定性的;准则可以由学生决定,也可以向他们规定。"⑤

纵观上述对"评价"一词的描述,不难发现如下几点:

第一,强调以教育目标为标准的价值判断过程。

第二,强调用多种方法(测量和非测量)系统收集资料与信息。

第三,教育评价的内容既可以是教育计划,也可以是课程;既可以是学生的学习结果,也可以是某种教育现象、教学活动、教育目的或教育程序。

第四,强调为学生发展和教育决策服务。

第五,不同时期、不同学者所提出的教育评价概念的侧重点有所不同。泰勒的教育评价概念更多的是侧重于课程评价,而格兰朗德和布卢姆的教育评价概念更多的是基于教学评价和学生学习评价。

由于教育评价活动的内容和范围已经发生深刻的变化，原先的教育评价概念不能很好地反映当前教育评价理论和实践的发展，因此教育评价的概念相应地也要发展。综合各方面有益的思想，我们可以这样来描述"教育评价"概念，所谓教育评价（educational evaluation），是指按照一定的价值标准和教育目标，利用测量和非测量的种种方法系统地收集资料信息，对学生的发展变化及影响学生发展变化的各种要素进行价值分析和价值判断，并为教育决策提供依据的过程。我们不妨把这个定义看成是广义的教育评价。在实际工作中，可以从不同的角度出发，选用不同的定义。

三、教育评价相关概念辨析

随着教育实践活动的增加和教育科学文化交流活动范围的不断扩大，近十几年来，我国对教育评价的科学研究与实践取得了明显的进展。但是，当人们使用"教育评价"概念时，常与其他一些概念如教育测量、教育测验、教育考试、教育评估等交叉使用，甚至也存在一些误解。因此，弄清这些概念之间的关系、澄清一些模糊的认识，对本书内容的发展乃至实际应用都是非常有意义的。

1. 教育测量与教育评价

测量与评价既有联系又有区别。从句法意义上讲，测量是按照一定的法则和程序，对事物或现象在量上的规定性加以确定和描述的过程。教育测量则是针对教育效果或者针对学生各方面的发展予以测量和描述的过程，旨在获得有一定说服力的数量事实，是一种以量化为主要特征的事实判断。而教育评价是根据一定的标准，对教育事物或现象的价值进行系统的调查，在获取足够多资料事实的（定性资料与定量资料）基础上，作出价值分析和价值判断。因此，教育评价最根本的特征是作出价值判断。而教育测量过程的完结，在给出数量事实的描述与判断之后，不一定都要作出价值判断。从这个意义上说，教育测量可以为教育评价提供价值判断的基本数量事实，教育测量是教育评价的基础；而教育评价往往是教育测量过程的延续，是对测量结果的解释与应用，并朝着价值判断与释放教育功能的方向拓展。

虽然从整体上看，教育评价比教育测量所包含的内容更广、更综合，但非得把教育测量活动与教育评价活动看成是泾渭分明的两种活动，或者说教育评价非得以教育测量为基础，也不符合事实。正如格朗兰德所说："当把评价一词特别地用于课堂教学情境时，其含义存在一些混乱。在一些情况下，它与测量是同义词。在另外一些情况下，它与测验是同义词。例如，当教师进行一次成就测验时，他们可以说他们在'测验'学生的成绩、'测量'学生的成绩，也可以说在'评价'学生的成绩。此时，人们很少会想到这三个术语有什么不同。但在一些情况下，评价是指不依赖于测量的各种评价方法，它是一个集合名词，此时，评价与测量的区别在于，'评价是对学生行为的定性描述'（例如，对学生行为的轶事记录），而测量则相反，'它是对学生行为的定量描述'（例如，测验分数）。"[①]此外，王汉澜教授也指出："测量的数量

---

① ［美］N·E·格朗兰德著，郑军等译：《教学测量与评价》，河北教育出版社1997年版，第3页。

化结果,如果不依据测量的目的进行分析、解释和评价,就是无意义的东西,所以测量包含有一定的评价。"[1]事实上,一些标准化的教育测量过程,由于测验经过标准化处理,使原先意义不明确的原始分数有了科学的分数解释系统,这实际上就是对测量结果进行有意义的价值判断(价值判断虽然强调定性描述,但也不排除定量描述)。比如,个性诊断测验、职业能力倾向测验、心理健康诊断测验、态度测验以及道德不良者诊断测验等测量过程,其本身就包含有一定的价值判断。另外有些教育测量在社会公认的价值标准下,其本身也隐含着价值分析与价值判断。如通过高考制度来选拔与评价人才,实际上隐含着一种颇有争议的价值判断标准,即"高分=优秀的考生=高素质"。

因此,教育测量与教育评价既有区别又有联系。但在一些情况下,两者是一致的,许多教育测量本身就含有价值判断。国内外一些教育测量方面的教科书,有的用"教育测量与评价"作书名,有的仍用"教育测量",还有的用"教育评价"作书名,正说明了这一点。

2. 教育评价与教育评估

教育评价和教育评估是两个常用的概念。有些学者认为这两个概念意义不一样,"评价"即评定价值,而"评估"并不表示价值。因此,建议在教育实践活动中使用"评价"这个概念,不要使用"评估"这个概念。另一些学者则认为,"教育评估与教育评价通常没有严格的区别。但是被评的事物往往都是相当复杂的,不可能用纯客观的标准加以测定,而且在'评'的过程中已经加入了主观因素,评的结果不可能是绝对客观的,而有主观推测、估量和估价的主观判断成分。对教育的评定更是如此,因为这是对精神的度量,很难是纯客观的。所以'教育评估'比'教育评价'更确切"[2]。此外,有些人在引用他人的定义时把"评价"改成"评估",另一些人则把"评估"改成"评价",为己所用。可见,到目前为止,这些概念的使用还存在着一些混乱。

实际上,教育评价与教育评估这两个概念既有联系又有区别。第一,根据《Collins 汉英双解词典》(汉语大词典出版社,1995 年版),教育评价和教育评估的英语表示不同,前者通常用"educational evaluation"表示,而后者通常用"educational assessment"表示。既然英语词源不同,那么,其意义则多少有所差别。国内有些文献以及有些人把"assessment"译成"评价",严格说来是不够准确的。第二,从目前国内出版的有关教育评估或教育评价的著作来看,无论是主张用"教育评价"这个概念,还是主张用"教育评估"这个概念,研究者都把这些学科的起源追溯到教育测量运动、美国著名的"八年研究"及其相应的人物(如泰勒等人)。既然教育测量、教育评价、教育评估源出一处,那么,它们必有相通与交叉之处。第三,考究"评估"一词,含有"评判""评量""估测""估算"等意思,因而也就包括对事物的质量、价值、程度、数值等进行估测判断。有些人认为,"评估"没有价值判断,而"评价"才有价值判断,其实,这种认识也是不全面的。如果说对事物的经济价值作判断也是一种价值判断,那么,企业资产评估、房地产评估等也含有价值判断的成分。因此,教育评估和教育评价是两个相近

---

① 王汉澜主编:《教育测量学》,河南大学出版社 1989 年版,第 4 页。
② 朱佳生主编:《教育系统工程》,湖南大学出版社 1989 年版,第 253 页。

的词语，它们在内容上有交叉，也有区别。教育评估可能有价值判断，也可能没有价值判断。当教育评估过程含有价值判断时，它和教育评价是一样的；当教育评估过程没有包含价值判断时，它和教育评价就有一定的差别。假如教育评估的重点是对教育现象在数量上作出测量或估算，此时，教育评估与教育测量就可能处于同一层次的意义上。第四，从概念及习惯用语上讲，所谓教育评估，如同美国国家评估委员会主任迪肯（F. G. Dikey）所说，评估就是"由一个组织或机构对这所学校或学科是否符合某一事先确定的质量标准作出鉴定的过程"①。

因此，把"教育评估"概念用于产量评估、资产评估、房地产评估、实验室建设评估、办学水平评估、课堂教学水平评估、人的心理评估等，这些说法是比较符合"评估"一词的本意的。

可见，教育评价、教育评估、教育测量这三个概念之间是两两既有联系又有区别、既交叉重叠又相对独立的关系。如果硬要用一个概念来取代另一个概念，恐怕是不合适的。

3. 教育测验与考试

测验（test）是测量的工具，用它能引起人的有代表性的行为，以便对人的行为特性或心理特性进行测量与评价。因此，测验一词往往是教育测验或心理测验的简称。教育测验是教育测量的一个工具，在教育评价或教育评估过程中常被用来收集资料（如有关态度测验、民意问卷测验、学科成就测验等）。考试（examination）有广义与狭义之分，"广义的考试，泛指人类社会一切测度和甄别人的身心各个方面之群体或个体差异的活动。狭义的考试，则指由主试根据一定社会的要求，在一定场所，采取一定的方式方法，选择适当的内容，对应试者的德、学、才、识、体诸多方面或某方面所进行的有组织、有目的的测度或甄别的活动"②。

在学校教育与人才选拔的过程中，教育考试是根据教育内容和目标，选择有代表性的内容与问题，按照一定的方式，对应试者的知识、技能等进行测量与评价的过程。因此，考试也是一种教育测验。测验的概念比考试的概念更广泛，教育测验包含教育考试。测验或考试皆是教育测量与评价的一种工具。在某些情境下，教育测验活动或教育考试活动本身就是一种教育评价（评估）活动。在学校教育质量监测管理中，不言而喻，书面考试仍然是一种最常用、最基本的教育测量与评价方法。

第二节　教育测量与评价的发展历史

简单了解教育测量与评价的发展历史及其重要事件，不仅可以让我们"以史为鉴"，正确地开展教育测量与评价活动，而且有助于我们了解和认识教育测量与评价活动的文化传承与发展创新。

一、中国是考试制度的发源地

中国是世界文明古国之一，历史悠久，文化灿烂。特别地讲，中国是考试的故乡，是考试

---

① 朱佳生主编：《教育系统工程》，湖南大学出版社1989年版，第254页。
② 廖平胜主编：《国家公务员考试大词典》，中国人事出版社1996年版，第17页。

制度的发源地。这不仅有记述甚详、卷帙浩瀚的文献典籍为证，而且早已成为举世公认的事实。

据有关文献记载，我国在进入"文明时代"之后，学校即已出现。《孟子》一书中说到："夏曰校，殷曰序，周曰庠，学则三代共之，皆所以明人伦也。"这里的校、序、庠都是指学校。学校衡量士子的学习成绩和文化知识水平，需要考试。任官判别智愚，也要通过考选。无论是学校育才，还是政府选官，都要有一定的标准和方法来判断优劣、智愚。于是，在西周时期就建立了"考校"与"考选"制度。现在学者一般认为，考试制度在西周已初见端倪，西周选士是我国考试制度的萌生阶段。① 在我国最早的教育专著《学记》中，记载了距今三千多年的西周时期的教育制度和考试制度，其曰："古之教者，家有塾，党有庠，术有序，国有学。比年入学，中年考校，一年视离经辨志，三年视敬业乐群，五年视博习亲师，七年视论学取友，谓之小成；九年知类通达，强立而不返，谓之大成。"这段话的大意是：古代的教育制度，20 户人家设一私塾，500 户的县设一学堂，12500 户的行政区设学校，国都设大学。大学每年招收学生，每隔一年考查一次，第一年考查学生分析课文的能力和志趣；第三年考查学生的专业思想是否巩固，同学之间能否相亲相助；第五年考查学生的知识是否广博，对教师是否敬爱；第七年考查学生研究学问的本领和识别朋友的能力，合格的就叫做"小成"。到第九年，学生对于学业已能触类旁通，他们的见解行动已能坚定不移，这就叫做"大成"。②

可见，早在三千多年前的西周社会，学校教育就初步建立了考试评价的内容、标准和程序的框架。学校通过对士子的"考核"，将优秀者一级一级地往上报，直至"献贤能之书于王"。从士以下"选"出来的"贤"者与"能"者，可授予官职，这是"乡学"。至于中央的"国学"，虽然都是贵族子弟，但也要通过"考校"，方能分出高低级别，"因其才而用之"。总之，西周社会发展具有重教、尚贤、选士、授官等特点，孕育出早期的考试评价制度，它对后来的学校考试、用人考试，特别是对科举考试制度的建立，产生了重要而深远的影响。

春秋战国时期是我国社会处于大变革、大动荡的时代，原来的"考校"任官制度也逐渐被破坏。就教育而言，学在官府也渐被打破，私家讲学之风盛行。而私人设教，注重于平日的考察，所以大教育家孔子对他的弟子，尤其是"七十二贤人"，哪个品行最好，哪个学业最好，哪个长于聚敛，哪个长于外交，哪个长于斗勇，他都了如指掌。就任官制度而言，除了一部分官位仍然从国家或地方办的学校中加以"考核选拔"外，相当一部分官位是通过向社会"择善而用之"。何者为善？在《国语·齐语》中述及齐桓公用人的标准，即"有居处好学，慈孝于父母，聪慧质仁，发闻于乡里者"，号召大夫们把这类人"举荐"出来。由此可见，春秋战国时期在选官制度与评价人才标准方面，不像西周时期那样有普遍的"考校"制度，但"学而优则仕"的思想仍然是存在的社会事实。此外，我们看到，春秋战国时期，国家在人才评价方面较侧重于对士子的日常考察，其评价人才的标准似乎更加道德化与多元化。

两汉时期，我国的考试制度正式建立。汉代的"察举制"，是一种承前启后的任官制。所

① 杨学为等主编：《中国考试制度史资料选编》，黄山书社1992年版，第1页。
② 国家教育委员会考试管理中心主编.郑日昌等编：《考试的教育测量学基础》，高等教育出版社1990年版，第2页。

谓"察举"，就是察其贤能，举以授官。由此而产生所谓"对策"和"射策"两种策试（考试）方法。策试一般是"上书言事"和"口试、答辩"相结合。"对策"一般是根据主考官提出的一个问题，用笔试的方式加以作答，有时也用"口试"方式加以进一步考察。"射策"是事先出好多道题目，由学生随机抽取一道加以作答。不过，在西汉时期，举"孝廉"则不要策试即可授官。到了东汉时期，举"孝廉"也要加笔试，即先"举"后"试"，以观其能。然而，两汉时期的学校已具相当规模。多数官办的学校设有各种考试科目，考得好的可"补官"或进一步深造，考得差的"留级"，有的还要"补考"。据《文献通考·太学》中记载，汉代有一时期学校及社会盛行考试，不仅太学和郡国学里的学生要考试，就是太学里的老师——博士，也是要事先通过一定方式的考试评价后方能选用，即所谓"始试而后用，盖欲其为人之师范，则不容不先试其能否也"[1]。

魏晋南北朝时期，由于长期战乱，疆土分裂，政局不稳，以致文教不兴。学校考试制度与方法也没有什么重要发展。只是这一时期，在任官制度上，淡化了"察举"制，实行"九品官人法"即九品中正制，其特点是以中正为中心，论品定级，选拔和升降官吏。具体办法是各州设大中正，郡设小中正，对其所管辖区域内的人物，按家世门第高低，才德优劣，以上上、上中、上下、中上、中中、中下、下上、下中、下下九等划分品第，并逐级向吏部推荐。吏部根据中正报告，按品授官。中正还有权对所管辖人物依其言行修著或德义亏缺情况分别升降进退。九品中正制度实行之初，尚有选拔人才的作用，但各级中正官后被世家豪族所占据，因而九品中正制度便逐步演化为"门阀制度"[2]。九品中正制选拔人才主观性较强，较少使用考试的方法。总之，这个历史时期的考试制度和人才选拔评价制度并无多少可称道之处。

二、中国科举制度的世界地位

中国古代科举考试制度对世界教育、政治、文化，尤其是考试制度产生过重大的影响。法国大革命时期的资产阶级启蒙思想家伏尔泰（Voltaire）曾经对中国的科举制度倍加赞扬，他说："人类精神，肯定想象不出比这样的政府更好的政府。在这个政府里，重要的衙门彼此统属，任何事情都在那里决定，而其成员，都是先经过几场严格的考试的。"[3]欧美各国采用考试办法选拔官吏，是 18 世纪末、19 世纪初从我国学去的。

所谓科举制度，就是"开科取士"的制度，即国家设立许多科目，通过定期的统一考试以选拔人才的一种制度。科举制度始于隋炀帝大业二年（606 年），直到清光绪二十九年（1903年）举行最后一科进士考试后宣告结束。科举考试制度在我国历史上纷纷扬扬、断断续续绵延了将近 1300 年。

隋炀帝大业二年创进士科取士，当时只用策试方法考时务策一门。但考试还不是唯一的依据，取士伴有"行卷"，即考生将自己平时所作的优秀诗文，主动地献给有关当权者或知名人士甚至主考官，求得权威人士的青睐和帮助，以利录取。行卷和考试是影响考生及第与

① 杨学为等主编：《中国考试制度史资料选编》，黄山书社 1992 年版，第 3 页。
② 廖平胜主编：《国家公务员考试大词典》，中国人事出版社 1996 年版，第 4 页。
③ 国家教育委员会考试管理中心主编. 郑日昌等编：《考试的教育测量学基础》，高等教育出版社 1990 年版，第 4 页。

否的两大因素。

唐承隋制,并对科举制度大加发扬光大,使科举制度日趋完备。唐高祖李渊即位便开科取士,到太子登基,便成定制。当时开考的科目很多,其时常贡科,包括秀才、俊士、明经、进士、明法、明算、明字、武科等。另有特设科①:包括道举(玄学)、童子(十岁以下能通一经)、一史(考《史记》)、三史(考《史记》《汉书》和《后汉书》)、开元礼(通习开元时期的礼仪)、三礼(通习《礼记》《周礼》《礼仪》)、三传(考《左传》《公羊传》《谷梁传》)等几十种不同的考试科目。

唐代科举考试不仅科目多,当时"制举之名多至八十有六,凡七十六科"(《困学纪闻》),而且各科考试内容与方式有不同的规定。例如,明经科考试以儒家经义为主,以强记博诵理解为旨;明经科考帖经,即从经书中抽出一句,命考生将上下文默写出来;还考墨义,即对经文字句的简单作答。这相当于我们现在的填空、默写、简答题。进士科考时务策,后来又加考"杂文""诗赋"等文体。明经与进士两科最受世人青睐,所以竞争也最激烈。明经约十人取一,进士约百人取一。明字科,也就是明书科,考试内容主要为《说文解字》《字林》等语言文学或文字学的经典著作。明算科,考《九章算术》《周髀算经》等算学内容。明法科的考试内容主要是关于法律、法令方面的条文规则。武科,则始于唐代武则天长安二年(702 年),考试内容既有文化知识考试,也有技能考试。只是唐代的武科未成定制。

唐代的科举考试,其考生通常有三类,一是"生徒",即国子学、太学及各地学校的学生,只要经过学校考试合格,可以直接到尚书省参加"省试"。二是不在校的读书人,通过向所在郡县报考,称为"乡贡"。"乡贡"考试合格后再到尚书省参加"省试"。被送去参加省试的考生,可称为"举人"。三是有某种专长的知名人士,经人推荐给朝廷后,由皇帝特意下诏考试。"省试"考中进士后,还须经过吏部考试,称为"选试",经过审查,"选试"合格后,才能奏请皇帝授予官职。进士及第的第一名称为"状元"。

唐代以后各个时期,科举考试在考试科目、内容、方式等方面虽然不尽相同,但就科举考试制度整体而言,基本上未出唐代的范围。五代纷争,科举考试基本上是沿袭唐制。宋代朝廷选官的主要途径仍然是科举取士,但与唐朝相比,宋代科举制度有了明显的发展和完善,其中最重要的发展变化有以下五点:一是禁止公荐,层层严格选拔,明确规定考生不能称主考官为恩门、恩师,也不能自称门生。这一规定就是要打破唐代以来的座主门生的关系,使科举考试更加公平公正,也让那些想通过人情和请托的考生难以奏效。二是加强中央集权,郑重其事地确立了殿试制度,使宋代科举考试制度比唐代科举考试制度多了一个最高层面的考试。三是明显增加进士等科目的录用人数,而且一经朝廷录用之后便可直接任官。这就进一步激活了读书向上的社会风气。宋真宗的《劝学诗》便是劝人读书应试的真实写照。四是创造了"糊名"(弥封)、"誊录"、"复评"和"回避"等方法以防止科场舞弊。五是考试内容在重视诗赋、经义的基础上,策论则更加重视当时国家治理之对策。元代的科举制度一波三折,断断续续。明代科举考试再度兴盛,实行四级考试制度,即院试、乡试、会试和殿试。在院试以前有小考,考生参加县试和府试,及格者称"童生"。童生参加省、府所在地方书院考

---

① 引自王志东编写:《科举故事百则》,湖南出版社 1991 年版,第 2—3 页。

试,即院试,及格者称"生员",生员与国子监的监生有参加乡试的资格。乡试三年一考,由皇帝钦命的主考官主持,及格者为"举人"。全国举人在京都参加由礼部主持的京都会试,考中者为"贡士"。贡士再到奉天殿参加皇帝亲自主持的殿试(策试),然后分"三甲"出榜,均称"进士"。"一甲"三名,其中第一名为"状元",第二名为"榜眼",第三名为"探花"。明代科举最大的特点是:一是多级考试、层层选拔、组织有序;二是实行"八股取士",就是以四书五经中的文句做题目,依照题义阐述其中的义理,并限制用一定的格式、体裁、语言、字数的应试文章进行选拔。至于清朝科举,基本上沿用明代旧制。由于种种原因,科举制度最终在清朝后期寿终正寝。

科举制度在中国历史上延续了近 1300 年,它简直就是一部内容极其丰富的历史百科全书,对我国社会各个方面产生了重要的影响,对人才选拔和评价制度以及中华文化发展起过重要的作用。我国历史上许多文化名人都与科举考试制度有着千丝万缕的联系。比如王维、文天祥、白居易、贺知章、王勃、王昌龄、刘禹锡、杜牧、韩愈、柳宗元、范仲淹、欧阳修、苏轼、王安石、司马光等人,就是典型的例子。延续了近 1300 年的科举制度形成了较完备的考试制度和独特的考试方法,并且积累了很丰富的经验,可资后人借鉴。其中包括"锁院"制度、"糊名"制度、"誊录"制度、"复试"制度、"多级选拔"制度、"回避与入闱"制度等,为的是追求考试的公平性和真实性。尽管科举考试有许多消极的侧面,比如考试内容僵化、不重视科学技术等,但用考试的方法来选拔人才,能够使许多平民百姓通过自身努力跻身于上层统治集团,具有平等竞争的机会。据统计,明清两代进士中平均有 42.9% 的及第者出生于从未有过功名的家庭。[①]

不可否认,科举制度作为一种考试和人才选拔制度,不仅对我国古代政治、文化、教育、军事起到了重要的促进作用,而且对民族的融合和国家的统一起到了一定的作用。科举制度也对世界文化发展和考试制度的建立起到过重要的影响。它曾经对西方文官考试制度的建立和现代教育测量与评价的发展起到重要的作用。事实上,欧美各国从早期开始就一直对中国的科举制度感兴趣。例如,意大利旅行家马可·波罗曾于 1275 年沿着丝绸之路千里迢迢来到中国,在元朝任官达 7 年之久,对中国的文官制度非常熟悉,他在《马可·波罗游记》一书中对该制度作了详细的介绍,并大加赞扬,使西方人有机会了解中国科举考试制度的文明与精华。英国在 1570—1870 年期间,用英文出版的有关中国文官制度和政治制度的书籍达 70 多种,大量介绍与研究中国的科举制度,极力主张英国政府实行中国式的文官考试制度。英国终于在 1855 年建立了文官考试制度。[②] 其后,美国、意大利等国家也相继建立了文官考试制度。诚如孙中山先生所指出的:"现在各国的考试制度,差不多都是学英国的。穷流溯源,英国的考试制度,原来还是从我们中国学过去的。"[③]

中国的科举考试虽然对世界的文官考试制度起到过重要的作用,但我国古代对科举考试缺乏教育学、心理学、统计学、哲学等科学视角的反思与改进,因而还不是现代意义的教育

---

① 刘虹著:《中国选士制度史》,湖南教育出版社 1992 年版,第 444 页。
② 刘本固著:《教育评价的理论与实践》,浙江教育出版社 2001 年版,第 6 页。
③ 杨学为等主编:《中国考试制度史资料选编》,黄山书社 1992 年版,第 5 页。

测量与评价科学。而目前我国的教育测量与评价理论,主要是辛亥革命后,从西方传入我国,并与我国深厚的考试文化、考试实践相结合,形成有中国特色的考试评价制度,促进了我国教育测量与评价学科的建设和发展。

三、教育测量学科的诞生

欧美国家早期的学校教育考试,大多使用口头测验。英国剑桥大学直到 1720 年才开始使用笔试,这比中国要迟一千多年的时间。美国于 1840 年在波士顿第一次在全市范围的学校中进行书面考试,从而进一步认识到实施统一的书面测验具有许多优点。欧美国家推广笔试虽然对形成标准化测验的思想有一定影响,但对教育测量科学的诞生实际上没有实质性影响。对教育测量科学的建立有直接影响的,实际上是欧美国家一些学者为追求学校成绩评定客观化与标准化而开展的理论研究和实践探索。

早在 1864 年,英国一位名叫费舍(G. Fisher)的教师,有心广泛地收集学生的书法、拼写、算术、文法、作文、历史、自然、图画等不同水平的作业样本,然后选择有代表性的样本汇编成册,并为每个水平的作业样本评定一种分数,以示优劣,形成《作业量表集》,作为教师以后评定学生各科成绩的参照标准。美国学者赖斯(J. M. Rice)也主张用统一的测验去考查、比较、评定各校学生的成绩。他从 1894 年开始,用若干年时间编制了算术、拼写、语言等测验,曾有数万名的学生接受过他的测验。据此,赖斯开展了一些相关的教育研究项目,在会议上或刊物上发表研究论文,引起许多对教育测量感兴趣的学者的重视。还有来自英国的个别差异研究、德国的实验心理学研究、法国的异常心理及智力测验研究、美国本土化的智力测验研究等一些研究力量,共同对教育测量学科的诞生起着孕育和催生的作用。美国心理学家桑代克(E. L. Thorndike)有幸集欧美各国的研究与思想为一身,于 1904 年出版了闻名于世的论著《精神与社会测量导论》,首次较系统地介绍了教育统计方法及编制测验的基本原理。这本著作被公认是教育统计学、教育测量学、教育评价学等学科的第一本著作,它标志着以科学理论(包括统计学、教育学、心理学、哲学等)为指导的教育测量理论的诞生,对教育统计、教育测量、教育评价等学科的诞生与发展具有划时代的意义。在桑代克的《精神与社会测量导论》这本书中,他提出了一个著名的假设。他说:"无论什么东西,只要存在的,总存在于数量之中。"(Whatever exist at all exists in some amount.)后来,美国另一位教育测验专家麦柯尔(W. A. Mecall)接着说:"任何东西,存在于数量中的,都可以被测量。"[1](Anything that exists in amount can be measured.)于是,人们把"凡存在的东西必有数量""凡有数量的东西都可测量"这两句话,看成是构成一切测验和量化评价的公理。

四、教育测量运动的蓬勃开展

20 世纪初,在桑代克的影响下,美国的教育测量运动轰轰烈烈地开展起来。首先,专家们编制了大量的教育测验。从测验的品种与内容看,有算术测验、书法测验、学科测验、智力

---

[1] 王克先著:《学习心理学》,福建少年儿童出版社 1987 年版,第 29 页。

测验、个性测验、兴趣测验等,涉及学生各个方面的发展。从数量方面来看,从 1909 年桑代克编制了书法量表以后到 1928 年期间,美国已有各种不同的教育与心理测验三千余种。从测验结构来看,不仅有单一的测验,而且还有成套的测验。尤其是学科测验,有各个年级、各个科目、各种层次水平的测验。总之,早在 20 世纪 30 年代前后,美国的教育测验事业发展得很快,测验的应用也十分广泛。究其原因,心理测验的发展与应用在一定程度上对教育测验的研究与应用起到了推波助澜的作用。

实际上,心理测验与教育测验的发展相互影响,并在学校教育背景下不断地融合。早在 20 世纪初,心理测验就已走上标准化与客观化的路程。法国的比纳(A. Binet)等人在 1905 年创编并发表了世界上第一个标准化智力测验。这不仅为儿童智力的早期诊断,特别是为筛选弱智儿童提供了一个客观的诊断工具,而且标准化智力测验的思想与方法,对发展其他的心理测验具有思想启发与方法论的重要作用。同时,它对 20 世纪初教育测验和考试标准化也有直接的推动作用。例如,几乎在法国比纳创编智力测验的同时,英国心理学家斯皮尔曼(C. E. Spearman)发表了"能力结构二因素学说",指出智力就是一般能力因素,并且从理论上探讨了智力与学习能力之间的关系,指出智力测验对有效地利用教育资源、对教育分流决策具有重要的作用。在他的极力主张下,英国有关当局利用智力测验和标准化测验,对 11 岁儿童实施统一测验,尔后进行教育分流,形成了英国著名的 11 岁儿童考试制度,推动了英国教育测量理论研究和实践活动的开展。与此同时,美国人引进比纳智力测验并加以创造性地修订,甲种与乙种陆军团体智力测验的创编,还有伍德沃斯(R. S. Woodworth)的第一个标准化人格测验的问世及在军队中的成功应用等,极大地推动了心理测验在美国的发展和应用,使心理测验声名鹊起,对美国当时的教育测验发展起到了重要的促进作用。尤其是心理测验比较强调测验的客观性与常模的建立,这对教育测验标准化起到了一定的导向作用。比如,赖斯、桑代克等人早期编制的教育测验以及作业量表,原先都是以绝对的作业水平对学生的成就进行测量与评价。到后来,美国学校使用的标准化测验,强调测验常模及相对评价,强调内容的可测性和标准化题型。这样就造成学校教育测验理念及应用上的一些偏差。比如,为了得到奖励,学校不择手段,为考而教;学生为了争取优先的名次,为考而学,缺乏整体的教育目标和协作精神。测验高分数(相对的高分)与高成就、高能力、高素质之间没有必然的联系,从而引起美国社会对标准化测验的忧虑和批评。当然,这个时期被批评的不光是学校中以常模参照形式的标准化成就测验,美国整个社会对心理测验的滥用和误用,也遭到了有关人士的尖锐批评,促使人们对教育与心理测验进行深刻反思,也使美国乃至整个世界的教育与心理测验进入理性思考与稳步发展阶段。

五、美国的"八年研究"是教育评价的催生剂

在 1929 年至 1933 年期间,资本主义世界发生了一场空前的经济危机,并席卷美国,造成美国经济大萧条。严重的经济危机给美国社会和教育造成了极大的冲击。1930 年,美国成年人中有 25% 的人失业,大批青年人找不到工作流浪街头。还有许多人为避免在社会上闲荡,纷纷涌向高级中学,尽管他们并没有多少上大学的兴趣。这样就使美国高中学生人数大

量增加。然而,当时美国高中课程内容狭窄,教学与考试的教科书主义倾向严重,高中教育不能满足社会发展的需要,也无法引起年轻人的兴趣。于是,中学课程现状与失业青年需要之间产生了尖锐的矛盾。许多人要求重新修订高中课程方案与教学大纲,以满足社会的需要。为了解决高中课程及教学问题,美国进步主义教育协会负责人艾钦(W. M. Aikin)于1933—1940年期间领导了一项长达八年之久的中学课程改革运动,这就是美国教育史上著名的"八年研究"。[1]

"八年研究"的基本原则是:其一,应当帮助学生学习什么,即在教育计划中,应当帮助学生发展哪些思维、感觉和行动的方式。其二,为了帮助学生达到教育目标,应当提供什么学习经验,即怎样帮助学生学习预期的东西。其三,怎样组织学习经验,以使这些经验的累积效果最大,即怎样的学习顺序和学习经验的整体计划会有助于学生内化他们所学之物,并将其应用于适当的环境。其四,怎样评价方案效果,即随后采取什么步骤,以不断检查期望的学习活动所发生的变化。

上述四条原则,是"八年研究"中进行课程编制和教学的基本理论依据。在这八年研究期间,教育研究人员对参加实验的30所高中学生的4年中学学习及其4年大学学习进行追踪研究。为解除各方人士对课程改革是否会影响学生上大学的忧虑,同时也希望得到高等教育机构的配合与支持,进步教育协会成立了各种委员会,如"中学与大学关系委员会"和"课程评价委员会"等。经过"中学与大学关系委员会"的协商,该研究挑选了7所大学和30多所中学联合起来进行实验研究。参加实验的学校被称为进步学校,没有参加实验的学校则被称为传统学校。让参加实验的30多所学校的中学生,高中毕业后免试直接升入美国300所左右的有关大学和学院。为了对课程改革实验进行跟踪研究与评价,进步教育协会邀请美国俄亥俄州立大学泰勒教授主持"八年研究"的"课程评价委员"工作。为了评价实验效果,他们对来自进步学校的1475名大学生(免试入学)与来自传统学校的1475名大学生,根据性别、年龄、学业能力倾向、家庭、社会环境、职业兴趣与爱好等基本相同的原则,一一配对,进行对比研究。研究表明:[2]来自30多所进步学校的学生,在大学4年中,测验的总平均分略高,每年获学术荣誉略多,具有更强的理智、好奇心和学习动机,思维更精密、更系统、更客观,对教育的意义有更清晰的看法,对新情况有更强的应变能力,具有更有效的解决问题的办法,更多地参加有组织的学生团体,获得的非学术性荣誉更多,对职业的选择有更好的定向,更积极地关注全国和全世界的事务等。从统计比较来看,来自进步学校的学生,他们在信仰、态度、创造性、集体协作精神等方面都优于传统学校的学生,并有显著性差异;只是在记忆方面比传统学校的学生差一些,但并无显著性差异。

美国的"八年研究"对传统的教育测验提出一些批评,认为:其一,传统测验是片断的,不能全部了解知识之过程和人格之发展。其二,测验只是关注客观的信度,但对于质的妥当性已不足以说明。其三,测验是教科书主义,测验内容关注记诵教材中的知识,是片面的,不能

---

[1] 刘本固著:《教育评价的理论与实践》,浙江教育出版社2001年版,第23、24页。
[2] 王孝玲编著:《教育评价的理论与技术》,上海教育出版社1999年版,第23页。

反映学生的全面发展。其四,对测量或考试的过分依赖必然养成个人主义与被动式的学习态度等。他们主张:要尊重青少年儿童的个性、兴趣和需要;教材不应脱离生活,应使学生透过生活来学习;学校应实行非注入式的教育,即启发的教育,等等。因此,在"八年研究"中,泰勒提出了以全面发展的教育目标为核心和依据的两条原理,即课程编制原理和评价活动原理。这两条原理是相互依存的,其核心是实行如下的良性循环:确定多元需要的教育目标→用行为表述教育目标→构建合宜的教育情境(尤其是课程情境)→选择包括测验在内的多种评价手段→对达标程度作出判断→对学生行为优缺点进行系统分析并提出改进措施→修改教育方案。如此循环。

应当明确地指出,美国的"八年研究"虽然对传统教育测验的局限性作了批评,但并没有全盘否认和摈弃传统的教育测验。实际上,他们是从人的全面发展和多元的教育目标的需要出发,进行课程、教学、评价三位一体的教育改革。为了衡量教育目标实现的程度,他们建议教育人员应当采用教育与心理测量中一切可行的技术和方法,客观全面地评价新课程实施的效果和学生的发展进步。除了采用传统的教育测验外,还用问卷、观察、交谈、轶事记录、作品分析、表演、操作、写作等测量和非测量的方法对课程的效果和学生的行为变化进行测量与评价。泰勒在 1940 年的"八年研究"报告书中,首次提出"教育评价"的概念。他认为"教育评价在本质上是确定课程和教学大纲实际上实现教育目标的程度的过程。但是,鉴于教育目标实质上是指人们发生的变化,也就是说,所要达到的目标,是指望在学生行为模式中产生某种所希望的变化,因此,评价是一种确定行为实际变化的程度的过程"[1]。

基于美国的"八年研究",教育评价思想与理论得到了一定的发展。泰勒在"八年研究"中提出了评价活动原理和课程编制原理,前者于 1934 年以《成绩测验的编制》为书名,叙述了他的教育测验观及利用教育测验等多种方法进行教育评价活动的原理与方法;后者于 1949 年以《课程与教学的基本原理》为书名,叙述了他的课程编制与教学原理。这些理论建树,形成了泰勒的"行为目标评价模式",泰勒因此被称为当代教育评价之父,这个时期在美国教育史上被称为"泰勒时期"。尽管不久后,泰勒的教育评价理论即受到其他理论的挑战,也受到一些人的批评,但泰勒的行为目标评价模式的思想与方法,在当今世界教育测量与评价领域,以及对课程编制和教育目标管理都有现实意义。

六、教育测量与评价理论的发展

经过 20 世纪上半叶的教育测量运动,教育评价学科应运而生,教育测量与教育评价交互作用和融合的趋势越来越明显,教育测量与评价的理论研究在世界各国尤其在美国得到快速的发展。

1. 测验的统计模型为教育测量学科发展提供了强有力的理论支持

早在 20 世纪 40 年代前后,欧美等国家的一些测验统计理论专家就开展了测验的统计数学模型的研究,提出了测验信度与效度、项目的难度与区分度等指标及其经典的统计分析方

---

[1]　瞿葆奎主编:《教育学文集第 16 卷:教育评价》,人民教育出版社 1989 年版,第 263 页。

法,为测验研究提供了理论模型及统计分析方法,进一步丰富了教育测量的学科内容,并在20世纪50年代前后形成了经典测验统计理论体系。从20世纪60年代以来,除了经典测验理论(CTT)进一步拓展外,还创立了多种现代测验理论,其中项目反应理论(IRT)、概括力理论或称概化理论(GT)以及认知诊断测验理论是近段时期在世界上比较有影响的几种测验理论。现代测验理论使教育测量的理念和方法更加现代化,也使教育测量学科内容更加丰富多彩。既有适合常模参照测验的经典测验理论,也有适用于标准参照测验的项目反应理论。

2. 教育目标分类学促进教育测量与教育评价的学科整合

20世纪中叶以后,在泰勒的行为目标评价理论的影响下,美国的布卢姆、克拉斯沃尔(D. R. Krathwhol)、哈罗(A. J. Harrow)和辛普森(E. J. Simpson)等人相继完成了认知领域、情感领域和动作技能领域的教育目标分类,在世界上产生了广泛的影响。教育目标分类研究成果,一方面使课程标准建立、课程编制和课程评价之间有了一个相互联系的、操作性强的、共同参照的教育目标(行为目标)分类框架,另一方面,它使课堂"教、学及考试评价"三者之间能够相互促进、相互联系、相互融合,促进了教育测量学科和教育评价学科的发展与整合。可以认为,现在的教育测量学科内容与测量理念已有很大的发展。许多系统的教育测量过程,不仅包括对测量结果进行质与量的合理解释,而且也常常要作出某种价值分析与价值判断。难怪近几年来国内外出版的一些教育测量或教育评价方面的教科书,不仅内容上有整合的趋势,而且在书名上也把"测量与评价"连在一起。

例如,美国当代著名的教育测量学专家格朗兰德教授的《教学测量与评价》一书,其内容共16章,各章标题依次是:第一章,评价在教学中的作用;第二章,准备教学目标;第三章,测验的特性;第四章,编制课堂测验;第五章,设计简单形式的客观题;第六章,多项选择型客观题的设计;第七章,测量复杂的学习成就:解释练习题;第八章,测量复杂成就:论文题;第九章,课堂测验的搭配、实施和评价;第十章,成就测验;第十一章,能力测验;第十二章,测验分数的解释和常模;第十三章,用观察法评价学习和发展;第十四章,用同伴评定和自我报告评价学习和发展;第十五章,评分和成绩报告;第十六章,学校测验的发展趋势及问题。

再如,布卢姆等人所著的《教育评价》一书,共11章,其各章标题依次是:第一章,一种教育观;第二章,制定和挑选教育目标;第三章,为掌握而学习;第四章,终结性评价;第五章,诊断性评价;第六章,形成性评价;第七章,试题的编写与挑选;第八章,知识目标和领会目标的评价技术;第九章,应用目标和分析目标的评价技术;第十章,综合目标和评价目标的评价技术;第十一章,情感目标的评价技术。

还有,由许建钺、赵世诚等人编译的《简明国际教育百科全书——教育测量与评价》一书,选编了103个条目,其内容涉及教育评价、教育测量及测验分数的统计学模型等,具有综合的特点。

不管这些书的书名如何,但书中的内容在本质上反映了教育测量与教育评价内容的整合。这种整合是顺应当代教育测量和教育评价发展的趋势的。

3. 教育评价学科内容的发展

20世纪40年代到60年代期间,教育评价理论基本上是先以泰勒的"目标中心模式"、后以布卢姆提升的"目标分类模式"为核心。这一时期的教育评价是典型的"目标取向",关注教育目标及其描述,在评价课程与学生行为变化时,重点在于衡量教育结果和教育目标之间的一致性,也开始重视对教育目标和学习结果进行"质的分析"。

20世纪60年代后期以来,教育评价理论与实践发生了许多变化,主要有三个特征:其一,不同的教育评价理论流派纷呈。除了泰勒评价模式、布卢姆评价模式外,世界各地教育评价学者陆续提出了多种模式,如CIPP(Context,Input,Process & Product)模式、目的游离评价(Goal Free Evaluation)模式、对手评价(Adversary Evaluation)模式、应答评价(Responsive Evaluation)模式、解释性评价(Illuminative Evaluation)模式、教育鉴赏和教育评论评价(Educational Connoisseurship and Educational Criticism Evaluation)模式、反思性评价(Reflective Evaluation)模式、发展性评价(Development Evaluation)模式、增值评价(Value-added Evaluation)模式以及元评价(Meta-evaluation)模式等。这时期的教育评价关注评价结果的认同并进一步强调"质的分析",提出评价标准多元化,重视对评价方案效用的分析及评价方案本身适切性的评价,重视评价过程多方人员的沟通、理解、互动、建构与合作。其二,教育评价活动更具有人文关怀精神,教育评价活动更加关注诊断功能和改进建议,通过自我反思和自我评价,促进被评价对象往高阶发展,或者说往高水平发展。其三,教育评价的实践已经超出泰勒原先对评价的定义范畴,教育评价活动已经和教育评估、教育督导、教育调查等概念相联系,除了对课程、教学、教师与学生进行评价外,涉及学校办学的各个层面,或者说涉及所有影响学生发展变化的因素,从而为改进教育决策提供更可靠的依据。这样广义的教育评价活动,许多方面实际上是由一个组织或机构对一所学校是否符合某一事先确定的质量标准作出鉴定的过程,其评价计划及方案的内容,虽然不是每一环节都要作出价值判断,但完整的评价活动,其最终环节还是要进行价值判断。

可见,教育测量和教育评价既有各自相对独立的发展空间,也有许多相互交叉、逐步融合的领地。尤其是教育测量学科的内容和理念都已发生了较大的变化,教育测量和教育评价在许多方面已经是不可分割的整体。

第三节　教育测量与评价的学科地位和作用

在许多发达国家和地区,教育测量与评价是教育科学体系中极其重要的学科之一。这是因为,教育测量与评价科学理论不仅在教育教学及教育管理等实际工作中具有重要的应用价值,而且在社会各个领域的人才选拔与评价过程中也有广泛而重要的应用。所以,了解教育测量与评价的学科地位和作用,反思我国教育测量与评价的学科建设和学科地位之现状,对学习教育测量与评价这门课程是非常必要的。

一、教育测量与评价是现代教育科学研究的三大领域之一

20世纪教育科学研究发展迅速,形成一个庞大的教育科学体系。在教育科学体系中,有

许多已经成为研究对象相对明确、研究内容相对独立、研究成果相对完整的学科分支。这些学科分支主要有教育学、教学论、课程论、教育心理学、教育史、比较教育、教育统计学、教育测量学、教育评价学、教育管理学、教育哲学、教育社会学、教育经济学、教育科学研究方法、教育实验设计、教育技术学、教育评估与督导、教育生态学等。在课程设置与学科建设中,教育测量与评价既可看成是教育测量学与教育评价学内容的整合并侧重于教育测量的一门综合性教育课程,又可以看成是一个兼容了教育统计、教育测量、心理测量、教育评价、教育评估、教育督导,甚至教育科学研究方法等在内的学科群。因此,教育测量与评价在教育科学体系中具有十分重要的地位,是教育科学体系中带有综合性、技术性、实践性、应用性等特征的应用性学科,是人们依据教育基础理论和教育规律来指导教育实践通常所依赖的技艺与方法,它对体现教育科学学科的价值在许多方面起着"代言人"的特殊作用。

综观当今世界许多发达国家,教育基本理论研究、教育测量与评价科学研究以及教育发展理论研究已成为现代教育科学研究的三大领域。而在美国,对教育测量与评价的理论研究更是轰轰烈烈,其声势与规模超过教育科学体系中其他一些研究领域,主要表现在如下几个方面:

第一,创办了大量有关教育测量与评价方面的研究杂志,如《教育测量研究》《教育测量评论》《评价研究》《教育评价与政策分析》《评价与方案计划》《评价信息》《教育评价技术》《教育评价新趋势》《现代测量理论模型研究》等,对教育测验、教育测量模型、教育评价和元评价的研究活动可谓十分活跃。

第二,出版了大量有关教育测量与评价的学术著作与教科书,如:《教育测量》《心理测量》《心理与教育测量年鉴》《教育评价》《教育方案、计划评价》《测验统计理论》《教育目标分类》等。有些著作一版再版,如《心理与教育测量年鉴》;有些经典著作举世闻名,如罗德(M. Lord)等人合著的《心理测验分数的统计理论》;有些研究成果的出版具有里程碑式的意义,如布鲁姆等人的《教育目标分类学》等。

第三,许多学术团体都加盟了对教育评价的研究,成立了一些全国性的教育评价协会,如全国教育测量委员会、全国教育进展评估中心、全国教育评价联合会等,有组织地开展教育测量、教育评价等方面的协作研究活动,在全美乃至全世界都有较大的影响。其中,规模最大的是由美国教师联合会、美国教育研究协会、美国人事与管理协会、美国心理学会、美国督导与课程研究协会、美国全国教育测量学会以及美国学校行政人员协会等 12 个全国性的专业组织于 1981 年组成的美国教育评价联合委员会。该委员会经过 5 年的研究,制定并出版了有关教育计划、方案、资料的评价标准,使美国教育评价(评估)有了共同的参照点。从而"有一套便于在评价中交流与合作的共同语言;有一套通用的规则可用来解决各种特殊评价问题;面对评价领域中的各种混乱思想,有一个共同的概念体系;有一个用于指导评价过程研究与发展的实用定义;有一个关于教育评价发展情况的正式说法;有一个专业评价者自我约束并承担责任的基础;而且有助于提高教育评价领域的公众可信度"[1]。

---

① 许建钺等编译:《简明国际教育百科全书——教育测量与评价》,教育科学出版社 1992 年版,第 39 页。

除美国外,世界上许多国家如加拿大、日本、英国、澳大利亚、瑞典、比利时等都十分重视开展教育测量与评价研究,并取得了大量成果。许多国家成立了全国性的教育评价专业组织,或者积极参加国际性教育评价组织,甚至联合国教科文组织和联合国开发计划署都成立了若干个评价工作机构,共同负责评价一批国际教育项目的实施成效。在开展教育评价的国际交流与协作过程中,最有影响的要数"国际教育评估协会"(International Association for Educational Assessment,简称 IAEA)和"国际教育成就评价协会"(International Association for the Evaluation of Educational Achievement,简称 IEA)。21 世纪以来,国际经济与合作发展组织(The Organization for Economic Cooperation and Development,简称 OECD)负责实施的国际学生评估项目(The Programme for International Student Assessment,简称 PISA)在国际上有重要的影响和进展。我国也参与了该项目的调查研究。

IAEA 于 1975 年在瑞士日内瓦成立,当时有 18 个国家参加,其宗旨是帮助世界各地的教育机构通过发展和应用评价技术来提高教育质量和促进教育机会均等。IAEA 从它创立起就在世界不同地区轮流举行年会,会议的主题都比较明确:交流与探讨有关国家的高等教育入学录取标准;高等教育发放毕业证书的标准;教育计划和教育系统的评价;通过教育评价来扩展各种机会等。IAEA 在 20 世纪 80 年代前后完成了两个很重要的研究项目:其一,研究与编写了《教师用的评价指南》,并译成各种文字,以帮助世界各地区教师提高测验的技能;其二,为准备出国留学深造的学生,用多种语言文字编写了《熟练能力的国际测验》,便于学生以其愿意使用的语言参加能力测验,然后附加所在国家的语言测验。我国教育部考试中心等有关单位的人员曾多次参加 IAEA 国际年会。

IEA 是个研究积极性强、组织较规范、活动较频繁的国际性教育成就评价组织机构。它成立更早、影响更大、工作做得更细。IEA 组织的宗旨是开展和促进教育的多国研究,尤其是对基础教育的质量进行比较研究,探讨共同的问题。1981 年,世界上许多教育研究机构都成为 IEA 的成员,它们来自澳大利亚、比利时、加拿大、美国、印度、日本、朝鲜、泰国等几十个国家。1984 年,中国加入了 IEA,并多次参加了基础教育质量的国际性比较研究协作,其成果在有关国际性的会议或文件上发表,使世界上许多国家对中国基础教育的特色有了一定的了解。

改革开放以来,我国的教育测量与评价理论研究和实践也取得了一定的进展。教育统计、教育测量、心理测量、教育评价等课程得到了恢复和一定的重视。为了尽快缩短与国外的差距,我国有关部门采取"请进来"和"走出去"的办法,了解国外这方面的科学发展动态,翻译与编写了一些教科书,以适应高校教学与科研的迫切需要。与此同时,在老一辈专家的带领下以及有关部门的支持下,国内一批教学与科研人员大力开展考试学、教育测量、心理测量、教育评估、教育评价、教育统计学的理论研究和实际工作,成立了全国性的教育统计与测量、心理测验、教育评价、考试学、人才测评等学术团体,国家及地方政府纷纷建立有关考试机构,创办多种期刊,如《中国考试》《中国高校招生考试》《教育测量与评价》《考试与评价》《考试研究》《教育评价》《中国高等教育评估》《教育督导与评估》《教育统计与测验》《考试报》《自学考试杂志》等,促进了我国教育测量、教育评价、教育评估、高等教育自学考试、各类资格证书考试的理论研究与实际工作的发展,体现了"教育测量与评价"学科重要的社会价值。

然而,从我国教育科学学科专业建设、学位点建设的实际情况来看,应该说,教育测量与评价的理论研究还不能适应我国教育实践的需要。许多人对教育测量与评价学科重要性的认识还不到位。特别在教育学科分类和有关学位专业目录中,找不到教育测量与评价学科的名称。这与国外的情况很不一致,值得人们深思。

【阅读材料】

国际经济与合作发展组织(OECD)负责的 PISA 项目简介①

国际经济与合作发展组织(OECD),简称经合组织,至今已在社会、经济、教育、公共政策、环境等多个领域进行研究,并为许多国家政策的制定和发展提供参考。1998 年,该组织的 29 个成员国与其他一些非成员国的国家一起参与研制国际学生评估计划(PISA 项目),并于 1999 年在参与国进行了试验,形成了以 15 岁年龄为取样,通过对阅读素养、科学素养和数学素养三个领域的测试,以便于各国进行比较的国际性比较评价项目。在 2000 年展开第一次评估,由经合组织的 28 个成员国和中国、巴西、俄罗斯联邦、拉脱维亚等 4 个非成员国参加,每个国家选择 4500—10000 名学生参加评估,共计 32 个国家的 265000 名学生接受测试,以后每三年进行一次,2000 年以阅读素养为测试重点;2003 年以数学素养为重点测试领域,同时增加了关于解决问题素养的测评;2006 年则以科学素养为测试重点。PISA 项目是一种概况调查形式的学生评估项目,是基于终身学习的动态模型而设计的,除了进行纸笔的测试外,学生还要参加有关学习习惯、学习环境等教育背景的问卷调查,以更好地满足该项目的测评要求。正所谓"评估学生现实生活和终身学习所必需的知识和技能"。因此,PISA 项目的目标是显现出 15 岁的学生所学的东西为将来所做的准备情况,是一种前瞻性的测试而不是回顾性的测试。同时,PISA 项目也试图提供一种国家教育系统整体的或总体的指标,以及关于影响这一测试成绩的其他因素的信息。

PISA 项目主要从三个维度即所提供评估材料的形式、内容的选择、建构或使用的情境等,依托于阅读素养、数学素养、科学素养三个领域展开评估。

第一,阅读素养。PISA 项目认为阅读素养是学生为取得个人奋斗目标,形成个人知识和潜能及参与社会活动而理解、运用书面材料的能力。强调对文章的全面理解是该测评考虑的主要因素,为此,它从形成广义上的、总体的理解,寻找信息,解释原因,思考文本内容,思考文本形式等五个方面展开评估,由连续文本和间断文本两种材料形式所构成。同时,该项目还强调在不同情境下的评估,并按情境的用途、相关人员和内容将情境分为为了个人应用而阅读、为了公共应用而阅读、为了工作而阅读、为了教育而阅读四类予以评估。鉴于对于阅读素养界定的复杂性,PISA 还考虑通过其他途径主要

---

① 主要摘自黄光扬、王晞编著:《基础教育学生发展的测量与评价》,中央文献出版社 2007 年版,第 217—221 页。

是问卷调查以期对阅读素养的相关问题提供更多的可资利用的信息。PISA 的问卷调查中的问题主要涉及评估学生在校内和校外的阅读实践和阅读活动的总体情况,是描述性、说明性的,主要对学生的阅读活动及其在各种阅读活动中的态度、兴趣进行评估。因此,这类问卷调查选择的被评估的信息类型必须与教育政策相关,是为了获得关于学生阅读态度和阅读实践的信息。其调查的内容一般包括对家庭、学校或公共设施方面的说明,如家庭的藏书量、是否去学校或公共图书馆等等;学生的阅读实践和习惯;对阅读的兴趣和态度等,如是否喜欢收到书之类的礼物? 或与其他娱乐如电视、音乐、游泳等喜欢程度相比较来获得信息。

第二,数学素养。PISA 项目认为数学素养是学生能确定并理解数学对社会所起的作用,得出有充分根据的数学判断和能够有效地运用数学的一种个人能力。基于此,该项目从数学技能、主要的数学概念、数学课程因素、数学情境等四个领域展开测评,并将准备考核的数学能力分为三个等级进行,即再现、定义、计算;为解决问题而建立联系;数学思维和概括的能力。同时,它亦强调在各种不同的情境中解答数学问题,运用数学知识。因此,该项目将评估集中在五个情境中,即个人生活的情境;教育的情境;职业(工作)的情境;公共(社区生活)的情境;科学的情境。国际学生评价项目数学素养的测评题型主要有多重选择、封闭式建构性回答、开放式建构性回答三类。封闭式建构性题型提出的问题与多重选择题型中的问题很相似,它要求学生回答的答案必须是容易判断正误的。这种题型是评价能力等级的最佳题型,因为,这种题型不存在学生猜答案的可能性,也不会出现混淆的内容,只有一个正确答案。开放式建构性题型要求学生回答的答案更具开放性,得出答案的过程亦对学生有更高层次知识能力的要求,这类题型不仅要求学生得出答案,而且要求学生列出解决问题采取的步骤或解释答案是如何得出的。在国际学生评价项目的数学素养测评中,将有 25%—35% 的测试时间用于开放式建构性题型,并要求由专业人员来记分,实行含有专业评价成分的记分等级。这一题型通过要求学生解决一系列复杂的数学问题来展示学生的能力。

第三,科学素养。PISA 项目认为科学素养是应用科学的知识来确定问题,得出(或提出)基于证据的结论的能力,以便理解并帮助作出关于自然世界的决定,并且通过人类的活动作出调整。因此,该项目从科学概念、科学方法和科学情境三个角度展开评估。主要考核四个与此相关的能力,即科学地确定可研究的问题,并将科学知识运用于现实生活相关领域中的能力;在科学调查中确认证据的能力;得出或评价结论的能力;对科学概念的理解,并给出建构性回答的能力。同时,将科学情境主要选择在四个层次上,即个人和家庭;社区(公共)的情境;世界生活(全球)的情境;历史相关性的情境。

国际学生评价项目在 2003 年新增设了解决问题能力的测评项目,以评估学生综合解决现实生活问题的水平。解决问题的技能是指学生综合运用阅读、数学、科学领域所获得的知识,以解决生活中遇到的真实问题的能力。具体而言,主要包含以下内容:识别交叉学科问题;识别相关学科的信息和条件;提出可能的解决办法和方案;选择解决方案的策略;解决问题;检查或反思问题;交流解决结果。

总之,与已存在的其他学业评估相比,PISA项目有其鲜明的特点,具体表现在如下几点:

(1)在评价的内容上。现存的测试大多与课程的框架有密切的联系,试图测量的是学生对具体知识、技能和概念的掌握程度。而PISA项目侧重于测量广义的"素养",评价内容取自于更广泛的领域,即不仅仅局限于在校学习的基于课程的已经掌握的单一知识,强调知识在不同情境中的应用和面对实际生活挑战的能力。如数学测试的内容之一为空间与形状,这与具体的基于课程内容的几何、代数的测试有很大的不同。

(2)在测试的题型上。PISA项目关注并致力于评估学生在日常生活情境中的阅读、数学、科学方面的知识和技能,如国际学生评价项目中数学、科学的题型,包括解释图表或其他"真实"世界。这些试题是基于PISA项目的一种预想而设计的,即当15岁的学生开始向成年生活过渡的时候,他们不仅需要知道如何去阅读或理解特定的数学公式或科学的概念,而且还要知道如何掌握这些知识和技能,并在未来面临的不同的生活中加以运用。

(3)在测试对象的取样上。PISA项目与众不同的是它以同一年龄即15岁为依据而取样,而不以年级为取样。之所以选择以15岁年龄为取样,是因为国际学生评价项目的目的在于体现一个教育系统以及所有学习体验的累积影响的总体结果,而不是纯粹的学校教育的结果。因此,通过强调年龄的取样,试图不仅显示出学生在学校的学习情况,而且包含在学校外的学习情况,且应是学生多年累积性的学习情况。同时,以15岁为代表的这一时间点,学生大部分都在学校中,且在这个时间点的广泛的学习结果可以被测量。此外,由于各国学校教育的年限不尽相同,无法用同一年级进行取样,这样以年龄为取样标准就使得根据测试的结果进行国家间的国际比较更为容易、简便。

PISA项目以其独特的贡献为国际所关注。它反映出较为广泛的政策目的,收集的仅是一种与学校的普通背景、学生的人口统计学的背景(如家庭、种族等)相关的信息。它能够提供在国际视野背景下了解国家教育状况的信息,从而为国家的政策提供信息。因此,PISA项目每次测评结果发布后都会引起各国的广泛和高度重视。但PISA项目所提供和反映的测验信息仍然是具有局限性的,至少是缺乏对教育目标广泛性的关注。对此,我们应当要有清醒的认识。我国教育部考试中心有关部门参与PISA项目,对教育质量监测与评鉴起到一定的积极作用。

课堂讨论题

在学科专业分类中,"教育测量与评价"放在哪一个类别中比较合适?

二、教育测量与评价在教育改革中具有重要的作用

1. 教育改革常常以教育测量与评价的改革作为突破口

教育本身是一个系统。学校教育考试制度和评价制度是教育制度的一个组成部分,但教育考试和教育评价具有很强的导向功能。人们常说,考试是根指挥棒,就是这个意思。在世界教育发展史与教育改革行动中,因考试指挥不当使教育教学走上不健康之路继而引发教育改革运动的典型例子不少。例如,20 世纪初的英国在建立了"11 岁考试"制度后,对所有公立学校的小学毕业生进行统一测验,考试内容包括智力测验、算术测验和英语测验。根据考试结果对小学毕业生进行升学的教育分流。成绩最好的一小部分学生进入文法中学,为升大学做定向准备;成绩其次的一部分学生进入现代中学,旨在为工业发展培养中等技术人才;成绩再次的学生进入技术学校,接受实用性的职业技能培训,毕业或结业后成为社会蓝领阶层。由于文法中学招生的人数相当有限,升学竞争异常激烈,导致英国的小学教育为考而学,内容窄化,"应试教育"倾向严重。有些地方的教育当局甚至还根据"11 岁考试"成绩来评价学校和教师的教学水平,造成许多不良影响,引起社会各界人士的担忧和指责,同时也引发了许多教育论争及其后的教育改革行动。可以说,英国"11 岁考试"制度在一片争论声中苟延残喘,到 20 世纪 70 年代末寿终正寝,同时催生了"英国国家课程改革"计划的实施与推广。类似的还有,20 世纪初期澳大利亚的学校中考试之风非常盛行,"周考、月考、学期考"等正规考试次数频繁,学校根据考试成绩作出关于学生升留级或奖励的决定;有关教育当局则根据各校各科的考试成绩,给学校和教师发奖金,甚至以明确的技术标准把考试分数同教师的薪金联系起来定量发放。这种措施虽然在一定程度上调动了教师与学校的工作积极性,但也导致了"为考而教、为考而学"的教育局面,使教育偏离了正确的轨道,从而引发澳大利亚政府当局对基础教育进行了一系列的教育改革。其他一些国家,如美国、日本、印度等国也有类似的经历。而我们中国本来就是"考试制度"的发源地,重视考试也是无可厚非的,"因为,作为一种手段来说,我国的考试确实是最'古'的,也是'最好'的"[①]。(孙中山语)但由于考试,特别是像高考这样的关键性考试具有指挥棒的导向作用,所以在升学竞争激烈、教育观念落后的情况下,"应试教育"倾向就会出现,教育就会偏离正确轨道,这对培养人才和提高中华民族的整体素质来讲,显然是不利的。正是在这种教育与社会发展背景下,我国政府要求所有学校都要全面推进素质教育,并且启动了国家新一轮基础教育课程改革方案,把课程改革、教与学的方式改革以及考试评价制度改革等统整起来。总之,从英国国家考试制度及其课程改革、澳大利亚国家考试制度及教育改革、美国的教育测量运动及"八年研究"中的课程与教育评价制度改革、还有我国一九四九年以来的考试制度改革来看,考试评价制度改革不仅作为教育改革的一项重要内容,而且有时还作为教育改革的突破口。因此,教育测量与评价在教育改革中常常处于突出的位置,起着重要的作用。

---

① 引自杨学为等主编:《中国考试制度史资料选编》,黄山书社 1992 年版,第 5 页。

2. 考试与评价改革成为基础教育新课程改革的重要内容

教育目标的多样性,必然要求教育测量与评价方法、手段的多样化和科学化。中共中央、国务院 1999 年在《关于深化教育改革全面推进素质教育的决定》中多处讲到考试、评估、评价的改革问题。例如,针对高等教育,该《决定》中指出,要"加强对高等学校的监督和办学质量检查,逐步形成对学校办学行为和教育质量的社会监督机制以及评价体系,完善高等学校自我约束、自我管理机制"。再如,针对招生考试和评价制度,该《决定》的第 13 条指出,"改革高考制度是推进中小学全面实施素质教育的重要措施,按照有助于高等学校选拔人才、中小学实施素质教育和扩大高等学校办学自主权的原则,积极推进高考制度改革。……逐步建立具有多种选择的、更加科学和公正的高等学校招生选拔制度。……鼓励各地中小学自行组织毕业考试,采取多种形式改革高中阶段学校的招生办法,改革高中会考制度。建立符合素质教育要求的对学校、教师和学生的评价机制。地方各级人民政府不得下达升学指标,不得以升学率作为评价学校工作的标准。鼓励社会各界、家长和学生以适当方式参与对学校工作的评价"。可见,全面推进素质教育,需要加快考试制度、考试方法、考试内容、评价方法和评价制度方面的改革,提高教育测量与评价的科学化水平。

由于基础教育在整个教育结构和提高国民素质中具有特殊的作用,因此,基础教育课程及其考试评价改革尤为紧迫。如同 2001 年国务院在《关于基础教育改革与发展的决定》中所强调的那样:"基础教育是科教兴国的奠基工程,对提高中华民族素质、培养各级各类人才,促进社会主义现代化建设具有全局性、基础性和先导性作用。保持教育适度超前发展,必须把基础教育摆在优先地位并作为基础设施建设和教育事业发展的重点领域,切实予以保障。"为了贯彻中共中央、国务院《关于深化教育改革全面推进素质教育的决定》和国务院《关于基础教育改革与发展的决定》,教育部决定要大力推进基础教育课程改革,调整和改革基础教育的课程体系、结构、内容,构建符合素质教育要求的新的基础教育课程体系。教育部于 2001 年 6 月 7 日颁布了《基础教育课程改革纲要(试行)》,提出了课程改革的总目标和具体的目标。其具体目标用"六个改变"加以表述,其中第五个"改变"指的是要"改变课程评价过分强调甄别与选拔的功能,发挥评价促进学生发展、教师提高和改进教学实践的功能"。此外,《基础教育课程改革纲要(试行)》的第 14 条指出,要"建立促进学生全面发展的评价体系。评价不仅要关注学生的学业成绩,而且要发现和发展学生多方面的潜能,了解学生发展中的需求,帮助学生认识自我,建立自信。发挥评价的教育功能,促进学生在原有水平上的发展。建立促进教师不断提高的评价体系。强调教师对自己教学行为的分析与反思,建立以教师自评为主,校长、教师、学生、家长共同参与的评价制度,使教师从多种渠道获得信息,不断提高教学水平。建立促进课程不断发展的评价体系。周期性地对学校课程执行的情况、课程实施中的问题进行分析评估,调整课程内容、改进教学管理,形成课程不断革新的机制"。还提出要"继续改革和完善考试制度";"考试内容应加强与社会实际和学生生活经验的联系,重视考查学生分析问题、解决问题的能力";"考试命题要依据课程标准,杜绝设置偏题、怪题的现象";"教师应对每位学生的考试情况做出具体的分析指导"等一系列要求。

总之,全面推进素质教育和新一轮基础教育课程改革呼唤教育测量与评价科学化。中共中央、国务院以及教育部颁布的这些重要文件,是指导我们搞好教育教学改革的纲领性文件,也是我们开展教育测量与评价改革的指导性文件。

研究性学习专题

为什么说教育测量与评价是所有成功教学的基础,也是有效教学的基础?

三、教育测量与评价是教师的专业素养和能力

1. 正确评价学生的发展是教师职业能力的重要组成部分

教育测量与评价对于教师来说是必不可少的。在教书育人的过程中,教师需要作出一系列决策和判断,需要对学生的性向、能倾、成就、态度、兴趣、潜能及发展等进行较全面的了解,这就需要采用教育测量与评价,以弥补教师非正式观察之不足。教育测量与评价的技术手段不再是唯一的书面考试,而是涉及测量与非测量的一整套评价技术。测量与评价的内容,不再是应该牢记和不该死记硬背的内容,而是涉及更广泛的教育目标。既然学生的发展是生动活泼的、多样性的,那么,测量与评价的方法及其结论也应当是丰富多彩的、多样化的、个别化的。测量与评价的目的,不再局限于给学生分等级排名次,而是对学生的发展和潜能进行系统的调查,发现学生的优点与长处,指出学生的缺点与不足,更重要的是促进学生确立信心,认识自己的相对优势与弱势,明确自己的努力方向。测量与评价的指导思想是为了创造适合学生发展的教育环境,而不仅仅是为了选拔适合精英教育的学生。因此,现代教育测量与评价的思想方法对于教师创造性地教学、因材施教、提高教学质量具有重要的作用。教育测量与评价的知识是教师必备的专业知识,评价学生的能力是教师职业能力的重要组成部分。在教育教学过程中,科学运用教育测量与评价的有关技术方法,是所有成功教学的基础。

2. 国外教师教育普遍开设"教育测量与评价"类课程

发达国家在教师教育过程中一贯重视提高教师在教育测量与评价方面的理论修养与专业发展。虽然他们的教师教育模式不一定相同,但对所有想当教师的学生至少要学习十门左右的教育理论课程,这一点要求却是相同的。教育理论课程的学分比重占总学分的15%—35%不等,其中必然包括"教育统计""教育测量""教育评价""教学评估"之类的课程内容。

德国文化教育部在1994年对师范教育培养目标及课程计划作出调整,要求师范生"具有扎实的文化基础,系统的教学和教育方面的知识与能力;能承担分析学生的个性特征,正确评价学生,指导与帮助学生等工作;能够开展教学改革和教学研究,富有创造性地开展教学活动"等。其课程由通识学科、教育学科、执教学科和教育实践课四个板块组成,学分比例大体上分别占30%、20%、35%和15%。随着德国国内对教师职业化与专业化的主张一再高涨,德国"全国教育与教养工作者联合会"建议教育学科的比重至少占1/3的学分,突出培养教师的专业教学技能。德国教师教育专业课程包括教育学、心理学、教学论、教育社会学、教育

人类学、教育哲学、教育统计学、教育评价学、教育史学、教育经济学、比较教育学、教学实习等。

美国政府与各州教育当局联手,建立严格的、高标准的、多层次的教师资格证书制度,要求教师努力"具有丰富的文化底蕴,养成学者的性格特点;有高度发展的口头表达和书面表达的技能;发展理解以及处理信息符号方面的技能;理解人与自然环境、人与社会环境之间的关系;善于选择和应用灵活的教学策略,以讲授不断发展变化的教材内容;还要学会正确评价学生发展进步等方面的能力"。其课程计划,包括通识教育、学科专业教育和教育教学理论与实践三大部分,并且各占1/3的学习时间。美国教师教育专业课程包括教育史、教育社会学、教育哲学、课程与教学、心理学与发展科学、教学法、教育测验与评价、统计学在教育中的应用、教育实验设计、教育技术、学习理论、学科教育理论、临床教育实践和教育实习等。

英国向来重视考试与评价。20世纪80年代英国实施"国家课程"改革时,把学业评定作为国家课程的一个重要组成部分,英国中央政府要求各地教育当局下属的所有中小学推行国家课程及其相应的学生评定计划,充分体现教育测量与评价在教育改革中的重要性,以及教师掌握教育测量与评价方法的必要性。英国国家课程包括四个方面:一是科目,包括三门核心科目和七门基础科目;二是成绩目标,具体分解为十个成绩层次,规定从5岁到16岁,各阶段应达到的知识、技能和理解水平;三是教学大纲,具体规定各科目内容以及各阶段需要掌握的知识与技能等;四是评定计划安排,在7岁、11岁、14岁和16岁四个关键阶段进行统一测验和学业评定,教师要综合校外统考和校内多方面的成绩记录,对学生的发展写出书面评定报告。为此,英国国家课程改革"学业评定和测试工作组"对国家课程的评定计划作了详细的安排与说明,而且还编写出《评定作业的标准》,供教师学习与参照,所有教师都经过一定方式的培训。英国教师教育专业课程包括心理学、教育原理、教育史、教育心理学、儿童发展、课程研究、教育测验与评定、教学评估、比较教育、职业教育与指导、学科教材教法、教育管理、教育实习等。

韩国向来有尊师重教的传统,教师地位高。韩国曾经制定了《提高教员地位特别法》,保障教师特别优待的经济报酬和社会地位,其中甚至还有规定"教员的不逮捕特权"。韩国的教师教育专业化水平不断提高,其教师教育专业课程包括教育学概论、教育哲学、教育史、教学原理、教育统计(Ⅰ)、教育统计(Ⅱ)、教育评价、课程研究、教育社会学、教育行政学、终身教育论、比较教育、教育与心理检测方法、教育研究方法、教育实习等。

日本政府的中央教育审议会以及教育职员养成审议会等部门对从事专门性职业的教师提出素质要求:具有作为教育者的使命感,深刻理解学生的成长及身心发展,具备有关学科的专业知识,富有教养和具备实际的综合性指导能力等。日本的教师教育专业课程包括教育观念与教育史、教育基本原理、课程与教学论、教育心理学、道德教育研究、心理测定、教育评价、学科教学法、教育法学、学校管理、比较教育、教育实习等。

新加坡教师教育专业课程包括教与学的基础、学习过程与评价、影响学生学习的社会因素、教学传媒与计算机、班级管理与动机激发、教育指导与协商技术、问题学生的教育、学科教学方法研究、教育实践等。

由上可知,发达国家都十分重视教师教育专业化,都把教育测量与评价等列入教师教育的课程体系之中。

在我国,早在 20 世纪 30 年代,几乎所有的师范学生都要学习教育统计与测验。后来由于战争和国际政治斗争等因素的影响,师范院校停止开设这类课程。直到改革开放后,国内才首先在高等师范院校教育系和心理系等少数专业中恢复教育统计学、教育测量学等课程。而教育评价的课程则更落后,不但教材建设不尽如人意,而且到目前为止,许多学校还只将其列为选修课,甚至不开设。因此,与国外相比,我国师范教育课程结构中不仅教育理论课程比重偏小,而且除了教育系与心理系等少数专业外,绝大多数师范专业的学生没有学习教育统计、教育测量与评价的基本知识和技能,这不符合国际师范教育的趋势,也不利于教师知识结构的优化,同时也给学校教育带来许多负面影响,加重学生的学习困难和负担。这应当引起有关部门的重视。

由于我国的教师教育课程设置缺乏对师范生进行教育测量与评价方面的专业训练,造成我国绝大多数教师不了解教育测量与评价的科学理念、基本理论和方法,甚至连考试和命题的基本科学常识都不具备,更不用讲教师如何诊断学生的学习困难、如何客观了解学生的个性心理、如何了解学生的发展潜能,因而从根本上也就无法把因材施教的教育理念有效地贯彻到教育教学行动中去。在评价学生方面,大多数教师除了用考试来评价学生外,不知道还能用什么方法才能更加客观、全面地评价学生。就连在编制学科测验、编写学生练习册,甚至在编写中小学教科书的过程中,也随处可见所编的试题或练习题违背了教育测量和教育评价学中的一些基本规则。例如,在非语言学科的题目中,用不恰当的语言描述或难懂的词语故意提高题目的难度;有的教科书编写人员喜欢挖空心思杜撰出一些没有多少实际意义的难题、偏题和怪题,似乎要显示命题人思想的"深刻性",却害苦了学生。再如,有些填空题目会在一句话中安排 4—5 个空格,或者在一个短句中安排 3 个甚至 4 个需要改错的地方,这在逻辑上和思维上给学生造成了困难,导致学生不知如何作答,从而降低了考试的有效性,通常也使教师对学生的学习情况造成误判。此类事情,不一而足。

最典型的情况或许是来自新华社西安分社 2005 年 8 月 30 日的一则电文,说是由北京某考试研究中心主编、陕西某出版社出版的参考书《中学教材全解》,其中有一套名为《历届相关中考试题浏览》的几何试题。西安市一位叫郑英的退休教师,做完这套几何试题后感到十分吃惊的是,总共 42 题,竟然有 14 处错误。虽然这是典型的例子,但可以肯定地说,当前许多中小学教材、教辅以及各种考试练习册中处处可以找到不符合考试命题科学要求的偏题、难题、怪题、纰漏题。这些偏题、难题、怪题、纰漏题会不断干扰学生正常的学习计划,不断浪费学生的学习精力,不断消磨和耽误学生的学习时间或考试时间,不断打击学生的学习信心,不断地制造假信息使教师对学生作出失真的判断。所有这些,最终导致学生课业负担加重,成为推进素质教育的绊脚石。遗憾的是,这个问题还没有被人们所关注。

我国教师教育进入转型期,教师专业化的要求越来越高。为了培养能适应 21 世纪社会发展的优秀教师,教师教育模式、课程设置、教育理念等都要进行改革。这其中包括要适当加大教育理论课程的比重,必须开设教育测量与评价类具有教育专业性、教育技术性的课程,这是顺应国际教师教育的趋势,也是实现教师教育目标的必要措施。对于准备以教师为职业的青年学生来讲,需要努力学习教育测量与评价的基本知识,发展应有的态度和技能,提高实施教育测量与评价的能力。

🔆 关键术语

教育测量　称名量表　顺序量表　等距量表　比率量表　教育评价　教育测量与评价
教育评估　科举考试

📖 内容提要与小结

1. 广义的测量，指的是根据某些法则与程序，用数字对事物在量上的规定性予以确定和描述的过程。测量需要满足一些基本条件，首先是依据某些科学原理与法则，发展出合适的量具；其次是必须有意义相对明确的测量单位；再次是要有一个测量的参照点。这是测量的三要素。许多物理量的测量过程具有直接性、意义相对明确性、结果相对精确性。

2. 教育测量指的是对学生在学校教育影响下的发展从量的规定性上予以确定和描述的过程。教育测量是精神特性的测量，其测量过程多是间接性的，精神特性相对抽象与模糊，测量误差相对较大。教育与心理测量的量表具有多样性，从低级到高级，依次有称名量表、顺序量表、等距量表和比率量表四个水平。教育测量的量表大多属于顺序量表，但在实际使用中，却被人为地提升到等距量表或比率量表的水平。为此，我们要正确对待和使用教育测量的结果。

3. 广义的评价，泛指衡量人物或事物的价值。评价是一种价值分析和判断过程。评价活动需要以事实为依据，以"价值标准"为准则，通过收集多方面的信息资料，对人类社会各种活动的价值进行分析和判断。

4. 从广义出发，教育评价就是对教育系统中的人物或事物的价值作出分析与判断的过程。但从"教育评价"产生的社会背景来看，人们对教育评价所下的定义是不相同的。这些定义可以分为狭义、中义、广义。广义的教育评价概念与国内有些专家学者对"教育评估"所下的定义相近。本书认为，教育评价是按一定的价值标准，利用多种方法（包括测量与非测量）系统地收集资料和证据，对学生的发展变化及影响其发展变化的各种教育要素进行价值分析和价值判断。

5. 教育测量、教育评价和教育评估是相互联系又相互区别的概念。它们在某些场合下，可以看成是同义词；在一些场合下，则可能有一定的区别。因为教育测量、教育评价、教育评估毕竟属于不同词语，它们有各自相对独立又为其他所不能代替的研究领域和实践活动范围。

6. 中国是世界文明古国之一。国际公认，考试活动以及较完备的考试制度都是中国人首先发明和建立起来的。中国科举考试在中国历史上断断续续绵延了近1300年，其完备的考试制度以及较严格的考试方法，在世界教育测量与评价发展史中具有极其重要的位置。西方文官考试制度从根本上讲是从我们中国人这里学到的。中国科举考试是一本"百科全书"，值得我们研究与借鉴，剔除糟粕，吸收精华，这对继承中华民族优秀文化具有重要的意义。

7. 教育测量和教育评价是以统计学、教育学、心理学等学科为基础建立起来的综合性学科，它产生于欧美。对这两门学科作出奠基性贡献的典型人物分别是早期的桑代克教授和泰勒教授。教育测量是用科学的方法去衡量学生的学习结果，并从量的规定性上加以确定和描述，测量过程多是事实判断。但在许多情况下对教育测量的结果若不作出解释和处理，其测值是没有意义的。因此，许多教育与心理测量过程都包括了对测量结果的统计分析和专业解释，因而也含有价值判断。故教育测量在许多地方也包含着评价。有些人认为，测量就是测量，没有任何评价的成分，这是不正确的，也是不了解教育测量和教育评价的发展历史的。教育测量和教育评价是有交叉的，特别是经过教育测量运动，教育评价和教育目标分类学说建立之后，现在的教育测量与教育评价结合得越来越紧密。我们从许多出版物的标题及其内容，即可看出教育测量与教育评价整合的趋势与事实。

8. 当我们使用"教育测量与评价"这个概念时，既可看成是一个以教育测量为主体、包含教育评价相关内容的课程；在特定场合下，也可看成是教育统计学、教育测量学、心理测量学、考试学、教育评价学、教育评估学等为基本内容的学科群的集合名称。

9. 教育测量与评价是教育科学体系中重要的学科，教育测量与评价是现代教育科学三大研究领域之一。在许多发达国家和地区，教育测量与评价是一个极其活跃的研究领域，并且在教育学科中占有重要的位置。在我国，一些人对教育测量与评价的学科地位认识不到位，教育测量与评价的学科归属有待进一步确认。

10. 教育测量与评价在教育系统中具有重要作用，我们不只关心对教育效果（输出）的测量与评价，还关心对教育系统中"输入要素"及过程的评价。我们不仅要在教育教学活动中创新教育测量与评价的方法，而且还要发扬与继承教育测量与评价活动的文化功能。我国政府近年来十分重视对各类学校办学水平的评估和对学校教育质量的监控与评价。在全面推进素质教育以及国家新一轮基础教育课程改革计划中，教育测量与评价的改革是个重要的组成部分。

ⅢⅣ 练习与思考题

1. 教育测量与教育评价有什么联系与区别？
2. 教育评价与教育评估有什么联系与区别？
3. 为什么说考试的量表水平通常是顺序量表？
4. 有哪些教育测量与评价方面的名言值得我们深思？
5. 怎样使用教育测量与评价这个概念？
6. 为什么说教育测量与评价在教育中有重要的作用？
7. 为什么说教育测量与评价是教师必备的知识技能修养？
8. 基础教育课程深化改革中对考试评价制度改革提出了哪些新要求？

第二章　教育测量与评价的类型和功能

学习目的

学完本章后,你应当能够:

1. 按不同分类标准对教育测量与评价进行分类。

2. 了解形成性、诊断性和总结性测验(评价)之间的区别和联系。

3. 初步了解常模参照测验和标准参照测验的意义与区别。

4. 认识潜力参照测量与评价的意义和特点。

5. 认识最佳行为评价和典型行为评价的意义与区别。

6. 初步领会计算机自适应测验的理念。

7. 能够阐述教育测量与评价在实现教育判断方面的功能。

8. 能够阐述教育测量与评价在改进教师教学方面的功能。

9. 能够阐述教育测量与评价在促进学生学习方面的功能。

10. 能够阐述教育测量与评价在行使教育管理方面的功能。

编写者及课任教师建议的阅读文献

1. 王汉澜主编:《教育测量学》第一章,河南大学出版社1987年版。

2. 胡中锋、李方编著:《教育测量与评价》,广东高等教育出版社1999年版。

3. 漆书青、戴海崎、丁树良编著:《现代教育与心理测量学原理》第十章,江西教育出版社1998年版。

4. [美]N·E·格朗兰德著,郑军等译:《教学测量与评价》,河北教育出版社1991年版。

5. 教育部关于印发《基础教育课程改革纲要(试行)》的通知,教基〔2001〕17号。

6. 黄光扬主编:《教育统计与测量评价新编教程(第二版)》第五章,华东师范大学出版社2020年版。

7. _____

_____

8. _____

_____

第一节　教育测量与评价的主要类型

国内外学者对教育测量与评价的分类不仅角度不同,而且看法不一。但格朗兰德的分类具有代表性和启发性。格朗兰德在《教学测量与评价》一书中指出,[①]根据测量的性质,我们可把测验和其他评价方法粗略地分成最大成就和典型行为两大类;从课堂教学运用的角度,可把测验和评价方法分成安置性测验(评价)、形成性测验(评价)、诊断性测验(评价)和终结性测验(评价)四类;根据怎样解释测验的结果或评价的结果,可把测验和评价方法分成常模参照和标准参照两类。此外,他认为,还可以用一些成对的术语或两极词语,把测验分成诸如个体测验与集体测验、掌握测验与综合评估测验、速度测验与能力测验、客观性测验与主观性测验等。本书参照格朗兰德对测验与评价的分类,结合当前我国实际,对教育测量与评价的类型避繁就简地作一梳理。

一、按测量与评价在教学中运用的时机分类

在国内学校课堂教学过程中,教师们经常用到的教育测量与评价,按运用的时机来分主要有三种:形成性测量与评价、诊断性测量与评价、终结性测量与评价。

1. 形成性测量与评价

形成性测量与评价是在教学过程中经常实施的,在性质上大致相当于现在的中小学单元测验。形成性测量与评价的目的,对教师而言是藉此获得教学过程中连续性的反馈,了解学生的学习效果、学习历程、学习特点、学习困难等信息,作为随时修正自己教学的参考。同时,形成性测量与评价对学生的学习,也可提供反馈信息,学生根据反馈的结果获知自己学习后的表现情况,从而肯定或修正自己以后的学习方式。因此,在教学过程中,形成性测量与评价是不可缺少的。根据预定的教学目标,然后核对形成性测量与评价的结果,教师才能针对全班或个别学生的学习成败情形分别给予辅导。

2. 诊断性测量与评价

诊断性测量与评价是对经常表现出学习困难的学生所作的测量与评价,它的目的是对个人的问题行为及其原因进行诊断。诊断性测量与评价多半是在形成性测量与评价之后实施。形成性测量与评价是在教学过程中实施的,实施之后如发现学生有学习困难的情形,即随时给予个别辅导,在辅导中帮助学生改善方法或习惯,从而克服学习困难,并跟上班级教学的进度。如果辅导之后学生学习困难情形依旧,甚至日益严重,那可能就不是单纯的读书方法或学习习惯的问题。长期表现学习困难的学生,很可能在心理上另有原因。在这种情形下就需要对他们实施诊断性测量与评价。

3. 终结性测量与评价

终结性测量与评价用于教学结束后,在性质上相当于现在学校中所举行的期末考试。

---

① ［美］N·E·格朗兰德著,郑军等译:《教学测量与评价》,河北教育出版社 1991 年版,第 10—20 页。

其目的有两个:其一是在教学目标之下,检查学生一学期的学业达到了什么程度,从而判断教学效果的得失。其二是根据终结性测量与评价的结果,评定学生的学业成就,并将评定结果通知学生家长或记入档案。

二、按解释测量结果或评价结果时的参照点分类

人们在解释教育测量和评价的结果时总是要选择某种参照点。这样,教育测量评价可大致分成常模参照测量与评价、标准参照测量与评价和潜力参照测量与评价三类。

1. 常模参照测量与评价

常模参照测量与评价是将被试水平与测验常模相比较,以评价被试在团体中的相对地位的一种测量与评价类型。测验常模是一个与被试同类的团体在相同行为上的分数结构模式。也就是说,常模参照测量与评价对学生学习成就的解释是一种相对评价。由于命题标准、试题难易和评分宽严的不同,有时单凭卷面分数本身不能客观地评价学生的成就与能力的高低。学生在试卷上得到的分数要跟他所在团体的常模比较后,才能显示该生的实力。例如,某生在一次数学测试中得了 85 分,只看其分数并不能确定其水平的高低,必须结合全班学生分数的情形才能确定。如全班平均分为 65 分,那么该生的成绩就位居前列。如果全班平均分为 85 分,则该生的成绩刚好中等。如果全班平均分为 90 分,那该生的成绩就属于较差了。这种相对比较论高低的评价方法不仅在一些选拔性考试中得到重要的应用,而且在学校教育评价呈现多元化的改革趋势下也有存在的价值。

2. 标准参照测量与评价

标准参照测量与评价是将被试的表现与既定的教育目标或行为标准相比较,以评价被试在多大程度上达到该标准。由于这种测量与评价常常和教育目标连在一起,故也称目标参照测量与评价。学校的教学测量与评价,主要目的是为了确定学生达到教学目标的程度,考查学生对知识技能的掌握程度,因此,一般都采用标准参照测量和评价的方法。

3. 潜力参照测量与评价

潜力参照测量与评价,是将被试的实际水平与其自身潜在水平(潜力)相比较,以评价被试有无充分发挥自身潜力为目的。例如,同班同学一人考了 70 分,另一个同学考了 80 分,老师却表扬了考 70 分的同学,而警示了考 80 分的同学。之所以如此,就是因为老师对学生的评价是参照学生潜力而言的。考 80 分的同学本应考得更好,而考 70 分的同学已经很努力了,其当前实际水平已达到或接近该生的"最近发展区"。在强调人性化、动态化和个别化的教育评价潮流下,潜力参照测量与评价理应发挥更大的作用。本书第八章中,将对潜力参照测量与评价,以及对动态评价的有关内容作进一步的讨论。

课堂讨论题

有人认为,用相对位置或相对分数来描述与评价学生的学习情况是不符合素质教育思想的。这样,常模参照测量与评价方法在新一轮基础教育课程改革中还有存在的价值吗?你怎么看待这些问题?

三、按测量与评价被试行为表现的性质分类

心理学家把人的行为表现按其性质分成两大类：最大成就和典型行为。考虑到"最大成就"这个概念的外延相对较小，因此，我们把教育测量与评价所指向的被试的行为表现，按其性质分成最佳行为和典型行为两类。

1. 最佳行为测量与评价

最佳行为测量与评价以测量被试的最佳行为表现为目的。凡是以成就或能力的高低作为评价基础的，都属于最佳行为测量与评价。学校教学后的考试与升学考试，在性质上都属于最佳行为测量。此种测量与评价之所以称为"最佳行为"，是因为在这种以能力为基础的评价情境下，被试都将有强烈的求胜动机，面对问题全力以赴，希望自己有最佳的表现。在一般情形下，学生参加竞争性的考试都会如此。因此，学生们在学科成就测验上得到的分数，均可视为他们的最佳行为表现。教师对学生成就高低的评定，自然也是根据他的最佳行为表现。

2. 典型行为测量与评价

典型行为测量与评价的目的不在测量与评价被试能力的高低，而是测量与评价其是否具备某种（或某些）典型行为。换言之，典型行为测量与评价所关心的不是被试能不能尽其所能地表现出其最佳水平，而是要求被试按通常的习惯方式作出反应（即典型行为）。态度、情感、人格、兴趣测量等，都属于典型行为测量。这些测量过程，希望被试以其平常的典型状况来回答，无所谓正确与错误之分。在重视学生个性发展和全人教育的理念下，典型行为测量与评价方法具有特殊意义。

四、按测量与评价的内容分类

教育测量与评价的内容极为丰富，欲穷其类，实非易事。但从基本内容来看，主要有智力测量与评价、能力倾向测量与评价、成就测量与评价、人格测量与评价。

1. 智力测量与评价

智力测量与评价的目的在于测量被试的智力并对被试的智力发展水平和特点作出评价。用于智力测量与评价的标准量具，常见的有"斯坦福—比纳智力量表""韦克斯勒智力量表""瑞文推理测验"等。

2. 能力倾向测量与评价

能力倾向测量与评价的目的在于测量并评价个人的潜在才能，预测个人的能力发展倾向。能力倾向测量与评价一般可分为两种：一种是关于一般能力倾向的测量与评价，旨在探测与评价个人多方面的潜能；另一种是特殊能力倾向测量与评价，旨在探测个人某方面的特殊潜在能力，如音乐能力倾向、机械能力倾向、美术能力倾向等。

3. 成就测量与评价

成就测量与评价的目的在于测量并评价个人在接受教育或训练后的成就。常见的有两种类型：一是学科成就测验，旨在测量与评价被试在某一科目上的学习成就；二是综合成就测验，旨在测量与评价被试在多个学科或综合学科上的学习成就。综合成就测验既可以是

单个测验,也可以是成套测验。

4. 人格测量与评价

人格测量与评价也称为个性测量与评价,其目的在于测量与评价被试的人格心理特征,诸如气质、性格、兴趣、态度、动机、适应性等方面的心理特征。由于人格的概念十分宽泛,因此,人格测量与评价所涉及的内容层面也很多,人格测量与评价方法也是丰富多彩的。为了更好地把"因材施教"的原则落到实处,教育者应当掌握测量与评价人格的一些基本原理和方法。本书在第十章中,将进一步讨论人格测量与评价这个专题。

五、教育测量与评价的其他分类

(一) 按同时测量人数可分为个别测量与评价和团体测量与评价

1. 个别测量与评价

个别测量与评价是指同一主试在同一时间内只能测量一个被试,"斯坦福—比纳量表""韦克斯勒智力量表""罗夏墨迹测验""主题统觉测验"等一些著名的心理测验,都属于个别测验。这种形式的测量与评价,主试对被试的行为反应有较多的观察和控制机会,能与被试有更多的交流机会,这可以让主试获得更多的信息,建立较融洽的主被试合作关系,有利于测量与评价的进行。对于一些特殊的被试,如幼儿、文盲等,只能采用个别测量与评价的办法。但是个别测量费时、费力,特别是主试必须经过严格的训练才能胜任。这是它的不足之处。

2. 团体测量与评价

团体测量与评价是指在同一时间内由一位主试测量许多位被试。"瑞文推理测验""陆军甲种、乙种团体智力测验"以及绝大多数自陈人格问卷都属于团体测量与评价。这种形式的测量与评价突出的优点是节省时间,可以在短期内收集到大量的测量数据,所以在教育、人事选拔、团体比较中被广泛使用。其不足是由于同一时间内接受测量的被试多,不易有效地控制被试的行为,容易产生测量误差,从而影响测量的信度和效度。

(二) 按测验材料可分为文字测验和非文字测验

1. 文字测验

文字测验的内容是以文字的形式表现的,被试也用文字作答,也常称为"纸笔测验",是最为常见的一种测量与评价类型。这种测量与评价实施较方便,团体测量与评价大多采用此种形式,学校中的大多数学业成就测验都属于文字测验。文字测验容易受被试文化程度、阅读能力等方面因素的影响,也会受到主试语言、语音等因素的影响,因而,对不同教育背景下的被试,测量与评价的有效性将受到一定程度的影响。

2. 非文字测验

非文字测验的内容是通过图形、仪器、工具、实物、模型等形式表现的,被试通过指认、手工操作向主试提供答案,所以也称为操作测验。这种形式的测量与评价不受或较少受文化背景的影响与限制,因此,可用于幼儿或不识字的被试,也有利于对不同文化背景下的被试进行跨文化的研究。在设计"文化公平测验"时常采用这种方式。

【阅读材料】

自适应测验

传统的能力测验尤其是考试,总是采用由一批题目组成结构固定的测验(或试卷)来进行测试,无论是高水平还是低水平的被试,都要求解答同样一批题目。施测的题目不能有任何不同,因为测验分数正是所测题目的答对率(通过率)。如果作为比较基础的施测题目组有了变化,被试成绩就无法确定,水平高低就无从判别。但是,不论被试水平高低全都接受同样一批题目的测试,对低水平被试来说,那些难度大的题目,根本就无法作答,形同虚设,及至瞎猜;对高水平被试来说,那些难度小的题目,测不出被试真实水平,完全浪费精力,稍一疏忽反而失分,扩大误差。所以传统测验的施测策略,并不充分合理与科学。理论的分析与实践的经验都证明,当题目难度跟被试能力相适应,彼此相当时,测试题目所能提供的信息量最大,被试接受测试的积极性极高,测验分数的效度也就最好。所以,在测验编制与施测的指导思想上,必须实现策略原则的根本改变,具体对象具体对待,像“因材施教”那样“因人施测”,藉此来提高测验工作的信度与效度。

适应被试水平用不同难度题目去进行测试,以求得到准确的测量结果,这一思想比纳在编制他的智力量表时就已指出。他抽取不同年龄组的儿童进行试验性测试,从而找到了代表各年龄组水平的典型性题目。这些题目按年龄水平高低加以排列后,不同被试从哪一处开始接受测验,受测过程中作答对错,有了结果后再继续选择什么水平题目施测,以及测验要到什么状况才予以结束,都要取决于被试的实际表现和水平,不同对象不同对待。这当然是自行适应被试水平的测验。后来,还有人编制了多步固定分支测验,其施测过程的策略原则是:所有被试都从接受一个中等难度的题目开始,然后取决于他答对还是答错,再施测一个有固定结构的一批测验题目中更难或更易的题目,从而使被试沿着固定结构中的某一特定途径前进,最后达到能力连续统上的某一位置,得到相应水平的测量结果。这种策略方法可图解如下:

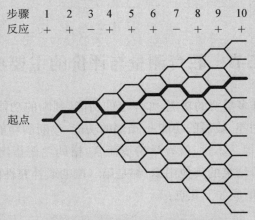

步骤　1　2　3　4　5　6　7　8　9　10
反应　+　+　-　+　+　+　-　+　+　+

起点

图2-1　多步固定分支测验策略图解

计算机化自适应测验是历史上适应性测验的高级发展阶段。在这里,计算机不仅是媒体工具,而且是智能化的决策者。它依靠大型题库,采用现代测量理论,自行去适应被试水平,灵活施测难度最恰当的题目,从而去实现对被试的高效测量。它要实时进行复杂计算,当即估计被试水平,并针对这种水平迅速从题库中选出最适合的题目,继续进行测试,以达到最精确测量的目的。

(三) 按量具的标准化程度可分为标准化测验和非标准化测验

1. 标准化测验

标准化测验是指严格按照教育测量学或心理测量学要求的测验编制程序而编成的一种测验。通常标准化测验都具有一定的编制程序,包括试题的抽样,难度、区分度指标分析,明确的施测指导语和施测程序,计分标准,解释分数的常模,以及信度、效度等指标资料。对于考试过程而言,标准化考试一般包括命题标准化、施测过程标准化、评分阅卷标准化和分数报告与解释标准化等四个环节。

2. 非标准化测验

这类测验的编制相对自由,没有严格按照测验编制程序进行。教师自编测验常由教师依照自己的教学需要和教学目标而自行编制,是一种非标准化的测验。教师自编测验的编制程序(如试题的编拟、实施、计分和解释等)没有经过标准的步骤,缺乏严谨一致的信度和效度指标,更没有提供解释分数的常模,所以相对而言不够严谨。但是,它能满足教师在教学情境下使用,符合教学的需求。

除了上述分类之外,还有许多其他分类,比如:按评价是否关注历程,可分成过程评价和结果评价;按测验的执行方式,可分为口头测验、纸笔测验、操作测验和计算机测验;按答案和评分的客观性,可分为客观题测验和主观题测验;按测验题目与被试的关系,可分为自适应测验与非自适应测验等。

第二节　教育测量与评价的主要功能

教育测量与评价有许多重要的功能,如评定的功能、判断的功能、选拔的功能、反馈的功能、教育的功能、导向的功能、威慑的功能[1]、预测的功能、诊断的功能、激励的功能、改进学习的功能、改进教学的功能等。不过,就教学情境而言,格朗兰德指出,"评价的主要目的是改进学习和教学,所以,评价结果的其他用途,都是第二位的或补充性的"[2]。我们认为,教育测量与评价的功能,可以归纳成如下几点:

---

[1] 黄光扬:《学生课业考评改革若干问题的思考》,《教学与管理:中学版》1998年第6期,第45页。
[2] [美]N·E·格朗兰德著,郑军等译:《教学测量与评价》,河北教育出版社1991年版,第8页。

一、实现教育判断的功能

教育测量与评价的最基本、最原始、最现实、最普遍的功能，就是实现教育判断。它包括测量评定的功能、事实判断的功能、价值判断的功能、问题诊断的功能、区分选拔的功能等。

1. 测量评定的功能

古今中外，教育测量与评价活动的直接目的是为了客观地评定学生的学习成绩，或者是为了给应试者的行为表现评定一个成绩（分数或等级）。教育测量与评价具有测量评定的功能，是因为这种判断过程不是主观随意的，而是按照某些科学准则和程序对人的行为表现作出较为客观的测量与评价。可以确定地说，评定的功能使得教育测量与评价能够满足教育过程中人们的基本需要。

2. 事实判断的功能

学生在学校教育影响下，由于个人素质和努力程度的不同，其学习情况、发展情况也就不同。若要实事求是地刻画和描述学生的学习情况与发展状态，人们通常利用测量和非测量的种种方法，系统地收集资料，在此基础上可以对被测对象或被评对象的某种属性、行为表现等作出符合事实的判断。基于这些比较客观的测评事实，教育工作者可以作出相应的教育决策和判断。判断结果可以量化的分数出现，也可以采用定性描述的形式出现。

3. 价值判断的功能

虽然某些事实判断过程也蕴涵着价值判断的成分，但事实判断就整体来看，它与价值判断有明显的差别。价值判断过程，是把事实判断的结果同外部的某种价值体系或价值标准联系在一起，对事物或人的属性作出价值分析、价值判断和价值描述。价值判断往往是建立在事实判断的基础上，事实判断更多地具有写实性，而价值判断往往也具有社会性。

4. 问题诊断的功能

教育测量与评价在实现其事实判断功能和价值判断功能的同时，还具有问题诊断功能。如对学生学习困难的诊断，对学生心理问题的诊断，对儿童智力发展的诊断，对教师教学问题的诊断，对课程设置、课程计划、课程实施的诊断，对教育管理机制的诊断，对办学问题的诊断等。由于教育测量与评价具有问题诊断的功能，因此，在教育过程中，人们常利用各种测验、各种评价表以及考试等手段，大量地收集资料，经由这些资料的分析，充分发挥和最大限度地实现教育测量与评价的诊断功能。

5. 区分选拔的功能

人类的个别差异是客观存在的。在学校教育过程中，减少学生之间的个别差异量，是教育的刻意追求，但要消灭人的个别差异是不可能的。教育与心理测验是判断个别差异的科学工具。在教育与社会活动中，由于资源的有限性或者由于存在竞争，因此，许多情况下必须作出区分与选拔的人事决策。为了做到一定的客观性、公正性和科学性，利用精心设计的教育测量与评价方案，可以较好地实现选拔的人事决策。科学的教育测量与评价方案，具有区分选拔的功能。

二、改进教师教学的功能

教育测量与评价能够通过下面几点,充分发挥改进教师教学的功能:

1. 了解学生的起点行为

摸清学生的学习和发展状况是因材施教的前提。任何一次成功的教育活动,如果不是建立在尊重学生已有的学习和发展状况的基础上是不可思议的。因此,在教学或教育前,教师可以先针对学生实施一次测量,用来评价学生在学习之前已具有的背景知识,以了解每个学生的学习基础和特点,并作为有效教学的起点。

2. 作为改进教学的参考

根据教育测量与评价的结果,教师可以明了自己在教学上的缺失,判断教材的可用性,判断教学方法的有效性以及教学效果的优良性。例如,教学过程中,有哪些教学方法或教材的选择、组织、联系不当,是否需要调整或改变教学策略;有哪些概念和内容讲解得不够到位,学生存在学习错误或一知半解的状态,等等。总之,教育测量与评价的结果,可以为教师改进教学提供有用的信息。

3. 作为补救教与学的依据

对测量结果的分析,可以让教师了解学生的学习类型,如果该测量过程是经过特殊设计,含有诊断不寻常反应、错误概念和反应心向等不正确选项的话,在对测量结果分析之后,更能进一步提供给教师诊断学生在认知结构上哪些地方有缺失的信息,这些信息可以作为教师实施补救教学的参考。测量后的试题分析的信息,可以提供给教师关于所编制测验的统计特征(如难度、区分度等),根据这些信息,教师能够进一步找出不良试题所在,以确保教师所编制的试题均属于性能优良的试题,并且可以被保留在题库内,供日后编制新测验或复本测验使用。由诊断学习获得的信息,可以作为教师实施补救教学的依据。教师可以针对不同学习类型的学习行为特性,以及不同认知结构缺陷的所在,有针对性地提出符合个别需要的补救教学的策略与措施,以达到因材施教的目的。

4. 确保教学目标的达到

教育测量与评价的最终目的在于确保教学目标的达到。根据测量与评价的结果,教师可以知道目前的教学情况离目标有多远,是否需要修正目标或改变教学策略,是否需要改换教材及教法等。比如,在单元、期中、期末学习后,为了检验教育工作的好坏,便少不了全面了解学生对学习内容的掌握情况,这是检查前一段工作的效果,也是进一步进行教育工作的基础。

研究性学习专题

学校教师自编课堂成就测验发挥了哪些功能?还有哪些重要功能没有发挥?如何更好地发挥这些功能?

三、促进学生学习的功能

教育测量与评价具有促进学生学习的功能,主要体现在如下两个方面:

1. 明确目标,增加学习动力

学校教育过程通过实施有效的教育成就测验,能通过以下几个方面直接影响学生的学习:其一,有了测验和考试,就有一种压力和目标,在一定意义上为学生提供了短期的学习目标;其二,重要的教育考试和评价活动,通常事先公布考试和评价方案,这可以让学生更加明确所要学习的内容和努力的方向;其三,通过实施教育测量与评价,可以向学生反馈有关学习进步和行为评价方面的信息。因此,对教育测量与评价的正确使用,不仅可以引导学习目标,提供学习成果的反馈,还能激发学生学习的动机,变压力为动力。

2. 了解自我,调整学习计划

通过教育测量与评价,学生个体都有不同的体验和感受,学生在得到自我教育和反思的同时,也就得到了历练和成长。另外,教育测量与评价可以提供反馈信息,让学生了解自己在学习上的优缺点,有哪些错误的概念需要更正,以及有哪些技能已达到熟练程度等,以促进自我了解、自我认可,帮助学生自己作出最佳的学习决策或制定出最佳的学习计划等。

四、行使教育管理的功能

教育测量与评价具有教育管理的功能,这是因为许多测量与评价方案是按照教育政策、教育法规、教育文件、教育目标等具体要求来设计的,体现了国家、社会、教育管理者等方面的意愿,具有控制、指挥、导向、计划、检查、考核、评估和监督等方面的作用,行使了教育管理的功能。主要是:

1. 对教师的管理

测量与评价在对教师的管理中所起的作用具体体现在这几个方面:一是教师的资格评定,即教师的专业知识水平是否达到基本要求,专业知识包括文化知识和教育心理学方面的知识;二是教师的教学艺术水平的评定,即对教师的教学能力进行评定;三是教师管理水平的评定,即对教师在班级管理方面的能力进行评定;四是教师的个性评定,其中教师的资格和教学艺术水平的评定是其核心内容。充分发挥教育测量与评价在教师管理中的作用,可以提高教师管理工作的科学性。

2. 对学生的管理

教育测量与评价具有一定的导向性和威慑性。学校教育过程通过实施教育测量与评价,有助于对学生的管理,把学生的精力和关注点聚集在学习和准备接受测量与评价的任务上来。学校若没有考试与评价制度,学生就没有目标和压力,教育人员也就无法客观地判断学生发展的个别差异,也就不能实现公平、公正和维护正常的教育秩序。

3. 对教育目标和质量的管理

教育测量与评价是根据教育目标进行的,它通过对现状与目标之间的差距进行判断,能有效地促进被测量与评价的对象不断接近预定的目标。因此,通过评价目标与指标体系的引导,可以为学校指明办学的方向,为教师与学生指明教与学的目标。同时,国家政府有关部门通过教育测量与评价可以实现对各地教育质量和教育水平的监测控制。

4. 对教育过程的管理

利用教育测量与评价,我们可以全面地掌握教育的各种情况,及时发现教育过程中存在的问题,对教育教学任务完成的数量与质量进行控制,为促进、提高教育活动的有效性提供科学的依据。

5. 对学校的管理

教育管理体制改革不仅要转变教育观念,还要改进教育管理方法。比如,可建立对学校的教育评价制度和办学状态信息监测制度,实现宏观管理。在这个教育管理体制变革过程中,教育测量与评价发挥着直接和间接的管理作用。

总之,教育测量与评价具有上述多种多样的积极功能,但这些功能是否得到很好的发挥,就要依赖于我们能否制定出科学的方案,能否正确地认识和使用测量与评价手段。在新一轮基础教育课程改革中,我们要"改变课程评价过分强调甄别与选拔的功能,发挥评价学生发展、教师提高和教学实践的功能"[①]。

💡 关键术语

形成性测量与评价　诊断性测量与评价　终结性测量与评价　常模参照测量与评价标准参照测量与评价　潜力参照测量与评价　最佳行为测量与评价　典型行为测量与评价智力测量与评价　能力倾向测量与评价　成就测量与评价　人格测量与评价　个别测量与评价　团体测量与评价　文字测验　非文字测验　标准化测验　非标准化测验　自适应测验

📝 内容提要与小结

1. 教育测量与评价按照不同的标准可以分为不同的类型,它反映了教育测量与评价方法的多样性。

2. 常模参照测量与评价是将被试水平与常模相比较,以评价被试在团体中的相对地位。标准参照测量与评价,是将被试水平与一绝对标准相比较,以评价被试是否达到该标准为目的。两类测量与评价方法在实际使用中有所区别,其作用也不一样。

3. 形成性测量与评价是在教学过程中实施的,终结性测量与评价是用于教学结束后的。诊断性测量与评价的目的是对个人的问题行为及其原因进行诊断。这几种测量与评价类型在实际应用中具有十分重要的作用。

4. 教育测量与评价的功能是多方面的,但主要有测量评定的功能、事实判断的功能、价值判断的功能、问题诊断的功能、区分选拔的功能、改进教学的功能、促进学习的功能、行使教育管理的功能等。在新课程改革中,我们要注意发挥测量与评价的积极功能。

---

① 中华人民共和国教育部:《基础教育课程改革纲要(试行)》,教基〔2001〕17号。

⊔ 练习与思考题

1. 教育测量与评价有什么功能？ 我们应该如何对待教育测量与评价？

2. 什么是常模参照测量与评价？ 什么是标准参照测量与评价？

3. 什么是形成性测量与评价？ 形成性测量与评价的使用有何重要意义？

4. 什么是诊断性测量与评价？ 诊断性测量与评价的使用有何重要意义？

5. 什么是终结性测量与评价？ 终结性测量与评价的使用有何重要意义？

6. 通过对教育测量与评价功能及其类型的了解，反思所在学校的教学考试起到了什么作用。

第三章 教育测量与评价的质量特性

学习目的

学完本章后,你应当能够:

1. 解释信度。
2. 解释效度。
3. 解释难度。
4. 解释区分度。
5. 依据不同情况采用恰当的方法计算测验的信度。
6. 依据不同情况选用恰当的方法对测验的效度进行评价。
7. 计算测验题目的难度、区分度。
8. 反思教育测量与评价方案的可用性。

编写者及课任教师建议的阅读文献

1. 戴海崎主编:《心理测量学》第二、三、四章,高等教育出版社 2015 年版。
2. 漆书青主编:《教育统计与测量》第五章,广东高等教育出版社 1999 年版。
3. 胡竹菁主编:《心理统计学》第三、七章,高等教育出版社 2010 年版。
4. 侯杰泰等著:《结构方程模型及其应用》第二、三章,教育科学出版社 2004 年版。
5. 黄光扬主编:《教育统计与测量评价新编教程(第二版)》第六章,华东师范大学出版社 2020 年版。

6. _____

_____

7. _____

_____

第一节 教育测量与评价的信度

一、信度的意义

信度（reliability），简单地说就是测量结果的可信程度。例如，量一个物体的长度，人们用标准的钢尺和弹性很大的橡皮尺子分别去测量，显然用钢尺去量的可信程度更高。因为它测量的结果更接近物体的实际长度，每次量的结果出入不会太大。而橡皮尺子的测量结果不可信，因其弹性大，所以每次的测量结果都会因拉力不同而有较大的出入，与物体的实际长度有较大差异。由此可见，信度指的是测量结果的稳定性程度，记为 r_{xx}。也就是说，如果用同一测量工具反复测量同一种特质对象，则多次测量结果间的一致性程度就叫信度。

各种类型的测量，无论是物理测量还是教育与心理测量，先后向同一对象施测后，所得测值很难做到绝对一致。比如，测量一个人的身高，由于每次施测时被试姿势（如头的仰起程度）、读数时主试的观察角度等，都会引起施测结果的彼此不一。由此可见，每次的测量结果实际上包含了被测量特质对象的实际水平（如实际身高）和测量误差两部分。如果每次的测量结果中误差部分都很小，那么测量结果必然是稳定的。教育与心理测量，由于对象的特殊性，出现测量误差的可能性更大，如施测环境、完成时限、主被试关系、被试的动机和情绪等因素都可能影响到测量的结果。大量不肯定的、作用方向各异的非系统因素的影响，就会造成所得测值的不规则的随机起伏。信度的追求，就是对这种无系统的随机误差进行控制。测验本身抗干扰能力强，测验实施过程各方面误差因素都控制得好，多次施测所得分数（测值）的一致性就高，这就叫测量信度高，人们在使用所得测值时就会感觉可靠。测验信度是对测验工具及其操作的整体质量的一种量度，是测验性能的重要质量指标。

但是，教育与心理测量不同于物理测量，人们不可能用同一测量工具反复测量一个人的同一心理特质。例如，同一数学测验不能反复使用在同一批人的身上，否则，测验结果必然会越测越好。于是，人们必须寻求更为实际的一些办法。

二、信度的统计定义

我们不妨把测验实施过程中直接得到的分数，叫做观察分数，记为 X；把被试在所测特质上客观具有的水平值，叫一般真分数（简称真分数），记为 T；那么，观察分数与一般真分数的差就是测量误差，记为 E。这样，三者的关系可以表示为：

$$X = T + E \tag{3-1}$$

可以设想，误差分数的取值大小和正负方向是随机出现的，因此，其平均数为零，而且它与真分数之间是相互独立的。也就是说，误差分数的出现、大小、方向都与真分数无关。根据这一假设，由公式 $X = T + E$ 便可推导出公式：

$$\sigma_X^2 = \sigma_T^2 + \sigma_E^2 \tag{3-2}$$

式中,σ_X^2 表示观察分数的方差;σ_T^2 表示真分数的方差;σ_E^2 表示误差分数的方差。根据公式 (3-2)可以给出信度的统计定义:

第一,信度是一个被测团体的真分数方差与观察分数方差之比,即:

$$r_{xx} = \frac{\sigma_T^2}{\sigma_X^2} \tag{3-3}$$

由此可见,测验的信度一般在 0 和 1 之间取值,r_{xx} 越接近 1,测验的信度越高。

第二,信度是一个被试团体的真分数与观察分数的相关系数的平方。即:

$$r_{xx} = \rho_{TX}^2 \tag{3-4}$$

第三,信度是一个被试团体在测验 X(A 卷)上的观察分数与在测验 X 的任意一个"平行测验"X'(B 卷)上的观察分数的相关系数。即:

$$r_{xx} = \rho_{XX'} \tag{3-5}$$

以上三个统计定义是等价的定义,其中第一个是原始的、基本的统计定义,从其出发可以推导出另外两个定义公式。不过,第一和第二个定义只具有理论意义,只有第三个定义才具有实际操作的意义。

三、信度的估计方法

(一) 重测信度(test-retest reliability)

重测信度指的是用同一个量表(测验或评价表)对同一组被试施测两次所得结果的一致性程度,其大小等于同一组被试在两次测验上所得分数的相关系数。依据测试结果分数的形式是连续变量还是二分变量等,可采用不同的相关分析方法。最常用的是积差相关计算公式:

$$r_{xy} = \frac{n\sum X_i Y_i - (\sum X_i)(\sum Y_i)}{\sqrt{n\sum X_i^2 - (\sum X_i)^2}\sqrt{n\sum Y_i^2 - (\sum Y_i)^2}} \tag{3-6}$$

式中,n 为被试的数量;$\sum X_i Y_i$ 是每个被试两次考试所得分数乘积之连加和;$\sum X_i$ 是每个被试第一次考试分数之连加和;$\sum Y_i$ 是每个被试第二次考试分数之连加和;$(\sum X_i)(\sum Y_i)$ 是两组成绩求连加和之后的乘积;$\sum X_i^2$ 是每个被试第一次考试分数平方后的连加和;$\sum Y_i^2$ 是每个被试第二次考试分数平方后的连加和。下面以一个例子来说明这种方法的计算。

例 1 在政治科目考试后一周,随机抽取 10 名学生进行重测,先后两次考试成绩如

表3-1中的 X_i 栏和 Y_i 栏中的数据所示,试求该政治科目考试的一个重测信度。

【解答】 不妨设计一个表格如表3-1所示,共6个栏目,从左到右依次是被试编号, X_i , Y_i , X_i^2 , Y_i^2 和 X_iY_i 。通过计算可知:

$$n=10, \sum X_i=756, \sum Y_i=837, \sum X_i^2=57352,$$
$$\sum Y_i^2=70245, \sum X_iY_i=63369$$

把上述数据代入公式(3-6)可得:

$$r_{xy}=\frac{n\sum X_iY_i-(\sum X_i)(\sum Y_i)}{\sqrt{n\sum X_i^2-(\sum X_i)^2}\sqrt{n\sum Y_i^2-(\sum Y_i)^2}}$$
$$=\frac{10\times63369-756\times837}{\sqrt{10\times57352-756\times756}\sqrt{10\times70245-837\times837}}=0.48$$

基于这10个被试一周后的重测成绩,得到本次政治科目考试的重测信度为0.48(相关系数 $r=0.48$)。

表3-1　计算重测信度(相关系数)示例

学生号	X_i	Y_i	X_i^2	Y_i^2	X_iY_i
01	74	82	5476	6724	6068
02	71	75	5041	5626	5325
03	80	81	6400	6561	6480
04	85	89	7225	7921	7565
05	76	82	5776	6724	6232
06	77	89	5929	7921	6853
07	77	88	5929	7744	6776
08	68	84	4624	7056	5712
09	74	80	5476	6400	5920
10	74	87	5476	7569	6438
$\sum$	756	837	57352	70245	63369

资料来源:张敏强主编:《教育与心理统计学(修订版)》,人民教育出版社2002年版,第59页。

重测信度有个基本假设,那就是假设某测验所要测量的潜在特质短期内不会随着时间的推移而改变。因此,重测信度的用途也在于估计测验结果(以测验分数表示)经过一段时间后是否仍然维持稳定、一致的特性,所以又称为稳定性系数(coefficient of stability)。

然而,人类有些潜在特质是会随着时间而改变的,因此,重测信度的高低和两次测量时间的间隔长短有密切关系。一般而言,时间间隔越长,可能由于被试的身心成长发展、遗忘、施测情境改变等因素的影响,而容易使信度降低;反之,时间间隔越短,则可能由于被试的练习与记忆、施测情境等因素未发生改变,而使信度提高。所以,任何一个测验由于重测时间间隔的不同,而有多个重测信度系数。究竟两次测量间的时间间隔应该多久才恰当? 一般来说,在间隔时间内,被试的遗忘和练习的效果基本上相互抵消,这样才是适度的时间间隔。具体而言,并没有一个固定的标准,要视具体情况而定。比如,要考虑测验结果的用途、测验种类、被试的年龄等因素。

重测信度适用于异质性测验。所谓异质性测验就是说一个测验包括几个不同的部分,这几个部分分别测量几个不同的心理特质,它们之间可能并不存在相关或相关较低。对于这种异质性测验,不适宜计算它的内部一致性信度。这时,重测信度是比较可靠的。另外,重测信度适用于速度测验而不适用于难度测验。因为速度测验的测题数量多,而且有一定的时间限制,被试很难记住第一次施测的内容,因此第二次施测较少受记忆的影响。而难度测验则相反。重测信度还适用于运动技能的测验,如跑、跳、掷等,其测验成绩较少受重复测量的影响。

(二) 复本信度(alternate-forms reliability)

所谓复本测验(alternate forms test, equivalent forms test,或 parallel forms test)是指在试题格式、题数、难度、指导语说明、施测要求等方面都相当,并且都用来测量相同潜在特质或属性,但试题又是不相同的测验。复本测验也称作平行测验。

复本信度指的是两个平行测验测量同一批被试所得结果的一致性程度,其大小等于同一批被试在两个复本测验上所得分数的相关系数。依据测试结果分数的形式,是连续变量还是二分变量等,可采用不同的相关系数计算公式。

实施复本测验有两种方式:一种是在同一个时间连续施测,另一种是间隔一段时间后施测。前者主要可以反映出测验内容造成的误差的多少,也就是说,可以反映出两个测验是否是真正的平行测验,所以这种复本信度被称作等值性系数(coefficient of equivalence)。而由后者所得到的复本信度,不仅反映出测验内容的抽样误差,而且也反映了被试本身状况的改变,这种同时兼顾试题抽样与时间影响的信度,称作等值稳定性系数(coefficient of stability and equivalence)。与其他的信度系数相比,等值稳定性系数最小,也就是说,这种复本信度是对信度最严格的检验。

使用复本信度首先要构造出两份或两份以上的真正的平行测验。这是一个很难达到的条件。另外,重测信度的一些不足在复本信度中仍然存在,需要加以克服。

复本信度不仅适用于难度测验,也是估计速度测验信度的好方法。在作追踪研究或探讨某些影响测验成绩的因素时,大多使用复本测验,分析复本信度。

（三）同质性信度（homogeneity reliability）

同质性信度也叫内部一致性信度（internal consistency reliability），它是指测验内部所有题目间的一致性程度。这里题目间的一致性含有两层意思：其一是指所有题目测的是同一种心理特质；其二是指所有题目得分之间都具有较高的正相关。也就是说，同质性信度就是一个测验所测内容或特质的相同程度。

同质性信度基于的假设是：当一个测验具有较高的同质性信度时，说明测验主要测的是某一单个心理特质，由于众多的题目测试了同一心理特质，那么实测结果就是该特质水平的反映。例如，用一道选择题测量被试的数学能力，机会性太大，并不能反映被试的真正水平。但是用 10 道题及至更多的题来测量被试的数学能力，如果这些题真的是测量同一种能力，那么随着题量增多，必然会更加客观地反映被试的真实水平。如果一个测验同质性信度不高，则说明测验结果可能是几种心理特质的综合反映，这时，测验结果不好解释。一种办法是把一个异质的测验分解成多个具有同质性的分测验，再根据被试在分测验上的得分分别作出解释。但这样，实际上每个分测验的题量都减少了，因此异质测验并不适合用同质性信度。另外，若速度是测验的重要因素，也不宜使用同质性信度系数。估计同质性信度的方法主要有：

1. 分半信度（split-half reliability）

分半信度指的是将一个测验分成对等的两半后，所有被试在这两半上所得分数的一致性程度。它反映了测验内两半题目间的一致性，所以属于同质性信度。但是，也可以将分半信度和等值性系数一样解释，即把对等的两半测验看成是在最短时间距离内施测的两个平行测验。

计算分半信度的方法并不难，而比较困难的是如何将测验分成相等的两半。分半的方法很多，如按题号的奇偶分半、按题目的难度分半、按题目的内容分半等。所以，同一个测验通常会有多个分半信度值。不论如何分半，一般在分半后都应考察分半的情况，看是否需要作适当调整，其最终的目标是分成对等的两半。如果一个测验无法分成对等的两半，则不宜使用分半信度。在实际应用中，由于题目一般是依据难度大小排列，采用奇偶分半可使两半测验的题目在难度上基本相等，因此常被采纳。

分半信度的计算方法和等值复本信度的方法类似，只不过分半信度计算的是两个"半测验"上得分的相关系数，只是半个测验的信度，还必须用斯皮尔曼—布朗公式加以校正：

$$r_{xx} = 2r_{hh}/(1+r_{hh}) \tag{3-7}$$

式中，r_{xx} 为整个测验的信度系数；r_{hh} 为两个"半测验"上得分的相关系数。

例2　一个测验向 15 名被试施测，被试在奇偶分半测验上的得分如表 3-2 所示，计算该测验的分半信度系数。

表 3 - 2   15 名被试在奇偶分半测验上的得分

被试	01	02	03	04	05	06	07	08	09	10	11	12	13	14	15
奇数题(X)	20	18	23	21	17	18	20	17	16	13	14	13	12	8	8
偶数题(Y)	20	22	19	22	18	15	14	17	15	16	14	12	10	7	6

【解答】计算两个"半测验"得分的积差相关系数为:0.86。代入公式(3-7)得:

$$r_{xx} = 2r_{hh}/(1+r_{hh}) = (2 \times 0.86)/(1+0.86) = 0.92$$

所以,该测验的分半信度系数为 0.92。

但是,斯皮尔曼—布朗公式有个基本假设,那就是两个半测验的变异数必须相等(即方差齐性)。若违反这个假设,就会导致高估测验的信度。当资料不能满足这一假设时,我们应选择下述两个等价的公式之一:

（1） 弗朗那根(Flanagan)公式

$$r_{xx} = 2[1 - (S_a^2 + S_b^2)/S_X^2] \tag{3-8}$$

式中,S_a^2 和 S_b^2 分别表示所有被试在两个半测验上得分的方差;S_X^2 表示所有被试在整个测验上的总得分的方差。

（2） 卢仑(Rulon)公式

$$r_{xx} = 1 - S_d^2/S_X^2 \tag{3-9}$$

式中,S_d^2 表示同一组被试在两个半测验上得分之差的方差;其他符号与公式(3-8)中含义相同。

2. 库德—理查逊信度(Kuder & Richardson reliability)

该方法适合于测验题目全部为二分记分题(dichotomously scoring)的测验的内部一致性信度分析。库德—理查逊公式有好几个,其中常用的有 KR_{20} 和 KR_{21} 公式。

（1） KR_{20} 公式

$$KR_{20} = \frac{K}{K-1}\left(1 - \frac{\sum p_i q_i}{S_X^2}\right) \tag{3-10}$$

式中,KR_{20} 为测验的信度;K 为题目数;p_i 和 q_i 分别表示答对和答错第 i 题的被试人数比例;S_X^2 为测验总分的方差。

例 3   10 名被试在一个测验上的得分情况如表 3-3 所示(答对得 1 分,答错得 0 分),试估计被试反应的一致性程度。

【解答】$K=6$，$\sum pq = 1.35$，$S_X^2 = 2.01$，代入公式（3-10）得：

$$KR_{20} = \frac{6}{6-1}\left(1 - \frac{1.35}{2.01}\right) = 0.39$$

表 3-3　10 名被试在某测验上的得分情况

题目 得分 被试	1	2	3	4	5	6	总分
01	1	0	0	0	0	0	1
02	1	0	0	1	0	0	2
03	0	0	0	0	1	1	2
04	1	1	1	0	0	0	3
05	0	1	0	0	1	1	3
06	1	0	1	0	0	1	3
07	1	1	1	1	0	0	4
08	1	1	1	1	0	0	4
09	1	1	0	1	1	1	5
10	1	1	1	1	1	1	6
p	0.8	0.7	0.5	0.5	0.4	0.4	
q	0.2	0.3	0.5	0.5	0.6	0.6	
pq	0.16	0.21	0.25	0.25	0.24	0.24	$\sum pq = 1.35$

（2）KR_{21} 公式

$$KR_{21} = \frac{K}{K-1}\left[1 - \frac{\overline{X}(K - \overline{X})}{KS_X^2}\right] \tag{3-11}$$

式中，KR_{21} 为测验的信度；$\overline{X}$ 是全体被试测验总分的平均数；其他符号的含义与公式（3-10）中相同。

仍采用表 3-3 的数据资料，求得 $\overline{X} = 3.3$，代入公式（3-11），得：

$$KR_{21} = \frac{6}{6-1} \times \left[1 - \frac{3.3 \times (6-3.3)}{6 \times 2.01}\right] = 0.31$$

当测验中所有试题难度都一样，或平均难度接近 0.50 时，根据 KR_{20} 公式和 KR_{21} 公式所估计出来的信度值将相等。但是，当测验中所有试题的难度值极不相同时，由这两个公式所估计出来的信度值将差距较大,通常 KR_{21} 公式所估计出的信度值会比 KR_{20} 公式所估计出的信度值小。

3. 克龙巴赫(cronbach)α 系数

当测验题型较多,并非都是二分记分题时,估计测验信度可采用克龙巴赫 α 系数。其计算公式为:

$$\alpha = \frac{K}{K-1}\left(1 - \frac{\sum S_i^2}{S_X^2}\right) \tag{3-12}$$

式中,S_i^2 表示所有被试在第 i 题上得分的方差,S_X^2 表示所有被试各自总分的方差,K 为题目数。

例 4　用一个包含 6 个论文式试题的测验对 5 个被试施测,其结果如表 3-4 所示,试求该测验的信度。

表 3-4　测验内在一致性信度系数计算表

题号＼学生	A	B	C	D	E	S_i^2
1	3	6	1	6	5	3.76
2	4	3	3	2	3	0.4
3	3	4	1	2	1	1.36
4	2	5	2	1	2	1.84
5	1	4	4	5	4	1.84
6	4	6	5	3	2	2.00
总分	17	28	16	19	17	19.44

【解答】① 求所有被试在第 i 题上得分的方差 S_i^2(列在表 3-4 中最右列)

② 求所有被试在各题上得分方差之和 $\sum S_i^2$

$$\sum S_i^2 = 3.76 + 0.4 + 1.36 + 1.84 + 1.84 + 2.00 = 11.20$$

③ 求所有被试各自总分的方差 S_X^2

$$S_X^2 = 19.44$$

④ 代入公式(3-12)计算信度系数

$$\alpha = \frac{6}{6-1} \times \left(1 - \frac{11.20}{19.44}\right) = 0.51$$

四、标准参照测验的信度分析

在标准参照测验中,决定学生的学习是否达到教师预先设定的掌握标准,是一件很重要的事情。基于这个标准,多数学生的学习将可以达到某种满意的掌握水平,因此,学生在测验上得分的变异数将会变得很小。在这种理念下,上述较适用于常模参照测验的一些信度估计方法便不适合用来估计标准参照测验的信度。

既然在标准参照测验中,学生的测验分数是用来作为决定(或判断)其是否掌握的一项重要依据,因此,"决定"是否正确远比分数"估计"是否精确要重要。在这一思想指导下,人们提出了一些分析标准参照测验信度的方法,主要有:

1. 百分比一致性指标

百分比一致性(percent agreement,简称 P_A)指标是指同一测验或两平行测验先后两次施测,其对被试的分类结果一致的比例。其计算方法如表 3-5 所示:

表 3-5　百分比一致性指标的计算方法

		后测				合计	
		掌握		未掌握			
前测	掌握	60	a	5	b	65	$a+b$
	未掌握	15	c	20	d	35	$c+d$
合计		75	$a+c$	25	$b+d$	100	N

$$P_A = \frac{a+d}{N} = \frac{60+20}{100} = 0.80$$

2. κ 一致性系数

κ 一致性系数(kappa coefficient of agreement),是指实际被评定为一致的百分比与在理论上被评定为一致的最大可能次数百分比的比率。采用表 3-5 中的资料与符号,其计算公式如下:

$$\kappa = \frac{P_A - P_C}{1 - P_C} \tag{3-13}$$

式中,P_A 为百分比一致性指标;P_C 为理论上可能被评定为一致的百分比期望值,其计算公式如下:

$$P_C = \left(\frac{a+b}{N} \times \frac{a+c}{N}\right) + \left(\frac{c+d}{N} \times \frac{b+d}{N}\right) \tag{3-14}$$

由表 3-5 的资料可以求得:

$$P_C = \left(\frac{65}{100} \times \frac{75}{100}\right) + \left(\frac{35}{100} \times \frac{25}{100}\right) = 0.58$$

$$\kappa = \frac{0.80 - 0.58}{1 - 0.58} = 0.52$$

$P_c = 0.58$ 的意义是指在这个被试团体中,可能被评为一致的百分比期望值,它在整个 κ 系数计算公式中,被当成是一种理论上的校正值,经过校正后,κ 一致性系数为排除被试团体的能力分配的预期影响,而单独贡献 52% 的分类一致性。

五、测量标准误与测验信度的关系

测量标准误是指测验中所得测值偏离真分数的程度,记为 SE。显然,它与测验信度系数之间存在着必然联系,这种关系可定量地表示如下:

$$SE = S_x \sqrt{1 - r_{xx}} \qquad (3-15)$$

式中,SE 为测量的标准误,S_x 为观察分数的标准差,r_{xx} 是测量的信度系数。

测量标准误是反映测量结果精确性和可靠性的又一指标,同时也是人们正确解释测验分数的科学依据。例如,某次测验信度系数为 0.92,一批被试的测验分数的标准差为 9.48,那么该次测验的测量标准误 SE 为 2.68。应用测量标准误 SE 可合理地解释被试所得分数的误差范围。假设某被试在上述测验中得分为 70 分,根据统计学区间估计的原理,可以推断出该被试的真正分数有 68.26% 的可能性落在 $70 \pm SE$ 之间,即位于 [67.32,72.68] 之间;同理,有 95% 的可能性落在 $70 \pm 1.96SE$ 之间,即在 [64.75,75.25] 之间。根据测验的信度系数求出测量标准误,从而正确解释各被试的测验分数,这是测验信度系数的一个重要应用。

六、评分者信度

1. 评分者信度的含义

评分者信度(scorer reliability)指的是多个评分者给同一批人的答卷进行评分的一致性程度。在教育与心理测量工作中,客观题的评分很少出现误差,但主观题的评分常常存在误差,有时误差甚至较大。例如有人在 1983 年高考作文试卷中抽取一名考生的作文《一幅漫画的启示》,连同教育部规定的评分标准,复印后寄给近百名中学教师评分。收回的 67 位教师的评分统计表明,这篇作文所评分数从 6 分到 25 分之间,分数达 17 种之多,最高分与最低分相差 19 分。[1] 因此,应重视对评分者信度的研究。

2. 评分者信度的计算

当评分者人数为两人时,评分者信度等于两个评分者给同一批被试的答卷所评分数的相关系数。依据数据形式,可采用不同的相关系数计算方法。

当评分者人数多于两人时,评分者信度可用肯德尔和谐系数进行估计。肯德尔和谐系数(Kendall coefficient of concordance)是表示多列等级变量相关程度的一种方法。这种资料的获得一般采用等级评定的方法,即让 K 个评价者对 N 个被试的试卷(或作品)进行等级

---

[1] 王汉澜主编:《教育测量学》,河南大学出版社 1987 年版,第 48 页。

评定,每个评价者都能对 N 份试卷(或作品)排出一个等级顺序,这样就可得到 K 列等级顺序变量。其计算公式为:

$$W = \frac{S}{\frac{1}{12}K^2(N^3 - N)} \tag{3-16}$$

式中,W 为肯德尔和谐系数,K 为评价者的人数,N 为被评价的试卷(或作品)个数,S 为每一个被评价对象的 K 个等级之和的离均差平方和,即:

$$S = \sum R_i^2 - \frac{(\sum R_i)^2}{N} \tag{3-17}$$

式中,R_i 为第 i 个被评价对象的 K 个等级之和。

例 5 10 位评委对 7 名参赛选手所评等级如表 3-6 所示,问这 10 位评委的评分是否具有一致性?

【解答】 ① 求出每个被评价对象的等级和 R_i,列于表 3-6 相关栏目中。

② 求出每个被评价对象的等级和数的平方值 R_i^2,列于表 3-6 最右侧一栏中。

③ 计算 $\sum R_i$ 和 $\sum R_i^2$ 值,列于表 3-6 下方空格中。

④ 把上述有关数值代入公式(3-17),计算出 S 值。

⑤ 最后,按照公式 3-16,计算出 W 值。

表 3-6 肯德尔和谐系数计算说明

选手 $N = 7$	评价者　　 $K = 10$										R_i	R_i^2
	1	2	3	4	5	6	7	8	9	10		
A	3	5	2	3	4	4	3	2	4	3	33	1089
B	6	6	7	6	7	5	7	6	7	6	63	3969
C	5	4	5	7	6	6	4	4	5	4	50	2500
D	1	1	1	2	2	2	2	1	1	2	15	225
E	4	3	4	4	3	3	5	6	3	5	40	1600
F	2	2	3	1	1	1	1	3	2	1	17	289
G	7	7	6	5	5	7	6	5	7	7	62	3844

$$\sum R_i = 280 \qquad \sum R_i^2 = 13516$$
$$S = 2316, \quad W = 0.827$$

本例中,从 $W=0.827$ 来看,10 人的评价较为一致。严格地讲,W 值是否达到显著性水平,需要做统计假设检验。当 K 等于 3—20,N 等于 3—7 时,可根据 K 和 N 查"W 显著性检验时 S 的临界值表"(见本书附表 1)进行检验。

在进行等级评定时,常会遇到两个或两个以上事物的等级相同,如果遇到这种情况,计算肯德尔和谐系数应该采用修正的计算公式,其公式和例子详见有关教育与心理统计学著作。

第二节　教育测量与评价的效度

一、效度的意义

效度(validity),顾名思义,就是一次测量的有效程度。严格地说,效度是指一个测验或量表实际能测出其所要测量的特性的程度。测验或量表就是测量使用的工具。如果一次测量能测出其所要测的特性,那么我们就认为这个测验或量表是有效的。显然,效度是测量质量的一个极其重要的方面,测量工具如果无效或效度太低,就失去了存在价值。

任何测量都存在效度问题。物理测量工具也存在效度问题,比如,用尺子来测量一个人的体重,就不如用秤来测量一个人的体重有效。但是,由于物理测量基本是直接测量,工具的有效或无效是一个相对容易判明的问题,所以,在物理测量中,效度问题虽然客观上也是一个重要的问题,但并不十分引人注目。教育和心理测量却不同,它们是间接测量,所测量的是被试内部的心理特性,测量工具是否真正测到了这些特性,绝非一目了然的事情。例如,一项英语成就测验,教师本打算检查学生的语法知识,但实际所测的情况是否真的是学生的语法知识呢? 这不是一件十分容易的事情,可能在测验中有大量题目是考查动词短语的,那么这次测量是否真正有效就值得怀疑。因此,在教育测量与评价过程中,效度问题尤为重要。要正确理解效度的概念,应特别注意以下几点:

1. 效度始终是针对一定测量目的而言的

一般来说,一项测量活动总是针对一定目的而实施的,其有效性如何,也就是要看它能达到最初目的的程度。也就是说,测量效度是针对某种特殊用途而言的,不具有普遍性。如果一个测验被应用于多个方面,那么它就有多个效度,其中有的方面显得效度高,有的方面或许就比较低。这种同一测验针对多个目的而使用的情况十分多见,比如,同一学业成就测验既可作选拔用,也可在一定情况下作诊断用;同一人格测验既可用来鉴别被试的个性特征,有时也可用来诊断是否有精神病症状等。因此,同一测验针对不同目的,其效度是不同的。

2. 效度只有程度上的差异

由于教育与心理测量的间接性,使得其测量过程不可能百分之百的准确。不过,由于某个量表的编制总是针对一定目的的行为,所以在正常情况下,测量不会"完全有效"或"完全无效"。例如,为了测量学生的语文水平,总是用分辨错别字、造句、作文之类的试题,不会用数学题目。因此,学生语文水平的高低总能在测量结果中反映出一些,不会毫无反映,即总会有一定效度,效度不会为零。

3. 效度是针对测量结果而言的

测量的效度如何,只有在实际测过之后才能表现出来。即使测量工具(测验题本)质量很好,如果施测过程不规范,也会导致测量结果的误差增大。只有当测量结果真实,正确反映了要测量的特性,才能认为这种测量是较为有效的或效度较高的。测量效度实质上就是测验所测到的结果与测量编制者想要测的心理特性之间的一致性程度。

4. 评价一个测量是否有效要多角度、多方面地收集证据

要确定测量效度到底如何,也就是要分析所测结果与欲测目标之间的一致性程度。然而,欲测的目标往往是隐蔽的、抽象的,无法直接与测量结果进行比较。因此,要证明测验实际测量了什么,必须从多方面收集证据。这些证据可以是被试在所测特性上通过其他途径获得的证明有效的测量结果,也可以是有关专家对测验性能的评价分析意见,还可以是被试在实际生活中的表现等。然后再利用这些跟测验有关的客观资料,用逻辑思辨或统计分析的方法来确定该测验的实际有效性。这种收集大量资料和证据来检验测量效度的工作过程,叫做效度验证(validation)。验证测验效度可以从不同角度采用不同方法来进行,比如系统考察测验项目的内容、拿被试测验分数与其他独立测量结果作比较,以及分析测验所测的心理特性的结构与性质等。根据验证效度角度与方法的差异,可以把效度验证工作大体分为三类,验证工作的结果就分别对应着三种效度:内容效度、结构效度和效标关联效度。随着教育测量与评价实践应用和理论研究活动的深入开展,人们已经发现,研究测验的效度通常要考察测验结果对实现其用途的适切性和有效程度。也就是说,测验的效度既与测验本身属性有关,也与测验的用途与使用方法有关。离开测验用途,孤立地研究测验的效度是没有太大意义的。所以,效度的概念在不断发展,效度的种类也因用途或研究方法的不同而不同,新近人们又提出第四种效度类型,即结果效度。[①]

二、效度的统计定义

在阐述信度的统计定义时,已经指出被试的观察分数是由一般真分数与误差分数构成,即:$X = T + E$。实质上,一般真分数还可进一步分解为两个部分:目标真分数(记为 V)和非目标真分数(记为 I)。目标真分数,指的是反映被试某种心理特质真正水平的数值。非目标真分数,指的是被试在某种心理特质测量量表上表现的与测量目标无关的稳定测值。例如,一次语文考试,假设没有测量误差 E,那么其分数(即观察分数 X)就是量表真分数(即一般真分数 T)。如果该试卷中有一道政治内容的题,对于这道题,每个被试都有一个分数,但这个分数与测量目标无关,因此要扣除该题得分之后才是目标真分数,而这道题的得分就是非目标真分数(即系统误差)。所以观察分数可表示为:

① 李坤崇著:《多元化教学评量》,台北心理出版社 2000 年版,第 162 页。

$$X = V + I + E \tag{3-18}$$

由以上论述可以看出,测量效度实质上就是指一次测量测出目标真分数的程度。

另外,在理论上,目标真分数与非目标真分数是相互独立的,因此,一般真分数方差(σ_T^2)应等于目标真分数的方差(σ_V^2)与非目标真分数的方差(σ_I^2)之和:

$$\sigma_T^2 = \sigma_V^2 + \sigma_I^2 \tag{3-19}$$

结合公式$\sigma_X^2 = \sigma_T^2 + \sigma_E^2$可知,观察分数的方差$(\sigma_X^2)$应等于目标真分数的方差$(\sigma_V^2)$、非目标真分数的方差$(\sigma_I^2)$和随机误差方差$(\sigma_E^2)$之和:

$$\sigma_X^2 = \sigma_V^2 + \sigma_I^2 + \sigma_E^2 \tag{3-20}$$

方差是反映数据离散程度的指标,测量的目的是要最大限度地区分被试水平,也就是要使σ_X^2变大,同时使σ_I^2、σ_E^2都变小,使σ_V^2变大。σ_V^2越大,表明测量的质量越高,即测量效度越高。所以,可以把效度(r_{xy}^2)定义为目标真分数方差与观察分数方差之比:

$$r_{xy}^2 = \frac{\sigma_V^2}{\sigma_X^2} \tag{3-21}$$

> **课堂讨论题**
>
> 从统计学定义看,效度和信度有什么关系?

三、内容效度及其分析方法

(一)内容效度的含义及应用范围

内容效度就是测验题目样本对于应测内容与行为领域的代表性程度。如果是教学情境下的成就测验,那么其内容效度就是看测验题目样本体现教学目标与教材要求的程度。例如,教师给学生做一份语文成就测验,如果该测验的题目涵盖了语文教学所要达到的各项教学目标及教材的重要内容,那么我们便说该测验具有较高的内容效度。

显然,要考察测验题目样本的代表性,首先就要对应测内容与行为领域有明确的界定,有比较清楚的组织结构。因此,内容效度主要适用于教育测量(尤其是学业成就测验)的情境。在教育测量中,尤其是标准参照测验,测验分数是依据测验内容及外在的客观标准来加以解释的,所以内容效度最能反映出该测验是否可以测量出所要测量的特质内容。另外,学业成就测验往往具有明确的教材内容和学习目标,试题内容是从中挑选出来的,便于进行逻辑的分析与判断。对于某些特质的心理测验,内容效度并不适合。因为一些心理特质,如"智力""创造性""人格"等,都存在着外延范围不明、内部结构复杂、人们对其看法不统一的现象,因而不易进行内容效度分析。

内容效度也适合于某些用于选拔和分类的职业测验。这种测验所测的内容就是实际工作所需的知识和技能。编制这种测验如果事先对实际工作作了较细的分析,题目取样一般来说会较为满意。

(二)内容效度的分析方法

内容效度的分析方法常用逻辑分析法,即依靠有关专家对测验题目与应测内容范围的吻合程度作出判断。以考试的内容效度分析来讲,就是依靠专家来分析一份试卷的所有题目,把所有题目按考试内容分布和考查目标分布进行双向分类,形成实际的"题目双向分类表"。基于这个"题目双向分类表"的分析,由专家对这次考试(测量)的内容效度的满意程度作出等级判断或评语描述。如果在测验编制之前已制定"命题双向细目表",那么,对测验的内容效度进行分析时,就可以把基于实际测验题目分析得到的"题目双向分类表",与事先制定的"命题双向细目表"进行对照分析,了解实际命题在多大程度上偏离了原命题计划。这里不妨先提供一份测验的"命题双向细目表"(如表3-7所示),以增加读者的感性认识。

表3-7　小学数学四则混合运算成就测验的命题双向细目表

教材内容＼教学目标		知识	理解	应用	分析	综合	评价	总计	百分比(%)
加法	选择	1	2					8题	20
	填充			1	1				
	计算		1	1					
	应用						1		
减法	选择	1	1					8题	20
	填充			1		1			
	计算	1	1				1		
	应用				1				
乘法	选择	2	1	1				12题	30
	填充		1			1			
	计算	2		1			1		
	应用			1					
除法	选择	2			1			12题	30
	填充			1		1			
	计算	1	1		1		1		
	应用			1		1			
总计		10题	10题	8题	4题	4题	4题	40题	100
百分比(%)		25	25	20	10	10	10		100

值得指出的是,有一个与内容效度相关的、容易被人混淆的概念叫表面效度,它指的是在被试或非专业人士看来,测验表面上是否在有效地测量着应测特质量的程度。有时测验给人的第一印象好像是在测量某种特质,但事实上测验可能测量的是另一种特质。如果表面上看起来是有效地测量着应测的东西,就叫表面效度高;如果表面上看并不能确定测验正在有效地测量着应测的东西,表面效度就不够高。由于表面效度指的是测验用它的外部形式强烈地提示着它正在测什么,因此,在最佳行为测验中,比如学业成就测验与智力测验,它可以起到激励被试认真作答、改善与被试的合作关系的作用。而在典型行为测验中,如人格测验和态度测量,由于被试并不愿意直陈自己内心想法,所以就不应追求高的表面效度。

四、结构效度及其验证方法

(一) 结构效度的含义及其验证的一般步骤

所谓结构(construct),是指心理学或社会学上的一种理论构想或特质。它本身观察不到,并且也无法直接测量到,但学术理论假设它是存在的,以便能够来解释和预测个人或团体的行为表现。例如,智力就是心理学中的一种结构或者特质,而结构效度指的就是测验能够测量到理论上(通常是心理学或社会学)所定义的某一心理结构或特质的程度。

总的来说,结构效度的验证一般包括四个步骤:第一,提出有关理论结构的说明,并据此设计测量用的试题。在实际应用中,测量者也可能是在前人提出的理论结构假设的基础上来进行测验编制的。第二,提出可以验证该理论结构存在的假设说明。第三,采用各种方法收集实际的资料,以验证第二步提出的假设的正确性。第四,收集其他类型的辅助证据,淘汰与理论结构相反的试题,或是修正理论,并重复第二和第三步,直到上述的假设得到验证,即测验的结构效度获得支持为止。否则,即表示该测验效度有问题或是该理论结构有问题,或是两者都存在问题。此时,必须重复上述步骤,直到理论结构被验证或决定放弃验证工作为止。

其实,结构效度所涵盖的范围包括内容效度和效标关联效度,所以有关内容效度和效标关联效度的评价方法,都可以用来作为分析结构效度的证据。

(二) 结构效度的验证方法

具体地说,结构效度的验证方法有以下几种:

1. 测验内部寻找证据法

这种方法是通过研究测验内部结构来验证测验的结构效度。它主要包括内容效度、作答过程分析、测验的同质性和因素分析法等四个方面:

(1) 内容效度

有些测验对所测内容或行为范围的定义或解释类似于理论构想的解释,所以,内容效度高实质上也说明了结构效度高。例如,在编制数学能力测验时,测验编制者用"双向细目表"给欲测内容的定义,实质上等同于对"数学能力"的解释。

（2）作答过程分析

对被试作答过程进行分析，如果作答过程中有非目标因素的影响，那么测验的结构效度就可能不高。例如，有些表面上是测量人的性格的题目，实质上还涉及了较多的道德观念。通过对被试的作答过程分析，如果发现被试在作答过程中受到道德因素的影响，该测验的结构效度就不高。对被试作答过程进行分析的方法多种多样，比如，询问被试为什么要像他已表现出来的那样作答、请他描述自己的实际心理过程，还可采用"放声思考法"，等等。

（3）测验的同质性

如果一个测验所测的是单一的特质，那么测验各题目间的相关应该是很高的，即同质性信度高。如果一个测验所测的是一个由多种特质构成的复合体，那么，着重测量同一特质的题目间的相关就应更高，而测量不同特质的题目间的相关就应更低。因此，计算测验的同质性信度，或者按照测验的目标将测验分为几个分测验分别计算同质性信度，也可以对结构效度进行一个侧面的验证。

（4）因素分析法

因素分析法是目前研究结构效度最常使用的实证方法之一。它的主要目的是用来确定理论上的潜在特质，根据共同因素的发现，进一步确定潜在特质由哪些有效的测量试题所构成。根据因素分析的结果，我们可以从一批试题中抽出少数几个共同因素（common factors），用以反映或代表这批试题的共同结构，并且从中获得每个试题和每个共同因素间的相关系数，该相关系数称作因素负荷（factor loading），用以代表试题测量共同因素的贡献度或重要性指标。再根据每个试题在所有共同因素上的因素负荷的平方和，即称作共同性（communality），用以每个试题的总变异中被所有共同因素解释到的百分比。若再用总变异数（1.00）减去共同性，即得到特殊因素（specific factor）和误差因素（error factor）所造成的变异。针对这些共同因素进行命名，如果它们符合事前所提出的理论结构，这就为验证结构效度提供了最佳证据。

有关因素分析的详细过程，有兴趣的读者可以参阅多变量方面的统计学书籍。不过，近年来，由于计量方法与电脑软硬件技术的同步发展与更新，已有许多学者逐渐趋向使用新的统计方法：线性结构关系模式（linear structure relations model），以取代上述的因素分析方法（称为探索性因素分析），作为验证测验结构效度的新方法。这种新方法被称为验证性因素分析，它比探索性因素分析更具科学性与实用性。对这种新方法感兴趣的读者，可参阅本章所列的有关参考书。

2. 考察测验的实证效度法

如果一个测验有实证效度，则可以拿该测验所预测的效标的性质与种类作为该测验的结构效度指标，至少可以从效标的性质与种类来推论测量的结构效度。主要方法有差异被试比较法和先后测试分析法。

（1）差异被试比较法

理论上有差异的被试（根据效标分组），通过比较测验结果判断是否能有效地被区分，且差异方向一致。例如，一组被公认为是性格外向的人在测验中得分较高，另一组被公认为性格内向的人在测验中得分较低,则说明该测验能区分人的内向与外向特征,进而说明该测验在测量人的性格内外向方面有较高的结构效度。

（2）先后测试分析法

对于测量那些理论上比较稳定的心理品质的测验,可采用此方法。这些测验的两次结果应该是比较一致的。如果相关较低,说明测到的是一些不稳定的心理品质。比如,对于智力测验所要测量的是较为稳定的智力水平,如果前后一致性差,那么很可能其所测的不是智力而是知识。

五、效标关联效度及其估计方法

（一）效标关联效度的含义、种类及适用范围

效标关联效度(criterion-related validity)的验证方法是指一个测验对于处于特定情境中的个体行为进行预测时的有效性。而要判断这种预测的有效性,就必须找一个测验外的、客观的标准,比如用高考成绩预测大学生的学习成绩、用能力倾向测验预测个体工作上的成效等,那么学习成绩、工作成效等被预测的行为同时也就是检验测验效度的外在的、客观的标准,即效度的标准,简称效标。因此,用这种方法考察测验效度被称为效标关联效度,由于它是以实践的效果来作为检验测验是否有效的标准,所以也被称为实证效度。

根据效标资料获得的时间不同及测验使用的目的不同,效标关联效度可以分为同时效度和预测效度两种:

1. 同时效度

测验分数与效标资料的取得约在同一时间内连续完成,计算这两种资料的相关系数即代表测验的同时效度。这种效度的目的主要用于诊断现状,在于用更简单、更省时、更廉价和更有效的测验分数来取代不易搜集的效标资料。比如,韦氏智力测验的有效性是已经得到验证的,但其操作较为复杂、费时。如果我们自编的一个能团体施测的纸笔智力测验,有着较高的效度,那么就可用它替代韦氏智力量表使用。为此,我们可以同时用韦氏智力测验和自编智力测验向一批被试施测,然后对获得的两批数据资料进行相关分析,如果相关一致性高,就说明新编测验效度高,可以实际使用。

2. 预测效度

在测验分数取得一段时间后才获得效标资料,计算这两种资料间的相关系数即代表测验的预测效度。预测效度的作用在于预测某个个体将来的行为。比如,高考是一种用来为高等学校选择合格新生的学业成绩测验,其有效性在录取完新生时还无法验证判明,等新生入学一学期或一学年后,再拿新生的高考成绩与大学学业成绩作比较,看看其相关一致性如何。相关高,说明高考的预测效度好;相关低,说明高考的预测效度差。

无论是同时效度还是预测效度,都是先把测验施测于一个有代表性的样本上,用实证的方法来证明测验有效,于是在今后就可以用简便的测验去预测类似于样本的其他团体或个体的行为。因此,有人把这两种效度都称作预测效度,并把测验称作预测源。

（二）效标关联效度的估计方法

从效度估计的方法上看，效标关联效度常用以下几种方法进行估计：

1. 相关法

相关法就是计算测验分数与效标测量的相关系数，具体方法有：积差相关、等级相关、点双列相关、二列相关、四分相关、Φ相关、列联相关，等等。在使用过程中，该选择何种计算方法，应根据测验分数与效标测量数据资料的形式而定。

2. 显著差异法

该方法是根据效标测量将被试分为两个极端组（如：好与坏，成功与失败等），然后检验这两组测验分数是否具有统计学上的差异显著性。若这两组被试的测验分数差异显著，则说明该测验有较高的效度。

> **研究性学习专题**
>
> 国外重要的教育考试对信度和效度的标准有何要求？

六、结果效度的概念与分析思想

琳恩（R. L. Linn）和格朗兰德（1995）提出效度的四个向度，即内容效度、效标关联效度、构想效度和结果效度。[①] 传统上人们较重视前三种效度类型，近十几年来，由于测验与评价方法的不断发展，效度重心由工具或测验本身的目的逐渐转移到工具或测验结果的推论与应用，效度渐被视为"推论的适切、意义与有用的程度"。效度的证据应由测验工具本身延伸到测验结果的使用与解释。比如，教师使用测验与评价结果应结合教学目标，给学生适切的协助，而不应作秋后算账的依据。又如，解释测验或评价结果应激发学生的学习动机，强化学生的努力历程，肯定学生的优点与努力，不应一味指责学生未达到完美，或不努力。再如，解释测验或评价结果应避免过分依赖量化结果，而应适切考虑质的分析以及教师非正式的观察的证据，等等。[②] 可见，内容效度或结构效度很好，但结果效度不一定好。为测验或评价提供结果效度的证据，有利于规范人们正确、规范、合理地使用测验或评价表。结果效度分析主要围绕以下几点：（1）测验指导手册中对测验目标和测验效度的说明是否合理；（2）基于测验结果，在给被试写出测验报告或推荐书时，有关推论是否恰如其分；（3）对测验的优点和缺点是否在应用中过于夸大其实；（4）是否把测验用到所测特性的范围之外；（5）基于测验结果的解释和推论是否符合科学原理以及测验道德；（6）测验结果能否给被试以及所有关注测验结果的使用者提供有益的帮助。

不难看出，测验的结果效度分析，在实质上是对一个测验在应用和推论方面作出细心谨

---

① R. L. Linn & N. E. Gronlund, Measurement and Assessment in teaching (7th. ed.). Englewood Cliffss, NJ: Prentice-Hall. 1995.

② 李坤崇著：《多元化教学评量》，心理出版社 2000 年版，第 162 页。

慎的承诺和必要的科学反思,这对人们正确、规范、合理地使用教育测验或各种评价表,起到积极的指导作用和告诫作用。

第三节 教育测量与评价中题目(项目)的难度

教育测量与评价中题目或项目的难度,就是被试完成题目或项目任务时所遇到的困难程度。定量刻画被试作答一个题目所遇到的困难程度的量数,就叫题目的难度系数,也常称为难度值,用符号 P 表示。

一、难度系数的计算方法

我们把题目分成两类,一种是二值记分题,另一种则是多值记分题。不同的题目,给出形式不同的计算公式。

1. 二值记分题的难度值计算

二值记分题就是每个题目只有两种评分结果。比如选择题,答对给 1 分,不答或答错给 0 分。还有高考中有些题目,答对给 3 分,不答或答错给 0 分,在 0 分和 3 分之间再也没有酌情给分的情况。这些都属于二值记分题。二值记分题的难度值计算公式为:

$$P = \frac{K}{N} \tag{3-22}$$

上式中,P 为难度值,N 为被试人数,K 为答对该题目的人数。

例 6 假定 100 名学生在 5 道"四选一"的客观选择题上的答对人数如表 3-8 所示,请以正确作答率为本质,来确定各题的难度系数 P,直接填写在表 3-8 相应的空格中。

表 3-8 选择题难度值计算

数目编号	01	02	03	04	05
答对人数	79	48	7	86	23
难度值 P	0.79	0.48	0.07	0.86	0.23

【解答】 由于本例题目皆是二值记分的选择题,根据公式(3-22),不难得到各个题目的难度值,填写在表 3-8 中的第三行格子里。

不难看到,P 值介于 0 与 1 之间。P 值越大,表明通过这个题目的人数比例越大;P 值越小,则表明通过该题目的人数越少。对于能力型测验的题目来讲,P 值越大,则表明这道题目越容易做,即难度小(注意这里的难度与难度值两个概念的区别);P 值越小,则这道题越难做,即难度大。不过,对于许多非能力型测验或评价项目,如气质、性格、态度等方面的测验,其测验题目不存在所谓"对"或"错"答的问题,因而,这时的难度值其意义无非是指被试对某种答案作出某种选择的人数比。

对于二值记分题,只有答对与答错之分。因此,其难度系数在本质上是正确作答人数的比例,也叫通过率。

2. 多值记分题的难度值计算

除了二值记分题外,就是多值记分题。多值记分题至少有 3 种可能的记分结果。教育和心理测验中的题目有很多都是多值记分题,如学科成就测验中的简答题、计算题、论述题等;情感态度量表中的"五点量表"。多值记分题难度值的计算公式如下:

$$P = \frac{\overline{X}}{X_{\max}}$$

(3-23)

式中,P 代表题目难度,$\overline{X}$ 为被试在某题目上的平均得分,$X_{\max}$ 为该题目的满分。

举个例子:假定 60 名学生在满分为 40 分的作文题上平均分数为 24.8 分,则该作文题的难度值为 0.62。值得指出的是,分析一份试卷的难度系数,可以把整个试卷看成是一道题目,按照多值记分题的难度值计算方法,就可以得到试卷的难度系数。

3. 难度值的其他计算方法

(1) 以全体被试失分率为难度系数

直接建立在通过率基础上的难度系数,其取值范围在 0.00(即无人做对)和 1.00(即全部做对)之间。值得注意的是,按上述方法估计的难度系数,P 值越大,试题越容易,P 值越小,试题越难。这与人们的观念可能不一致,因此有人提议用失分率 q 来表示难度,计算公式为:

$$q = 1 - P$$

(3-24)

可见,难度系数有不同的计算方法,因此在报告题目难度时应指明是哪种难度系数。但由于国内外绝大多数的文献中都用得分率,故本书中的难度系数是指得分率 P。

(2) 以两端组被试得分率的均值为难度系数

该方法是分别计算高分组被试和低分组被试的得分率,然后求取二者的平均值作为难度系数,公式为:

$$P = \frac{P_H + P_L}{2}$$

(3-25)

式中,P 代表难度系数;P_H、P_L 分别表示高分组和低分组被试的得分率,即该两组被试在同一个题目上的难度系数。

以两端组被试的得分率作为难度系数的具体计算步骤为:

第一,按被试的总分,将全体被试从高到低进行排序。

第二,从高分往下找,找出高分组;由低分往上找,找出低分组。两组人数分别占总人数的比例,一般为 27%。

第三,分别计算高分组、低分组的被试在该题目上的平均得分。

第四,代入公式(3-23)分别计算高分组和低分组被试在同一个题目上的难度系数。

第五,把 P_H 和 P_L 代入公式(3-25),计算这个题目的难度系数。

二、难度指标的等距变换

用上述方法计算出来的难度系数,不论是得分率还是失分率,都属于顺序变量,不具有相等的单位,指出的仅仅是题目的相对难度。因此,通过 P 值的比较并不能客观指出题目难度之间差异的大小,这给我们作进一步的难度分析带来了困难。例如,三个题目的难度系数分别为 0.50、0.60、0.70,我们只能说,第一题最难,第二题次之,第三题最容易。虽然三题难度系数分别相差 10%,但并不能说第一题与第二题的难度之差等于第二题与第三题的难度之差。

为了解决这个问题,人们常假设每个试题所要测量的潜在特质或能力是呈正态分布的,然后就可以根据正态分布曲线,将试题的难度值 P 作为正态曲线下的(概率)面积,转换成具有相等单位的等距量表,即 Z 分数(标准分数)。由于标准分数具有相等单位,属于等距量表,所以,用标准分数作为题目难度的指标,为进一步作难度分析带来了一些方便。

例 7 某校学生在一次测验中,第一题的答对率为 15%,第二题的答对率为 25%,第三题的答对率为 35%。假定这三题所测量的能力近似正态分布,问第一、二、三题的难度差异如何?

【解答】为了比较这三个题目的难度差异,必须将答对率转换成 Z 值。计算结果如表 3-9 所示(具体方法请参阅统计教材中的正态分布等内容)。

表 3-9　难度的等距变换表

题号	答对率(%)	难度 Z 值	难度差异
1	15	1.04	—
2	25	0.67	0.37
3	35	0.39	0.28

由表 3-9 可知,虽然三题的答对率相差都是 10%,但第二题与第三题的难度差异却比第一题与第二题的难度差异要小。

但是,Z 分数有小数点和负值(试题较难,其值为正;试题较易,其值为负),所以表示难度也有不便之处，有时难以向人们解释其意义。因此，通常需要转换成另一种等距的难度量表。其中较为常用的是美国教育测验服务中心（Educational Testing Service，简称为 ETS）采用的难度指标，其计算公式如下：

$$\Delta = 13 + 4Z \qquad\qquad (3-26)$$

式中，Δ（delta）表示题目难度系数，Z 表示由 P 值转换得来的标准分数，可通过查"正态分布表"（见本书附表 2）后计算确定。

例如，上面所举的例中，其 Δ 值为：

第 1 题：$\Delta = 13 + 4 \times 1.04 = 17.16$

第 2 题：$\Delta = 13 + 4 \times 0.67 = 15.68$

第 3 题：$\Delta = 13 + 4 \times 0.39 = 14.56$

由于标准分数通常只取介于 ± 3 之间的数值，因此，常用的 Δ 值介于 1 到 25 之间，平均难度为 13，标准差为 4。Δ 值越大，表示试题越难；Δ 值越小，表示试题越容易。这种表达比较符合人们的思维习惯。不过，在我国教育领域与考试界，通常还是用得分率来刻画题目的难度。

三、测验题目的恰当难度和恰当难度分布

测验由多个题目所组成，显然，所有这些题目的难度取值都应该力求恰当，而且这些题目的难度分布状态也应合理。究竟怎样的题目难度与难度分布是合适的，这主要取决于测验的目的与性质。

一般的标准化常模参照测验，目的是要尽可能地区分被试的个别差异，因此希望测验结果能将被试尽可能地拉开距离。这样，测验题目的恰当难度，就应该是使 P 值尽量接近0.50。试想，如果一个题目的通过率为 1.00 或 0.00，即所有被试全部通过或全部不能通过，则无法区分不同水平的被试。经验与研究均表明，倘若整个测验所有题目的难度系数分布在 0.30 至 0.70 之间，并且整个测验的难度系数在 0.50 左右时，可使测验对被试有较大的鉴别力，而且可以使测验分数接近正态分布。

在常模参照测验中，测验的目的是要区分学生能力或成就的高低，因此，教师所期望的难度系数以接近 0.50 左右为理想，此时的试题最能够区分学生水平的高低。但是在标准参照测验中，测验的目的是检验学生是否已达到教学目标规定的掌握程度，因此，教师所期望的是学生都能够在教学之后掌握所有的教学内容。也就是说，学生在试题上的表现应该都是百分之百答对，亦即答对率接近 1.00。因此，当教学有效时，多数试题的难度系数 P 值都会很大，在这种情形下，难度系数所反映出来的现象是教学质量好坏的成分多于试题质量好坏的成分。所以，教学质量和学习效果才是影响标准参照测验难度系数的最直接因素。因此，对于标准参照测验，考试与评价要改变过于强调区分和选拔的功能，教师不能按照常模参照测验的难度评价标准，而是应该依据教材内容和实际教学情况来命题或选题。

第四节　教育测量与评价中题目(项目)的区分度

一、区分度的意义

题目区分度就是题目区别被试水平能力的量度,常记为 D。测验多少都带有将被试的水平加以区分的意图,那么构成测验的每一个题目就应该为这一目标作贡献,区分度就是刻画试题的这种功能的质量指标。在所测特质上,被试的水平总是有高低之分的,倘若,高水平被试在测验题目上能得高分,而低水平被试只能得低分,那么测验题目区分被试水平的能力就强;假若高水平被试和低水平被试在测验题目上所得分数没有差异,题目不能提供关于被试水平差异的信息,则它的区分能力就很弱。假如高水平被试在测验题目上反而得低分,低水平被试在测验题目上所得分数却不低,这种题目的性能就跟测验理念相背离,在测验中只能起干扰破坏作用。可见,题目区分度是测验性能的一个重要指标,说明的正是题目对于测验目的来说的有效性程度。

在区分度的分析过程中,首先必须找一个标准,以确定被试实际水平的高低。只有被试水平高低清楚了,才能判定测验题目对被试水平的区分是否正确。因此,理想的办法就是先找一个客观的标准(一个不依赖于测验成绩的外部的客观标准),先把被试按优劣顺序排好,然后再看被试在测验试题上的得分,其顺序是否跟前者相符。但是,这种测验外部标准是很难找到的。例如,我们要在统一的高校招生考试之外事先找到一个能把考生水平排好顺序的客观标准,以便据此来分析高考试题区分度的优劣,这实际上是不可能的。如果找到了,高考本身也就可以由它来替代了。因此,在对测验试题作区分度的分析时,一般都是使用内部标准,即把考生在整个测验上所得的总分当成考生的实际水平。当然,这在逻辑上是缺乏充分根据的。因为,总分是否正确可靠,在分析工作尚未进行之前,是无法肯定的。然而,一般来说,测验都是经过一番设计的,全卷总分比起个别试题的得分来说,总是有可能更接近于考生的实际水平的。另外,以总分作标准,有利于增强测验试题间的同质性,从而有利于提高整个测验的信度。同时,也说明每个试题应为测验目的作贡献,如果不一致,恰好就说明了该试题所测特质与测验目标不一致。

所以,区分度的分析方法,大约可以归纳成两类:一类为外在效标法,即分析被试在测验题目上的得分与外在客观标准上的表现之间的关系。另一类为内部一致性法,即分析被试在测题上的得分与在整个测验总分之间的一致性程度。在实际操作中,主要使用的是后者,从这个意义上说,区分度的实质就是题分与总分的相关程度。

区分度的值域范围在-1.00至$+1.00$之间。通常 D 为正值,称作积极区分;D 为负值,称作消极区分;D 为 0,称作无区分作用。具有积极区分作用的项目,其 D 值越大,区分的效果就越好。

二、区分度的计算

区分度的计算方法较多,各种方法在含义上略有差别。在使用时应根据测验的目的以及题目记分和测验总分的两个变量的性质不同,从而选择不同的计算方法。当然,有时可以同时用几种方法相互验证。

1. 相关法

区分度的实质是题分与总分的相关,因此,各种计算相关系数的方法都可以用于计算区分度。但具体采用哪一个,应根据题分、总分的数据形式而定,常用的有:

（1）点双列相关系数

点双列相关适用于题目是 0、1 记分(或二分变量),而测验总分是连续变量的数量资料,其计算公式为:

$$r_{pbi} = \frac{\overline{X}_p - \overline{X}_q}{S_t} \sqrt{pq} \tag{3-27}$$

式中,r_{pbi} 为点双列相关系数,$\overline{X}_p$ 为通过该项目的被试的平均总分,$\overline{X}_q$ 为未通过该项目的被试的平均总分,p 为通过该项目的被试人数占总人数的百分比,q 为未通过该项目的被试人数占总人数的百分比,S_t 为全体被试总分的标准差。

例 8　某班 15 名学生参加一次测验的总分及第一题的得分情况如表 3-10 所示,请计算第一题的区分度。

表 3-10　15 名学生的题分与总分表

学生	A	B	C	D	E	F	G	H	I	J	K	L	M	N	O
第一题	1	0	1	1	1	1	1	0	0	0	1	0	1	0	0
总分	90	81	80	78	77	70	69	65	65	50	49	42	35	31	10

【解答】 由表 3-10 可以求出:

$$p = 8/15 = 0.5333$$
$$q = 1 - p = 0.4667$$
$$\overline{X}_p = 68.50$$
$$\overline{X}_q = 47.71$$
$$S_t = 22.48$$
$$r_{pbi} = \frac{68.50 - 47.71}{22.48} \sqrt{0.5333 \times 0.4667} = 0.4624$$

计算出点双列相关系数后,需进行显著性检验,才能确定其是否具有显著性意义。对于点双列相关系数的显著性检验有几种方法:其一,对点双列相关公式中的 $\overline{X}_p$ 和 $\overline{X}_q$ 进行差异显著性检验,若差异显著,表明 r_{pbi} 显著;若差异不显著,则 r_{pbi} 也不显著。其二,采用积差相关系数显著性检验的方法进行检验。其三,如果样本容量较大($n > 50$),也可用下面的近似方法:$|r_{pbi}| > \dfrac{2}{\sqrt{n}}$ 时,认为 r_{pbi} 在 0.05 水平上显著;$|r_{pbi}| > \dfrac{3}{\sqrt{n}}$ 时,认为 r_{pbi} 在 0.01 水平上显著。本例采用第二种方法,查"积差相关系数(r)显著性临界值表"(见本书附表 3),可知 $r_{pbi} = 0.4624$ 在自由度为 13($df = 15 - 2$)时未达到显著性水平,所以,要说该题目具有积极的区分度值得怀疑。

(2)二列相关系数

二列相关适用于两个变量都是正态连续变量,但其中一个变量因为某种原因被人为地分成两类。例如,当一个题目是连续记分的,而测验总分被分为及格、不及格两个类别时,可以采用二列相关法。或者当测验总分是连续的,而题目分数被人为分成对、错或通过、未通过两类(如满分为 10 分的一道题,规定得 6 分以上视为通过,就是人为的分类),也可以采用此方法。其计算公式为:

$$r_b = \frac{\overline{X}_p - \overline{X}_q}{S_t} \cdot \frac{pq}{Y} \tag{3-28}$$

式中,r_b 为二列相关系数;Y 为正态分布下百分比 p 与 q 分割点所在位置的曲线高度(由正态分布表给出,见本书附表 2);其余符号的意义同点双列相关公式。

例 9 仍以前述例 8 与表 3-10 的资料,以二列相关法计算区分度指数 r_b。

- -

【解答】 $p = 0.5333$,查正态分布表,得 $Y = 0.3975$,于是:

$$r_{pbi} = \frac{68.50 - 47.71}{22.48} \cdot \frac{0.5333 \times 0.4667}{0.3975} = 0.579$$

二列相关系数的显著性检验可以用下列公式进行:

$$Z = \frac{r_b}{\dfrac{1}{Y}\sqrt{\dfrac{pq}{N}}} \tag{3-29}$$

式中,N 为被试总人数;其他符号的意义同公式(3-28)。对于本例,

$$Z = \frac{0.579}{\dfrac{1}{0.3975}\sqrt{\dfrac{0.5333 \times 0.4667}{15}}} = 1.79$$

因为 $Z=1.79<Z_{0.05}=1.96$，未达到显著性水平，所以该题的区分度值得怀疑。

（3）积差相关系数

对于非二分法记分的项目，因得分具有连续性，在被试团体较大时，可以认为题目分数服从正态分布。可将题目得分与测验总分求积差相关系数以得到题目的区分度，其计算公式可用本章第一节中的积差相关公式。

为便于笔算，可推导出积差相关的另外一个计算公式：

$$r_{xy}=\frac{S_X^2+S_Y^2-S_D^2}{2S_XS_Y} \tag{3-30}$$

式中，S_X 为全体被试在某题目上得分的标准差；S_X^2 为全体被试在某题目上得分的方差；S_Y 为全体被试总分的标准差；S_Y^2 为全体被试总分的方差；S_D^2 是由被试总分减去某题目得分而获得的一个新变量（$D=Y-X$）的方差。

例 10 有一测验向 8 名学生施测，其中两个题目的题分和测验总分如表 3-11 所示，请计算这两题的区分度。

题目一的区分度为：$r_{xy}=\dfrac{S_X^2+S_Y^2-S_D^2}{2S_XS_Y}=0.1595$

题目二的区分度为：$r_{xy}=\dfrac{S_X^2+S_Y^2-S_D^2}{2S_XS_Y}=0.7975$

表 3-11　8 名学生题分与测验总分表

学生	A	B	C	D	E	F	G	H
题目一	1	5	10	5	7	4	6	6
题目二	6	10	6	8	9	7	3	5
总分	34	36	35	37	42	30	27	29

积差相关系数的显著性检验方法有三种：当样本容量 $n>50$ 时，采用正态分布检验；当样本容量 $n<50$ 时，采用 t 分布检验（本书附表 4 为 t 值表）；直接查"积差相关系数（r）显著性临界值表"（见附表 3）。本例采用方法二，不难知道题目一的区分度未达到显著性水平，其区分度值得怀疑；题目二的区分度在 0.05 水平上显著，该题的区分度较高。

2. 高低分组法

在测验分数序列中高分组、低分组被认为是两个极端效标组。这两个极端效标组在特定题目上的反应差别程度可以刻画题目的区分能力。因此,类似于前面谈及应用两端分组的办法来估计题目的难度系数一样,可用高分组在特定题目上的得分率和低分组在相同题目上的得分率之差作为题目区分度的指标(高分组、低分组人数比例各占总人数的 27%),被称为鉴别度指数,记为 D。计算公式为:

$$D = P_H - P_L \qquad (3-31)$$

式中,D 代表项目鉴别度指数;P_H、P_L 分别表示高分组和低分组在该题目上的得分率。为计算方便,还可采用公式:

$$D = \frac{\overline{X_H} - \overline{X_L}}{F} \qquad (3-32)$$

式中,D 代表题目鉴别度指数;$\overline{X_H}$ 表示高分组在特定题目上的平均得分;$\overline{X_L}$ 表示低分组在该题目上的平均得分;F 表示该题目的满分值。

D 值是鉴别题目测量有效性的指标,D 值越高,题目越是有效。而且,它适用于各种题分情况,不像相关法那样每一种方法都有各自的适用条件,而各种方法之间有时不能直接比较(前面的例子已经显示出,同样的数据不同方法计算的结果不同),因此在实际应用当中,人们常常采用高低分组法来计算题目的区分度。1965 年,美国测验专家艾贝尔(R.L. Ebel)根据长期经验提出了用鉴别指数评价题目性能的标准,如表 3-12 所示:

表 3-12　项目区分度评价标准

区分度值	评价	区分度值	评价
0.40 以上	优良	0.20—0.29	尚可,需修改
0.30—0.39	合格	0.19 以下	一般要淘汰

第五节　教育测量与评价方案的可用性

所谓教育测量与评价方案(下文简称方案)的可用性是指方案质量性能可靠稳定,针对性强,对于所有被测量与评价的对象是客观公平的,同时在操作上具有可行性、易用性、经济性等特点。具体地说,方案的可用性可从以下几个方面进行阐明。

一、科学性、公平性和可行性

1. 科学性

从测量与评价的结果来说,科学性指的是测评结果能准确地反映被测对象的真实情况,达到测量的目的,即测量要具有较高的信度和效度。

就测验目的和用途而言,盖茨(A. I. Gates)指出,"某一年级的相当具有代表性的一组学生在一项测验的两个同等形式的测验中的得分之间的相关系数应该是 0.90 或更多,这样才能对一个人的被测验能力提供一个可靠的测量;0.70 或更高,才能对三四十名的一班学生的平均能力提供一个圆满的表明"。凯利(P.M. Kelley)根据一个年级的儿童的测验对信度系数提出下列最低要求:为团体比较起见,如为了决定一个组在一个学科或一组学科上的地位,信度系数要达到 0.50;为了鉴定一个组在两种以上学习线上的成绩,信度系数要达到0.90;为了个人诊断起见,如为了鉴定各个个体在同一学科或一组学科上的地位,信度系数要达到 0.94;为了在两种以上学习线上鉴定各个个体,信度系数要达到 0.96。教师为了解教学情况而进行的测验,信度系数要求可低一些。[①] 就测验内容来说,标准化学业成绩测验要求信度系数在 0.90 以上,甚至达到 0.95。

效度的要求,可从不同方面来看。从内容效度来说,所拟问题应具有代表性。如要测量学生某一学科的学业成就,所拟试题要有足够的覆盖面,能够反映学生对各部分、各种特质知识的掌握情况。从结构效度来说,测量与评价方案要确实能反映所要测量的心理结构要素。例如,如果要评价教师的教学能力,那么教师的教学能力究竟有哪些,其相互关系如何,方案中是否有完善的反映。从效标关联效度来说,不同测验的要求标准不一样。例如,智力测验分数与教师对学生的等级评定之间的效度系数一般应达到 0.30—0.50;相同科目的标准测验成绩与教师对学生名次排列的相关系数一般应达到 0.60—0.70;两种不同的智力测验或标准测验之间的相关系数应达到 0.60—0.80,才能认为符合要求。

2. 公平性

公平性是指测量与评价方案对于任何一位被测量或被评价的对象而言,有相同的机会获得好的成绩。人们进行教育测量与评价的目的是尽可能准确地了解和客观地评价被试在成就、能力、人格、行为等方面的发展。但是,人们发现在教育测量与评价中经常会出现测验偏差(bias)的现象,也就是说,某个测验或评价方案对于某个特殊群体来说是有偏见的或不公平的。例如,有一年的高考实验试卷中出过一道有关鱼头鱼尾的作文题,就存在测验偏差。出题者给出两幅漫画,第一幅是母亲把鱼中段夹给年幼的儿子,自己吃鱼头鱼尾;第二幅是儿子长大,把鱼头鱼尾留给母亲,自己吃鱼中段,画中间是"母亲喜欢吃鱼头鱼尾"。要求被试就这两幅漫画发表议论,写一篇作文。命题者本意是要颂扬无私、伟大的母爱,批评儿子的不孝,但此题一出却引起了争议。因为在我国南方某些地区,民间确实认为鱼头鱼尾比鱼中段更好吃,从而此画成了颂扬儿子孝顺的故事。这就造成了测量与评价的不公平问题。

在教育测量与评价过程中,要做到公平性,首先就是测量与评价方案内容对所有被测量与评价对象来说必须是公平的。比如,同一地区的学校,有城里的也有偏僻乡村的,假设要评价小学毕业班的语文教学水平,作文题是"我第一次去公园",那么这对农村的学生和学校都是不公平的。其次是评价的指标、标准、权数和分值的确定要合理。比如,评价指标不够全面,从而使各个被评价对象差异甚大,或者指标的权重不合理,那么对一些被评价对象而言就是不公平的。

---

① 王汉澜主编:《教育测量学》,河南大学出版社 1987 年版,第 58—59 页。

【阅读材料】

题目功能差异简介

在进行测验质量分析时,我们一般主要进行的是题目难度、区分度以及测验的信度和效度的分析,实际上除了这些之外,还有一项重要的分析内容——题目功能差异(differential item functioning,简称为 DIF)分析,进行题目功能差异研究是保证测验公平性的一个重要工作。

在教育和心理测量中经常会出现测验偏差的现象,也就是指,测验对于不同的被试群体或个体来说是有偏见的或不公平的。测验偏差现象最早引起人们注意是在 20 世纪初。在使用智力测验时,人们发现本民族语言不是英语的儿童,往往因为语言障碍而影响其智商分数。随着团体测验的发展和军队甲种测验在第一次世界大战中的大规模使用,这个问题引起了人们广泛的关注。20 世纪 30 年代前后,随着跨文化测验的发展,测验专家们在语言和文化对测验分数的影响方面进行了许多研究,并试图编制在文化上公平的测验。60 年代的民权运动,及之后的妇女权利运动期间,这个问题更加引起人们的重视。特定群体的公正和平等权利、测验测试结果与决策中是否存在偏差受到公众及测量界的普遍关注。

但是,"偏差"概念带有明显的判断和评价的含义,人们想单纯通过统计的方法来侦查偏差,实际上并不可能。在研究与实际工作中,对偏差的侦查,首先是通过统计的方法计算出两组被试在某一题目上的表现是否存在差异,然后由专家来分析该题目是否真的对某一组被试不公平。如何才能将统计过程与整个偏差侦查的过程区分开呢? 安果夫(Angoff, 1972)提出,有些题目虽然使不同群体成员的表现不同,但它们针对的是教育结果,所以不能算是"偏差"。这就将偏差与组间差异区分开了,也就是说,两组被试在某题目上的表现存在差异,不一定就是该题目对其中一组被试不公平,也可能是该组被试水平与另一组被试水平间确实存在差异。因此,在统计学中,人们用"题目功能差异"这一术语来表示两组被试在某题目上的表现存在差异,代替"题目偏差"这个含有评价色彩的术语。题目功能差异仅指题目对于不同被试有着不同的统计特性,并不含有是否公平的评价含义。

题目功能差异,简单地说,就是两组具有相同能力水平的被试如果在某个题目上的表现存在差异,那么该题目就被认为存在功能差异。假设有两组具有相同的英语综合能力的被试,在一次英语综合能力考试中,在一些题目上作答存在差异,比如其中一组被试在这些题目上的得分显著地高于另外一组,那么就说这些题目存在 DIF。如果进一步的分析认为,两组被试的英语能力确实存在差异,那么这种 DIF 属于良性的,是可以被人们所接受的。如果分析发现,两组被试的英语能力不存在差异,而在这些题上作答出现差异是由于其他原因导致的(如内容对一组被试而言更为熟悉等),那么就说这些题存在 DIF,对得分低的一组被试是不公平的。

现在,关于题目功能差异的研究在许多国家得到了很大的发展,特别是在美国,不仅理论研究上发展最快,而且应用上也最为广泛。它们对题目功能差异的研究主要致力于:其一,方法的开发。现在已有大量适用于不同背景的方法。其二,方法的比较,以探讨各种方法的效率及优缺点,帮助使用者选择适用的方法。其三,用检测题目功能差异的方法对各种测验(如 GRE 和 SAT)的题目进行分析,确定有功能差异的题目,分析题目存在功能差异的原因,找出形成题目功能差异的最大可能原因,并加以论证。

随着我国社会的发展,国外的考试机构逐步地走近我们,人们必然会越来越重视测验公平性的问题,因此,对国外的研究成果应尽快地吸收、转化、应用,才能在教育测量与评价的研究过程中少走弯路,提高效率。

3. 可行性

可行性原则是指测量与评价方案的制定符合实际,并能被人们所理解和接受。要做到这一点:第一,要求方案的制定必须充分考虑人力、物力、财力、时间、空间、技术等各种因素,只有在此基础上制定的方案才可能实施。第二,测量与评价方案应具有易用性,也就是说测量与评价方案的指标体系不要过于繁琐,内容不要过多,结果计算要简便易算。对于被测量的对象而言,要便于其回答,如果回答时书写量太大或者题量太多,都可能影响被试的合作态度。如果方案做不到易用性,那么,无论理论上多么科学、多么有效,由于使用不便,人们仍然不会接纳它。第三,测量与评价方案应具有直接可测性或可操作性,也就是说,方案的每一项内容与指标应具有确定的意义,具有操作性定义,这样人们才可以直接使用它,而且在使用过程中才不至于有歧义。由于教育测量与评价的对象是内隐的心理特质,如果方案不能很好地把这一心理特质用操作定义描述出来,那么人们将无法使用,或使用过程中看法很可能不一致。例如,对当代中学生的思想觉悟情况进行评价。因为思想觉悟是抽象的、内部的特质,只有将它转化为可测量的指标要素,如学生入党、入团的要求,各项集体活动中的表现等,这样才具可操作性与可测性。即使是较易操作的学业成就测验,如果方案缺乏可操作性,也可能带来不良的影响与后果。如本章第一节所讲的评分者信度。如果对于论文式试题的评分方案缺乏可操作性,就可能产生较大的评分误差。

二、针对性、区分性和简洁性

1. 针对性

针对性一方面指的是测量与评价的内容及指标体系必须充分科学地反映当前教育目标或管理目标的实际需求。要做到这一点,首先必须做到在对目标深刻理解和科学剖析的基础上对指标体系中的各种因素进行科学的分类,既不遗漏任何一个重要的指标或方面,又要对各类指标规定明确的意义范畴,使各类指标相互区别,相互独立,互不冲突。其次,测量与评价方案中所选问题的类型应与测量的目的相适应,即在制定测量与评价方案时,要根据测量与评价的目的选用问题的类型。

针对性还体现为测量与评价总是针对一定目的而言的。任何一次测量或评价,不能是为了测量而测量,为了评价而评价,所以方案是否具有较高的可用性,还要针对测量与评价的目的来讨论。例如,如果是按能力分班,那么智力测验、学业成就测验就比人格测验要有效。

2. 区分性

区分性指的是测量与评价方案中的每一项内容、每一个指标及其相应的评价标准,必须符合目前我国教育的实际,能够区分和鉴别评价对象在该指标方面不同的达到程度。如果一项指标,所有的评价对象都无法达到,那么,这项指标就缺乏实际意义。相反,如果一项指标,所有的评价对象都能轻易达到,那么,这项指标也缺乏实际意义和活力。一个可用性强的测量与评价方案,应该具有较高的区分性能。

为了提高结果的区分性,方案中的问题应注意避免"社会认可效应"。所谓社会认可效应,指的是被试依照社会评价标准作答,而非提供真实答案。如果是这样,方案就肯定没有区分性。应该尽量使问题与答案呈中性,不存在社会道德评价意义,不会使被试产生社会认可与否的顾虑,能够真实作答。例如,一个测量家长教育孩子方式的问卷中的问题,最初设计为:

"你是否觉得自己很难与孩子交流思想和感情?"

A. 很困难

B. 有点难

C. 较容易

D. 很容易

这样家长作答就可能考虑社会认可效应,使题目没有区分能力。如果改为:

"许多家长说,他们觉得自己很难与孩子交流思想和感情。你认为这种情况是否真的存在?"

A. 肯定存在

B. 有时存在

C. 几乎不存在

D. 根本不存在

这样问题就较为中性,家长在作答过程中,就会投射出其真实的想法。

3. 简洁性

简洁性指的是测量与评价方案的文字质量要高,对问题的表述要明晰、准确、通俗易懂,不会引起被试或评价者对问题的误解。设计时对一些专业术语的表达要通俗化。为使题意简明,应注意避免多重含义的问题和多重否定的问题。前者指一个问题中包括两个以上不同含义,如:

"您班幼儿中,年龄较小者往往缺乏自信,而且动作能力低下吗?"

A. 是

B. 否

对此,一般无法明确作答,此类题应分为两个问题。

后者如：

"您是否反对在非学习日，包括周末和假日，不实行按时熄灯的规定?"

A. 是

B. 否

这个问题中含有多个否定词，容易造成理解混乱，致使答案似是而非，缺乏真实意义。这个问题如果改为肯定句："你是否赞成……"意思就很清楚了。

总之，可用性是衡量教育测量与评价方案的综合性指标，我们在制定或选择某种测量与评价方案时，应给予充分的重视。

💡 关键术语

信度　测量误差　重测信度　复本信度　同质性信度　内部一致性信度　分半信度　KR_{20} 信度　KR_{21} 信度　评分者信度　效度　内容效度　结构效度　效标关联效度　难度　难度系数　区分度　区分度指数　教育测量与评价方案的可用性

📖 内容提要与小结

1. 教育测量与评价的质量特性分析主要是"四度"的分析：信度、效度、难度、区分度。另外，还应考察教育测量与评价方案的可用性。

2. 信度指的是测量结果的稳定性程度，是指对无系统的随机误差的控制。测验信度是对测验工具及其操作的整体质量的一种量度，是测验性能的重要质量指标。信度的估计方法有多种，其适用的条件不同，这是使用中应注意的问题。由于标准参照测验的特点，其信度的估计方法有其特殊性。评分者信度指的是多个评分者给同一批人的答卷进行评分的一致性程度。

3. 效度是指一个测验或量表实际能测出所要测量的特性的程度。效度是测量质量的一个极其重要的指标，由于教育测量与评价对象的特殊性，效度的重要性更为突出。效度评价的方法主要有内容效度、结构效度和效标关联效度，这三种方法指明了效度验证过程的差异。每种方法框架内有一些具体的方法，可视具体情况而采用。

4. 难度与区分度是题目质量的两个重要指标。它们可为编制测验或编制测量量表提供有效的信息。题目的难度，就是被试完成题目作答任务时所遇到的困难程度。定量刻画一个测验项目的被试作答困难程度的量数，称为题目的难度系数。题目区分度就是题目区别被试水平能力的量度，是测验项目有效性的指标。区分度的计算有外在效度法和内部一致性分析法，实际应用中主要是后者，其实质就是题分与总分的相关一致性程度。

5. 标准参照测验的题目难度分析，方法上没有什么特殊性，但在理解其意义上应有所不同，而且对其分析的必要性不大。标准参照测验的题目区分度分析比难度分析要重要，因为这类测验的目的就是要区分合格与不合格被试。这也使其分析方法与常模参照测验有所不同。

6. 教育测量与评价方案的可用性要考虑：科学性、公平性、可行性、针对性、区分性、简洁性。

练习与思考题

1. 什么是测验信度？说说测验信度系数的评价标准。

2. 什么是测验效度？为什么说它是非常重要的测量质量指标？

3. 效度的种类有哪些？结果效度与结构效度有何区别？

4. 什么是题目难度？举例说明如何求取。

5. 什么是题目区分度？如何确定题目区分度？

6. 某标准化技能测验，间隔两周向同一批代表性被试组先后施测两次，所得数据如表3-13所示，求该测验的稳定性信度系数。

表 3-13

被试	01	02	03	04	05	06	07	08	09	10	11	12	13	14	15
前测	31	23	40	19	60	15	46	26	32	30	58	28	22	23	33
后测	32	25	37	23	55	23	55	28	30	32	60	31	20	22	25

7. 用某一个标准化英语水平测验的两个平行形式 A 和 B，向同一代表性被试组先后施测，结果如表3-14所示，求该测验的等值稳定性信度系数。

表 3-14

被试	01	02	03	04	05	06	07	08	09	10
前测	67	80	85	75	72	81	90	76	84	73
后测	70	79	86	73	76	85	91	77	80	69

8. 5名被试在有6个题目的测验上的得分如表3-15所示，问测验题目的同质性程度如何？

表 3-15

被试＼题目	1	2	3	4	5	6
A	7	6	6	8	7	7
B	11	9	10	11	11	11
C	8	7	6	6	8	8
D	11	8	8	8	11	11
E	11	9	9	3	11	11

9. 10名学生在一测验的奇数题和偶数题上的得分如表 3-16 所示，求该测验的分半信度系数。

表 3-16

学生	01	02	03	04	05	06	07	08	09	10
奇数题	32	30	28	31	23	24	22	21	25	35
偶数题	31	26	26	30	22	27	23	20	23	36

10. 10名学生在一个包括 6 道二分记分题的测验上的得分情况如表 3-17 所示，求该测验的内部一致性信度系数。

表 3-17

学生 \ 题目	1	2	3	4	5	6
A	0	0	0	0	0	0
B	1	0	0	0	0	0
C	1	0	1	0	0	0
D	1	1	0	0	1	0
E	1	0	0	1	0	0
F	1	1	1	0	0	1
G	1	1	1	1	1	0
H	1	1	0	1	1	0
I	0	1	1	0	0	1
J	1	1	1	1	1	1

11. 某标准化考试的信度系数为 0.94，测验分数的方差为 15 分，求该测验的测量标准误。若甲、乙、丙三人的得分分别为：90、85、70，说明三人各可能处在什么分数区间。

12. 两位评委对 15 名学生的写作水平评出了等级，结果如表 3-18 所示，问两位评委所评结果的一致性如何？

表 3-18

学生	01	02	03	04	05	06	07	08	09	10	11	12	13	14	15
评委一	1	2	3	4.5	4.5	6	7	8	9.5	9.5	11	12	13	14	15
评委二	3	2	1	7	8	5	4	6	14	15	12	9	10	11	13

13. 三位教师对 11 名学生的数学能力评定等级如表 3-19 所示，问这三位教师所评等级是否一致？

表 3-19

学生	01	02	03	04	05	06	07	08	09	10	11
教师一	1	2	3	4	5	6	7	8	9	10	11
教师二	1	3	2	4	5	7	6	9	10	8	11
教师三	2	3	1	5	4	7	6	8	9	11	10

14. 某 10 名被试学科测验得分情况如表 3-20 所示：

表 3-20

题目 \ 被试	01	02	03	04	05	06	07	08	09	10
1	2	2	0	2	0	0	2	0	2	2
2	0	2	2	0	2	0	0	2	0	2
3	0	0	2	2	2	0	2	0	0	0
4	0	2	0	0	2	0	0	2	2	0
5	5	7	4	6	6	2	4	5	3	4
6	6	5	5	4	7	1	6	2	4	5
7	11	14	9	10	16	5	12	8	10	13
8	10	16	8	12	15	6	15	11	9	8

根据表 3-20 的内容，完成：

（1）计算第 1、5 题的难度与区分度。

（2）用高低分组法计算第 2、6 题的难度与区分度。

（3）计算该测验的信度。

（4）如果该测验是一个标准参照测验，请估计其信度系数。

第四章 编制教育测验的一般原理与方法

学习目的

学完本章后,你应当能够:

1. 认识科学编写测验题目的重要性。
2. 认识测验题目的基本类型。
3. 了解常见测验题目的功能与特点。
4. 掌握常见测验题目的编写原则与要求。
5. 了解编制测验的基本程序。
6. 掌握测验蓝图设计的要领。

编写者及课任教师建议的阅读文献

1. 黄光扬、王晡编著:《基础教育学生发展的测量与评价》第四章,中央文献出版社2007年版。

2. [美]N·E·格朗兰德著,郑军等译:《教学测量与评价》第二、五、六、八章,河北教育出版社1991年版。

3. 张敏强著:《教育测量学》第二章,人民教育出版社1998年版。

4. [美]L·W·安德森、L·A·索斯尼克主编,谭晓玉、袁文辉等译:《布卢姆教育目标分类学——40年的回顾》第二章,华东师范大学出版社1998年版。

5. 国家教育委员会考试管理中心主编.郑日昌等编:《考试的教育测量学基础》第二章,高等教育出版社1990年版。

6. 戴忠恒编著:《心理与教育测量》第七章,华东师范大学出版社1987年版。

7. 郑日昌主编:《心理与教育测量》第八章,人民教育出版社2015年版。

8. _____

9. _____

第一节 测验题目类型与测量功能

测验题目是测验的基本构成元素,题目编制恰当与否直接关系到整个测验的质量。只有正确地掌握不同类型试题的测试功能及命题方法,才能根据考试的目的和要求,正确地选择合适的题型并编制出高质量的试题,组成高质量的测验试卷。

我们每一个人从小到大都历经无数次考试,好像考试命题不需要什么学问。其实,考试命题是一项专业性比较强的业务活动,它需要以教育科学理论为基础,主要是以教育测量学和考试学理论为指导。可是大多数教师实际上不了解教育测量学和考试学理论,他们也在年复一年地命题制卷,似乎都到了"不会作诗也会吟"的程度。其实,这跟"卡拉 OK 大家唱"一样,虽然我们大多数人不学声乐理论也能唱几首、哼几句,不过,若与学过一些声乐技巧的人相比,我们这些人通常缺乏歌唱技巧,音质、音色、音准不好,有时还跑调,有明显的差异。同样,缺乏教育科学理论指导的考试命题,虽然不会导致什么人命关天、教育崩溃之类的骇人听闻的事发生,但会造成误导学生、错判成绩、引起焦虑、影响效率、打击信心、影响教学诊断和教育质量,特别是加重学生学习负担等一系列不良后果。因此,教师需要了解教育测量与评价的科学原理,掌握考试命题的基本知识和基本技能。

测验题目基本上分为两大类:客观性试题和主观性试题。客观性试题主要包括选择题、填空题、简答题、是非判断题等,它们因为评分客观而得名,它们的正确答案可以在测验前就已准备好,不同评分者各自独立评分,所得结果基本上是相同的。客观性试题一般适用于测量知识的掌握、理解、应用、分析几个层次的教学目标。客观性试题的答案明确,作答简便,因而在限定的时间内测验可以包含足够数量的试题,能保证对知识内容的覆盖。主观性试题主要包括论述题、操作题和作文题等。它们适合于测量较高层次的教学目标,尤其是适合于测量综合、评价等目标层次。主观性试题鼓励被试积极地组织所学的资料,表达自己的观点。被试在作答时,耗费的时间较长,在限定的时间内,试题数量不可能太多,对知识的覆盖面较小。由于没有明确统一的标准答案,评分易受评阅者的主观因素影响,因而误差较大。

测验题目的类型种类繁多,功能各异,在具体编制测验题目时,要针对测验的对象特征、目标任务,尽可能遵循科学客观、实用操作、合理适度、简洁明白等要求。所有试题内容必须是科学的,不能有任何学术性错误或思想不健康的内容;题目的内容符合测验的目的,试题取样符合测验编制计划的内容,对所测验的内容领域具有足够的代表性;要根据测验目的选择恰当的题型,做到各种题型搭配合理;试题的语言表达简洁明了,测试过程与评分等满足经济、实用、可行的原则。

本节仅就主观性试题与客观性试题的类型、功能及编制要求作具体介绍。

一、客观性试题的特点及其编写技巧

客观性试题主要包括选择题、匹配题和供答题中的填空题、简答题等。

（一）选择题

1. 结构

客观性试题中运用最多的是选择题。选择题由一个"题干"和几个"选项"组成。"题干"一般是提出问题，或是待完成的句子，"选项"是供被试选择的几个真假不明的答案，让被试从中选出正确的答案。应选的答案可以是一个，也可以是多个，可以是正确答案，也可以是最优答案。

例题 使用选择题试卷进行测量，最大的困难是什么？

  A．试卷的编制   B．试卷的印刷

  C．试卷的评阅   D．考场的安排

例题 函数 $y = ax^2 + bx + c$ 是偶函数的条件是：

  A．$c = 0$ B．$b = 0$ C．$a \neq 0$ D．$bc \neq 0$

2. 优缺点

选择题是所有客观性试题中最灵活的一种，其优点体现为：

① 可以用来测量学生各种不同层次的学习结果，不仅可以测量学生掌握所学知识的程度，而且可以用来测量学生对所学知识的理解、分析、判断、应用和综合的能力。所以这种类型试题的应用最广泛。

② 评分标准统一、客观，不受评分人主观因素和答卷人提出意想之外的答案等影响，并且可以利用电脑迅速评卷，从而大大提高测验的信度，提高评卷的速度和自动化水平。

③ 可以加大试题容量，抽取广泛有效的代表性样本，使试题覆盖的知识范围广，可以克服传统考试中主观题由于试题量少、抽样窄而造成的测量效度不高的缺点。

④ 有利于考查被试思维的敏捷性和准确的判断力。

⑤ 采用大量的似真选择项使得结果易于诊断，通过对学生错误选项的选择反应这个线索，教师便于发现、分析学生在学习中存在的问题，以便及时纠正。

但选择题同样也有其自身的缺点，具体表现为：

① 由于选择题的数量多，每一个试题中除正确答案外，还要有足够多的干扰答案，而且要求这些干扰答案与题干应有相当的逻辑联系和似真性，所以编制良好的选择题较花费时间，且要有专门的命题技巧。

② 难以考核被试完全的推理能力、综合运用所学知识的能力、有效的总结能力、严密的表述能力和写作能力，对于被试的发散思维（或求异思维）能力则更是如此。

③ 无法测量被试的思维（解题）过程。

④ 被试能仅凭猜测而选中正确答案。例如，在有四个备选答案的选择题中，仅凭猜测的成功率就达到 25％，这对于考试的信度有一定的影响。

选择题的优点使其日益受到重视，但它的缺点又使我们无法在教育过程中以单纯的选

择题来考查学生。

3. 类型

根据不同的特点对选择题可以作进一步的分类,常用的选择题主要有以下几种类型:

(1) 辨识选择

常用于辨识字词的形音义、文化常识、公式定理、名词术语等。

(2) 阅读选择

前面给出一篇短文,后面提供备选答案,要求被试阅读后给出正确的选项。

(3) 最佳选择

要求被试通过比较和分析,从几个备选答案中选择出一个最佳的答案。

(4) 图解选择

将文字材料画成几幅示意图,要求被试选出符合文字材料所显示的情景或关系的示意图。

(5) 归类选择

列出一组事物,并将事物分成若干类,要求被试按一定标准选出归类正确的选项。

(6) 承接选择

给定一个或几个待续的句子,然后列出几个承接句子,要求被试选出其中衔接恰当的承接句子。

(7) 排序选择

将几个事物列出几种排列顺序,要求被试选出排列顺序正确的一种。

(8) 填空选择

在一句话中空缺一些字、词、句或标点,要求被试在备选的几个答案中选出恰当的填补项。

4. 编写原则

为使选择题的普遍适用性和优良性能得到实现,在编制选择题时,应遵循以下原则:

(1) 题干意义完整并能表达一个确定的问题[①]

有不少不完全陈述式选择题的题干,直到读完全部选项才能了解其意义。品质良好的选择题,应该是在遮盖选项部分,即在没有选项的情况下,也是意义完整的。

例题　(不妥试题)一个命题双向细目表:

　　　A. 指出一个测验如何用来促进学习

　　　B. 可提供一个更平衡的内容取样

　　　C. 须依照教学目标重要的顺序来排列

　　　D. 确定一个所使用的计分方法

---

① 〔美〕N·E·格朗兰德著,郑军等译:《教学测量与评价》,河北教育出版社 1991 年版,第 103—104 页。

本题的题干意义不清楚,应将试题修改为以下形式:

例题 （较妥试题）当拟定一个成就测验的编制计划时,使用细目表的主要目的是:
A.减少所需的时间　　　　　　　B.改进内容的取样
C.使试题编制更容易　　　　　　D.增加测验的客观性

（2）题干简明

题干尽量不要使用过于复杂的字词与语句结构,也不要使用过长的语句。

例题 （不妥试题）当缺乏与中心观念有关联的似真但非正确的选项时,则在编制下述哪一类型的试题时会遇到困难?
A.简答题　　　B.是非题　　　C.选择题　　　D.论述题

此题的题干陈述过于复杂,堆砌一些不切题的材料陈述,若改为下述形式,则较为合理:

例题 （较妥试题）编制哪类试题时,如果缺乏似真而非正确的选项时,会遇到最大的困难?
A.简答题　　　B.是非题　　　C.选择题　　　D.论述题

（3）题干不要滥用否定结构,要尽可能地采用正面陈述

过多采用否定结构,往往给被试带来阅读上的困难。同时,否定结构也不利于教师了解被试到底掌握了多少正确知识。另外,肯定结构比否定结构从某种程度上来说更富有教育意义。

例题 （不妥试题）在耳的下列结构中,哪种与听力无关?
A.鼓膜　　　B.卵形窗　　　C.半规管　　　D.耳蜗

修改后的试题,则能更直接地测量教师想要测的知识。

例题 （较妥试题）在耳的下列结构中,哪种有助于保持平衡?
A.鼓膜　　　B.卵形窗　　　C.半规管　　　D.耳蜗

当然,在某种情况下,采用否定结构也能测量重要的学习结果。一般来说,对于具有潜在危险而必然注意的问题,可以采用反面叙述强调,但此时最好在否定结构下画线,以引起注意。

（4）诱答项应具有似真性

所有选项都应与题干有一定的逻辑联系,选项中的干扰答案(诱答项)应具有很高的似

真性或似乎合理性，不能错得太明显。

例题 （不妥试题）在下列元素中，哪一种元素存在于蛋白质中，而不存在于碳水化合物或脂肪中？

A．二氧化碳　　　　B．氧　　　　　　C．水　　　　　　　D．氮

此题的 A 与 C 两个选项都是化合物，而不是元素，很容易被排除。

选择题中的诱答项（干扰答案）应对未具备回答该题所需知识的学生有诱惑力，吸引这部分被试选择，从而达到测验的目的。编制良好选择题的技术取决于有效的干扰选项的编写。增加干扰选项似真性的具体方法有：

① 使用学生共同的错误观念或过失来作为诱答项。

② 以学生惯用的模糊性用语叙述诱答项。

③ 在正确选项和诱答项中使用同样"精确的""重要性"等堂皇的用语来叙述。

④ 诱答项的长度和措辞的复杂性与正确选项相似。

⑤ 在诱答项中使用额外的线索。如固定的用词，具有科学味道的答案，以及和题干有语义上的联系的字词等。

⑥ 保持选项之间的同质性。

但应注意，诱答项只应吸引不具备这项知识的学生，不能使之成为将好学生引入歧途的"诡骗题"（或"陷阱题"）。

（5）**不能对正确答案有任何暗示**

一般来说，无意提供暗示主要表现为如下几个方面：语法结构上的不一致，如正确答案语法正确，诱答项语法结构错误等；各选项在逻辑上不同，如正确答案中加以"如""有时""通常"等修饰词，诱答项中加以"总是""从未""所有""绝对""准"等修饰词，或正确答案使用与题干相同的词；答案的长度有明显差异，如正确答案叙述得特别详细，比诱答项要长得多；各题正确答案在选项中有一定的规律等。

（6）**同一测验中，每一个测验试题之间应相互独立，避免牵连**

有时，某一个试题的题干中所提供的资料，刚好可以帮助学生回答别的问题，此种情形只要在组合测验前仔细检查每道试题就可以避免。但有时被试需要知道前一题的正确答案，才能回答下一个问题，即若某被试无法回答第一题，则无法回答第二题，此种连锁题应尽量避免，每道题均应成为一个独立的记分单位。

（7）**选项的文字表述力求简短精练**

应尽可能将各项中共同的用词（字）放在题干中，在每个选项中要避免重复的材料，这样不仅可以使题意清楚，而且可以减少学生阅读选项的时间。

例题 （不妥试题）两条异面直线的概念是（　　　　）

A．指在空间中相交的两条直线

  B．指在空间中位于两个不同平面上的两条直线

  C．指在空间中不在同一平面上的两条直线

  D．指在空间中某一平面与这一平面外的两条直线

  本例中的有关字句如"指在空间中……两条直线"放在题干中,则更为妥当。

  （8）试题应测量最重要的学习结果

  测验试题应能测量最重要的学习结果,而非细枝末节的内容。试题应避免无关教材、模糊不清或为难学生的内容。测量知识的学习结果,应着重重要概念、事实与原则,不宜考数字记忆或零碎知识以增加题目难度。

  （9）应尽量避免"以上皆是""以上皆非"的选项

  当测验编制人员很难找出足够的选项时,常用"以上皆是""以上皆非"来作为最后一个选项。这种特殊选项的应用绝大部分场合均不恰当,不仅无法达到预期的功能,反而会降低题目的有效性。这是因为:第一,学生只要知道在选项中有两个是正确的,则他就会选择"以上皆是";第二,学生只要发现有一个选项是错误的,则马上就可以排除"以上皆是"项,从而提高猜测成功的机会;第三,不少学生只要看出第一个答案是正确的,马上就选中作答,而不再阅读其余选项,进而丢分,这降低了测验的信度。另外在"最佳答案型"的选择测验中,所有答案只是适合程度的不同,而绝无一个"绝对正确"的答案,所以在使用"以上皆非"项时,可能引起很大争论。

（二）是非题

  是非题又叫做二项选择题,它通常是给被试一个句子要被试作出正误的判断。这类试题通常用于测量被试对基本概念、性质、原理、原则的认识和判断区别事实与观点、认识事物因果关系,以及一些简单的逻辑推理能力。

例题 判断下列命题的正误,正确的在括号内画"√",错误的画"×"。

  A．三角形的内角之和等于 360 度。（　　　）

  B．是非题是一种"供答型"试题。（　　　）

  有时候,我们可以要求被试先判断每一个陈述的真伪,然后再要求其将错误之处加以改正。此时,应在改正部分的底下画线或加以引导,以突出重点。

  通常有人认为是非题最容易编制,其实并非如此。因为此类试题要求被试作绝对正误的判断,所以每一个叙述必须绝对正确或完全错误。在绝大多数知识领域中,为确保绝对正确或完全错误,就需要对较重要的叙述予以特别修饰,而这种修饰却是一种很明显的猜答线索。因此,编制者通常被迫以较不重要且更具体的事实来编题,以确保试题的科学性,但这样的试题对于测量目标来说是不太适合的。

1. 优缺点

是非题的优点并不十分明确,大体来说,其优点体现为以下两点:

① 编制容易,可适用于各种教材。事实上,说编制容易,可能是因为可以照教材的原句子抄下来或稍作正反改正,但这种试题品质不良,不是答案明显,就是无法判断。而编制出题意清楚,且能测量到重要学习结果的是非题,则需要高度的命题经验与技巧。

② 记分客观,取样广泛。因为是非题的作答时间短,可以在短时间之内作答很多问题,所以试题有较大的覆盖面,且评分不受主观因素的影响。

是非题的局限性主要表现为:①仅能测量知识层次中最基本的结果,而无法测量高层次的学习结果。②受猜测因素的影响很大。由于只有两种可能的选择,学生纯凭猜测都有50%的机会获取正确答案。由于设计是非题很难排除无关线索,实际上被试猜对的可能性远高于50%。即使采用校正公式,即倒扣分的方法,也难以排除猜测因素的影响。由于是非题的上述缺陷,通常只是用它来测量其他类型测验无法测量的学习结果。

2. 编写原则

设计是非题必须遵循以下几点原则:

① 考核的内容应是重要的知识,应有考核价值。不要为了设计试题方便而考核一些无关紧要、细枝末节的内容。

② 题目应多是测量理解能力,而不应测验记忆性的知识,更不要直接抄录教科书中的句子,以免引导被试死记硬背而不求理解。

③ 一个题目中只能有一个中心问题,或一个重要概念,避免两个以上的概念在同一题中出现。否则将会导致"半对半错"或"似是而非"的情形。

④ 试题应做到是非界限分明,用词准确,避免模棱两可的语句,不致引起对正确答案的争议。

⑤ 题目陈述应简单明了,避免使用较长或复杂的句子结构,以减少因被试的阅读能力而对测量产生的不良影响,应删除题目中的多余文字,使题目缩短及简单化。应尽量采用正面叙述,避免用否定和双重否定的语句。

⑥ 尽量做到每个题目的长度大致相当。

⑦ 正句和误句的排列要随机化,且数量应大致相等。

(三) 填空题

填空题就是提出一个陈述,其中缺少一个或几个关键词语,要求被试将其补充上去。

例题 我国古代的四大发明是_____、造纸、指南针和_____。我国长江发源于_____山,流入_____海。

1. 特点

填空题可用来考查被试对知识的记忆和理解能力,在诊断性测验中特别适用。且受被试猜测的影响小,评分比较客观。但填空题偏重于测量被试的知识记忆程度,使用过多容易养成被试死记硬背的习惯。

2. 编制原则

为了使填空题能更好地发挥它的作用,在编制的时候,一般应注意以下几点:

① 题意要明确,限定要严密,使空白处应填的答案是唯一的。填空题属于封闭型的一种,题干的逻辑性要求很高,从而使被试按照形式逻辑的思维去推理、判断。此外,题干的表述还应使众多被试按照同一个思维路径进行趋向思维,否则被试不知道填什么,或填什么都成立,从而引起争议,达不到测量目的,不利于记分。

例题　(不妥试题)只有_____,才能在考试中获得好成绩。

本题的限定不严密,所填的答案不唯一,被试也不知道到底考核哪些方面的知识。

② 空白中所填写的应是关键词语,并且要和上下文有密切的关系,使被试不至于填写困难。

例题　(不妥试题)1996 年我国科技界有_____新发明。

③ 题目中空白的地方不能太多,以免句子变得支离破碎,不利于被试理解题意。

例题　(不妥试题)连接_____市与_____的是_____河。

这样的试题易导致题意不完整,无法填写,即使勉强填上,也难以判断对与错,无法评分。通常一个填空题不应超过两个空白。

再如,以下这个填空题也是不得要领的、不符合思维规律和命题原则的、空格太多的填空题。

例题　(不妥试题)观察表 4-1 内容后填空:

表 4-1　服装与价钱的关系

每袋服装的件数	1	3	5	10	20
总价钱(元)	26	78	130	260	520

a. 表中相关联的变化量是_____和_____,_____是一定的,_____和_____成_____。

b. 表中_____和_____的_____一定。

　　c.　_____和_____成_____的量,这两个量之间是_____。

　　④ 尽量将空白放在句子的后面或中间,而不要放在句子开头。因为按照人们的思维过程,应该是先提供充分的证据,然后再要求被试做什么或怎么做。

例题　（不妥试题）_____发明了蒸汽机。

　　本题应改为"发明蒸汽机的是_____。"
　　⑤ 所有空白处的线段长度应当一致,不能随正确答案文字的多少而长短不一,以免产生暗示作用。
　　⑥ 若答案是数字,应指明单位和数字的精确程度。

（四）简答题
简答题是要求被试对所提的问题用几个字或几句话来回答的一种类型。

例题　"七七事变"在哪一年爆发?
　　　　　"七七事变"在什么地方爆发?

　　简答题虽然需要被试自己主动提供答案,但仍然可以是客观性测验题,它是供答题中最简单的一种,被试只需填上几个简短的词或句即可解答。
1. 特点
简答题较适合于测量被试对基本知识、概念和原理的掌握、记忆情况。和填空题一样,简答题编制较为简单、灵活,在出题时,可以从不同角度、不同方向考虑,增大知识考核的准确度和深度,并且不受猜测因素的影响。但由于其特有的特征,无法用来考核综合、分析、评价等高层次的教学目标,且评分也不够客观,除非问题的叙述非常清楚,否则将会有不同程度的正确或部分正确的答案而影响评分的客观性。即使没有这些问题,错别字是否扣分的问题仍无法避免。若扣分,则被试的实际得分无法代表其获得的知识的多少;若不扣分,则又无法确定错别字是否代表正确答案,即是错别字还是被试尚未足够具备测量所欲测的知识。鉴于此,一般测验中,简答题所占比例不大。
2. 类型
常用的简答题有简释题、直接问答题、列举题、扼要说明题等。
　　① 简释题就是通常的名词解释题,要求被试用简单明了的词语将名词或概念解释清楚。
　　② 直接问答题就是让被试对所提出的问题进行解答。例如,"文化大革命"的实质是什么?
　　③ 列举题就是要求被试根据要求范围列举出事或物,并略作说明。例如,请列出教育测验中常见的选择型题型。

④ 扼要说明题又叫做简要叙述题,一般是对一段话进行判断或进行说明。例如,判断"识字教学是低年级教学的重点"这一说法是否正确,并作简要说明。

3. 编制原则

在设计编制简答题时,要注意遵循下列原则:

① 问题的叙述要明确,要确实能使被试用简单的语言来回答。

② 问题的答案应该只有一个,并且答案要简短具体。

③ 避免出只考机械记忆的题,应注重知识的应用。

④ 在考查某公式的应用时,不要给太复杂的数字,以免给计算带来麻烦。

⑤ 尽可能使用直接问句来提出问题。

(五)解释性测验题的特点及编写原则

在典型选择题的基础上,经教育测验专家改良后,发展成解释性测验题(interpretive-exercise question)。解释性测验题一般是先提供一段文章、一幅图画、一种情境、一张表格等引导性材料,然后以此为基础提出一系列客观性问题。这种题目比较适合测量富有结构的知识、理解能力以及比较复杂和高层次的认知能力。解释性测验题有多个优点,比如能强化学生解释、分析、应用资料的能力;能测量较复杂和高层次的认知能力;可以诊断复杂学习结果的认知过程;可以变主观性为客观性;可以把问题设计得更加符合测量目标等。但它也不能测量创造性思维能力、文字统整与表达能力。

编写解释性测验题要注意以下几个原则:第一,选择与教学目标或考试目标关系紧密的引导性资料;第二,选择适合学生学习经验与阅读能力的引导性资料;第三,选择新的但又不是太另类的引导性资料;第四,选择简短而又有信息量的引导性材料;第五,问题设计要明确,容易作答;第六,问题的测量目标要符合测验目的;第七,问题要测量有意义的学习目标,不考无关紧要的内容;第八,问题数量要适当,而且每个问题不要互相提示。

二、主观性试题的类型及其编写要领

主观性试题的特征是被试可以自由作答,被试只要在题目所限的范围内,在深度、广度、组织方式等方面都享有很大的自由。主观性试题可以测量被试组织、整合知识的能力与应用信息解决新问题的能力。主观题不仅可以对知识进行分解式考查,而且可以进行整体综合性的考查;不仅可以反映被试答题的最后结果,还可以反映被试的思维过程。另外,主观性试题可以创设一个情境,允许被试在这个情境中充分发挥自己的创造力。这种自由同时也导致评分的主观性。主观性试题主要包括论述题、作文题与表现性测验题等题型。

(一)论述题

论述题就是向被试提出问题,需要被试用自己的语言组成一份较长答案的试题。这种试题的最大特点是被试在回答问题时有较大的自由度,可以充分地运用所学的知识,并且可以加上自己独特的见解。因此论述题能够较好地测量被试的组织、归纳和综合所学知识的能力,运用掌握知识解决问题以及探讨问题和创新的能力。

1. 优缺点

论述题在教育测验上有独特的价值,其优点有:

① 可以用来进行高层次的、复杂的学习结果的测量,可以用在各种学科领域,特别适用于社会科学、人文科学等。

② 可以增进学生的思考、应用及解决问题的能力,对于被试的学习态度和学习方式可以产生积极的影响。如可以使学生比较注意在教材内容上的内在联系和对所学到的知识进行有机组织等。

③ 可以增进学生的文字表达,统整思考与解决问题的能力。

④ 试题的编制比较容易,并且受猜测因素的影响很小。

论述题的局限性具体表现为:

① 由于论述题答案一般都比较多,在一次考试中试题的数量不可能有很多,因此,其取样范围比较小且不均匀,所使用的试卷无法有效地代表学科的全部主要内容,所测结果无法真正代表被试的学习成就,从而影响测验的效度。

② 评分的主观性强。虽然此类试题预先制定出标准答案和评分标准,但测验中常常会出现许多令命题者意想不到的情况和答案。此时,不同的评阅者,对同一份试卷所给的成绩将会有很大的不同,同一评阅者对两份等值的试卷所给的成绩偏离也较大,这样的测量结果其信度比较低。

③ 因被试回答过于自由,回答方向又不尽相同,自由组织与表达的观点不一定与教学结果相关,导致难以测得预期结果,重点容易失控。

④ 被试作答和评分阅卷都相当费时。

2. 编制原则

为了保证论述题的质量,在编制论述题时要遵循以下原则:

① 试题应该用来测量较高层次的教学目标,如综合、评价等目标层次,限于那些客观题不能测量的学习成就。如要求学生提出理由、解释变量间的关系、描述与评价资料、有系统地陈述结论等。同时,组织问题的时候,采用新的材料和组织形式。

② 用清晰、明确、具体的词汇系统地陈述问题,使被试能清楚地了解题目的要求。在命题时,我们必须对被试提出明确的任务,使每道题都能真实地反映被试的实际能力,而不受阅读、理解等其他因素的干扰。

③ 一般应采用答案具有统一定论的试题。论述题本来在评分上就存在着一定的主观性,如果再加上答案没有定论,评分者就会产生更大的困难,也使得评分误差增大,从而降低信度。当然这也并不意味着一切有争议的问题都不能出,对于有争议的问题,在命题时一般要对被试的作答范围、观点等作一定的限制,不至于空谈或泛泛而谈。

④ 当有多个论述题时,可以设置一个必答的论述题,剩下的题目可允许被试选择作答。选择作答的论述题之间最好做到等值。在题目作答指导语上,应当写清楚答题要求。对于选择作答的论述题,如果学生愿意所有题目都答,在评分标准上应当给予人性化考虑。

⑤ 确保大多数学生有足够的时间对题目进行思考,然后组织答案。为避免被试将时间

集中在某一个他所不会做的题目上而影响对其他题目的回答，并因此而影响考试成绩的真实性，最好能在题目中给出回答本题所需的参考时间，确保每道题的测试分数可以准确反映被试完成特定任务时的实际能力。

（二）作文题

作文题实际上是一种论述题，它是语言测量中不可缺少的一部分。作文是对人的逻辑思维、形象思维、书面表达等多种能力的一种综合考查。

1. 分类

对于作文试题，人们从不同的角度提出了许多不同的分类。此处仅简要介绍常见的三种分类方法。

① 根据提供题目或提供材料的角度，可分为命题作文和供料作文（或称条件作文）。

命题作文只提供题目，不涉及任何材料，不作任何解释和说明，要求被试写一篇文章。如 1988 年全国高考作文题《习惯》；2011 年全国高考作文题《期待长大》；2011 年四川卷高考作文题《总想有一种期待》；2007 年福建卷，一反前 3 年自行命题的传统，在作文题的命制上直接给出题目——《季节》，要求考生写一篇除诗歌外文体不限、不少于 800 字的作文等。

供料作文包含供料命题作文和供料自由作文两种。它首先提供材料，如给被试一篇文章、一段文字材料、一个小故事、一幅漫画等，要求被试根据确定的思路，或根据指定的题目，或自选角度、自拟题目，写一篇作文。

② 根据文体可以分为记叙文、议论文、说明文、应用文等。

③ 根据对所供材料的处理方式可以分为：

缩写型：要求被试正确理解材料的中心和要点，弄清结构层次，择其要点，剔除其他成分，浓缩连缀成文。

改写型：要求被试根据一定的要求，改变原文的文体样式和结构，或者变换中心人物，或者变换选材角度和立意重心，对原材料进行合理的取舍和补充。

撮写型：要求被试围绕中心对原材料进行取舍，摘取材料的要点性质，组成文章。如内容提要、讲话摘要、会议记录整理等。

填空型：要求被试根据上下文将原材料中的缺失部分加以补充，使之成为文章的有机组成部分。

续写型：要求被试根据原材料的内容和思路加以合理想象和延伸，使续写的部分与原材料构成一个完整的整体。

扩写型：其要求正好如缩写型相反，它要求被试将浓缩的"主干"材料扩充成"枝繁叶茂"的文章。

2. 编制原则

实施作文题测验的目标是要测量被试真实的写作水平。这种测量根据特定要求对语文素养和书面表达能力进行全面的综合测试，因此命题的质量不仅直接影响到测量结果的信度和效度，而且对语文教学导向和学生应试准备等均有比较大的影响。作文命题要注意以下几点：

① 根据考试目的、考试对象来确定作文文体和要求。

② 根据社会需要、现实生活和学生实际设计命题,作文命题要直接测量语文素养和书面表达能力。

③ 作文命题不能过于抽象,要让学生有话可说,有内容可写,有思路可走,有发挥的余地。

④ 避免材料或话题出现测验偏倚,在确定选材和写作意图时,要考虑对所有被试都是公平的,并且试题应符合被试的心理特征。

> **课堂讨论题**
>
> 　　广义的题目包括哪些方面? 题目编写质量跟教育过程中哪些因素有关? 题目编写质量不好以及命题导向错误会给教学带来哪些不良影响?

(三) 表现性测验题

所谓表现性测验(porformance test),是指以行动、作品、表演、展示、口头回答、操作、写作、科学研究、制作等更真实的行为表现来测量与评价学生在真实情境或模拟真实情境下的所知与所能的一种测验类型。

1. 表现性测验类型

1993 年,格朗兰德教授将学校教学情境下常用到的表现性测验,依其真实程度分成五个类型:纸笔的表现性测验、辨认的表现性测验、结构化的表现性测验、模拟情境的表现性测验以及工作样本的表现性测验。

① 纸笔的表现性测验。这种测验虽然也用书面形式进行,但比传统的书面测验更加强调把知识与技能综合应用到更具有社会真实情境的问题解决上去,诸如方案设计、常规作文、文学作品构思、撰写读书报告(书评书介)、制定活动流程、根据图示写出使用某产品的操作步骤或写出某动作的要领等。 显然这些问题都是真实社会中的重要活动,需要高级的心智技能,应当在学校教育中加以重视和培养。

② 辨认的表现性测验。这种测验要求学生运用所学知识和技能辨认实际问题,如辨认正确的发音或指令;辨认某种机器设备故障的原因;辨认完成某种科学实验所需的工具材料与程序;辨认不同的化学物质;辨认两种植物;辨认珠宝或古代名人艺术品是真品还是赝品等;刑事侦破过程辨认犯罪嫌疑人的面孔等。 显然,辨认的表现性测验,既可用书面文字或语言加以考核,也可以通过在真实情境下加以评估。 但不管是哪种形式,辨认的表现性测验总是要求被试具有深刻理解问题和情境的知识与技能。

③ 结构化的表现性测验。这种表现性测验是要求学生在标准、规范和程序结构化的情境下完成实际作业,以便了解学生是否系统掌握完成操作所需的知识技能;了解学生是否熟悉结构化情境下的操作程序和规范。 例如,机器设备的拆装或组装,需要了解机器的结构及

拆装与组装的结构化程序；军事训练中擦枪的作业，同样需要了解枪支结构、拆装程序、拆散擦拭过程、组合枪支的结构化程序和操作要领等。

④ 模拟情境的表现性测验。这种测验要求学生在模拟情境下完成与真实作业相同的动作或行为。例如，模拟交通警察，要求学生在模拟的情况下，按照真实警察行为的规范，完成交通指挥动作或违规处理等作业。再如，微格教学活动，要求学生设计教学方案，充当教师角色，让其他同学充当学生进行模拟教学活动。模拟的表现性测验在各级各类学校教育系统乃至社会上的职业训练与选拔上都有重要的应用。其形式和内容多种多样，实施测验的方式也灵活多样，因地制宜。常见的模拟表现测验还有商业模拟测验，道德法律教育中的模拟法庭，财经教育中的模拟银行，语文或艺术课中的课堂表演等。

⑤ 工作样本的表现性测验。这种测验是真实性最高的一种表现性测验，其要点有两个：一是强调在真实情境中进行"实操"，即实际操作；二是只要工作片断，也就是获取工作样本，以便更真实地评价学生的实际才能。工作样本的表现性测验，如在汽车驾驶标准场地中测量与评价被试的汽车驾驶本领；要求学生实际操作计算机，设计并打印一份材料；要求学生购买无线电元器件，组装收音机；要求学生修理机器或电器设备；要求学生参加实际体育运动项目；要求学生参加辩论赛；要求学生参加植树义务劳动；要求学生参加歌咏比赛或舞台表演等。而最典型的工作样本的表现性测验，就像要求学生参加顶岗的教学实习活动，真正承担起一位教师的一切工作那样，通过到社会实际工作部门进行短期的实践或实习，从中发展学生的实际才能，评价学生的实际才能。

此外，根据课堂教学情境来分，表现性测验则有口头表达、研究报告、写作测验、实践教学考试（合实验室技能测验）、表演、作品集、档案袋制作、论文报告、答辩等类型。实际上，只要是基于行为表现的并且能够反映真实社会活动所需要的能力与各种学业测验，都可列入表现性测验的范畴。表现性测验所共同关注的技能领域至少应包括：文字语言沟通技能、心理动作技能、运动技能、实验室操作技能、情绪技能、学术研究技能、生存与生活技能、职业（专业）活动技能等。

2. 编制原则

一般说来，表现性测验条件不易控制，测试过程不易标准化，评分困难，是典型的主观性题目。在设计表现性测验题时应注意以下几点：

① 测验材料和要求应与日常教学内容和目标有关联，关注重要的学习结果。

② 将考查重点放在测量复杂和高层次能力上。

③ 将干扰测验目的的无关困难降到最低。

④ 测验尽可能选择真实性的情境或问题。

⑤ 提供必要的操作指导语，让学生了解作业任务和期望内涵。

⑥ 指导语简单清晰，向被试明确说明实际的情境、任务以及评价的标准。

⑦ 确定科学合理的计分方法。对操作行为的计分通常要将程序、作品两者结合起来。

研究性学习专题

　　有些专家认为,必须对现行的高考试题进行改革,逐步加大主观性试题的分量,以鼓励考生的创新思维。但主观性试题的评分易受主观因素影响,评分误差较大。你对此有何看法?

第二节　测验目标与教育目标研究

一、教育目标与测验目标

1. 教育目标的意义

　　目标是从人的需要出发所规定的行为目的,是人们争取达到的某种意想结果的标准、规格或状态。教育目标是人类社会根据自身的需要确定的教育活动的标准、方向和要求,亦就是人们在教育活动之前,预先设想和确定的关于教育活动最终期望达成的结果。严格地说,教育目标与教学目标是有区别的。从广义上来看,学生的行为变化是在学校、家庭、社会三个方面的教育环境作用下取得的,在这个意义上论及的目标是教育目标;而从狭义上来看,当限于学校环境下的教学活动时,所论及的目标就是教学目标,即教育目标特指教学目标。

　　测验目标是指本次测验要测量的能力层次,如理解能力,综合分析能力等。测验目的是指本次测验要解决的问题,如评定学生的学业成绩,选拔比较等。测验目标要根据测验目的来确定本次测验应考核哪些具体知识内容和不同能力层次。教育教学过程包含三个主要环节,即确定教育教学目标,实施教育教学活动,对教育教学效果进行测量和评价。一般从分析教学任务、确定学生原有水平与明确教育目标开始,继而设计教学方法并实施教育教学活动,最后对教育的结果进行测量和评价。如果测量与评价的结果表明教育目标已经达到,就可以认为一个完整的教育过程已经完成,反之,则应找出效果不良的原因,并有针对性地实施补救措施,直至达到教育目标为止。其中教育目标不仅是教育活动的依据,而且也是教育测量和评价的依据。当教育目标用于教育测量和评价时,教育目标就转化为测量目标和评价目标。从这个意义上来说,教育目标与测量目标是一致的。因此,教育目标是教育工作的出发点,又是评价教育工作成效的基本依据。从基本的意义上讲,教师是为特定的教育目标而教,学生是为达到这些目标而学,上级教育行政部门领导、督导人员、教育管理人员和考试命题人员等也都以同样的教育目标对学生的学习过程进行测量、评价,对教师的教学过程进行考核。所以教育目标是教、学、督、考的共同依据。就教育测验而言,参加测验的人员是学生,测验目标自然就是学生的受教育结果,同时测验目标就是教育目标,确立了教育目标,就意味着教育测验目标的确立。

2. 教育目标表述

　　阐述教育目标，就是以一种较特定的方式描述教育教学活动完成之后，学生应能够做些什么，学生应具备哪些特征。为了使制定的教育目标科学可行，研究者必须尽可能斟酌用语，以便能按本意理解这些目标。

　　表述得当的教育目标通常是一个表达学生行为的陈述句，一般包含三个基本部分：第一是主语，指教育的对象。第二是谓语，是表述学生行为的动词，即行为目标。教育目标应当用特定的术语描述在教育教学后学生行为的变化，如用"掌握""运用""理解"等具有明确意义的行为动词，避免使用那些含意模糊、难以观察和测量行为变化的动词。此外，教育目标必须完全是针对期望学生做什么而言的。第三是句子的宾语，指目标的内容，是教育目标必须详细说明的部分。可见，教育目标主要由后两部分即行为和内容组成。

　　表述得当的教育目标必须符合下列要求：

　　（1）**以学生为行为主体**

　　教育目标所表述的应是学生学习的结果或行为，而不应该陈述教育工作者该做什么。在这个意义上，诸如"培养学生的能力""促进学生技能的提高"这样的目标表述是不恰当的，因为它的行为主体并不是学生。如果我们把上述这种教育工作者的行为作为教育目标来界定的话，则只要教育工作者开展了这些活动，其目标就达成了，但学生的能力或技能提高的程度如何，则是另外的事情，与所述目标没有关系。

　　（2）**表述明确、具体**

　　教育目标的表述应力求明确、具体，不模棱两可，可以观察和测量，尽量避免用含糊的和不切实际的语言陈述目标。有些研究者反对用"应该""可以"等词汇表述教育目标，因为这类词汇只是表述了一种愿景，并非表达了必须完成的要求。

　　（3）**反映学习结果的层次性**

　　教育目标具有不同的层次水平，低层次的目标是高层次目标的基础和准备，高层次的目标是低层次目标的发展和延伸。通过不同层次教育目标的对照，既可以鉴别学生心理发展的水平，也可以鉴别学生之间心理发展水平的层次差异。

　　（4）**表达教育工作者的意图**

　　教育目标的表述应能用来成功地向其他人表达或交流教育工作者自己的意图。当其他人观察了学生的行动或产物后，便能判断目标是否已经达到，这种交流才是成功的。

二、教育目标分类研究

　　教育目标可分为终极教育目标、中程教育目标和具体教育目标。终极教育目标即教育目的，是关于教育的一般意向、要求的表述，在一定教育阶段上起指导性作用，它通常用于指导一个国家或地区教育政策与宏观规划的制定、教育方案的设计等，它是一种抽象的教育目标。教育目的具体落实，必须经过一系列分化。对终极目标的初步分化就得到中程教育目标，即教学目标，它对学生应该掌握的知识、应该发展的能力和应该形成的优良品德提出了明确要求，从而使学生在一定的学习阶段里和从不同的知识领域逐步完成最终教育目标。

将中程教育目标进一步分化,即具体教育目标,一般是指经过一段教学或课程之后,教学预期的教育结果。这种目标可以用测验题的形式加以表述。在这种目标体系中,抽象的目标指导具体的目标。具体的目标反映与体现抽象的目标。

从实际的教育测验编制角度看,为使测验编制科学化,仍须对作为测验目标的教育目标进行分类,即对其内容的知识与能力作深入的心理与教育学分析。

(一)布卢姆的教育目标分类

一个测验所测量的学习结果,应能忠实地反映教育教学的目标。鉴于此,编制测验时首先要选定测验所欲测量的教学目标,其次要使陈述目标的方式适合于测验的编制。在分析并陈述教学目标时最有影响、最适当的参考资料是布卢姆(B. S. Bloom)等人的教育目标分类。为满足教育测验的需要,布卢姆等人首先把教育目标分为认知、情感和动作技能三个领域。

1. 认知领域

布卢姆将认知领域的目标分为六个类别,按照由低级到高级的难易程度形成一种递进的等级关系,前一类别是后一类别的基础,后一类别又涵盖了前面的类别。

(1) 知识

这是最低等级的认知目标。此处的知识是指对具体事物和普遍原理的回忆,对方法和过程的回忆,或者对一种模式、结构或框架的回忆。知识目标强调记忆的心理过程。在回忆的情境中,要求学生习得的行为,与在最初的学习情况中要求学生习得的行为非常相似。在学习情境中,要求学生把某种信息储存在大脑中,以后所要做的就是回忆这些信息。虽然可能会要求学生对所记忆的材料作一些变动,但相对而言,这仅仅是知识行为或测验中的一小部分。测验情境中提问的形式与最初学生的情境中的形式有所不同,要求学生在回答问题时,有一定程度的联想和判断过程。在知识目标分类中,各种行为是按简单到复杂,具体到抽象这样一种顺序排列的。具体有以下几种知识:其一,具体的知识,是指对具体的、独立的信息的回忆。它包括术语的知识、具体事实的知识。其二,处理具体事物方式方法的知识,指有关组织、研究、判断和批评的方式方法的知识。它包括惯例的知识,如对待和表达各种现象及观念的独特方式的知识等;趋势和顺序的知识,如各种现象在时间上的过程、方向和运动的知识等;分类和类别的知识,如类别、组别、部类及排列;准则的知识及方法论的知识,如检验或判断各种事实、原理、观点及行为所依据的准则等。其三,学科领域中的普遍原理和抽象概念的知识,指能把各种现象和观念组织起来的主要体系和范式的知识。它包括原理和概括的知识,如对各种现象的观察结果进行概括以形成特定抽象概念方面的知识等;理论与结构的知识,如为某种复杂的现象、问题或领域提供一种清晰的、完整的、系统的观点的重要原理和概括以及它们的相互关系等。

(2) 领会

这是最低层次的理解,指个人把某种材料与其他材料联系起来,也不必弄清它的最充分的含义,便知道正在交流什么,并能够运用正在交流的这种材料和观点。在理解的过程中,学生可能会在自己的头脑中改组交流的内容,或者用自己觉得更有意义的某种形式作出明显反应时改组交流的内容,还可能有一些表示对简单扩大交流本身范围的反应。领会包括转化、解释和推断三种行为或亚目标。"转化"是指个体能把交流内容转化为其他术语,或转化为另一种交流形式。转化通常是以一种语言或一种交流形式被译述或转化为另一种语言或另一种交流形式时的严谨性和准确性为依据的。"解释"是指把交流内容作为一种观念结构来处理,即对交流内容的说明或概括,是对材料的重新整理、排列,或提出新的观点。要求学生在头脑中把某种观念改组成一种新的结构,对这些观念的相对重要性、它们的相互关系以及它们与最初交流时包含的或所描述的概括之间的关系等进行思考。"推断"是指根据对交流内容中所描述的趋势、倾向或条件的理解作出估计或预测,以及根据交流中所描述的条件,对其内涵、后果、必然结果和效果进行推断。

（3）运用

运用是指将抽象的概念用于特定的和具体的情境。这些抽象的概念,可能是以一般的观念、程序的规则或概括化的方法等形式表现出来的,也可能是那些必须记住的和能够专门运用的原理、观念和理论。例如把其他论文中科学术语和概念运用到一篇论文所讨论的各种现象中去。应引起注意的是,"运用"是比"领会"更高一层次的目标。"领会"的标志在于,当说明抽象概念的用途时,学生能使用该抽象概念。"运用"的标志在于,在没有说明问题解决模式的情况下,学生便会正确地把该抽象概念运用于适当的情境中。

（4）分析

分析是指把材料分解成各个组成部分,弄清各部分之间的相互关系及其构成的方式,以指出那些用来传递意义或确定交流结果的技术和手段。分析技能是任何学科领域的一个目标。该目标可以被分成三个亚目标或三级水平。第一级水平即要素分析,要求学生把材料分解成各个组成部分,鉴别交流内容的各个要素,或对它们进行分类。如识别未加说明的假设、区分事实与假设、区分事实陈述与规范化陈述的能力等。第二级水平即关系分析,要求学生弄清各要素之间的相互关系,确定它们的相互联系和相互作用。如用特定的信息和假定检验各种假设的一致性、弄清论据中的逻辑错误能力等。第三级水平即组织整理分析,要求学生识别那些把交流内容组合成一个整体的组织原理、排列和结构。如识别文学艺术作品的形式和模式,使之成为理解其意义的一种手段的能力;识别史料中作者的观点或倾向的能力等。

（5）综合

综合是指将各种要素和组成部分组合起来,以形成一个整体。它是对各种要素和组成部分等进行加工的过程,是一个用这种方式将它们组合起来,以构成一种原先不那么清楚的模式或结构的过程。通常综合包括对已有经验中各个组成部分与新材料的重新组合,把它们改组成一个新的、更清晰的整体。综合包括进行独特的交流、制定计划或操作步骤和推导出一套抽象关系。"进行独特的交流",是指提供一种交流条件,以便作者或演说者把观念、感情和经验传递给别人。"制定计划或操作步骤",是指制定一项工作计划或提出一项操作计划,计划应满足任务的需要。"推导出一套抽象关系",是指确定一套抽象关系,用以对特定的资料或现象进行分类或解释,或者从一套基本命题或符号表达方式中演绎出各种命题和关系。

（6）评价

评价是指为了某种目的,对观念、作品、答案、方法和资料的价值及符合准则的程度作定量和定性的判断。准则既可以是内在证据,如逻辑上的准确性、一致性等,也可以是外部准则,如根据挑选或回忆出来的相应领域的最高标准等。

21 世纪初,L·W·安德森等人对布卢姆认知目标分类体系进行了修订,在此基础上提出了新的分类体系,他们认为,这种分类将会更加有效地服务于教学、学习和评价。

安德森的认知目标二维分类,融入了认知心理学的新近研究成果,注重将学习、教学与评价有机地结合起来。这种分类体系的主要特征是将认知目标分为两个维度,一个是"知识"维度,一个是"认知过程"维度。在布卢姆的分类体系中,"知识"是最低层次的认知水平,与此不同,安德森将"知识"按照从具体到抽象分为"事实、概念、程序、元认知(或反省认知)"四个类别。事实性知识是指为了解一门学科或解决学科中的一些问题,学生必须知道的基本要素;概念性知识是指结构中基本要素之间的相互关系,使要素能协同发挥作用;程序性知识是指如何做事、探究方法,以及运用技能算法、技术与方法的准则;元认知知识是指了解一般的认知以及对自身认知的意识与了解。

此外,安德森等在参考布卢姆分类体系的基础上,将认知过程目标进行修订,将原先的"知识"改为"记忆",将"综合"改为"创造",即将其分为"记忆、理解、运用、分析、评价、创造"从低到高的六个水平(如表 4-2 所示)。

表 4-2 认知目标二维分类体系

知识维度	认知过程维度					
	记忆	理解	运用	分析	评价	创造
事实性知识						
概念性知识						
程序性知识						
反思认知知识						

2. 情感领域

1964 年,布卢姆与克拉斯沃尔(D. R. Krathwohl)等提出了情感领域的教育目标分类。他们认为,情感领域的目标分为接受、反应、价值评价、组织和由价值或价值复合体形成的性格化五个类别。和认知领域一样,情感领域目标也是从简单到复杂,由低级到高级依次排列组成层次结构。

（1）接受

接受是指学生愿意注意某些现象或刺激。按教学的观点,它与获取、保持和指导学生注意相联系。这一目标包括觉察到某一事物的存在,愿意接受某种特定刺激和有选择的注意这个事物的三个亚类。

（2）反应

反应是指学生受到动机的充分驱动，积极地注意某种观念，并伴随着主动参与行为。在这一水平上，学生不仅注意到了某一现象，还以某种方式对它作出了反应。这种反应包括三种水平，即默认的反应，所强调的是行为的被动性；愿意的反应，强调的是行为的主动性，即具有自愿活动的意思；满意的反应，是指伴随着行为有一种满意的感觉和情绪反应。

（3）价值评价

价值评价是指接纳并赋予某一客体、现象或行为以价值。其中包括价值的接受、价值的偏爱、价值的信奉三个层次。

（4）组织

组织是将各种不同的价值结合起来，解决它们之间的冲突并开始建立一个内在的、一致的价值体系，其重点是价值的比较、关联和综合。它包括价值的概念化、价值体系的组织化。

（5）由价值或价值复合体形成的性格化

这是情感领域教育目标的最高境界。在这一层次上，各种价值在个体价值结构中的位置已经确定，已形成了一个价值体系，能在相当长的时间内控制个体的行为，使其在相当长的时间内能形成内化的价值行为，即产生一个性格化的人生模式。因此，其行为是扩展的、持续的和可预测的。这个类别包括两个亚目标：其一，泛化心向，是指在任何特定的时间都对态度和价值体系有一种内在一致的心向。其二，个性化，即对隐蔽的现象以及它们所构成的行为范围最具概括性的目标。

3. 动作技能领域

由于动作技能领域的复杂性，其目标分类也不十分完善，其分类理论为教育界所接受的程度并不高。此处介绍 1972 年辛普森（E. J. Simpson）的分类结果。

（1）知觉

知觉是指用感觉器官获得指导动作行为的信号。这一类别包括感觉刺激（觉察到刺激），信号选择（选择与任务相关的信号）和转换（将知觉信号与动作联系起来）。

（2）准备

准备是指做好完成目标的准备状态或进行调整的能力。它包括智力准备、身体准备和情绪准备。

（3）指导反应

指导反应是指学生在接受教师指导时能模仿典型动作的行为，并且有作出适当反应的能力。

（4）机械化

机械化是指学生对刺激作出反应后，把感觉到的项目纳入过去经验所提供的某个类别中，以形成习惯活动。这种反应比前一层次的反应更复杂，它在完成任务过程中也可能包括某种模仿。

（5）复杂反应

复杂反应是指自动完成包括复杂的行为方式的熟练行为。在这一层次上，个体已经掌握了技能,并且能够进行得既稳定又有效,花费最少的时间和精力完成动作。

（6）适应性

适应性是指技能达到了高度发展,能够调节运动方式以满足特殊要求和适应特定问题的情境。

（7）独创性

独创性是指创造一个新的运动方式以适应特殊情境或特殊的问题。如根据动作技能领域中形成的理解力和技能,创造新的动作行动或操作材料的方式。

（二）我国关于教育目标分类的研究

我国教育工作者受布卢姆的教育目标分类理论的启发,从我国教育的实际出发,相继开始系统地研究教育目标分类的理论和方法,并取得了一定的成果。如李秉德先生等提出了"教育目标分类的三维结构模型"。他们认为,教育目标分类可以从三个主要的维度展开:其一,教育目标的组成部分,即德育、智育、体育、美育和劳动技术教育;其二,通过教学形成学生的个性心理因素,包括知识、智能(智力能力、创造力)、价值(理智的、道德的、审美的)、情意(情感、动机、态度、意志)和行为(动作技能、行为规范、行为习惯);其三,各部分和各因素的发展水平。按照这三个维度分类,便可形成一个"三维结构模型"(如图4-1所示)。

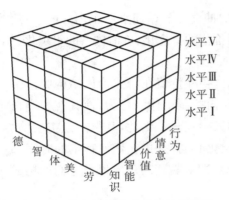

图4-1　教育目标分类三维结构模型

在具体的学科教学和研究中,广大教育工作者逐渐认识到教学目标及分类对教学、测量与评价的定向功能。为此,不少教育研究者学习和借鉴布卢姆的教育目标分类理论,结合我国国情和学科特点进行研究,如上海市初中平面几何学业成绩评定研究协作组结合中国的教学实际,对教育目标分类学提出了改进方案。他们认为,在"高级"学习水平中,布卢姆提出的"分析""综合"是解答一个综合问题的两个方面,这两方面往往同时出现在解决同一问题的过程中,很难人为地划分,因此,可以合为一个层次。综合如果是创造性地运用的话,它不会比"评价"层次低。"评价"是在分析综合的基础上提出见解,作出判断,它在一定程度上意味着学生学习中的创造性。基于这种认识,他们把教育目标定为"识记、了解、简单应用、综合应用、创见"五个层次。将该分类结果运用于实践,取得了良好的效果。原国家教委1992年制定的《九年义务教育全日制初级中学数学教学大纲(试用)》根据布卢姆的理论,也将认知领域的教学目标划分为"了解、理解、掌握、灵活运用"四个层次。

三、确定测验目标应注意的问题

1. 深入分析课程目标

如前所述,教育目标是测验目标的依据,因此,在确定测验目标时,应深入研究并弄清课程教学目标,做到测验目标与教学目标或学习目标相一致。

教学目标是指教学活动所预期达到的标准,它是进一步具体化的教育目的。教学目标是一个多层次的目标体系,各门课程可设计出总的教学目标,即通过课程教学在总体上要达到的结果。根据课程教学目标,可设计出单元教学目标和课时目标,即要求教师在教学过程中直接把握的目标。据此还可以设计出各知识点的教学目标。

在分析课程目标时,应分析各单元目标中,哪些内容可以作为行为目标,这些行为目标能否与确定的测验目标相联系。行为目标是以具体的、可操作的行为形式加以陈述的教学目标,它指明教学过程结束后学生身上所发生的行为变化,是对学习者通过教学以后将能做什么的一种明确的、具体的表述,它又被称作学习目标。学习目标的基本特点是目标的精确性、具体性、可操作性和可测量性,它使师生双方都清楚地知道通过教与学所要达到的行为上的变化。在确定测验目标时,应以教育目标为指导,首先找出课程目标,然后用行为将目标表述出来,制定一系列预期达到的目标,在每一目标下列出若干可测量的行为目标。

2. 正确选择目标领域和类别

在选择测验目标时,应根据社会的要求和学科的性质特点,并非所有测验都包括认知、情感、动作技能三个领域和领域中的全部类别。对于音、体、美、劳等课程,在注意发展智能的同时,着重培养学生的某种技能,进而陶冶情操,所以测验目标应以动作技能领域为主。而目前学校常用的文化知识学业成就测验,就应以认知领域的目标为主。但任何学科的学习都需要借助于学生的情感、动机、意志等非认知因素,这些因素对学生知识的掌握、技能的形成、智力和能力的发展起着促进作用,所以无论哪一学科的测验都应适度考虑情感的目标。至于目标领域内具体类别的确定,则应视学生的年龄阶段、学科领域、学校的要求以及测验的目的要求而定。

3. 正确理解各类目标之间的关系

在选择测验目标类别时,应考虑到目标的层次性和涵盖性,即类别是由简单到复杂排列的,并且前一种类别是后一种的基础,后一种类别又涵盖了前面的类别,较复杂的行为目标中含有较简单的行为目标。有学者认为,各类目标之间存在着叠层性和序层性。所谓叠层性,就是说在各类目标中起基础作用的因素,由单一到多元,重叠递进,形成一定类别层次。这里的基础因素是指对实现某一目标起基础作用的条件,前一类别均是后一类别的基础,上一层次目标包含下一层次目标,如布卢姆的认知领域的六个类别。所谓序层性,是指各类目标按一定的逻辑顺序排列,形成一定的类别层次。序层性强调前一类目标内容对后一类目标的"正迁移"作用,后一类目标内容是前一类目标内容作用下的必然结果。因此,在确定测验目标时,应充分注意运用目标之间的叠层性和序层性特点。

4. 注重测验目标的现实性

测验目标不是凭空产生的,而是源于学生的需要、社会的需要。所谓测验目标的现实性,是指目标本身要符合学生的程度和教学规律,既不能将目标定得太高,脱离了学生现有的知识基础和学力水平,超出了学生的能力范围;也不能将测验目标定得太低,考核内容过于简单,不能促进学生的进取心,反而会让学生产生自满情绪或厌烦心理;测验目标要符合教育教学规律,不能冲击正常的教学秩序,影响教学活动的顺利开展。

第三节　测验蓝图设计与测验编制要领

测验的编制是一项系统工程。尤其是国家教育考试和标准化测验的编制,需按照一定的科学程序,并掌握测验或试卷的编制要领。

一、设计测验的基本考虑

为提高测验的质量,在设计测验时通常要做以下几点考虑:

1. 确定测验的目的

这是测验编制者首先要明确的问题。因为测验是一种手段,无论谁举行一次测验,总有一定的目的和要求。不同的测验目的,其设计的策略也不一样。

2. 确定测验的属性

即是判别测验是学科测验还是智力测验,抑或是人格测验。若是学科测验,又是哪一门学科的测验。

3. 明确测验的性质和用途

即是判别测验是终结性测验,还是形成性测验或诊断性测验;是常模参照测验还是标准参照测验。如果是常模参照测验,则测验分数的意义在于将个别被试的表现与全体受测者的平均水平相比较来决定被试水平的高低,如智力测验等。但有时要根据绝对的熟练水平来测量被试的行为,如想证实被试在某一学科上是否达到了某一最低的能力界限而进行的测验,就是标准参照测验。测验的性质不同,测验题目所要求的难度水平及具体的编制要求都有所不同。

4. 明确测验的对象

即是判别测验的对象是成人还是儿童,是幼儿、小学生、中学生、大学生还是研究生。在编制测验时,应考虑到被试的年龄特征、教育水平和文化社会背景等因素。

5. 分析测验的目标

测验除了要有明确的目的之外,还要有具体的测量目标。如前所述,测验目标应能体现教学目标,能有效地促进教学目标的实现。一个测验所测量的学习效果,应能忠实地反映教学目标。所以编制测验时首先要选定测验所欲测量的教学目标,其次要使陈述目标的方式适合于测验的编制,使阐述的教育目标必须能够测量、适合于测量,否则就无法解决如何测量的问题。

教育教学目标包括许多不同的方面、不同的因素,具有多样性,这些不同的目标,既是相互独立的,又是彼此联系的,它们之间交互影响,形成一个复杂的结构。同时,每项教育目标又包含了许多不同的层次水平,本身也构成一个独立的结构。

对于成就测验,决定一门学科的教学目标应考虑到:其一,学科课程的性质;其二,先前课程已获得的目标；其三，学生的特殊需要；其四，其他与教学计划有关的因素。

尽管不同课堂的教学目标之间互有差异，但一般的教学目标均包括以下学习结果：其一，知识；其二，心智技能；其三，态度、兴趣等情感要素。

虽然教学目标中认知领域的分类对于学习行为的选定提供了很有价值的指引，但并不是每一测验都必须包括所有的各项目标，并且各个分类目标的重要性也根据各门课程的性质而互有差异。

对于基础教育过程中的终结性考试设计来讲，还应当注意以下几个方面：

第一，考试设计要依据课程标准但又不局限于课程标准。学校期末考试，从性质上讲，属于终结性的标准参照测验类型。所谓标准参照测验，是依据事先明确规定的知识、能力和素质的标准而制定的，并据此标准可以对学生的测验成绩作出解释和评价的一类测验。新课程设计者采用一定的形式，规定了各个学科不同学段（年级）的知识、能力和素质发展的标准，它体现了全面发展的教育观以及社会对学生在各个学科不同学段的基本要求。各门课程的教材或学案则更加具体地组织建构、贯彻落实这些基本要求。教师通过教科书为平台和媒介，执行教学，促进学生发展。因此，期末考试设计要依据课程标准，这是天经地义的。但课程标准仅是对掌握性学习内容提出基本要求而不是发展性教育目标所有要求，教师对教科书又有个性化的教学处理，再加上学生的发展存在个别差异和群体差异，因此，考试设计又不能完全局限于课程标准，可以考查发展性的思维品质等高级学习成果。

第二，关注知识与能力、过程与方法、情感态度与价值观的整体教育目标。我们要与时俱进地改革考试。其中之一，就是要把传统以知识立意为主的考试设计，转变为关注知识与能力、过程与方法、情感态度与价值观等整体教育目标的考试设计。这不是空话，但执行起来需要以良好的考试评价专业设计技能为基础。教师通过理解新课程的许多理念和要求，在考试设计中大胆创新，尽可能用一些新的题型、新的方法来考查学生的知识和能力；来记录和评价学生的思考历程和方法；来了解学生在完成某个学习任务时是否有过深刻的体验过程和反思；来分析学生在表达某些问题时是否有比较稳固的观念和价值取向。

第三，考试设计中要鼓励学生大胆创意、勇于创新，并给予肯定。培养学生的创新精神和实践能力，这是素质教育的核心，但需要考试评价作出积极的导向。考试命题如何突出考查学生的素质包括创新精神，这的确是一个难题，这个难题不能回避，广大中小学教师可以大胆探索和创造。况且，许多发达国家和地区的有些经验可以为我们所借鉴。在考试命题中考查学生的创新素质是可以做到的。比如，鼓励和允许学生在答题时对题目提出质疑；鼓励学生给出所谓问题的标准答案后再给出有创意的新答案。在题型方面，各个学科都可以命制考查有关发散性思维、表现创意和创新的题目。如语文科试题，可以通过写比喻句、给故事安排情节、给乱句重组、看图说话以及传统的命题作文等，考查学生的创意和独创性，培养学生的创新意识和习惯。再如数学科试题，可以鼓励学生一题多解或有独特解法；可以用开放性试题让学生应用所学的知识去分析和探讨某个现实问题；还可以借鉴心理测量方法让学生用若干简单几何图形，尽可能地组合成有创意的不同物体的图形。当然，在判定考试结果时，可以借鉴国外经验，对考试结果进行多维度的定性和定量相结合的评价，包括传统意义上的分数或等级;学生的创意分或创新分;学生的努力程度或学习潜力发挥程度。

二、设计测验蓝图

为了使测验的取样对教学内容与教学目标有较好的代表性,既能覆盖学科教材的全部内容,又能反映各部分内容和各认知层次的相对比重,还能确定各部分内容和各认知层次测验题目的数量比率,就必须设计测验蓝图。如果将测验比作一项系统工程,测验蓝图即可以看作是一份工程蓝图,它是编制测验试题的指导和依据。如果蓝图设计得准确、合理,只要测验编制者严格按测验计划编制试题,就能保证测验内容具有适当的代表性,从而保证测验的质量,实现测验的目标。

测验的蓝图一般用反映测验内容和学习水平的命题双向细目表表示,指出测验所包含的内容和要测定的各种能力以及每个内容和能力的相对重视程度。不同的测验有不同的内容要求,对于学绩测验来说,所谓内容就是某一学科教学中各个单元课题,所谓能力就是在教学中要达到的行为目标。一份高质量的测验蓝图具有两个最基本的作用:其一,保证测验试题是所测量的教学内容的代表性样本,且能反映出各部分内容之间的相对重要性,以便测验内容取样适当,提高测验的效度。其二,规划代表不同的知识内容和学习水平的各类测验目标的比例分配,在保证测验效度的同时,保证测验的难度合理。

设计测验蓝图主要采用以下步骤:

1. 确定测验内容要目

测验内容要目排列在命题双向细目表中最左边的一栏中(如表4-3所示)。

如何确定测验内容要目,必须依据课程标准或教学大纲和学生的实际而定。这是因为课程标准或教学大纲在整体上规定了该学科的性质及其在课程体系中的地位、教学目的和任务、内容范围以及选择内容的主要依据、编排学科内容的顺序等,另外还对教学时数、教学活动和课外活动、作业量和测验作出了安排,并提出了考试要求,运用教学方法、教学手段和教学参考书的建议和指导等。基于此,课程标准或教学大纲不仅是教师工作的指南,同样也是测验的根本依据。

课程标准或教学大纲虽是确定测验内容的出发点,但并不意味着课程标准或教学大纲中设定的教学内容都可以成为测验内容。教学目标是通过教学效果来体现的,教学的良好效果表现在教学内容给学生的增益上。若一项内容不能给学生任何增益,则说明该项内容没有什么教学效果,因而教学目标实现程度无法测量。教学内容总体上总是会对学生产生增益的,但根据测验目标分解为若干内容以后,未必所有内容都会对学生产生增益,有些可能在教学之前学生就已经达到了规定的目标,这些就不应该再列入测验内容。

2. 确定该科目应考查的目标层次

把这些目标层次从低级到高级依次安排在命题双向细目表中顶端第一行的有关格上(如表4-2所示)。确定某科目的掌握目标层次时,最好从学科内容特点出发,以课程标准或教学大纲中确定的教学目标为依据,借鉴布卢姆关于认知领域的教育目标分类方法,有创造性地进行,以符合实际需要。例如针对初中数学教学进行的全国抽样测试,把掌握目标划分为

"了解、理解、掌握、灵活运用"四个层次,并对这四级水平的含义作出了明确的界定,并用典型例题作了说明。

3. 确定各项测验内容要目下的权重

根据课程标准或教学大纲所规定的教学时间和分配比例,以及测验性质和其他因素,对列入测验范围的内容要目或内容点,赋以合适的相对比重即权重。该比重是测验试题数量、测验时间、分数分配的依据。

4. 形成命题双向细目表

把每一项考试内容的分数比重逐一分配到若干必要的测验目标层次上去,形成网格状的分数分配方案,即命题双向细目表。如表4-3,即为高中化学课程终结性考试的命题双向细目表。在对目标赋予相对比重时,除考虑学科特点之外,也应强调高级目标的相对重要性,以促进学生智能的发展。

表 4-3　高中化学课程终结性考试命题双向细目表

内容＼分数＼目标	识记	理解	应用	分析综合	探究	(总分)
基本概念	1	5	4			10
基础理论		8	5	7	2	22
元素化合物	3	5	6	5	2	21
有机化合物	1	5	3	4	2	15
化学计算		3	4	8		15
化学实验	1	6	2	6	2	17
(总分)	6	32	24	30	8	100
(备注)						

三、测验的编制与组织

1. 选定测验的材料

制定了测验蓝图,测验编制者就应该着手收集相应的测验内容材料。在第一节中我们对各种测验题类型及其功能进行了分析,据此可以发现,测验题的本质是为评价被试的基础知识、基本技能、基本能力等教学目标提供工具,从而具有度量工具的功能。而它的结构形式则是由相应的学科知识来表述的,并且对同一教学目标的测验题可用不同的知识内容加以表述,表述测验题的知识称为测验题的材料。在测验内容要目确定后,选择材料的途径主要有两种:一是把测验所涉及的内容逐步分解到课程标准或教学大纲所规定的知识点,然后选择适量的、重要的知识点作为测验的材料;二是对测验可能涉及的原始知识点进行聚类分析,根据知识点间的相似系数,依次进行合并,再利用适当的阈值将测验目标分成恰当的类,以确定测验的材料。

无论采用何种途径和方法收集测验材料,都必须注意以下几点:

① 测验材料要适合测验目的。选择材料时必须依据测验的目的,以提高测验的正确性。如中学毕业会考,其目的是考查学生是否掌握了中学阶段所学科目的基本知识,选材时应注意材料的代表性和广泛性,以全面性为准。

② 测验材料要能够代表该科教材的全部内容。测验的内容愈广,其效度愈高,但由于时间所限,只能采用一部分教材内容作为测验材料。因此,这一部分材料必须是该科教材全部内容的一个良好的代表性样本,必须有足够的覆盖面,能突出基本内容和重点内容,各部分材料的比重与测验蓝图设计的比重相吻合。

③ 测验材料要有普遍性,要以统一的课程标准或教学大纲和统编教材为选材依据,应该是大多数至全部被试都已学过的内容,从而对全体被试具有公平性。

【阅读材料】

教师自编课堂测验质量评价审查表

A. 测验计划的适当性

测验计划是否适当地描述了教学目标和要测量的内容?

测验计划是否清楚地表明了测量目标和内容的相对重点?

B. 试题的适当性

每道试题的题型是否适合所测量的学习成就?(适当性)

每道试题是否要求学生表现被测量的学习成就所描述的行为?(相关性)

每道试题是否提出了一个清楚、明确的任务?(清楚性)

每道试题是否用简单、可读的语言提出要求并排除了多余的语言?(简洁性)

每道试题难度是否适当?(理想难度)

每道试题是否有一个专家认可的答案?(正确性)

每道试题是否排除了技术缺陷和无关线索?(技术可靠性)

每道试题是否消除了种族、地域和性别偏见?(文化公平)

每道试题是否与其他试题独立?(独立性)

针对每项学习成就,试题数量是否适当?(样品完满性)

C. 测验形式和指导语的适当性

同类型的试题是否放在一组?

在每部分测验和全部测验中试题安排是否由易到难?

试题是否按顺序编号?

是否明确指定了答案位置(在试卷上或在单独的答案纸上)?每个答案位置和相应的试题是否相关?

正确答案是否随机分布？

试卷是否备有空间，是否字迹清楚并无印刷错误？

每部分试题和全部试题是否有指导语？

指导语是否清楚简明？

资料来源：[美]格朗兰德著，郑军等译：《教学测量与评价》，河北教育出版社 1991 年版，第 153—154 页。

④ 测验材料要适合学生的程度并能鉴别学生的学习水平。各年级学生的程度不同，所以选择的材料必须大部分都适合相应年级学生的程度，难易适当。同时，能够将不同程度的学生区分开来。所以材料应该有一定的难度分布范围。

⑤ 测验材料要富有进取性并切合社会生活需要。测验中的有些材料要比学生的程度稍低，使最低程度的学生也能完成，促使其树立尽量多做的信心；有些材料要比学生的程度略高，使程度最高的学生也不容易完成，从而促使其进一步努力。测验的材料应切合实际，有时代意义且具有一定的实用价值。

2. 编写测验试题（命题）

编写测验试题是一个反复的过程。在这个过程中，测验编制者需要对试题进行反复修改，其中包括订正意思不明确的词语，删改一些重复和不适当的试题，增删有关题目等。

在具体编写测验题目即命题时要注意：

① 试题的内容取样应有代表性。能够体现测验的内容范围和要求，有较大的覆盖面。

② 试题的数量要恰当。既要使大多数被试能在规定的时间内完成解答，又要使他们感到时间并不十分充裕。

③ 试题的难度要合适。试题的难度必须要适合大多数被试的水平，由易到难，有一定的分布范围，能测量出不同考生在知识和能力方面的差异。一个测验应做到既有能反映课程中基本要求的试题，又有用来检查学生学习知识的灵活性和运用所学知识综合分析问题、观察问题和解决问题的综合题，还有需要学生运用所学理论、思想或概念，经过逻辑推理、判断或证明才能作出正确回答的提高题。至于各类难度不同试题的比例，视测验对象和目的而定。

④ 各个试题之间应保持互相独立，没有相互重复或牵连，不要使一个试题的解答对另一个试题的解答有暗示作用。

⑤ 试题的表述必须清楚明白。试题中用词不能模棱两可，文句要简明扼要，力求浅显简短，避免使用生僻艰深的字词，对解题要求的叙述必须准确明了。排除与答题无关的因素和多余信息，但又不遗漏答题新依据的必要条件。

⑥ 题型应多样化。要有客观性试题，也要有一定量的主观性试题。各类试题所占的比重应恰当。测验编制者应根据测验各部分所要考查的目标，结合各种题型的特点，遵循有关题型的命题要求来选择和确定测验的具体题型。

⑦ 评分标准应合理,命题应有利于制定清晰可辨、公平合理的评分标准。新提供的正确答案没有引起疑义和歧义的可能。

3. 试测与题目分析

初编的测验题目虽然在内容和形式上符合要求,但是否具有适当的难度和区分度,则必须通过试测并进行题目分析,以便为进一步筛选题目提供客观依据。

(1) 试测

题目初步确定之后,应在小样本范围内进行试测,以鉴别测题性能的优劣。试测的目的在于获得被试对测验题目做何反应的资料,它既能提供那些题目意义不清、容易引起误解等的信息,又能提供测验题目优劣的量的指标。

试测时应注意以下几个问题:

① 试测对象应取自将来正式测验准备施用的群体。例如,对于一个学业成就测验,参加预备测验的学生必须和以后正式施测的学生属于同一年级,并且具有相同的课程背景。虽然试测人数不必太多,但取样应注意其代表性。

② 试测应力求按正规的要求进行,使其与将来正式测验的情境一致。

③ 试测的实施,应使被试有足够完成作业的时间,以便搜集充分的反应资料使得统计分析结果可靠。

④ 在试测的过程中,应就被试的反应情况随时加以记录,如一般的被试完成试测所花费的时间、题意有哪些不清之处、被试对哪些测验题目产生误解、长时间的停顿等,这些都要一一加以记录,以便修改题目时参考。

(2) 题目分析

测验的题目分析就是对试测结果进行统计分析,确定题目的难度和区分度,分析测验结构的合理性等。根据分析结果对测验题目进行选择、修改,最后选择较好的测题组成测验。

4. 合成测验(组卷)

经过试测和题目分析,对各个题目的性能已有可靠的资料,根据测验的性质、题目的难度和区分度选出性能优良的题目,加以适当的编排,合成测验。编排题目、合成测验时应注意如下三点:

① 先易后难。即题目的排列应按先易后难的顺序。在测验开头应安排几道较容易的试题,尔后逐渐增加题目难度。这样可以使被试熟悉作答程序,解除紧张情绪,建立信心,较快进入测验情境。同时还可避免被试在难题上耽误过多时间而影响后面试题的解答。在测验最后安排少数难度较大的试题,以测出被试的最高水平。

② 同类组合。即尽可能将同一类型的试题组合在一起。这样使每一类型的试题仅需作一次回答说明,也使被试可用相同的反应方式来回答,同时可以简化计分工作和对测验结果的统计分析。

③ 讲究测验题目编排的方式。常见的题目编排方式有两种:一是并列直进式,将整个测验依据试题材料的性质,分为若干个分测验;对于同一分测验的题目,依其难度由易到难排列。二是混合螺旋式,先将各种类型的试题依照难度分成若干不同的层次,再将不同性质的

试题予以组合,作交叉式的排列,其难度则渐次递进。这种编排的优点主要是让被试不至于在一段时间内只对同一性质试题作答,保持被试的作答兴趣。

5. 编制复本

为增加实际的效用,一种测验有时需要两份以上的等值型试题,份数越多使用起来越便利。例如一个考查学生进步的学业成就测验,需要先后做两次测验予以比较。如果只有一份测验,就难免有练习迁移效应,测验成绩的差异不能完全反映出学业成就的进步。若有几个复本替换使用,就可以免除这种困难。

复本的关键是等值。所谓等值就是需要符合下列条件:

① 各份测验具有相同的测验目标与测验内容,但题目不应有重复。

② 各份测验题型相同,题目数量相等,并且有大体相同的难度和区分度。

编制复本的手续较为简单,但要有足够数量的测验题目。具体做法是先将所有适用的题目按难度排列,其次序为 1. 2. 3. 4. ……如果要分成两个等值的测验复本,可采用下面的分法:

A 本:1. 4. 5. 8. 9. 12. ……

B 本:2. 3. 6. 7. 10. 11. ……

如果要分成三个等值的测验复本,可采用下面的分法:

A 本:1. 6. 7. 12. ……

B 本:2. 5. 8. 11. ……

C 本:3. 4. 9. 10. ……

依照上述方法所编成的两个或三个复本,在难度上大致相等,其分数分布可大致相同。不过复本编成以后,应该再试测一次,以决定各份是否等值。

6. 编写测验手册

对于标准化测验而言,编制测验的最后一步,就是编写测验说明书,也称作测验手册。测验说明书向测验使用者说明如何实施测验。同时测验说明书也是测验实施者评价、比较测验优劣的依据。测验手册的内容包括以下几点:

① 本测验的目的和功能。

② 测验编制的理论背景和试题选择的依据。

③ 测验的实施方法、时限与注意事项。

④ 测验的标准答案和评分标准的规定。

⑤ 测验分数解释的依据。

⑥ 测验的信度、效度资料,包括信度、效度系数以及这些数据是在什么情境下得到的。

💡 关键术语

客观性试题　主观性试题　教育目标　测验目标　测验蓝图　命题双向细目表

内容提要与小结

1. 测验的试题基本上有两大类：主观性试题与客观性试题。客观性试题主要包括选择题、是非题、配合题、填空题、简答题、解释性测验题等。客观性试题答案明确，评分客观，作答简便，在限定的时间内，测验可以包含足够数量的试题，保证对所测知识内容的覆盖面。客观题一般适用于测量知识、理解、应用、分析等几个层次的教学目标，在教育测验中用得较多。但它不能测量综合、评价等高层次的教育目标，并且编制也较为复杂。主观性试题主要包括论述题、作文题、操作题等。它适合于测量较高层次的教育目标，特别是综合、评价两个层次。主观性试题鼓励被试积极地组织资料，表达自己的观点，有利于培养被试解决实际问题的能力。但作答耗费的时间较长，在限定的时间内，试题数量不能太多，因而知识的覆盖面较小。由于主观性试题没有非常统一明确的标准答案，所以评分易受主观因素的影响，评分误差较大。

2. 教育目标是人类社会根据自身的需要确定的教育活动的标准、方向和要求，亦即是人们在教育活动之前，预先设想和确定的关于教育活动最终期望达成的结果。对教与学的效果进行测量和评价时，是以教育目标为根本依据的，教育目标就转化为测量目标和评价目标。所以，教育目标与测量目标是一致的。布卢姆等人将教育目标分为认知、情感、动作技能三大领域，对各大领域又具体分为不同的层次。其中认知领域的教育目标分类，在学生学业成就的测量和评价方面得到了广泛的应用。在实际操作过程中，可以就不同学科的特点设计出不同层次的测验目标。

3. 在编制测验时，首先必须在明确测验目的和用途及学科性质与教学要求的基础上，设计测验蓝图。测验蓝图通常是以反映测验内容与学习水平的双向细目表来表示的。测验蓝图能保证测验的试题对于教学内容有高度的代表性，保证测验的效度；同时又对测验目标与测验的知识内容进行合理分配，对选择测验材料、确定测验试题起着指导作用。设计测验蓝图应以课程标准或教学大纲和学生的实际为依据。

练习与思考题

1. 测验试题主要有哪些类型？试分析各类试题的测量功能与命题要求。
2. 试述布卢姆关于认知领域的教育目标分类的内容。
3. 试述设计测验蓝图的主要步骤，并就某一学科设计出一份测验蓝图。
4. 选择测验材料应遵循哪些要求？
5. 安德森对布卢姆认知领域教育目标分类做了哪些改进？

第五章　制定教育评价表的一般方法和步骤

学习目的

学完本章后,你应当能够:

1. 认识教育评价表的基本类型。
2. 掌握制定教育评价表的原则。
3. 了解常用的教育评价表及应用范围。
4. 掌握确定教育评价指标的方法。
5. 掌握确定教育评价表指标权重的方法。
6. 掌握制定教育评价标准的方法。
7. 具有完整地建构一个教育评价表的技能。

编写者及课任教师建议的阅读文献

1. 侯光文著:《教育评价概论》第五章,河北教育出版社 1996 年版。
2. 吴钢著:《现代教育评价教程(第二版)》第五章,北京大学出版社 2015 年版。
3. 陈玉琨著:《教育评价学》第八章,人民教育出版社 1999 年版。
4. 王汉澜主编:《教育评价学》第三章和第四章,河南大学出版社 1995 年版。
5. 王孝玲编著:《教育评价的理论与技术》,上海教育出版社 1999 年版。
6. 金娣、王钢编著:《教育评价与测量》第三章和第四章,教育科学出版社 2007 年版。
7. 刘志军主编:《教育评价》第六章,北京师范大学出版社 2018 年版。
8. _____
   _____
9. _____
   _____

量表是对客体进行评价的尺度,是测量与评价活动据以进行的标准物,离开了一定的量表和尺度,测量以至于评价活动就无法进行。比如,离开了砝码或其他衡量重量标准的量具,人们就无法测量重量;离开了米尺或其他计量长度标准的器具,人们就无法测量长度。

教育评价表是根据教育教学的特性编制而成的,它由评价指标、评价项目(条目)、评价标准、评定等级、指标权重等构成。它是进行教育测量与评价的工具,为了使评价的结果更为可靠,需要对教育评价表进行更深入的研究。

第一节　教育评价表的基本类型与制定原则

一、教育评价表的基本类型

教育评价表有两种基本类型,一是概括性问题教育评价表,二是指标结构性教育评价表。

1. 概括性问题教育评价表

所谓概括性问题教育评价表,是根据评价目标概括提出一系列问题加以系统了解的评价表式。当评价目的不是为了评出一个等级,而是为了了解发展基本情况、描述发展基本状态时,我们就可以自我编制概括性问题评价表。比如,针对学生的语文课外阅读进行评价,课任教师可以概括提出如下一些问题:

① 本学期课外阅读的主要书目有哪些?

② 每个星期安排多少时间用于课外阅读?

③ 阅读过程采用哪些措施来提高学习效果?

④ 对阅读感兴趣或不感兴趣的理由是什么?

⑤ 你认为怎样可以提高课外阅读的效果?

⑥ 推荐一本你认为很有价值的课外阅读书目。

⑦ 课外阅读能否促进语文课程学习?

⑧ 近期语文单元测验成绩有何变化?

⑨ 在课外阅读方面你对同学还有什么好的建议?

⑩ 在课外阅读方面你需要什么帮助?

一般说来,概括性问题教育评价表相对比较容易编制,可是,要整理评价结果以及因人而异地写出评语,则比较花时间。

2. 指标结构性教育评价表

所谓指标结构性教育评价表,就是根据评价目标逐层分解评价指标,形成具有评价指标体系、指标权重结构以及定性定量具体评价标准的教育评价表。教育过程是复杂的,学科结构以及人的素质发展等都具有复杂的结构。为了客观认识教育事物和人的发展进步,如果只根据目标进行笼统的评价,是无法形成具体和全面的认识的。指标结构性教育评价表通过对评价目标的分解,通过对评价对象的分析,将反映评价对象本质特征的一些主要因素分解出来,将评价对象本质特征具体化,形成具体可测的评价指标及评价标准,为评价者提供了对评价对象进行评价的统一依据。它能使评价者对评价对象进行较客观具体的评价,并在此基础上得出综合评价结果。因此依据教育评价表进行的评价活动,可以减少评价的主观随意性,提高评价的客观性。本章后面的内容主要针对指标结构性教育评价表进行研究。

【阅读材料】

教育部普通高等学校本科教学工作水平评估制度及发展简介

教育部普通高等学校本科教学工作水平评估,是在原先合格评估、优秀评估和随机性水平评估的基础上,于2002年合三为一,统称为教育部普通高等学校本科教学工作水平评估。该评估方案经过多次修订后基本稳定下来,并初步形成高等学校本科教学评估制度,是国内影响最大的本科教学评估制度。

2004年教育部《普通高等学校本科教学工作水平评估方案(试行)》评估指标体系包含7个一级指标,19个二级指标,44个观测点(相当于三级指标),另加1个特色项目。7个一级指标分别是(括号内为二级指标):办学指导思想(学校定位、办学思路)、师资队伍(师资队伍数量与结构、主讲教师)、教学条件与利用(教学基本设施、教学经费)、专业建设与教学改革(专业、课程、实践教学)、教学管理(管理队伍、质量控制)、学风(教师风范、学习风气)和教学效果(基本理论与基本技能、毕业论文或毕业设计、思想道德修养、体育、社会声誉、就业)。

在19个二级指标中有11个重要指标和8个一般指标。11个重要指标分别是:办学思路、师资队伍数量与结构、教学基本设施、教学经费、专业、课程、实践教学、质量控制、基本理论与基本技能、毕业论文或毕业设计、思想道德修养。

普通高等学校本科教学工作水平评估贯彻"以评促改、以评促建、以评促管、评建结合、重在建设"的评估原则。评估专家通过进校全面地考察了解,按照评估标准,对所有二级指标给予评估等级,分为A、B、C、D 4个等级;评估标准给出A、C两级,介于A、C级之间的为B级,低于C级的为D级。普通高等学校本科教学工作水平评估结论分为优秀、良好、合格、不合格四种,其标准如下:

优秀:A≥15,C≤3,(其中重要项目A≥9,C≤1),D=0;特色鲜明。

良好:A+B≥15,(其中重要项目A+B≥9,D=0),D≤1;有特色项目。

合格:D≤3,(其中重要项目D≤1)。

随着高等教育的改革与发展,普通高校评估制度也得到进一步的发展。2011年后,教育部建立健全了高校评估制度,其中合格评估和审核评估这两种评估制度,可以说是上述重大评估制度的延续和发展。

第一,建立合格评估制度。2011年《教育部关于普通高等学校本科教学评估工作的意见》(教高〔2011〕9号)中明确指出,本科教学评估有五种基本形式:一是教学基本状态数据常态监测;二是学校自我评估;三是实现分类的院校评估(包括合格评估和审核评估);四是开展专业认证及评估;五是探索国际评估。合格评估是国家对2000年以来未参加过教学工作评估的各类新建普通本科学校(包括经国家正式批准独立设置的民办普通本科学校)开展的一种本科教学评估形式。所有新建普通本科学校在规定期限内必须参加。这些学校通过合格评估后才能进入审核评估范围。合格评估方案中的指标体系及其评估标准与上述本科教学工作水平评估方案相比,做了一些必要的调整。一级指标7个,二级指标20个,观测点39个,不设核心重点指标和"特色项目";评估结论分为通过、暂缓通过和不通过三种。为进一步加强国家对新建院校教学工作的宏观管理与指导,更好地落实立德树人根本任务,国家教育部有关部门于2018年公布了《普通高等学校本科教学工作合格评估指标体系(2018年修订版)》新方案。新方案妥善处理继承与发展的关系,在保持评估方案基本稳定的基础上进行适当创新。新方案继续坚持"以评促建、以评促改、以评促管、评建结合、重在建设"的指导方针,统筹硬件建设与软件建设、教学改革与教学规范、目标管理与过程管理、形成性评价与总结性评价的关系。新老合格评估方案指标体系在结构上基本一致,一级指标也基本一致,仅在个别表述上有变动。为了更好地体现高等教育的发展变化和新建院校自身的特点,新方案则在二级指标上有适当调整,而在观测点和评估标准方面做了比较大的调整。

第二,建立审核评估制度。审核评估针对2000年以来参加过院校评估并获得"通过"的普通本科高校开展的制度性评估。审核评估对象:凡参加普通高等学校本科教学工作水平评估获得"合格"及以上结论的高校均应参加审核评估。参加普通高等学校本科教学工作合格评估获得"通过"结论的新建本科院校,5年后须参加审核评估。审核评估不同于合格评估和水平评估。合格评估属于认证模式评估,达到标准就通过。水平评估属于选优模式评估,主要是看被评估对象处于什么水平,重点是选"优"。审核评估主要看被评估对象是否达到了自身设定的目标,国家不设统一评估标准,结论不分等级,形成写实性审核报告。为便于审核评估工作开展,教育部在审核评估方案中也规定了具体的审核范围,其中包括6个一级审核项目(相当于前述评估方案中的一级指标),24个二级审核要素(相当于前述评估方案中的二级指标),64个审核要点(相当于前述评估方案中的观测点)。审核评估是由政府主导的院校评估模式。教育部统筹协调全国普通高等学校本科教学审核评估工作,制定审核评估总体方案及规划,指导监督审核评估工作;省(区、市)教育行政部门负责组织本地区所属院校的审核评估工作,可结合本地区实际情况,在教育部审核评估方案基础上进行补充,制定本地区审核评估具体方案和评估计划,并报教育部备案后实施。审核评估程序包括学校自评、专家进校考察、评估结论审议与发布等。

二、制定教育评价表的基本原则

教育评价表的应用范围越来越广，几乎涉及教育的各个领域、各个部门。有针对学校教育评价的，有针对教师评价的，也有针对学生评价的。就其基本的应用范围而言，大致有学校办学水平评价表、课堂教学评价表、学生学习质量评价表、思想品德评价表、教师评价表等。为保证制定的教育评价表科学、合理、可行，必须遵循如下一些必要的基本原则：

1. 教育规律性和导向性原则

所谓教育规律性和导向性原则，是指所建立的指标和标准必须能反映教育教学活动的客观规律，找出影响和制约教育教学的关键性因素。具体来说，就是教育评价指标要与教育教学的总目标相一致，评价标准要与国家有关办学、教育教学、课程标准保持一致。随着教育改革的不断深入，教育观念也要及时转变，教育评价已由单纯的鉴定、确定、筛选的功能转变为导向、激励、预测的功能。因此，教育评价表的设计应努力反映现代教育教学理论和评价思想的发展趋势及教育教学改革的要求，引导广大教师转变教育观念，端正教学思想，促进教育改革的发展与深化，提高教育质量。

2. 科学性和可操作性原则

科学性原则就是要求制定学生发展教育评价表的过程，一定要有科学思维方法和科学理论指导，体现教育评价表的科学化水平。可操作性或者说可行性原则是指教育评价指标的设计，不仅要结构简化、通俗易懂、便于操作，而且各个指标可以通过实际的观察、测量、评定等方式加以操作，特别是对一些抽象笼统的目标，要通过一定的表达方式使之成为可以间接测量的目标。除了比较大型的教育评价活动外，在日常学校教育教学与管理过程中应用的教育评价表，应力求简单明了，易测可行，过于复杂的数学模型尽量少用。

3. 超前性和发展性原则

教育评价绝对是一个富有自主创新和不断发展的工作内容，虽然有既定的教育评价目标和标准，但却不是凝固和静止的。人们可以根据时代发展有所创新，在教育评价表中安排部分具有超前性的指标，使评价工作不是停留在现阶段，不受眼前或过去的认识所局限。自主创编的教育评价表，不仅要着眼于现在的教育活动，而且要有科学发展的指标，经得起时间的考验，保持与时俱进。当然，评价的主要目的要促进学校发展、教师发展、学生发展以及社会发展等，这样才能够引导人们更新教育观念，不断探索教育新问题，搞好教育创新，引导教育变革，使学校教育始终走在时代的前列。

第二节　教育评价表的构成及编制方法

通过上述阅读材料"教育部普通高等学校本科教学工作水平评估制度及发展简介"，我们可以初步感知到结构性教育评价表的框架。本节就来详细探讨教育评价表的构成及编制方法。

一、教育评价表的构成要素

教育评价表在结构上是由评价指标、指标权重及评价标准三部分组成的。

1. 评价指标

在教育评价中,指标是指具体的、行为化的、可测量的或可观察的评价内容。评价指标是根据评价的目标,由评价指标的设计者分解出来的,能够反映评价对象某方面本质特征的具体化、行为化的主要因素,它是对评价对象进行价值判断的依据。指标与目标是密切相关的。目标是指标的根据和基础,没有目标的指标,或脱离了目标的指标,是没有意义的指标。指标是目标的具体化和操作化,是操作化了的目标,没有指标的目标,或脱离了指标的目标,是无法实现的目标。尽管评价指标与评价目标的关系十分密切,但两者之间还是有区别的。从内涵来看,目标反映全貌,指标反映局部。前者总带有某种程度的原则性、抽象性,后者则具有较高的具体性、针对性。从稳定性来看,目标比较稳定,不轻易变动;而指标就可以在反映目标的前提下,根据各个时期工作的侧重点不同作适当的变动。比如,对学生的科学实验学习评价,可以把它分解成:实验程序知识、设计实验能力、实验动作技能、观察记录能力、分析结果能力、实验室学习行为习惯等几个重要的一级评价指标。对一级评价指标再次进行分解,就可以得到二级评价指标,依此类推,可以进行多级分解,形成多级指标体系。一般说来,指标体系分解到第三级就够了。最后一级指标有时也叫观测点。

比如,观察表 5-1 所示的中学生演讲水平评价表,可以知道该评价表是一个简易的评价表,含有 3 个一级指标和 14 个二级指标(观测点)。根据表中具体内容说明,可以知道每个观测点可以按照"优""良""加油"三个等级加以评判。该评价表的评等记分按照"优""良""加油"分别给 5 分、3 分和 1 分。最后可以计算总分。如果评价者是着重于学习过程的指导,那么,教师向学生报告各个条目的成绩即可,不必计算总分,但可附加评语描述(教师的话),给学生提供帮助。如果需要作出总结性评价,那么,可以计算总分,不妨取基本分为 30 分,最高分为 100 分。总分低于 60 分者,判为"加油"人选,并给予必要的学习指导。

表 5-1 《母亲的心比天高》学生演讲评价表

一、演讲内容	优	良	加油
1. 内容符合主题,且清晰、简要	文章主题鲜明,发展顺畅,且清晰扼要	文章主题虽清晰扼要,但流于平常,支持立论较弱	文章无重点或不合主题,题目信息有限或不清晰
2. 内容容易了解	内容清晰易懂,无理解困难	少部分内容难以理解	大部分内容无法理解
3. 用词有趣、准确,自然表达主题	文字精准,想象力强,用词生动,符合主题	文字平凡,足以表达主题但不生动有力,用词不够周密	用词有限、单调或陈腔滥调,文字大多重复或抽象模糊

续　表

一、演讲内容	优	良	加油
4. 词语丰富、优美，衔接顺畅	词语非常丰富、优美，甚少重复，衔接相当顺畅	词语不多，且平淡，偶尔重复，衔接较不顺畅	词语较少，重复甚多，衔接不顺
5. 句型富变化，通顺流利	句型富变化，结构逻辑合理，句子通顺流利	句型变化不多，结构逻辑部分合理，句子部分不通顺	句型不完整、不连贯，零碎杂乱，句子难读或干扰主题
二、演讲组织			
6. 内容条理井然	内容条理井然	内容有时条理分明，有时凌乱	内容凌乱，组织散漫随意
7. 利用观念结构组织，如主题、纲要、转折或摘要，来协助理解	观念结构严谨易解	观念结构清晰，但较难理解	观念零乱
三、演讲技巧			
8. 以姿势或肢体语言来强调重点	适切运用姿势或肢体语言	运用姿势或肢体语言部分适切	运用姿势或肢体语言颇不适切
9. 以声量变化来强化重点	声音大小适中	声音过大或稍小	声量太小，不清楚
10. 善用速度、停顿来强化重点	善用速度、停顿	速度稍快或稍慢，停顿不太明显	速度太快或太慢，停顿不清，难以理解
11. 发音、咬字清晰，且相当流畅	发音、咬字清晰，且相当流畅	发音、咬字不太清晰，稍可理解	咬字不清，难以理解
12. 仪态端庄大方，态度相当诚恳	仪态端庄大方，态度相当诚恳	仪态平凡，态度平淡	仪态不整，态度傲慢或轻佻
13. 眼神注视观众，展露自信笑容	眼神注视观众，展露自信笑容	眼神或笑容其中一项较差	眼神不看观众，无笑容
14. 精确掌握时间	时间误差在 30 秒以内	时间误差在 30 秒到 1 分 30 秒之间	时间误差 1 分 30 秒以上

资料来源：李坤崇著：《多元化教学评量》，心理出版社 2000 年版，第 174—175 页。

2. 指标权重

在教育评价表中，不同的评价指标，在判断评价对象达到预定目标的程度中，所起的作用是不相同的。为了使每项指标发挥其应有的作用，必须赋予不同的评价指标以不同的权重。所谓指标权重，就是表示每项评价指标在指标体系中所占的重要性程度，并赋予相应的值，这个数值就叫做对应指标的权数，或叫权重。确定权数的过程叫加权。加权是评价工作计量体系中常用的数学手段，在评价工作中，它具有十分重大的意义，对它必须予以充分的重视。它能较客观地反映各项指标在达到目标中所起作用的大小,因而评价的结果比较客观。根据评价对象的历史条件和环境条件,适当地调整某些指标的权数,就能引导人们重视工作中的某些薄弱环节,便于人们在工作中抓重点,抓关键,区分主次、轻重缓急,集中精力抓好主要工作,安排全面工作。

3. 评价标准

评价标准是针对每个评价指标的分类作出具体规定,提出具体要求和说明。它是衡量评价对象达到评价指标要求的尺度,对什么是好、什么是较好、什么是一般、什么是差等作出明确具体的描述和规定。可以是定性描述,也可以是定量规定。在教育评价中,为了实现评价的导向、鉴定和改进等功能,评价标准中要确定的各个指标评价的档次或等级通常取三到五个等级。无论是定性还是定量,都需要用具体文字描述相应档次或等级的典型表现。否则判断就会受到评价者主观因素的影响。

通常评价标准主要用三种表达形式,即分等评语式标准、期望评语式标准和数量式标准。在实际的评价过程中,通常是几种方式同时使用,很少单独使用一种形式。

① 分等评语式标准。运用语言文字描述不同等级所要达到的要求,评价者根据这些要求对被评对象作出判断。有时,为了便于结果的统计和数量化处理,还赋予不同等级相应的分值。如用字母(如 A、B、C、D)、文字(如优、良、中、差)或数字(如 1、2、3、4)等来表示。它的优点在于内容清楚,易于判断,等级赋值后还可以进行数理化处理;但是也有缺陷,这种标准制定费时,等级之间的划分还要注意标准之间的逻辑性和区分度。

② 期望评语式标准。教育评价表中的指标体系,往往有一级指标、二级指标和三级指标。在制定评价标准时,采用期望评语标准时,可以对指标体系中每项末级指标的要求作出最理想的说明,它只给出了一个最好等级的标准,其他等级没有列出,评价时完全靠评价者自己根据理解去判断被评对象是否属于哪一个等级。同分等评语式标准一样,它所得出的等级也可以赋值。

③ 数量式标准。对指标体系中的末级指标以明确的数量作为判断其等级的标准。常用的数量式标准有数量点式标准和数量区间式标准。数量点式标准以某个数量点值为标准,判断评价对象水平高低。如学生考试成绩 60 分以上为及格、60 分以下为不及格,这里,60 分就是学生成绩评价的数量点标准。数量区间式标准是以明确的数量区间为标准给被评对象评定等级。例如对考试成绩的评定中,一般规定:90—100 为优秀;80—89 为良好;70—79 为中等;60—69 为及格;60 以下为不及格。

评价标准无论采用哪一种方式来表达,都必须考虑被评对象自身的特点,以及针对特定评价目的而进行的评价活动,结合实际情况和需要来选择性使用。

二、制定教育评价表的方法

制定教育评价表是一项政策性和技术性强、涉及面广的工作,为保证评价表编制过程有条不紊,使指标和标准的内容都达到较为理想的程度,除必须遵守基本原则之外,还必须采用一定的科学程序与技术进行操作:

1. 确定教育评价的对象和目标

前文已经说过,教育评价表包括评价指标、指标权重、评价标准,而评价指标的确定又必须依据一定的对象和目标,因此,制定评价表的第一步就是要确定评价对象,即确定评价谁(什么)的问题,评价对象可以是人,如校长、教师、学生;也可以是事,如学校评价、地区评价、教材评价等。评价对象可大到一个国家、一个地区的教育评价,也可具体到学生知识、技能的评价,教师教学方法的评价等。在确定评价对象后,还必须明确评价的目标。评价目标是通过评价达到的目的,是编制评价表要解决的主要问题,没有评价目标就没有编制评价表的依据,就无法设计评价指标,不同的评价目标对评价表有不同的要求。评价的目标是根据中小学教育实践中所需要解决的问题确定的,这样,通过评价将会对教育工作发生较大的促进作用。如需要解决办学效益的问题,评价目标就可定为"对办学效益状况作出评价";如需要解决德育问题,就可把评价的目标定为对德育效果作出判断。

2. 初拟评价指标

根据评价目标,采用一定的方法,借助专业知识和经验,参照已有相关资料,初拟评价指标。具体方法有:其一是头脑风暴法,即利用几个人的头脑积极快速思维,进行智力碰撞,激发智慧灵感,从而提出评价指标的一种常用方法。其二是因素分解法,即按照逻辑结构对评价总目标逐级进行分解,把分解出来的主要因素作为评价指标的方法。其三是理论推演法,即根据有关学科理论推演出具体评价指标的方法。

无论采用哪种方法,在初拟评价指标时都应考虑以下几点要求:①指标的导向性。教育评价指标是教育目标具体化、操作化的表现形式,直接影响着教育评价的进行和教育目标的实现,对教育评价过程乃至教育教学过程起着"指挥棒"作用,具有很强的导向性。要把那些反映教育目标和评价目标的要求及内容列入评价指标体系中,使抽象的目标变为功能性目标,以引导评价对象朝着正确的方向前进。②指标的全面性。拟定的评价指标体系不能遗漏任何重要方面的情况,应全面、系统地反映、再现和涵盖评价对象的各方面情况。③指标的可接受性。在拟定评价指标时,要充分吸取各方面的意见,特别是被评价者的合理意见,使指标更切合实际;各个指标要难易适度,且对所有被评价者都是公平公正的。④指标的可操作性。所拟的评价指标必须条目简明,表述准确清楚。评价指标尤其是最后一级指标的内容要运用操作化的语言表述,使其可以通过一定的观察、测量手段获得有效信息。

3. 筛选评价指标

在初拟指标所分解出来的因素中,有的能反映评价对象的本质,有的则未必。有的算得上主要因素,有的可能只是次要因素。各因素之间出现交叉、重复、包含、矛盾、因果等关系,也在所难免。因此,必须对初拟指标进行归类合并和筛选,以达到"少而精"的要求。经过这一程序,指标项目可以得到精简,指标质量可以得到提高。这样,不仅便于施评,也能保证评价的有效性。在筛选评价指标时,应遵循以下基本要求:①指标应具有重要性。应删除那些影响不大、枝节性的,甚至是可有可无的指标。②指标应具有独立性。同一层次的各项指标不相互重叠,尽量减少冗余。③指标应反映被评价对象特性的本质属性。删除那些不能反映或者偏离目标本质属性的指标,以提高评价的有效性。筛选指标,目前大多采用以下几种方法:

（1）**经验法**

经验法是凭设计者的学识修养和工作经验进行筛选的一种简便实用的方法。可以掌握以下几个要点：①理由是否充分或必要。判断每项指标是否必要，缺失是否会造成不良效果，保留它有什么理由。被保留的指标要有充分的依据，应属于非要不可的因素。②取主舍次。区分每项指标反映评价对象本质的程度，保留能反映本质的主要因素，舍弃不能充分反映本质的次要因素。③从各指标之间的关系上进行比较。内涵相同或近似的合并；内容交叉的，保留其一；有因果关系的，保留"因"而去掉"果"；相互矛盾的，选留既符合方针、政策规定，又切合当地实际的指标。④去难存易，删繁就简。确实难测的指标，可以舍去。指标内涵复杂的，尽量要求单一。经验法主要凭设计者自身的经验，科学性、客观性要差一些。

（2）**调查统计法**

这是在调查获得资料的基础上进行统计的方法。其具体做法是：把初拟指标制成问卷，发给有关专家和有经验的教育工作者，请他们对初拟指标的每一项作出判断。一般分为五档，即很重要、重要、一般、可要可不要、不要。答卷者在每项指标后记上自己判断该项指标相比之下的重要程度（只能定一个档次）。然后，收回问卷，统计"很重要""重要"两档的人数比例（百分比），按评为"很重要""重要"人数比例的高低，由高到低顺序排列。把低于某数值的指标删除（一般以低于三分之二或四分之三处作为划界），就得到经过筛选的指标。当然，也可采用后面即将介绍的所谓关键特征调查法，既可筛选评价指标，也可得到相应的权重。

4. 确定评价指标权重

如前所述，权重是根据指标各组成要素在整体中的地位重要性和作用大小，所分别赋予的不同数值。指标的权重反映了该指标在指标体系中的客观地位与重要性程度，同时，也反映了主体对该指标价值的认识程度。权重是主、客观结合产生的结果。在确定评价指标权重大小时，要注意以下几点：首先，注重评价指标的系统优化。在评价指标体系中，每个指标对系统都有它的作用和贡献，对系统而言，都是重要的。所以，在确定它们的权重时，不能只从单个指标出发，而是要处理好各评价指标之间的关系，把整体最优化作为出发点和追求的目标，合理分配它们的权重。通过对各项评价指标进行分析对比，权衡它们各自对整体的作用和效果，然后对它们的相对重要性做出判断。确定各自的权重，既不能平均分配，又不能片面强调某个指标、单个指标的最优化，而忽略其他方面的发展。在实际工作中，应该使每个指标发挥其应有的作用。其次，遵从客观性要求。在对各指标分配权重时，不能以个人的主观愿望、喜好来决定指标权重的大小，应该以各指标在目标中的客观地位和实际作用来确定哪个指标重要以及重要程度。为了能准确反映每个指标在实现目标中的客观地位，在确定指标权重时，要采用科学的统计方法，综合多个专家的意见，以防止专家个人判断的偏颇。同时，充分听取所有与评价有关人员的意见，尽可能从多方面收集信息。

确定评价指标权重一般有以下几种常见的方法：

（1）**关键特征调查法**

关键特征调查法是先请被调查者从所提供的初拟指标中找出最关键、最有特征的指标，再对指标进行筛选并求出其权重的方法。该方法属于软科学研究方法之一，具有一举两得之功能。

比如,我们要确定中学生的综合素质评价指标,可以按照下述步骤开展调查研究:

第一步:先提出初拟评价指标,假定有 10 个评价指标(见表 5-2 第一行)。

表 5-2 中学生的综合素质评价指标调查结果

初拟指标(1)	思想道德	文化素质	体能素质	思维品质	心理素质	社会品质	合群品质	学习能力	创新精神	实践能力
选择人数(2)	152	147	95	73	126	98	62	117	90	88
选择人数百分比 t(3)	95.0	91.9	59.4	45.6	78.8	61.3	38.8	73.1	59.4	55.0

第二步:请被调查者从初拟指标中找出一定数量的关键指标。假定调查者通过问卷请 160 名专家从初拟的 10 个指标中每人选出最重要的 5 个指标。

第三步:计算人数和百分比。调查者计算选择各指标的人数(表 5-2 第二行)及其百分比(表 5-2 第三行)。

第四步:按一定的规则选取指标。以选择各指标的某个百分比为起点,确定入选指标。如以 50% 为起点,可以入选的指标有 8 个。(见表 5-3)

第五步:按照"归一化"的要求,计算各指标的权重系数,见公式 5-1:

$$w_i = \frac{t_i}{\sum\limits_{i=1}^{n} t_i} \tag{5-1}$$

在这里,w_i 表示筛选后第 i 个指标的权重系数,

t_i 表示选择该指标人数的百分比,

n 表示筛选后指标的个数。

例如,上表中第一个指标(思想道德)的权重系数为:

$w_1 = 95.0 \div (95.0 + 91.9 + 59.4 + 78.8 + 61.3 + 73.1 + 59.4 + 55.0) \approx 0.17$

其余类推,一并列在表 5-3 第 4 行。

表 5-3 中学生的综合素质评价各指标权重

初拟指标(1)	思想道德	文化素质	体能素质	心理素质	社会品质	学习能力	创新精神	实践能力
选择人数(2)	152	147	95	126	98	117	90	88
选择人数百分比 t(3)	95.0	91.9	59.4	78.8	61.3	73.1	59.4	55.0
权重系数	0.17	0.16	0.10	0.14	0.11	0.13	0.10	0.09
微调取整权重系数	0.2	0.2	0.10	0.10	0.10	0.10	0.10	0.10

（2）两两比较法

怎样使确定指标权重工作既有科学性，又不要有求于人呢？这里介绍的两两比较法就能满足这样的要求。为了确定各评价指标的权重，可对指标进行逐对比较，并加以评分，重要者记为 1 分，次重要者记为 0 分；然后分别计算各指标得分之和，再除以所有指标得分之总和。这种方法叫两两比较法。例如，我们想要确定 A、B、C、D、E 这五个评价指标的权重：先将 A 与 B 相比，B 比 A 重要，给 B 记 1 分，给 A 记 0 分，……以此类推，结果如表 5-4；然后计算各指标得分之和，如 A 指标得分为 1，B 指标得分为 3，……再将各指标得分分别除以各指标得分的总和 10，就得出各指标权重值，如：A 指标权重值为 $1 \div 10 = 0.1$，其他指标依次类推，列在表 5-4 的最后一列。

表 5-4 两两比较法的各指标权重计算表

指标	逐对指标比较的次数										得分	指标权重
	1	2	3	4	5	6	7	8	9	10		
A	0	0	0	1							1	0.1
B	1				0	0	1				2	0.2
C		1			1			1	1		4	0.4
D			1			1			0	0	2	0.2
E				0			0		0	1	1	0.1
											10	1.0

（3）专家评判平均法

对于已经确定的指标，分别请专家评判其权重，然后以专家评判结果的平均数作为各指标权重，这种方法叫专家评判平均法，其平均权重的计算方法如公式（5-2）所示。

$$\overline{w}_j = \frac{1}{k} \sum_{i=1}^{k} w_{ij} \tag{5-2}$$

上式中，w_{ij} 表示第 i 位专家赋予第 j 个指标的权重值，k 表示专家人数。

例如以先进性、科学性、系统性、启发性四个指标来评价一本教材，请 5 位专家对各指标权重进行评判，评判结果见表 5-5。表中 5 位专家评判结果的平均数就是各指标的权重。

根据公式（5-2），先进性这一指标的权重为：

$$w_1 = (0.15 + 0.10 + 0.10 + 0.15 + 0.10) \div 5 = 0.12$$

其他指标计算依次类推，列在表 5-5 的最后一行。

这种方法的特点是：简便易行，能够充分交流意见。所以，目前各基层单位组织的评价，大部分采用这种方法来确定权重，评价效果也比较满意。这种方法的主要不足之处是：主观

表 5 - 5 教材评价指标权重(用专家评判平均法)计算用表

专家序号	先进性	科学性	系统性	启发性
1	0.15	0.55	0.20	0.10
2	0.10	0.60	0.15	0.15
3	0.10	0.55	0.25	0.10
4	0.15	0.50	0.30	0.05
5	0.10	0.60	0.20	0.10
平均数	0.12	0.56	0.22	0.10

随意性较大,容易受专家的素质、水平等因素的影响。因此,要保证权重确定的合理性和准确性,使确定的权重具有一定的信度和效度,关键在于专家的素质和水平。一般来说,如果专家人员的素质好、水平高,就能够确定出具有较高信度和效度的权重。

(4) 倍数比较法

对已确定的指标,以每一级指标中重要性程度最小的指标为基础,记为 1,然后将其他指标与它相比,作出重要性程度是它多少倍的判断,再经归一化处理,即获得该级各指标权重。这种方法称倍数比较法。例如,确定学生干部评价指标为品德表现、学习成绩、办事能力、工作态度、群众威信,经一组专家评判(专家组讨论决定),认为重要性程度最小的一个指标是办事能力,将其记为 1;再将其他各指标与它相比,其重要性程度的倍数见表 5 - 6;然后进行归一化处理,即用各指标权重倍数之和去除各指标权重倍数。

表 5 - 6 学生干部评价指标权重(用倍数比较法)计算用表

指标	品德表现	学习成绩	办事能力	工作态度	群众威信
权重倍数	2.5	4.0	1.0	2.0	1.5
权重系数	0.227	0.364	0.091	0.182	0.136

该例各指标权重倍数总和为:2.5+4.0+1.0+2.0+1.5=11,品德表现的权重系数为:2.5/11=0.227,其他指标的权重可依次类推。

(5) 层次分析法

层次分析法于 20 世纪 70 年代初由美国运筹学家萨蒂(T. L. Saaty)首先引进教育评价领域,有着严格的数学理论和心理学依据。基本方法如下:

① 要求有关人员对同一层次的评价指标进行两两比较,以区分各指标的相对重要程度,确定其等级 1,3,5,7,9。例如 A 与 B 两个指标进行比较,其计分规则如表 5 - 7 所示。

表 5 - 7　萨蒂的指标相对重要性比较赋值表

指标 A 比 B 的相对重要程度	指标 A 的相对重要程度赋值	指标 B 的相对重要程度赋值
同等重要	1	1
略微重要	3	1/3
重要	5	1/5
重要得多	7	1/7
极端重要	9	1/9

注意,在折中时可取两个相邻程度的中间值,即取 2、4、6、8 分。

依照同样方法将 A 与 C 两个指标进行比较;B 与 C 两个指标进行比较……所有指标两两比较完毕,将比较结果写成矩阵的形式,记为矩阵 X。

② 对矩阵 X 的每一列元素进行归一化处理,所得矩阵记为矩阵 Y。

③ 将矩阵 Y 的每一行元素各数值分别相加得到一个列数为 1 的矩阵(或列向量),记为矩阵(或列向量)Z。

④ 将矩阵(或列向量)Z 的各元素进行归一化处理,所得结果就是各指标的权重。

运用层次分析法时,所确定的权重是否合理、准确,关键是考察两两比较所得等级与实际情况的相符程度。因此,为确保权重的合理性,可采用专家调查法建立或检验两两比较等级。

课堂讨论题

评估活动涉及社会哪些领域? 它有什么利弊?

---

5. 设计教育评价标准

科学设计教育评价标准,这是建立教育评价表的又一项重要工作。上面提到,设计评价标准主要有分等评语式标准、期望评语式标准以及数量式标准。在设计和制定教育评价标准过程中,具体地还要做以下三项工作:

(1) **分解教育评价表中指标所包含的主要内容**

例如,"教学组织"是教师教学工作评价表中的一项指标,经分解,认为"科学利用教学时间,教学过程安排合理;严格要求,教书育人;教态和蔼,师生精神饱满,课堂秩序良好",可作为衡量教师上课"教学组织"的尺度,这些内容就是"教学组织"的主要内容。

(2) **确定标度**

标度是达到标准的程度,它说明什么样的程度属于什么等级。表示标度的方式有二:一是用描述性语言表示。例如,用"很好""较好""一般""较差"四个等级表示评价对象达到的程度;用"完全达到""基本达到""大部分达到""小部分或全未达到"区分教育活动达到的等级程度。二是用量化形式表示，经常用分数阈来划分程度。例如衡量学生掌握知识技能达到教学目标要求的程度，可用测验的分数阈表示。100—90 分为优秀程度；89—75 分为良好程度；74—60 分为及格程度；59—0 分为不及格程度。

（3）确定等级数量

评价标准设多少等级为好没有统一的规定，可根据需要而定。等级数量越多，分等精确度就越高。不过，据心理学研究，超过五等级划分，一般人就较难做到。因此，评价标准一般确定 3—5 个等级为宜。

6. 整合、修改与完善教育评价表

为了便于使用，需要将上述内容编制成表格形式，其中还要专设一栏"评价结果"，供评价者填写各项评价指标的得分或等级。最后，在评价表拟定后，还必须通过论证、征询意见和试评，对评价表进一步修改、充实和完善，这才能制定出比较科学而又可行的教育评价表。为此，可通过理论分析与实践检验予以修订完善。理论分析主要结合评价理论，考察评价指标体系的建立是否遵循了相应的制定依据与原则，评价指标体系有无错误，指标是否全面，表述是否准确，权重是否合理，评价标准是否恰当等。实践检验就是将制定好的评价表，选择一部分有代表性的评价对象进行试评，对评价实施的可行性与评价结果的信度、效度进行检验，最后结合实际情况作出调整修订，予以完善。需要注意的是，在实际使用过程中，评价表的评价指标应保持一定的灵活性，要依据评价目标和评价对象的变化作出相应的调整，切忌机械套用，这样才能增强教育评价的有效性和可靠性，以更好地服务于教育发展。

> **研究性学习专题**
>
> 　　考察你们学校所在地教育主管部门是如何开展中小学生综合评价工作的？参照教育部《中小学教育质量综合评价指标框架（试行）》（见附录一），其评价指标体系及评价标准是什么？有何特色？

💡 关键术语

教育评价表　　评定量表　　编制原则　　评价指标　　指标权重　　评价标准　　编制步骤

📝 内容提要与小结

1. 教育评价表是对教育教学行为进行评判的量具，是衡量和评定教育质量的尺度。制定科学的教育评价表是实施教育评价的关键步骤，有利于提高评价的客观性、全面性和科学性。

2. 教育评价表的构成要素包括评价指标、指标权重和评价标准。

3. 要构建科学、合理、可行的评价表，就必须遵循一些必要的设计原则：教育规律性和导向性原则、科学性和可操作性原则、超前性和发展性原则。同时，除必须遵循这些基

本原则之外，还必须采用一定的科学程序与技术进行操作。

4. 制定教育评价表的步骤为：①确定教育评价的对象和目标，即解决评价什么和为什么评价的问题；②初拟评价指标；③筛选评价指标(多采用经验法、调查统计法等方法)；④确定评价指标权重(采用关键特征调查法、两两比较法、专家评判平均法、倍数比较法等)；⑤设计教育评价标准；⑥整合、修改与完善教育评价表等。

练习与思考题

1. 教育评价表有几种类型？　编制教育评价表需要遵循哪些原则？
2. 请结合实际，编一个概括性问题评价表。
3. 常用的指标权重分配方法有哪几种？
4. 结合教学实际，谈谈如何确定课堂教学质量评价指标及权重。

第六章　教育测验的常模及其建立方法

学习目的

学完本章后,你应当能够:

1. 理解测验常模的含义。

2. 关注多种类型的测验常模。

3. 理解年级常模、年龄常模的意义与应用。

4. 能够建立百分等级常模。

5. 理解标准分数的意义与特点。

6. 能够建立标准分数常模。

7. 了解我国高考标准分数制度的试验的意义和基本原理。

编写者及课任教师建议的阅读文献

1. 国家教育委员会考试管理中心主编,郑日昌等编:《考试的教育测量学基础》第七章,高等教育出版社 1990 年版。

2. 漆书青主编:《教育统计与测量》第四章,广东高等教育出版社 1999 年版。

3. 教育部考试中心主编:《高考标准分数制度宣传手册》,福建教育出版社 1997 年版。

4. 黄光扬主编:《教育统计与测量评价新编教程(第二版)》第三章,华东师范大学出版社 2020 年版。

5. _____

_____

6. _____

_____

第一节　教育测验常模的意义与类型

我们知道,在物理性质的测量中,无论对于一个男孩的身高还是对于教室里讲台的高度,140 厘米具有同样的含义;无论是给某种测验计时还是给球赛计时,8 分钟都是 24 分钟的三分之一;还可以确切地讲,140 千克货物的重量恰好是某君 70 千克体重的两倍。之所以我们能够对不同情境下的测量结果论长短、比轻重,是因为物理性质的测量所依据的量表具有绝对零点和意义明确的测量单位。然而,在教育测量中,量表通常不具有绝对零点和相等单位。一个学生在历史科目测验中考零分,并不见得该学生一点历史知识也没有,或许是该生能正确回答的一些简单历史问题并不包括在该测验中。另外,学生做对简单的 6 道选择题与做对更难的 6 道选择题的意义是不同的。在不同的学科测验中,同样做对 6 道选择题,也不代表相同的成就感。而且,许多旨在测量与评价学生的身心发展水平的教育测验,按评分记分准则直接得到的原始分数,如果没有提供进一步的资料信息,其意义是不够明确的。

例如,某被试在一个"算术测验"上得 12 分;在一个"词汇听写测验"中得 25 分;在一个"拼凑动物图案"测验中只用 3 分 20 秒的时间;在一个"基础英语诊断性测验"上得 58 分等。面对这些原始分数与成绩记录,我们并不能确切地了解他在这些测验中反映出的成就与能力大小。再如,甲乙两位被试在"性格测验"中分别得了 25 分和 46 分,那么,这两个分数意味着什么? 可见,要正确地解释、评价与使用测验的分数,还必须把测验的原始分数同可资参照的数据或行为标准进行比较,才会显示分数的含义。为此,人们设计了许多解释测验分数的方法。其中,参照测验的常模资料对被试的测验结果进行解释与评价是常用的方法之一。

一、测验常模的意义

1. 什么是常模

常模一词,在教育科学和心理科学研究文献中经常用到。例如,教育调查依据目的可分为两类:一是常模调查;二是比较调查。常模调查的目的在于调查和了解教育的一般情况,或寻找教育发展的一般数据。如对高等师范院校历届毕业生在中学里的工作情况,或者对当前中学生的视力状况进行调查等。比较调查则旨在比较两个群体、两个地区或两个不同五年计划时期的教育发展情况。[①] 如甲地区与乙地区高中毕业生升入大学情况调查;单亲家庭和双亲家庭子女情感发展差异性调查研究等。在教育与心理测验中,正如第二章中所讲,可依据解释测验分数的参照点不同,把测验分成常模参照测验和标准参照测验。即参照测验的常模,对测验的分数进行解释与评价的测验,称为常模参照测验;参照测验的"标准",对测验的分数进行解释与评价的测验,称为标准参照测验。

在教育测量学中,测验的常模,简称常模,它是指一个有代表性的样组在某种测验上的表现情况,或者说,是一个与被试同类的团体在相同测验上得分的分布状况与结构模式。对

---

① 李秉德主编:《教育科学研究方法》,人民教育出版社 1985 年版,第 45 页。

于测验的常模,我们要认识到以下几点:

① 有代表性的样组,也称为常模团体,指的是在建立测验常模过程中实际受测被试样组,他们代表着一个有明确定义的人群。常模资料虽然是有代表性的常模团体在某个测验上的实际表现水平的反映,但它却代表着某个总体的水平分布状况。例如,在某地区范围内按一定方法选取 600 名小学四年级学生参加某语文阅读理解水平测验,据此得到这个测验的常模资料,那么,这 600 名小学四年级学生是一个常模团体,他们是该地区所有小学四年级学生总体的一个有代表性的样组。据此建立的常模资料,虽然是这 600 名小学生在这一测验上的实际表现水平分布状况,但它却代表着该地区所有小学四年级学生群体在这一测验上的表现水平分布状况。

② 测验总是用来测量人的某种身心特性的,如学科知识、记忆能力、智力人格、心理健康状况等。因此,常模往往是这些身心特性的常模。如智力常模、记忆广度常模、数学成绩常模等。此外,测验往往有明确的受测对象范围,因此,测验的常模总是针对某种人群的常模。例如,上述的小学四年级语文阅读理解水平测验的常模,限定了该常模的适用对象是"小学四年级";而该测验所测特性是"语文阅读理解",这就限定了该测验常模既不是关于"数学推理"也不是关于"作文能力"的常模。

但特别要指出的是,由于在实际中很难编制出严格的平行测验,况且许多同类性质的测验在结构上有着明显的差异,因此,测量同一种身心特性的测验可能是多种多样的。例如,同样是测量智力的测验就有文字式测验和非文字式测验。既然测验不同,因此,测验的常模资料也往往不尽相同。总之,在许多情况下,测验常模总是针对某个特定测验、某种特定身心特性和某个特定人群而言的。常模是具体的,而不是抽象的。

2. 常模的用途和导出分数

常模是解释测验分数的参照系,它可以回答下列问题:其一,一个学生的测验成绩与其他学生的测验成绩相比如何? 其二,一个学生在某次测验中的成绩与其在其他几次相同性质测验中的成绩相比如何? 其三,一个学生在一种形式测验的成绩与以前参加其他形式测验的成绩相比如何? 显然,这些测验分数的比较可以看出学生在不同学科领域中的表现,也可以看出一个学生的能力与成就发展在其团体中的相对位置状况,还能够了解学生在不同时期的发展变化情况。这无论是对学生本人,还是对教育者来讲都具有重要的意义。

为了给某种测验获取有意义的常模资料,我们需要进一步考虑如下三个问题:

(1) **获取一个有代表性的常模团体**

首先要根据主客观条件确定所建立的常模是地区性的,还是全国性的。如果是地区性的常模,则测试样组限在本地区中抽样;倘若是建立全国性的常模,则测试样组应在全国范围内进行抽样。其次,要根据具体情况,确定合理的抽样方案。是采用纯随机抽样,还是分层抽样,抑或是采用整群抽样。再次,要根据测验性质和实际工作条件,确定常模团体的抽取,是按年龄分成多个子样组,还是不分组,就用一个总的测试组来建立测验常模。例如,大多数的标准化智力测验其常模可按不同的年龄组来建立。但许多人格测验往往只针对某种特定人群,如成年人、学前儿童、小学生或大学生等群体。最后,要把科学性与可行性相结合,确定常模团体的大小。显然,对此没有一个严格的、无可争辩的硬性规定,但为了使常模团体有较好的代表性,同时为减少抽样误差,常模团体的容量总是数以百计,多则成千上万。

（2）常模资料的统计学描述

常模团体在一个测验上的一般表现情况或成绩分布状况,需要用统计学方法加以整理和描述。最简单的一种方法,是用常模团体平均分数作为其一般表现的衡量指标。但是,仅用平均数作为常模数据过于简单,不能在一个连续的身心特性量尺上解释被试的测验分数。为此,人们利用测验常模团体的测试数据,建立更精细的解释测验分数的常模框架。

（3）导出分数

为了得到参照常模解释测验分数的更一般的框架,原始分数可以转换成具有特定意义的量表分数或符号系统。所谓导出分数,就是以常模团体的原始分数为基础,用统计学方法,导出一种新的、具有特定意义的、能反映个体发展在其团体中相对位置状况的分数量表或符号系统。不同的分数量表或不同的符号系统,构成了测验常模的不同类型。例如,在体育技能测验中,使用一种最简单的比较方法,是将一组被测的原始测值（如跳高运动）,由高到低排列,推导并指出个人分数在团体中所处的位置名次。这样,我们就在原始测值和导出的相对位置名次符号系统中建立了一种对应关系。

二、测验常模的主要类型

测验的常模可分成两类,一是发展常模,二是组内常模。发展常模就是某类个体正常发展过程中各个特定阶段的一般水平。有了它,我们就可以把某个被试的发展程度与该类群体正常发展水平进行比较。发展常模有年级常模和年龄常模之别。组内常模是关于一个与被试同类的群体,在某种测验所测特性上的一般表现水平的常模资料,可以反映每一个体在其同类群体中的相对位置。组内常模又有百分等级常模和标准分数常模两种。

1. 年龄常模

人的某些能力特性,在某个年龄阶段中可能随着年龄的增长而逐渐地发展提高,也可能在某个特殊年龄段,如老年期,某种能力特性随着年龄的增加而不断地衰退。如果存在这么一种现象,而且不同的年龄组其能力变化的差异具有统计学上的显著意义,那么,我们就可以为不同的年龄组建立起一个有意义的常模。比如说,对于传统的智力,心理学研究表明,人的智力从出生起到青年阶段,其智力随着年龄的增长而逐渐成熟和发展。因此,一个特定年龄,比如 6 岁儿童的智力发展实有水平,如果跟所有 6 岁儿童智力发展一般水平相当,那么,这个儿童的智力发展是正常的;如果这个 6 岁儿童的智力发展水平相当于更高年龄组的发展水平,比如相当于 8 岁儿童的正常发展水平,我们就可以说这个 6 岁儿童的智力是超常发展的,其智力是优秀的。现在的问题是,怎样表达某个年龄组所有个体的正常发展水平呢? 这就是年龄常模的数据描述问题。一般说来,这里有两种方法:

（1）取平均值作为指标

也就是说,基于不同年龄组测试所得的平均分,并与相应的年龄当量联系起来构成年龄常模资料。如果 10 岁零 2 个月的常模团体在某个记忆能力测验上平均得 24 分,则这个平均分数将被指定为年龄当量 10－2。由于一年有 12 个月,故年龄当量原则上可取 10－1,10－2……10－12 这 12 组数码,分别代表 10 岁 1 个月(未满 1 个月,下同),10 岁 2 个月……10 岁 12 个月的年龄当量。在测验手册中,年龄常模提供了这样的原始分数(平均值)及其相应的年龄当量的对应表,但值得指出的是,有许多身心特性的发展,并不见得一个月的年龄差异就会在测验上表现出与平均数的明显差异,而且在实际应用中也可能不必把每一岁的年龄作过细的划分。如果是这些情况,则可按各个整数年龄建立常模,甚至可为若干个年龄段建立常模。年龄常模很容易理解,可以应用于许多成就测验和智能测验,但由于各个年龄的成长速度是不一样的,因此,年龄当量的单位是不相等的。相对来讲,年龄常模更多地用于少年儿童阶段,尤其是在普及九年制义务教育中,若能为这一年龄阶段的学生建立起关于智能和学科成就的年龄常模,那对于诊断、评价和描述学生的发展是有重要指导意义的。

（2）用一组题目作为指标

用一批能使某年龄组大多被试都能通过的题目(比如 80％左右的被试都能通过)来代表该年龄组的发展水平。也就是说,8 岁小学生中大多数能通过的一组题目,归于 8 岁年龄组;9 岁小学生中大多数能通过的一组题目,归于 9 岁年龄组,其他依次类推,即可建立测验的年龄常模。这种思想方法,最早是由法国心理学家比纳(A. Binet)在创编智力测验时提出来的,并用智力年龄和生理年龄的比值来表示一个人的智力发展水平。对此,我们将在第九章中作进一步的介绍。

2. 年级常模

在学校中,年级跟年龄有一定的联系,随着年级的升高,年龄也增大,这种对应关系在基础教育阶段,特别是在小学教育阶段,由于规定了小学一年级的入学年龄,因此,年级与年龄之间的对应更有规则。所谓年级常模,就是不同年级学生在某种测验上的正常的一般的表现水平。这样可用某年级学生在该测验上的平均分和相应的年级当量之间的对应关系来描述某一测验的年级常模。例如,刚上小学四年级的一个有代表性的学生样组在某一"语文阅读技能测验"上所得平均分为 68 分,则给这个分数安排一个 4.0 的年级当量;刚上小学五年级的一个有代表性样组,在该测验上的平均分为 76 分,则给 76 分安排一个 5.0 的年级当量。这样一系列的原始分数(平均值)和与之对应的年级当量便构成该测验的年级常模表。

年级当量通常用两位数表示,第一位为年,第二位为月。例如,四年级的年级当量范围为 4.0—4.9。这里,我们假定了一学年中有 10 个月在校接受教育,因而对学生的能力与成就有影响;另外暑假两个月,对测验的成就表现影响不大,可以忽略不计。利用年级常模表,将原始分数转化成年级当量,只要在表中找到学生的原始分数并读出相应的年级当量即可。有了多种学科成就测验的年级常模,我们就可以通过测验来了解和评价学生的成就发展。为说明这一点,假定学生张甲四年级中期的算术、语文、阅读、外语四门学科成就测验的年级当量如下:算术,5.5;语文,5.0;阅读,6.0;外语,4.5。据此,无论是教师、家长还是学生,都能从以上各科的年级当量值中得知:张甲算术的成就超过平均水平一年,语文的成就超过平均水平半年,阅读的成就超过平均水平一年半,而外语的成就恰好位于平均水平上。

和前面的年龄常模一样,这里的年级当量,对于不同的时期和不同的学科,其单位是不相等的。例如,算术成就的年级当量从4.0增长到5.0,其实际知识增量可能远远超过从2.0到3.0之间的知识增长幅度。此外,年级当量表示不同年级水平学生的平均成就,这意味着年级当量所表示的发展是某年级学生正常的一般的发展水平,而不是优秀的发展水平。从教学要求来讲,对于身心发展正常的学生,最起码最基本的发展要求是希望达到相应的年级当量,即相应年级当量所对应的平均水平之上。年级常模在学校教育增值评估中有重要的应用。

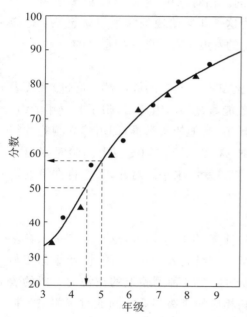

图6-1 测验分数、平均数与年级水平图

在建立年级当量常模或年龄当量常模时,由于受到条件限制,使得各年级样组间或各年龄样组间的年月跨度较大。为了得到更加细化甚至连续性的常模表,我们可以采用曲线拟合与插值计算的方法,在原始分和年级当量或年龄当量之间建立起更精细的对应转换表。假定我们编制了一个包括小学三年级到初中二年级在内的数学内容的成就测验,要建立年级常模就要从六个年级中抽取到代表性被试样组,然后按规范化要求实施测验。如果我们在12月初对全体被试进行了一次施测,结果就可对这六个年级被试样组求得六个平均数。在以年级为横轴、测验分数为纵轴的直角坐标系上,这六个平均数都可标示出来,如图6-1中的三角形点。因为这些点还比较稀疏,所以可以在五个月之后,于次年5月初再对这些被试施测一次,从而能获得另外一个学期的六个平均数,并可依相同方法再标示在直角坐标系上,如图6-1中的圆点。这12个平均数的具体取值如表6-2所示。请注意,因为一个学年大约包含十个月,所以,在12月时对三年级学生施测可在横轴上标定为年级3.3,在5月初对三年级学生施测可在横轴上标定为3.8,其他年级均类推。有了这12个平均数,就可在直角坐标系上给出一条平滑曲线,如图6-1所示,使得这条线尽可能接近所有这些平均数所代表的点。最后,利用这条曲线就可求得各测验分数对应的年级常模表,如表6-3所示。若有必要,还可计算更详细的年级常模数据。

表6-1 第三学年(三年级)月份与年级当量值转换表

月份	三年级上学期					三年级下学期				
	九月	十月	十一月	十二月	一月	二月	三月	四月	五月	六月
当量值	3.0	3.1	3.2	3.3	3.4	3.5	3.6	3.7	3.8	3.9

表6－2　三至八年级阅读测验分平均数

年级	原始分平均数		年级	原始分平均数	
	12 月	5 月		12 月	5 月
3	33	42	6	72	74
4	45	57	7	77	81
5	59	64	8	82	85

资料来源：漆书青主编，《教育统计与测量》，广东高等教育出版社 1999 年版，第 94 页。

表6－3　阅读测验的年级常模

分数	年级等值	分数	年级等值
85	8.8	55	4.8
80	7.6	50	4.5
75	6.8	45	4.1
70	6.2	40	3.8
65	5.6	35	3.4
60	5.2	30	2.8

资料来源：漆书青主编，《教育统计与测量》，广东高等教育出版社 1999 年版，第 94 页。

　　由以上分析和研究可知，年龄常模和年级常模直观、易懂，对于解释和评价学生个体的某些身心特性的发展是具有一定意义的，尤其是对小学阶段，其身心发展的特点和学校主要课程内容在教学上具有较好的连续性，因此，年级常模和年龄常模可得到广泛的应用。但年级常模与年龄常模也有一些局限性，特别是许多身心特性的发展在某个年龄段中速度不一，以及学校中的课程进度不一，或者是课程的内容呈现出明显的异质时，如数学课程从代数到平面几何，又从平面几何跨到立体几何等，无论是采用年龄常模还是使用年级常模，都会削弱常模的应有功能。因此，人们寻找与设计了一些适用面更广、功能更好、科学性更强的分数解释方法及其导出分数系统。百分等级常模和标准分数常模，就是其中的两种模式。

第二节　百分等级常模及建立方法

　　人的身心发展存在着明显的个别差异。当我们利用某种测验来描述学生身心发展的个别差异时，往往需要确定个体在同类群体中所处的相对位置，或者需要对原始分数在一个次数分布中所处的地位加以解释。这就需要对一个测验建立百分等级常模。

一、百分等级常模的意义与应用

　　百分等级是一个地位量数，能够反映某个测验分数在一个次数分布中的相对地位。它是把学生的原始分数放在该学生所在群体的成绩中进行比较,以确定该学生在群体中的相对地位之高低。假如某学生在期中语文统考中卷面分数为75分,又知该学生所在年级中有80%的学生成绩低于75分,则该学生的百分等级为80。同理,如果另一位学生的百分等级为90,则说明这一位考生卷面分数比占总人数90%的学生来得高。这样的话,如果一个学生的某项测验分数在其年级学生成绩总体分布中所对应的百分等级是98,则无论他答对了该测验的80%还是60%,这个原始分数都算是相对高分。在判定与评价学生的某些能力发展时,通常需要从学生所在团体的相对比较中谈论身心发展的相对高低与缓慢。

百分等级常模就是基于某个常模团体,为某种测验的原始分数与百分等级之间建立起对应关系的组内常模类型。百分等级常模意义直观,容易理解,便于解释,在能力测验和学业测验中得到广泛的应用。它不仅可用于解释学生单一能力测验的成绩,以便了解该生的能力发展在其所属团体中的相对位置,而且对于同时施测的若干个不同的测验来讲,利用各自的百分等级常模,可以比较学生在不同科目上的发展状况,克服了原始分数不能直接比较的缺陷。为说明这一点,假定某高三学生的语文、数学、英语、物理和化学五门课程的原始分数以及各科成绩在其高三年级学生成绩总体的百分等级如表6-4所示。

表6-4 某学生的五个科目考试原始分数和百分等级

科目	原始分数	百分等级
语文	112	96.5
数学	88	52.7
英语	110	92.1
物理	98	92.0
化学	120	94.6

按照百分等级的含义,从表6-4可以看出,该学生的五个科目成绩的相对高低依次是语文、化学、英语、物理、数学,其中英语和物理两科发展位置大体相同。从百分等级这一特定意义出发,可以认为英语的110分大体相当于物理的98分。通过百分等级常模,可以对不同测验分数进行横向比较,这可以在一定程度上克服因命题内容及难度不同而造成的原始分数可比性差的缺陷。

二、百分等级常模的建立方法

建立百分等级常模的基本思想是选取一个有代表性的被试群体(即常模团体),把他们在某个测验上的分数分布的全距划分为一百个等级,然后建立起测验原始分数与百分等级之间的一一对应关系。这样,每一可能的测验分数都有一个百分等级与其对应。在具体建立百分等级常模时,可分如下两种情况:

1. 基于未归类数据建立百分等级常模的方法

当把一个测验施测于某个常模团体后，我们就可以得到一大批未经任何处理的原始分数。基于这一批未归类的原始分数，我们可以精确地计算出各个原始分数所对应的百分等级。下面以 52 名学生在一项拼写测验上的成绩分布为例（如表 6-5 所示），来说明建立百分等级常模的步骤：

第一步：把观测数据从大到小依次排列，即把 52 名学生拼写测验成绩从高分到低分排列，安排在表 6-5 的第 1 列中。

第二步：按不同的数据逐个地统计次数，即针对 52 名学生的测验成绩按不同的得分点进行次数统计，并把次数 f 的统计结果——列在表 6-5 的第 2 列中。

第三步：从低分开始向高分方向，计算各个得分点数据以下的累积次数（不包括本得分点的次数），并列于表 6-5 中的第 3 列。例如表 6-5 第 3 列中的累积次数"39"，表明拼写测验分数在 40 分以下的考生人数累计达到 39 人。

第四步：计算各得分点数据的"以下累积相对次数"，即比例数。计算方法是把"以下累积次数" cf 除以数据总个数 n。表 6-5 第 4 列中的数据，都是"以下累积相对次数"，即比例数。

第五步：确定各得分点数据的百分等级 PR，其计算方法是把各数据的"以下累积相对次数"乘上 100 即得之。于是，我们得到了关于原始分数 X 与百分等级 PR 之间的对应关系。如表 6-5 中的第 5 列就是百分等级 PR（或称百分位），其数值一眼便可看出，它们分别是第 4 列上的比例数乘上 100 后得到的百分数，其值在 0—100 之间。从表 6-5 中的百分等级一列可看到，在 52 名学生的拼写测验分数中，有 75% 的学生其成绩在 40 分以下；有 50% 的学生其成绩在 35 分以下（这里不妨把 35 分看成是该次数分布的中位数 M_{dn}）；此外，没有人低于 17 分；98.08% 的学生其成绩低于 59 分；成绩最高分是 59 分，只有一个学生得此高分等。

第六步：把表 6-5 中第 1 列原始分数 X 和第 5 列中的百分等级 PR 有关数据取出来，用一个专门的表式安排这两列数据，就形成该拼写测验的百分等级常模表。

值得指出的是，由于抽取的样组人数偏少，因此，在原始分数得分序列中可能出现断点或跳跃点，使得百分等级常模资料不够完备。因此，在实际为测验建立百分等级常模时，要使常模团体容量足够大，最好能使被试样组的能力水平分布充满测验量表的全距，并能得到连续不间断的得分序列。但是，在许多情况下，常模团体容量不能太大，同时在测验量尺的两端，也可能出现断点与跳跃处。为此，通常可把原始分数进行分组归类统计，然后用插值公式计算出任意一个原始分数所对应的百分等级。反过来，也可以为任一已知的百分等级确定其相对应的原始分数。

2. 基于分组归类数据建立百分等级常模的方法

基于分组归类数据建立百分等级常模的一般方法和步骤概述如下：

① 根据测验所欲使用的对象，科学地选择常模团体，即有代表性的被试样本。

② 把测验施测于该常模团体，取得实测数据。

表 6 − 5　确定原始分数的百分数等级 *PR* 的计算示例

原始分数 X	次数 f	以下累积次数 cf	以下累积相对次数 cRf	百分等级 PR
59	1	51	0.9808	98.08
56	1	50	0.9615	96.15
52	1	49	0.9423	94.23
50	2	47	0.9038	90.38
47	1	46	0.8846	88.46
46	1	45	0.8653	86.53
44	1	44	0.8462	84.62
43	2	42	0.8077	80.77
41	2	40	0.7692	76.92
40	1	39	0.7500	75.00
39	1	38	0.7308	73.08
38	3	35	0.6731	67.31
37	3	32	0.6154	61.54
36	4	28	0.5385	53.85
35	2	26	0.5000	50.00
34	2	24	0.4615	46.15
33	1	23	0.4423	44.23
32	3	20	0.3846	38.46
31	3	17	0.3269	32.69
30	2	15	0.2885	28.85
29	2	13	0.2500	25.00
28	1	12	0.2308	23.08
27	3	9	0.1731	17.31
25	1	8	0.1538	15.38
24	1	7	0.1346	13.46
22	2	5	0.0962	9.62
21	2	3	0.0577	5.77
20	1	2	0.0385	3.85
17	2	0	0.0000	0.00
∑	52	/	/	/

③ 编制实测数据即常模团体实测分数的次数分布表(必要时按年龄组分别统计并充分利用现代化计算手段)。下面以表 6-6 为例,说明编制次数分布表的要领:

表 6-6 52 名学生拼写测验成绩次数分布统计表

组别	组中值	次数 f	相对次数	累积次数	累积相对次数
55—60	57.5	2	0.04	52	1.00
50—55	52.5	3	0.06	50	0.96
45—50	47.5	2	0.04	47	0.90
40—45	42.5	6	0.11	45	0.86
35—40	37.5	13	0.25	39	0.75
30—35	32.5	11	0.21	26	0.50
25—30	27.5	7	0.14	15	0.29
20—25	22.5	6	0.11	8	0.15
15—20	17.5	2	0.04	2	0.04
∑	/	52	1.00	/	/

第一步:查找数据中的最大值与最小值,其差数称为全距。全距可反映这批数据取值范围的大小,也是这批数据差异程度粗略的衡量指标。

第二步:决定组数、组距和组限。组数不宜太少也不宜太多,否则,不是丧失了数据所含的信息,就是湮没了数据所提供的信息。不过,对于要建立测验常模的数据,其组数可以多一些。

由全距和组数,大体可以确定组距。一般说来,人们喜欢用 5 或 10 作为组距。必要时,可取其他整数,这不是本质性问题。至于组限的写法,可按自然科学(如数学)中的区间表示法,见表 6-6 所示。在这里,任何一个分数区间只包括左边的端点而不包括右边的端点,即数学中的"左闭右开"区间。值得指出的是,这样规定虽与传统的《教育与心理统计》教科书中的含义有所不同,但这里的表达法不仅简单明了,而且与自然科学中的规定是一致的,避免了许多麻烦。

第三步:把所有数据逐个进行归类,然后统计次数并加以检查,最后把有关结果用一个规范的表格加以整理,即为次数分布表。必要时可在次数分布表基础上,进一步统计有关相对次数(即把每一组的次数 f 除以总数 n 所得的比值),累积次数,即形成如表 6-6 那样的次数分布表。

计算测验原分数 X 所对应的百分等级 PR,其公式如下:

$$PR = \frac{100}{N}\left[F_b + \frac{f(X - L_b)}{i}\right] \tag{6-1}$$

式中,PR 代表百分等级,n 为常模团体的人数,X 为测验原分数,L_b 为 X 所在组别的组下限,F_b 为小于 L_b 的各组次数之和,f 为 X 所在组的次数,i 为组距。

　　例如,在表 6-6 中,要确定出测验原分数 42 分所对应的百分等级 PR,则从表 6-6 中不难看到,这里的 n 为 52,$X=42$ 分,X 所在组为"40—45",故 $L_b=40$ 分,累积次数 $F_b=39$,$f=6$,$i=5$。由公式(6-1),可得到:

$$PR = \frac{100}{52}\left[39 + \frac{6(42-40)}{5}\right]$$
$$= \frac{100}{52}\left[39 + \frac{12}{5}\right]$$
$$= 79.6$$

即说明测验分数 42 分所对应的百分等级为 79.6,或者说,在此次数分布中,有 79.6% 的数据低于 42 分。其他分数的解释依次类推。

　　把上述变换结果用一张表或一个图形加以表达,即为测验的百分等级常模。

　　值得指出的是,一些测验常常按适用对象的不同年龄组分别建立百分等级常模,并把它们安排在同一个常模表中。譬如,由我国著名心理学家、北京师范大学心理系张厚粲教授主持修订的"瑞文标准推理测验"的常模,就是分别按不同的年龄组建立起测验的百分等级常模的典型例子。

> **课堂讨论题**
>
> 　　百分等级常模反映了测验原始分数与百分等级位置之间的关系。试问:百分等级量尺是否具有相等的单位? 换句话说,每一个等级差异是否意味着成就与能力的相等差异呢?

第三节　标准分数常模及建立方法

　　指出学生在团体中的相对地位、解释测验分数在组内的相对水平的另一种方法,是确定测验成绩的标准分数。

一、标准分数的基本定义

标准分数是以标准差为单位表示测验成绩与平均分数之间的距离。

　　假定某常模团体含有 N 个被试,他们在某一测验上的测验分数可记为 X_1,X_2,……,X_N,再设 $\overline{X}$ 和 S 分别表示常模团体在该测验上的平均分数和标准差,那么,分数列 $\{X_i\}$ 中任一个原始分数 X_i 所对应的标准分数用符号 Z_i 表示,其计算公式如下:

$$Z_i = \frac{X_i - \overline{X}}{S} \qquad (6-2)$$

或一般地写成

$$Z = \frac{X - \overline{X}}{S} \qquad (6-3)$$

从上文标准分数 Z 的定义公式可知,标准分数 Z 是一种以平均数为参照,以测验分数的标准差来衡量原分数在其常模团体中地位高低的一种评定方法。当原分数比平均数高时,其相应的标准分数 Z 为正值;当原分数比平均数低时,其相应的标准分数 Z 将为负数。因此,标准分数 Z 值可正可负,且一般取值在 -3 到 $+3$ 之间。

例题 甲、乙、丙、丁四人在某次语文考试中分别获得 72 分、60 分、48 分和 90 分,而全体学生的语文平均成绩为 60 分,标准差为 12 分,求这四个人相应的标准分数。

【解答】

$$Z_{甲} = \frac{72 - 60}{12} = 1$$

$$Z_{乙} = \frac{60 - 60}{12} = 0$$

$$Z_{丙} = \frac{48 - 60}{12} = -1$$

$$Z_{丁} = \frac{90 - 60}{12} = 2.5$$

例题 对某校高二学生进行期中学习质量检测,语文、数学和英语成绩的平均数分别是 80 分、70 分和 85 分,这三种成绩的标准差分别是 10 分、15 分和 12 分。某学生的三科成绩分别是 85 分、82 分和 90 分,问该生这三科成绩哪一科最好?

【解答】为回答这一问题,必须用标准分数来比较。根据公式(6-3),不难得到:

$$Z_{语} = \frac{85 - 80}{10} = 0.5$$

$$Z_{数} = \frac{82 - 70}{15} = 0.8$$

$$Z_{英} = \frac{90 - 85}{12} = 0.42$$

因为 $Z_{数} > Z_{语} > Z_{英}$,故可认为该生的数学成绩相对最好,其次为语文,再次是英语。

由于标准分数 Z 分值过小,并往往带有小数和负值等缺陷,在许多情形下直接使用不大合乎人们表示分数的习惯,故通常把标准分数 Z 通过线性变换,转到更大的标准分数量表上,其一般转换公式为:

$$T = a + bZ \qquad\qquad (6-4)$$

公式(6-4)中,a 和 b 为选定的两个常数,Z 为标准分数,T 为线性变换分数。在国内外教育与心理测验发展过程中,曾经或者仍在使用的转换公式有如下几种:

① 教育与心理测验中的 T 分数:$T = 50 + 10Z$。
② 韦氏智力量表中各分测验的量表分:$T = 10 + 3Z$,
韦氏智力量表智商(离差智商):$IQ = 100 + 15Z$。
③ 美国大学入学考试报告分数:$CEEB = 500 + 100Z$。
④ 为出国人员举行的英语水平考试:$EPT = 90 + 20Z$。
⑤ 美国教育测验中心举办的"托福"考试:$TOEFL = 500 + 70Z$。

此外,我国大学英语四六级水平考试(CET)改革前后皆采用标准分数评分体系,只不过转换公式有所不同而已。值得指出的是,美国的托福考试在发展过程中几经改革。仅 21 世纪以来,在 2006 年和 2019 年就进行过两次重要改革,包括考试内容、考试方式、考试时间以及评分计分方法。

二、标准分数常模的建立方法

所谓标准分数常模,就是以常模团体在某一测验上的实测数据为基础,把原始分数转换成基本标准分数 Z 或转换到更大的标准分数 T 量表上,能够揭示每个测验分数在常模团体测验分数中的相对地位的一种组内常模。不难明白,建立标准分数常模实际上就是根据常模团体的实测数据,利用公式(6-2)或(6-4),在原始分数序列 $\{X_i\}$ 和标准分数 $\{Z_i\}$ 之间或者与标准分数 $\{T_i\}$ 之间,建立起对应关系,从而形成某种测验的标准分数常模。若用规范的表式来表达标准分数常模,即形成标准分数常模转换表。这类常模转换表有两种类型,一种是简单式常模转换表,它一般是把单个测验的原始分数转换成标准分数量表分,如表 6-7 所示。另一种是复合式常模转换表,它一般是把成套测验的若干个分测验安排在同一个常模表上转换成标准分数量表分,如表 6-8 所示。

表 6-7　简单式常模表示例

原始分	量表分 ($T = 50 + 10Z$)	原始分	量表分 ($T = 50 + 10Z$)
100	69	70	60
90	66	60	57
80	63	50	54

表 6-8　复合式常模表示例

量表分	常识	词汇	算术	类同	理解
1	0—3	0—3	0—3	0—1	0—2
2	4—5	3	4—5	2—3	3—6
3	6—7	4—5	6—8	4	7—8
4	8	6	9	5—6	9
5	9	7—8	10	7	10
6	10	9—10	11	8—9	11
7	11	11—12	12	10	12—13
8	12	13—14	13	11	14—15
9	13	15—16	14	12	16
10	14	17	15	13	17
11	—	18—19	16	14—15	18
12	15	20—24	—	16	19
13	16	25—26	17	17	20
14	17	27	18	18	21
15	18	28—29	—	19	22
16	—	30	19	20	23
17	19	31—32	—	—	24—25
18	20	33—35	20	21	26
19	21—23	36—44	—	22	27—30

资料来源:韦氏学前儿童智力量表的上海市常模。

三、正确理解与使用标准分数

1. 标准分数 Z 的性质与特点

标准分数 Z 具有如下一些性质与特点:

① 任何一批原始分数,转化成 Z 分数后,这批 Z 分数的平均值为 0,标准差为 1。Z 大于 0,表示测验成绩在平均数之上;Z 小于 0,表示测验成绩在平均数之下;Z 为 0,则表示测验成绩与平均数相等。

② 标准分数 Z 量表的单位是相等的,其零点是相对的。因此,不同科目的 Z 分数具有较好的可比性和可加性。

③ Z 分数本身是关于原始分数 X 的一种线性变换,因此,Z 分数不改变原始分数的分布

形态。

④ 在一般情况下,标准分数 Z 的取值范围在-3到$+3$之间。Z分数的意义可以用正态分布曲线下的面积比例(本质上是概率值)作出最好的解释。

2. 正态分布下标准分数 Z 和百分等级 PR 之间的关系

标准分数 Z 是与百分等级 PR 相联系的一种相对分数,在正态分布下,其对应的百分等级 PR 与一个以标准分数 Z 为界点的正态曲线左尾部面积比例数相对应。这种对应关系由统计学家编制出正态分布面积表供人们查表确定。通过查正态分布表(见附表2),只要简单计算就可以确定某个 Z 分数所对应的百分等级 PR。例如,当 $Z=-1$ 时,得到 $PR=15.87$;当 $Z=0$ 时,得到 $PR=50$;当 $Z=1$ 时,得到 $PR=84.13$。

3. 正态分布下若干种评分体系之间的关系

(1) 标准九分及其与百分等级和标准分数之间的关系

标准九分(stanine)是基于百分等级形成的另一较常用的评分量表,该评分量表是9点评分形式,取值为1至9的整数。在正态分布下,标准九分量表与标准分数 Z 及百分等级 PR 之间的关系如表6-9所示。

表6-9　标准九分与其他评分制的相互关系

标准九分	标准分数 Z 范围	百分等级范围	标准九分个案百分比(%)
9	$+1.75$ 以上	96—100	4
8	$+1.25$—$+1.75$	89—95	7
7	$+0.75$—$+1.25$	77—88	12
6	$+0.25$—$+0.75$	60—76	17
5	-0.25—$+0.25$	41—59	20
4	-0.75—0.25	24—40	17
3	-1.25—0.75	12—23	12
2	-1.75—1.25	5—11	7
1	-1.75 以下	1—4	4

在建立标准九分量表常模时,我们可以根据表6-9中的有关数量关系,把常模团体测验分数从小到大排列,然后把占全部数据个数4%的最高分数划为标准九分量表中的"9",7%的分数划为"8",其他九分量表按表6-9中相应的个案比例递推。

(2) 其他多点评分量表

除了上述标准九分量表外,还有标准十分、标准十五分和标准二十分量表等,它们在本质上都是基于百分等级的多点(等级)评分量表。例如卡特尔16PF测验就是采用标准十分量表常模。对于标准十分量表,它在正态分布下,各个分值与百分等级之间的对应关系以及各个分值所对应的个案百分比如表6-10所示。

表6-10　标准十分与百分等级范围对应表

标准十分	10	9	8	7	6	5	4	3	2	1
百分等级范围	99—100	94—98	85—93	70—84	51—69	32—50	17—31	8—16	3—7	1—2
所占个案百分比(%)	2	5	9	15	19	19	15	9	5	2

根据正态分布的特点,当我们把上述介绍的标准分数评分量表、T 分数评分量表、韦氏智力量表、标准九分评分量表、标准十分评分量表、CEEB 评分量表以及百分等级评分量表综合在一起加以比较,即可形成如图 6-2 所示的关系。通过图 6-2,我们可以进一步认识到上述各种评分量表之间的联系与特点。

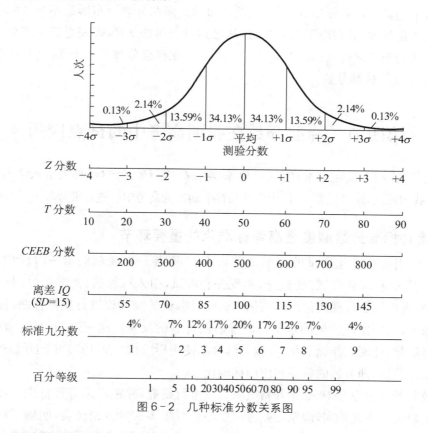

图6-2　几种标准分数关系图

4. 在一定条件下使用标准分数

标准分数计算方便且具有相当程度的优越性与合理性,在教育测量与评价中有其独特的作用。但是,标准分数的使用是基于常模数据服从正态分布的假设。只有在正态分布之下使用标准分数,才能充分体现标准分数的优越性与内涵(标准分数 Z 与百分等级 PR 之间存在着一定的关系）。但是，在实际测试过程中，很可能碰到常模团体的测验分数严重偏态，这种情况下若要直接使用上述标准分数体系来建立常模就不大妥当。而一种可行的办法是先对测验分数分布进行正态化（normalized）处理，尔后再建立标准分数常模。其主要步骤如下：

① 根据常模团体的测验分数次数分布表，建立起原分数$\{X_i\}$与百分等级PR_i之间的一一对应关系。

② 利用正态分布表（见附表2），从已知的每一个百分等级PR_i反查其对应的标准分数Z_i，从而间接实现了从$\{X_i\}$到$\{Z_i\}$之间的变换。

③ 根据需要选择公式（6-4）中的a与b两个常数，通过公式（6-4）再次实现$\{Z_i\}$到$\{T_i\}$之间的线性变换，从而建立正态化标准分数常模。

值得指出的是，对于由多个分测验构成的成套测验，若要建立常模，或者利用多个教育测验分数相加的总分进行教育决策，我们要考虑到不同分测验的标准分数是否可加的问题。从理论上讲，只要常模团体在各个分测验上的分数分布形态都接近或相同，那么，利用标准分数建立各个测验的量表分是可行的，且是可加的。而在分数分布形态不一致的情况下，则必须采用正态化处理，即利用正态分布表，从已知百分等级PR，查表得到标准分数Z，然后才能相加。我们把这样得到的标准分数Z称为正态化标准分数Z，以区别于用公式（6-3）计算得到的线性的Z标准分数。

第四节　标准分数在我国高考中的试点应用

世界上一些国家，如美国、菲律宾、智利等，均在高校招生考试（或称大学入学考试）中使用标准分数。我国则从20世纪80年代中期开始在个别省的高考中引进标准分数，进行试验研究。

一、建立标准分数制度是高考标准化的重要环节

在高考中引进标准化考试的改革试验始于1985年。在改革的第一阶段（1985—1992年），主要是引入"标准化考试"的概念，实现分卷考试，引入计算机、光学符号阅读器等先进技术设备，实现考试手段现代化。标准化考试要对考试的全过程进行质量控制，使各种误差尽可能地减少，从而保证考生的水平得到准确而可靠的反映。这一过程包括：命题标准化、考务管理标准化、评阅试卷标准化、分数的解释和使用标准化。从1993年起开始进入高考深化改革的第二阶段，即分数的解释和使用标准化。

国家教委考试中心自1985年开始组织力量进行研究，并在广东等省首先开展了标准化考试的试点研究。在此期间，国家教委考试中心召开了多次专家论证会，明确了在高考中建立标准分制度的科学性和可行性。1989年，在国家教委教试字001号文《普通高等学校招生全国统一考试标准化实施规划》中正式提出，将标准分数制度的建立作为标准化考试改革第二阶段的主要任务，并提出在1992年以后抓紧完成。在此之后，研究和试点工作不断进行。1994年初，在总结试点经验的基础上，为加大建立标准分数制度的推广力度，国家教委办公

厅〔1994〕1号文颁发了《普通高等学校招生全国统一考试建立标准分数制度实施方案》。至1997年正式在高考录取中使用标准分数的扩大到广东、海南、陕西、广西、山东、福建等7省（市、自治区），模拟使用标准分数的有22省（市、自治区）。在总结经验的基础上，国家教委考试中心1996年底在〔1996〕136号文件中明确指出："质量评审和标准分数的使用，有效地提高了考试质量，并使考试科学化水平提高到一个新的阶段，此项工作已由试验阶段进入到了推广阶段。"并提出"1998年力争全国30个省（市、自治区）全部参加包括正式使用标准分数在内的四个环节的高考质量评审工作"。但由于存在种种原因，标准分数制度至今仍未在全国普遍推广（其中的原因之一是缺乏宣传和普及教育），再加上近几年高考科目改革试点方案呈多样化，因此，到2001年时，全国在高考中使用标准分数的只有广东、海南、广西、福建和陕西。虽然目前在全国招生中存在着两种分数制度，但截至2020年，坚持使用标准分数制度的省份只有海南省。

二、在高考中使用原始分数的局限性

原始分数是未经任何处理或转换的分数，是考生在一份试卷中所得的卷面分数。我国高考一直沿用原始分数制度，原始分数从作答率或通过率方面反映考生已取得的成就水平，但存在如下局限性：

① 原始分数未能反映考试分数相对于团体的位置信息。例如某次考试一考生得了80分，由于没有一个参照点可作比较，因此既不能知道他成绩的优劣，也不能知道其优劣程度。即我们很难明确地说明他的水平有多高，以及他在考生总体中处于什么位置。

② 不同科目或同一科目不同次考试之间分数可比性较差。我们知道，原始分数往往受试题难度和区分度大小的影响。题目难了，原始分数就偏低了；题目易了，分数就偏高。例如，一考生高考的政治和数学都是65分，如果该考生是1985年高考理工类考生，那么，该考生的政治科得65分比全国的平均分低3.1分；而数学也是65分，此成绩却比全国的平均分高出5分。由于各学科的难度不同，导致分数分布不同，原始分数的"1分"不等值，则出现反映同一水平的分数在两个考试中可能不同。换句话说，两次考试的相同分数可能反映不同的考生水平。由于原始分数的不稳定性直接导致原始分数不具有可比性，因此使用原始分数难以对考生的水平进行科学的比较。

③ 各科标准差不一影响对科目权重的设计。各科分数的标准差大小，对各个科目分数在录取中的比重也有一定的影响。如果各科的平均数相同，那么，标准差大的科目在录取中的比重就大，标准差小的科目在录取中的比重就小。由于各科标准差大小不稳定，因此，事先为各科设置的科目权重在本质上受到标准差大小的影响，从而偏离了原先的设计初衷。我们可以举一极端例子加以说明，假设某一科成绩的平均分为75分，标准差为0分（即所有考生这科成绩都是75分），那么无论分数线划在什么地方，该科成绩对于录取都不起作用。这就是说，在原始分数制度中，标准差越大的科目，在录取中起的作用就越大；而标准差越小，该科的成绩在录取中起的作用就越小；标准差为0，则完全不起作用。

原始分数的上述这些局限性，一方面影响了高考的质量，另一方面也限制了考试功能和作用的充分发挥。因此,要克服上述这些缺点,较好的办法是在高考中建立标准分数制度,把原始分转化为同一"量具"中的值——标准分,使各科标准差之间以及平均数之间恒定且各科分值意义相同,这样才能使各科成绩的总分趋于科学、合理。

三、高考标准分数制度的内容

高考标准分数制度是根据教育统计、教育测量、教育评价等科学原理,按照一定规则把原始分数转化为具有相同意义、相同单位和共同参照点并能刻画考试分数在总体中位置的分数制度。因为这种分数制度是以正态化的标准分数为基础的,所以我们把这种分数制度叫做标准分数制度。

高考标准分数制度由常模量表分数(包括全国常模和省常模)、等值量表分数组成。具体讲:常模量表分数反映一次考试考生成绩在考生总体中的位置,分数值与这一位置有关。由于高考是全国统一考试,分省进行录取,所以标准分数转换有两种情况:一种是把全国同类考生作为一个总体进行分数转换,另一种是把每个省的同类考生作为一个总体进行分数转换。这样建立的常模量表分数有全国常模量表分数和省级常模量表分数。常模量表分数虽然能够准确地刻画考生成绩在总体中的位置,使不同学科的成绩能够进行比较,但由于每年的考卷不一样,故还不能以此进行逐年的比较。为了弥补这种不足,就需要等值量表分数来完善。

等值量表分数是建立在分数等值基础上的,这种分数所代表的水平固定不变,所以等值量表分数含义明确,可以在不同地区、不同年度之间进行考生成绩的比较。

标准分数制度在全国实施要有一个过程,甚至是一个曲折的过程,根据有关计划,先采用标准分数制度的省、市、自治区的重点工作是建立省常模量表分数。等值量表分数有待于全国常模量表分数建立后,才能正式建立起来。

作为首先使用标准分的省份,实质上是首先建立和使用常模量表分数。在标准分数制度建立初期,不向社会公布原始分数。因此,向考生公布的成绩是各科标准分和综合分的省级常模量表分数及它们对应的百分等级,其形式为:

表 6 - 11　高考成绩通知单

学科	语文	数学	外语	物理	化学	综合分
标准分	591	732	662	681	581	694
百分等级	81.9	98.8	94.7	96.5	79.1	97.4

四、高考标准分数转换方法

我们建立常模量表分数,把原始分数转换成常模量表分数的原因之一,是为了准确地刻画考生成绩在总体中的位置,使不同的考试分数能够进行比较。我们知道,不同考试的原始分数不宜直接进行比较,这是因为它们分布的形态不同。譬如一个是正态分布,一个是偏态分布,那么相同的考试分数的百分等级就不同。为了比较来源于不同分布的分数,可使用非线性变换,将非正态分布的原始分数转换为百分等级,然后从累积正态曲线面积表找到百分等级对应的标准分数。这个标准分数叫正态化的标准分数,这种转换过程叫正态化转换。

由于高等学校是根据高考各科总分和相关学科的分数择优录取新生,因此就需要建立单科常模量表分数和各科总成绩常模量表分数。

1. 单科标准分数转换方法

在高考标准分数制度中,若采用标准分数 Z 的计算公式(6-3)和(6-4)来转换高考标准分数,遇到的致命问题是各科的最高分将有很大的差异,结果造成各科的标准分数量表不一致。为此,在现行试点使用的高考标准分数转换方案中,一律采用正态化转换方案。具体转换步骤如下:

① 将同类考生的学科原始分数从大到小进行排序。

② 计算每一个分数 X_i 以下的考生占考生总数的百分比 P_i,或百分等级 PR_i。

③ 由每个原始分数所对应的百分比 P_i 或百分等级 PR_i,利用正态分布表(见附表2),经过简单的计算,即可确定所对应的正态分数 Z_i,从而得到每一个原始分数所对应的正态化标准分 Z_i。

④ 进行线性变换,我们确定的量表平均分为500,标准差为100,那么线性变换公式为:

$$T_i = 500 + 100 \times Z_i \tag{6-5}$$

从而得到学科的常模量表分数。

2. 高考综合分的转换方法

反映考生高考总成绩的指标是综合分,它是综合了各个学科标准分之后形成的高考总体成绩,是录取的主要指标。综合分的转换方法不是各个单科标准分的平均值,而是以各科标准分的简单和或加权和为新起点,仿照上述单科标准分的转换方法,再转换一次,得到综合标准分,简称综合分。

综合分转换成常模量表分数的方法和单学科分数转换成常模量表分数的方法相同,最终的 T 分数转换公式一样。考生各科分数和综合分的取值范围均为100—900,这样转换的目的是使各科的分数和综合分具有相同的常模量表,便于高考分数的解释和使用。为便于理解,下文给出某省语文科目的标准分转换数据表(如表6-12所示)。从表6-12中,可以领会出高考综合分的转换方法与意图。

表 6-12　某省某年高考理科语文成绩标准分数转换

原始分	人数	(以下)累计	百分位	Z 分数	T 分数
104	1	110297	999991	4.00	900
102	3	110294	999964	3.97	897

续　表

原始分	人数	(以下)累计	百分位	Z 分数	T 分数
101	3	110291	999937	3.84	884
100	2	110289	999918	3.78	878
99	5	110284	999973	3.66	866
⋮	⋮	⋮	⋮	⋮	⋮
75	3180	88353	801039	0.85	585
74	3492	84861	769379	0.74	874
73	3593	81268	736804	0.64	564
72	3890	77378	701536	0.53	553
71	4125	73253	664137	0.43	543
⋮	⋮	⋮	⋮	⋮	⋮
6	2	1934	017534	−2.10	290
4	1	1933	017525	−2.10	290
3	1	1932	017516	−2.10	290
0	1932	0	00000	−4.00	100
合计	110298	/	/	/	/

::::: 研究性学习专题 :::::

考生总人数 n 和高考标准分正态化转换方案下的最高分数有什么关系?

【阅读材料】

简明扼要地介绍高考标准分

高考标准分是根据考生原始分在同类考生团体中的位置状况,按照正态分布的原理进行转换后得到的高考成绩。高考标准分的本质是一种与位置状况相联系的相对分数。这种相对分数(即高考标准分 T)最低 100 分,最高 900 分,中间 500 分。这种位置状况用百分等级 PR 表示(PR 在从 0 到 100 之间取值),其意义是表示在本省同类考生团体中考试成绩低于该标准分的考生人数的百分比。对本省同类考生的原始分从高分到低分排序后,经过计算机统计,即可知道每个原始分所对应的百分等级。有了百分等级,通过查找《高考标准分与百分等级对照简表》(见附表 5),即可得到高考标准分。

使用标准分制度后，考试机构送发给每位考生的高考成绩通知单中，报告了各科的标准分及其相应的百分等级，报告了高考综合分及百分等级。考生在接到成绩通知单后，首先要看综合分及各个科目标准分所处的位置。比如综合分 598 分的百分等级是 83.7，这意味着有 83.7% 左右的考生，其综合分低于 598 分。其他单科仿此分析。有了这些数据，考生可以更好地判断自己是否能上线，或者能上哪一条线，从而增加了高考成绩的透明度和信息。

关键术语

常模　常模团体　发展常模　组内常模　年龄常模　年级常模　百分等级　百分等级常模　线性 Z 分数　正态化 Z 分数　标准分数常模

内容提要与小结

1. 由于测验的原始分数通常没有绝对的零点和相等单位，因此，测验分数的解释与使用便遇到困难。为了弥补这些缺陷，使测验分数更容易解释和使用，人们设计了一些科学的方法。而利用测验的常模来解释测验分数，便是许多标准化测验所使用的一种典型方法。

2. 常模有多种类型，各有优缺点。发展常模虽然简单，但在评价学生发展进步，尤其是义务教育阶段评价中小学生的发展进步方面具有重要的意义和作用。结合国家新一轮基础教育课程改革，建立有关学科成就的年级常模或年龄常模，显然具有很重要的理论意义和实际意义。

3. 百分等级常模对于了解某一个体在其同类团体中的相对地位具有重要的作用。因此，在智力发展评价和一些选拔性考试中，使用了百分等级常模。但百分等级常模是不等距的，不同位置上的等级差异实质上是不相等的发展水平差异。

4. 标准分数是一种优点较多的相对分数，它有许多性质和特点，了解这些性质和特点，对于我们正确使用标准分数具有重要的作用。标准分数常模是一种应用最广泛的组内常模。不同的测验，往往在建立标准分数常模中使用不同的标准分数 T 量表。大学四六级水平考试改革前后的分数报告均采用标准分数 T 量表。

5. 在正态分布下，标准分数和百分等级之间存在严格对应关系，它们可以通过正态分布表加以确定。因此使用标准分数 Z，通常是以正态分布曲线为基础的。只有在一定条件下使用标准分数，才能体现标准分数的优越性。

6. 高考标准分数制度是以教育科学，尤其是以教育统计与测量为理论基础建立起来的分数制度。该分数制度在世界上许多国家得到推行与使用，我国高考标准分数采用正态化转换方案。高考标准分数制度内容丰富，有许多优越性，但要全面推广，需要克服一些人为的障碍，特别是我们需要向社会进一步宣传普及教育统计、教育测量与评价等方面的知识。

练习与思考题

1. 常模的作用是什么？
2. 比较年级常模与年龄常模的异同点。
3. 怎样建立一个测验的百分等级常模？
4. 标准分数常模与百分等级常模相比有哪些优点？
5. 在高考中为什么不用线性标准分转换方案？
6. 假定三个科目在标准化样组上分数分布均接近正态，请根据表6-13中的成绩说明4名被试总成绩的优劣。

表6-13 四名被试在三个科目上的成绩(原始分数)

	$\overline{X}$	S	甲	乙	丙	丁
语文	81.5	8	85	94	76	80
数学	89.5	13	92	80	86	90
英语	72.5	9	75	81	80	87

7. 根据本章表6-5中的有关数据，把拼写测验原始分数为59分、50分、42分、32分和29分的成绩，转换成相应的正态化Z分数及T分数。(注：$T = 500 + 100Z$)

第七章 教育测验的标准及其建立方法

学习目的

学完本章后，你应当能够：

1. 定义标准参照测验。

2. 进一步认识标准参照测验与常模参照测验的区别及联系。

3. 进一步了解教育测验"标准"一词的内涵。

4. 认识与标准参照测验相关的测验名称。

5. 懂得如何参照标准对测验分数作出解释。

6. 懂得如何为一个测验确定合格分数。

7. 懂得如何为一个测验建立内容领域规范。

8. 认识当今我国建立教育测验标准的重要性和迫切性。

编写者及课任教师建议的阅读文献

1. 许建钺等编译：《简明国际教育百科全书——教育测量与评价》第二部分，教育科学出版社 1992 年版。

2. 张厚粲、刘昕编著，国家教委考试中心"标准参照测验理论研究""七·五"课题组编：《考试改革与标准参照测验》第一章和第二章，辽宁教育出版社 1992 年版。

3. 黄光扬、卢正勇：《高等教育自学考试课程试卷及格线确定方法的研究》，《教育研究》1993 年第 11 期。

4. 王孝玲：《标准参照性测验分界分数的确定与验证》，《中国考试》1996 年第 3 期。

5. 张凯著：《标准参照测验理论研究》第一章和第二章，北京语言文化大学出版社 2002 年版。

6. 邵朝友著：《基于学科素养的表现标准研究》第二章，华东师范大学出版社 2017 年版。

7. _____

8. _____

第一节 教育测验标准的含义

当今世界,基于教育标准的教育评价已成关注的焦点。在学生学业成就评价中,教育测验的标准指的是教育测验的成就标准,它对于编制标准参照测验以及解释标准参照测验的分数具有重要的意义。

一、对标准参照测验及其标准的再认识

在第二章中,我们曾经提到,教育与心理测验可以按分数解释的参照体系分成常模参照测验与标准参照测验。美国心理学家格拉塞(R. Glaser)在 1963 年首次撰文正式提出标准参照测验的概念,建议把测验分成常模参照与标准参照两种。该文曾发表于《美国心理学家杂志》,引起心理测验界的极大兴趣。此后,围绕这个论题发表了大量的文章,给出了数十种有关标准参照测验的定义。

至今,在心理与教育测验文献中,对标准参照测验这一概念的定义仍难以统一,而且与其相关或近似的词语也不少。在众多的定义中,心理学家波帕姆(Popham)提出的定义被认为是最被广泛使用的一个。他认为,标准参照测验是依据事先明确规定的知识能力标准而制定,并据此标准可以对被试的测验成绩作出解释的一类测验。标准参照测验主要关心的问题是要获得严格而精确的领域规范(specifications for domains)或行为领域规范。[①] 对于波帕姆上述这个定义,有几点需要我们进一步认识。首先,在这个领域规范中像目标、能力及技巧这样的术语可以互相换用;其次,标准参照测验所测的内容、行为目标或能力技巧等,必须是规定明确而详细的;第三,在一次测验中测量几种不同的能力时,通常更好、更科学的解释应当是分别按每种能力进行;第四,波帕姆的标准参照测验定义并不以某个切断分数为参照,通常是将标准参照测验的每项能力定出一个最低的要求,然后把被试的成绩同这最低要求进行比较。但是,在利用标准参照测验成绩进行"掌握—未掌握"或者"合格—不合格"分类决策时,提供一个合宜的切断点(cut-off point)是很有必要的。正像当代美国著名的测验学专家伯克(R. A. Berk)和薛伯德(W. F. Shepard)等人所强调指出的那样,当标准参照测验被用来区分"掌握"和"未掌握""能胜任"和"不能胜任"时,就有必要提供一个切断点。这是因为,最终分类决策或利用分数进行有关决策的有效性,既依赖于内容领域规范的有效性,又在很大程度上依赖于切断点的有效性。哪怕世上最精心设计的内容领域规范说明书也无法补偿基于无效的切断点分类决策所带来的损失。[②] 可见,在标准参照测验的许多情形下,我们既要重视内容领域规范,又要重视切断点的确定。

从上文分析来看,我们不妨可以这样来认识标准一词的含义:从定性方面讲,标准一词指的是测试的内容或行为的范围,而这个范围是测验分数所参照的,它将通过内容领域规范

---

① 许建钺等编译:《简明国际教育百科全书——教育测量与评价》,教育科学出版社 1992 年版,第 219 页。
② R. A. Berk: A Guide to Criterion-Referenced Test Construction, The Johns Hopkins University Press, 1984,Ch7.

得到明确。例如，像英国中等教育普通证书考试（General Certificate of Secondary Education,简记为 GCSE）国家标准，它就明确规定了各学科成就测验的内容领域规范。以数学科为例，在 GCSE 的国家标准中，明确公布考试的核心内容（每一等级考试共有的部分），这实际上是公布了最低的要求，然后在核心内容的基础上，进一步明确考试成绩的等级描述（GCSE 的数学成绩分为 A、B、C、D、E、F、G 七个等级水平），使不同等级的水平具有明确的界限，即能做什么题目，能做多少题目，能做多深多难的题目等，都做了明确的规定。从某种意义上讲，这就规定了课程标准的内容框架以及学生学习评价的表现标准（performance standards）。

再从定量方面看，每当人们利用标准参照测验成绩进行有关评价决策时，难免从客观上需要确定一个切断点作为分类决策的依据。当然，这里的切断点可能是分数连续尺子上的一个切断分数点，也可能是采用正确作答题目数量的百分比。不管是哪一类切断点，它在一定程度上体现标准一词在测量评价功能上的定量标准。

【阅读材料】

常模参照测验与标准参照测验的对比

两者的共性

（1）两种测验都要求说明要测量的成绩的范围。

（2）两种测验都要求有恰当的和有代表性的测验题样本。

（3）两种测验都使用了相同种类的测验题。

（4）两种测验编制题目的规则是相同的（除题目难度以外）。

（5）两种测验都用同样的质量指标加以判断（效度和信度）。

（6）两种测验都对教育测量与评价是有用的。

两者的差异

（1）两种测验的目的有所不同。

（2）两种测验对题目统计量的考虑有所不同。

（3）两种测验对描述内容领域规范的详略有所不同。

（4）两种测验对测量同一学习任务或目标所用题目数量有所不同。

（5）两种测验对分数的解释方法有所不同。

二、认识几个与标准参照测验相关的概念

自从格拉塞提出标准参照测验后，相关的研究及相关的概念、术语不少。例如，领域参照测验或称内容参照测验（domain-referencd test）、目标参照测验（objectives-referenced test）、掌握测验（mastery tset）等，这些概念大同小异。对于能力与成就测验领域，在美国心

理测验界,标准参照测验与领域参照测验、掌握测验、能力测验、基本技巧测验、职务或资格证书测验等称呼是可以互换的。对此,我们可进一步认识:

第一,领域参照测验是建立在一套完善的题目汇编或内容领域规范汇编基础上用以检查被试的素质及发展水平的测验。

如果我们接纳上述由波帕姆提出的标准参照性测验的定义,那么标准参照测验和领域参照测验这两个概念与术语没有本质的区别。而且从语义上讲,领域参照测验或内容参照测验更容易被人理解,不像标准参照测验中标准一词那么有歧义,容易引起混乱和误解(至少跟心理学中的效标一词在语义上就不便分清,从而导致误解)。但标准参照测验一词在美国的一些心理测验研究中应用较为深入,在许多国家中仍继续使用并得到公众的承认。因此,为一个新名词而掀起一番学术争论似乎是浪费时间的。[①]

第二,目标参照测验是由和目标相适应的一组题目所构成的测验。

如果对于事先确定好的测量目标,测验设计者能够为每一测量目标规定出许多能充分体现该目标的内容范围或题目领域,然后分别从各个目标名下的内容领域中进行科学抽样来设计测验,那么,在这种情形下的目标参照测验实际上和标准参照测验之间并没有本质区别。但是,如果目标测验的设计者随意地编写题目并组成测验,尔后再分析题目所测的行为目标,那么,这样的目标参照测验就不能看作是标准参照测验。[②] 因而,对测验分数的解释就不能进行更大范围的推断,一般仅限于测验中特定题目所及的能力或行为目标范围。

第三,掌握测验是建立一组教学和行为目标上的测验,主要用于判断学生是否掌握某组给定的教育目标。

掌握测验的题目要根据它们与目标的一致性和对教学处理的灵敏度来加以选择。这种以目标为出发点来选择题目、构建试卷的测验,其内容范围相对不够精确。从这个意义上讲,掌握测验类似于目标参照测验,均可用于某一行为目标或教学目标的形成性评价。对于以目标为基础的、课堂使用的学生分等决策测验,每一题目组或对每一个教学目标有关键作用的子测验,通常都必须确定一个标准,即临界分数线。不论采用哪种方法,要使全部子测验都有相同的临界分数线是不大可能的,对所有的目标采取通用的标准也是不合适的。这是因为,目标的复杂程度各不同,因此,对不同目标使用相同临界分数标准是不客观的。另外,由于不同的目标,其相适应的题目统计量指标不同,也不能使用相同的临界分数标准。当然,对于课堂教学处理以外的用途来讲,如果需要综合整个掌握测验各个目标下的分数来对个体进行有关"能胜任或不能胜任""掌握或未掌握"等方面的认可分类,就有必要就整个掌握测验确定一个最低能力的且又是可接受的统一的临界分数线,即前文曾经提到的切断分数线。

综上所述,我们认为,领域参照测验可以看成是标准参照测验的同义词。在一般情况下,标准参照测验与目标参照测验及掌握测验是有区别的,但若测验设计时均备有详细的测

---

① 许建钺等编译:《简明国际教育百科全书——教育测量与评价》,教育科学出版社 1992 年版,第 225 页。
② 张厚粲、刘昕编著,国家教委考试中心"标准参照测验理论研究""七·五"课题组编:《考试改革与标准参照测验》,辽宁教育出版社 1992 年版,第 8、11 页。

验内容范围或题目范围说明书,那么这三种测验在本质上并无多大差别,或者可把目标参照测验和掌握参照测验看成是标准参照测验的变式。尤其是当我们接纳一种广义的定义来界定标准参照测验时,即认为"标准参照测验是依据某种特定操作标准可以直接解释测量结果的测量"时,我们不仅可以在更广的范围内把目标参照测验、领域参照测验、掌握测验都看成是标准参照测验的变式或别称,而且可以更明确地把"结果参照测验"这一概念从"标准参照测验"范畴的传统分类中剔除出去。事实上,结果参照测验是把眼下的测验分数同某种行为标准相联系,基于眼下的结果参照测验分数来预测某种行为标准的成就水平。例如,美国大学入学能力倾向测验旨在预测考生在未来的大学年级测验中的分数。像这种用眼下的测验来预测被试在某种标准行为变量上地位成就的有关研究,实质上就是"效标相关"(criterinrelated)的效度研究。这里所用的标准指效度标准,简称效标,其意义不同于标准参照测验中标准一词的前述含义。[1]

第二节　标准参照测验分数的解释

测验分数的解释,除了参照常模的分数解释方法之外,还可以参照测验的标准对分数进行解释。根据测验的目的,一旦编制了某类标准参照测验之后,对其分数的解释则是非常必要的。与常模参照测验分数解释方法不同的是,标准参照测验分数的解释,允许我们相对独立地描述学生的测验成就而不必参照其他学生的测验表现。在一般情况下,我们可以将其转换为对学生所能完成的特殊任务的描述。常见的有下述几种。

一、正确百分数

正确百分数是以学生在标准参照测验中答对题目的比例来解释测验分数或描述学生取得成就的方法。正确百分数的计算公式如下:

$$\text{正确百分数} = \frac{\text{答对题目数}}{\text{总题目数}} \times 100 \tag{7-1}$$

在使用正确百分数时,可以考虑如下几个方面:

① 测验所要测定的内容(成就)范围必须明确,而且测验题目组能够成为这个内容(成就)范围的代表性良好的样本。否则,正确百分数就会失去意义。

② 在标准参照测验中,可以针对整个测验为每一个学生确定其答案的正确百分数,对学生的内容掌握程度作出判断。比如,在一份含 40 道简单的加法计算题的测验中,某学生做对了 32 道,则该学生的正确百分数是:

$$\text{正确百分数} = \frac{32}{40} \times 100 = 80$$

① 张厚粲、刘昕编著,国家教委考试中心"标准参照测验理论研究""七·五"课题组编:《考试改革与标准参照测验》,辽宁教育出版社 1992 年版,第 8、11 页。

基于这个百分数,教师可以给学生的测验结果进行简单的概述,即该生掌握了80%的加法计算的内容。

③ 在课堂教学评价及其他有关资格证书的测验中,为了对多层次的测验结果分别作出解释和描述,就需要分别针对每一教育目标或内容板块去选择题目组,构成总测验。在解释测验结果时,既可以针对整个测验确定一个正确百分数(如上例),也可以根据测验的内容层次(相当于子测验),分别计算不同内容层次的正确百分数。比如,在上例中,40道加法题中有30道题是不需要进位的加法题,另有10道是需要进位的加法题,那么这位学生答对了所有不需要进位的加法题,但在10道要求进位的加法题中只做对了两道,于是,我们可以针对"进位"与"不进位"这两个内容层次,分别计算测验的正确百分数,即:

不需要进位的加法题:正确的百分数$=\dfrac{30}{30}\times100=100$

需要进位的加法题:正确百分数$=\dfrac{2}{10}\times100=20$

据此,教师可以更客观、全面地描述这位学生在学习加法运算内容上所取得的学习结果,更有针对性地解释不同内容层次的测验结果。

④ 在许多情形下,测验中不同内容的题型是不一样的,用公式(7-1)计算的正确百分数在有些情况下就不够客观。因此,我们可以利用学生测验的原始分数和测验总分之间的关系,计算学生个人的得分百分数,即:

$$得分百分数=\frac{测验原始得分}{测验原始总分}\times100 \qquad (7-2)$$

由于广大教育工作者对原始分数十分熟悉,因此,利用得分百分数来解释标准参照测验的分数,相当于用测验的得分率来解释,这是一种有良好的群众基础、简便易行的方法。如果测验的标准建立得科学合理,符合课程标准和课程目标中的要求(因而也在一定程度上符合社会的要求和价值标准),那么,基于有效建构的标准参照测验的分数,利用得分百分数(或得分率)来解释测验结果是有意义的教育评价方法。假如能在得分百分数的基础上,根据测验具体内容描述一下学生能完成的特殊任务以及不能完成的任务等,就会使测验的信息在教育评价过程中得到更充分的利用。教育部印发的《基础教育课程改革纲要(试行)》中指出,考试命题要依据课程标准,教师应对每位学生的考试情况作出具体的分析指导。因此,学会解释与描述学生的测验结果具有重要的教育意义。

二、掌握分数

在课堂教学过程中,我们需要了解学生是否掌握了有关的教学内容。了解这些信息,是教师进行课堂决策的基础。特别对于采用"掌握学习"教学策略的过程控制来讲,尤为重要。"掌握学习"教学策略的一个主要论题是:师生之间的反馈系统,在群体教学所产生的误差出现后不久便可揭示出来,使得教学能够适时地加以自我矫正,而担当"反馈—矫正"任务通常是单元练习、要点辅导和形成性自我测验。在许多以"掌握学习"教学策略为指导的教科书中,每一单元后面都提供一个形成性自我测验与评价,规定一个可接受的最低的标准,以判断学生是否掌握了该单元的内容。

无论是针对每一教学单元的形成性测验,还是针对一门课程的终结性测验,如果要了解与判断学生是否掌握所学的内容,我们就要编制一份有内容效度的教育测验,并且事先定出一个可接受的最低标准。这个标准是人为确定的,它可以是百分制评分量尺上的某一个点,也可以是 80%—90% 的正确反应所对应的分数,作为最低通过标准。这个分数就是所谓的掌握分数。以它作为判断标准,把所有学生区分成掌握和未掌握两类。例如,在百分制评分中,我们可以规定,以 75 分作为掌握分数标准。这样,凡测验分数未达到 75 分的学生,判定他们处于未掌握状态。对于掌握分数,下面几点评论值得注意:

① "掌握"与"未掌握"是人为确定的。因为,掌握分数规定不同,二分类的结果也可能不同。可见,掌握分数的确定,多少带有人为和经验的色彩。

② 从知识的掌握状态来讲,事实上更应该是一种连续模型。即一组学生对课程的掌握状态是比较连续的,不同的学生处于掌握状态连续模型中的不同位置,掌握的程度是不同的,因此,简单地把学生区分为"掌握"和"未掌握"两类,在许多情况下的确是迫不得已的。

③ "掌握""及格"或"合格"的概念类似,但有区别。因此,掌握分数与及格分数或合格分数之间有联系,也有区别。一般说来,对"掌握"状态的把握,其标准相对较高些,指学生学会绝大多数的知识内容,所谓大多数的概念,通常可用 80%—90% 来刻画。但"及格"或"合格"的成就标准,所规定的标准要比掌握分数低些。学生能学会过半的内容或多数的内容就可算为及格或合格。例如,习惯上以 60 分为及格线,就是以 60% 的得分率这个标准来评价的。但是,"掌握"与"及格"或"合格"之间也有联系,在一些情况下,它们是一致的,比如单元形成性测验的判断标准。此外,它们都需要人为地确定一个"切断点",作为分类的标准。

④ 当利用测验的掌握分数给学生进行二分类时,对于不同的年级、不同的课题内容、不同的测验乃至同一测验中不同的分测验,人为规定的掌握分数也未必相同。显然,对小学算术中"20 以内的加减法运算"测验,倘若规定以 85 分作为掌握分数,也不算是过高要求的一个成就标准。但对于其他内容,比如"口算速度、简算"等内容测验中,可能以 75 分作为掌握分数仍不失为一个可接受的成就标准。

三、内容等级分数

为了更好地解释教育测验的分数,人们把内容参照和常模参照结合起来。在编制测验过程中,不仅要明确内容范围、具体任务,而且要把成就分成若干差别明显的等级水平,标明不同等级水平的成就特征与问题类型,建立起内容等级分数及其评定量表。这样,将任一学生的测验结果与内容等级评定量表相对照,不仅能给出学生等级分数,而且还能具体描述学生会做什么、不会做什么的问题。内容等级分数,可采用七个等级或五个等级或四个等级的评定量表。这种把相对评价与绝对评价相结合的方法,在许多国家得到应用,比如英国的普通中等教育证书考试以及我国部分省市的高中毕业会考等级制中都采用了内容等级分数的教育评价方法。对这一方面的内容,将在下一节作进一步的探讨。

研究性学习专题

　　利用教育测验来诊断和评价学生时,怎样建立一套个别化的评价指标与方法?

第三节　标准参照测验的定性标准
——测验内容领域规范

　　我们知道,标准参照测验中的"标准"一词具有定性与定量两方面的含义,而且,只要测验分数牵涉到行为描述或分类决策,那么,定性标准与定量标准都是不可或缺的。它们共同构成了评价和衡量学生学习达成状态的表现标准。这一方面涉及如何建立"内容领域规范",另一方面涉及如何对测验建立一个用于分类所需的临界分数线或称切断分数点问题。本节介绍如何建立标准参照测验的定性标准——测验内容领域规范。

　　测量专家认为,重视内容领域规范是标准参照测验最重要的一环,它至少有四个目的:[1]其一,为试题编写人员准备试题时提供内容和技术上的指导;其二,向内容方面或测量方面的专家提供每种能力所包括的内容和行为的清晰描述,以便他们评定这些题目是否能够有效地测量出规定的能力或目标;其三,帮助解释被试个体的能力水平;其四,向用户提供能力广度和范围的明确规定。那么,如何编写测验的内容领域规范呢?下面介绍几种不同的模式。

一、汉布莱顿模式

　　心理学家汉布莱顿(R. K. Hambleton)在他人工作的基础上,对内容领域规范作了进一步的拓展研究,他认为内容领域规范可以分成四个部分:

　　① 说明——对能力所包括的内容和行为作简明的描述。

　　② 实例指导与题目样本——一个测验指导的例子和一个测量能力的典型例题。

　　③ 内容范围——一个对能力测量中的内容和行为的详细说明,以及一个关于试题库的结构和内容的详细说明(这一部分必须写得非常清楚,以便审定人能够分辨哪些试题符合规范,哪些不合规范)。有时还对不在规定领域内的某些内容进行说明,这就更加清楚了。

　　④ 答案范围——必须预先准备好备择的不正确答案的说明。不正确答案的结构和内容说明要尽可能详细。

　　表7-1是一个领域规范的例子。[2] 一旦领域规范准备妥善,其他测验工作便可以进行。

---

[1] 许建钺等编译:《简明国际教育百科全书——教育测量与评价》,教育科学出版社1992年版,第222页。
[2] 同[1],第222—223页。

表 7-1 典型的阅读领域规范示例

<table>
<tr><td colspan="4" align="center">说明
学生要辨别段落中所表达的语调和感情（示例和试题）
指导</td></tr>
</table>

说明
学生要辨别段落中所表达的语调和感情（示例和试题）
指导
阅读如下段落,然后回答问题,并在你所选择答案的字母上画圈。
吉米整天在海滨玩耍和游泳,现在是回家的时候了,吉米坐在他父亲汽车的后排座上,几乎睁不开眼了。吉米感觉如何？
A．惊恐 　　　　B．友好 　　　　C．劳累 　　　　D．仁慈 　　（正确选项为 C）
内容的范围
(1) 段落中要描述三年级学生所熟悉的情况。
(2) 段落应包括 3—6 个句子,可读性水平应适合于三年级学生。
(3) 段落中表达的语调和感情,必须从下表中选取：
凄惨　狂妄　忿怒　仁慈 　　　　　劳累　惊恐　友好　兴奋 　　　　　幸福　幸运　活泼　骄傲
答案的范围
(1) 所选答案的长度应只有一个词。
(2) 每个试题应当有 4 个可选择的答案。
(3) 不正确的备择答案可以从上表中选出。
(4) 不正确的备择答案的语调和情感应该是三年级学生熟悉的,并且常常容易和正确的答案混淆。

二、美国 IOE 模式

IOE 是美国全国性的教学目标交流所（Instructional Oobjectives Exchange）的简称,它于 1968 年成立,其最初的宗旨是建立一个行为目标和测验的信息交流机构,使那些繁忙的实际教育教学工作者可以不必不断地制定行为目标。IOE 提供给教育教学工作者们许多有关标准参照测验的行为目标手册,有详有略,其中用到过的一些界定测验领域规范或测验题目领域规范的方法,实际上是海夫利（Hively）等人提出的题目领域编写格式的变式。这种变式一般包括四个或五个部分,现简述如下：[①]

第一,一般描述。它是对所测量的领域进行一般性的、简明扼要的描述。

第二,样本题目。它是给出一个带有指导性与限制性的测验题目的具体例子,既有利于测验设计者了解题目的格式,也有利于被试了解题目的式样。

第三,刺激的界定。它是对题目的内容、素材、难度、广度等因素作出更为明确的规定,以便使测验题目的编写既不会因被限死而僵化,又不会因模糊不清而出乎意料。

第四,反应的界定。它是对被试如何作答题目的方式,包括正确答案与错误答案的区分准则等方面作出规定。由于测验题目至少有论文式、简答式、口头陈述、多项选择等类型,因此,在反应的界定这部分中,尽可能明确地规定作答的有关准则,直至有关记分、评分的准则。

第五,其他补充说明。若有必要,则在这一部分中对界定测验内容领域所涉及的有关问

---

① 参阅张厚粲、刘昕编著,国家教委考试中心"标准参照测验理论研究""七·五"课题组编：《考试改革与标准参照测验》,辽宁教育出版社 1992 年版,第 2 章。

题作出交待或补充说明。

三、英国 GCSE 模式

英国中等教育普通证书考试(简称 GCSE 考试)是面向校内外举办的英国国家证书考试制度,其显著特点之一是有全国统一考试标准。1985 年英国政府颁布了《GCSE 考试国家标准》,它包括"总标准"和"学科具体标准"两部分。"总标准"阐述了一些制定学科考试大纲和实施考试的基本原则,各学科具体标准为制定各学科考试大纲和考试实施奠定了基础,同时也为编制课程、教材提供了基本标准。

GCSE 考试不同科目的国家标准编写模式上与结构上大同小异。例如,数学科和生物科的国家考试标准中都由七个部分组成:简介或引言、目的、评价目标、内容或核心内容、评价目标和内容的关系、评价技术、等级描述。

GCSE 考试的国家标准制定方案与模式,对于我国实施高中毕业会考、公务员考试以及其他一些等级水平与证书资格考试的标准化,可以说是很有借鉴意义的。其中对我们颇有启发的内容主要有:

① 各学科考试大纲应强调与鼓励学生理解本学科与其他学科之间的联系,鼓励学生理解本学科的知识与生活的联系,有可能的情况下应鼓励学生了解本学科及相关学科与政治、经济、社会、环境等方面的联系。当然,涉及这些内容的测试,其答案应在学生学习的范围内,而不是超出学科知识所及的内容。

② 各考试大纲必须包括对课程学习所期望达到的教育目标的描述,GCSE 考试是检验这些目标实现的程度。

③ 考试大纲必须包括足够的知识覆盖面,并使考试能充分表现出学生对某一学科知识和技能掌握的程度。

④ 各种类型的 GCSE 考试大纲都应有一定的学科知识考查深度,而不应以牺牲技能和理解力的考查为代价去追求学科知识内容的考查广度。

⑤ 考试大纲不仅应包括某一学科所要测试的内容范围,也要介绍测试方法,提供样卷(题)以及一些必要的指导性资料,以便使教师和学生充分理解考试的要求。

四、我国高中毕业会考标准的建立模式

高中毕业会考是一种以标准参照为主要特征的水平考试,由各省负责实施。建立高中毕业会考制度,有利于稳定中学的教学秩序,促进中学生全面发展;有利于在中学毕业会考基础上改革高考的科目与内容。在建立高中毕业会考制度的过程中,我国教育科研人员做了大量的探索研究,取得了一定的经验,其中浙江省的高中毕业会考在建立会考标准方面的工作有一些特色,值得介绍。

浙江省在建立高中毕业会考制度过程中,借鉴国内外经验,运用现代教育测量与评价的思想,建立高中毕业会考标准,具有把相对评价与绝对评价相联系的特色,并把"内容等级分数"的思想贯彻到建立高中毕业会考标准的过程中,较好地体现了科学性与创新。浙江省有

关部门在建立高中毕业会考学科标准时的主要思想叙述如下：

① 借鉴现代教育目标分类学说，结合他们对学科能力结构的研究，依据高中课程教学大纲的有关内容与要求，定性描述学科标准，形成学科考试大纲规范性文件，对会考的要求、考试内容与考核目标、等第标准等作了较明确而具体的规定。

② 依据各学科高中毕业会考的考试大纲，精心编制了有良好内容效度的参照试卷，进行了广泛的取样测试，按照正态化转换方案，建立起高中毕业会考的标准分量表（$T=85+15Z$，取值在 0—120 分之间），从而在参照试卷原始分数 X 和标准分量表 T 之间建立对应关系。

③ 经过多方面的比较，把高中毕业会考的成绩确定为五个等级，每个等级与 T 分数的关系如表 7-2 所示。

表 7-2 浙江省高中毕业会考等级成绩评定

量表分 T	96 分以上	84—95 分	73—83 分	58—72 分	57 分以下
等级成绩	A	B	C	D	E

④ 针对当年高中毕业会考需要，编制一份与参照试卷大体平行的学科会考试卷，准备用于实际的高中毕业会考。

⑤ 在保密状态下，在省内或省外抽取一批高中生（其水平应与浙江省高中生的总体水平相当），随机分成两组后，分别用会考试卷和参照试卷进行测试，取得数据。

⑥ 利用百分等级的等值技术或线性标准分数的等值技术，在会考试卷原始分 Y 和参照试卷原始分 X 之间建立等值对应关系，从而在 X-Y-T 之间建立对应关系的转换表。

⑦ 把会考试卷正式用于高中毕业会考，每个学生都得到自己的会考原始分数 X_i，通过 X-Y-T 分数转换表，得到每位高中生的毕业会考学科量表分。最后根据表 7-2，得到高中毕业会考的等级分数，由省考试主管部门发给高中毕业会考等级证书。

五、我国高等教育自学考试标准的建立模式

我国在 20 世纪 80 年代初建立了高等教育自学考试制度。高等教育自学考试是个人自学、社会助学和国家考试相结合的一种新的高等教育形式，是我国高等教育的重要组成部分。在自学考试制度建设中，课程考试大纲是统一个人自学、社会助学和国家考试的目标与标准的重要文件，是关于课程标准和考试标准的规范性文件，因而是编写自学考试教材和命题的依据。

自学考试课程考试大纲一般包括四个部分：一是概括叙述课程性质与设置目的。二是具体叙述各章节的课程内容与考核目标要求，这是考试大纲的主体部分，是自学考试标准的规定。三是有关考试说明与实施的要求，包括对能力目标层次的界定与说明、选用教材版本及参考书的说明、自学方法的指导、对社会助学的建议以及命题考试方面的若干要求。四是提供样题或样卷。

作为自学考试课程考试大纲核心部分的"课程内容与考核目标要求"，是自学考试标准的文件规定。在行文格式和语言文字描述上，一般是按照章节的顺序或单元的顺序逐一撰

写的,并指出每一章(单元)的学习目的与要求、内容范围、考核知识点和考核的要求。下面的阅读材料是全国高等教育自学考试教育学专业(独立本科段)的《教育统计与测量》课程考试大纲中关于第一章的课程内容与考核目标要求。

【阅读材料】

第一章 数据分布的初步整理

一、学习的目的和要求

通过本章学习,了解数据的种类及特点,了解次数分布表的编制过程,掌握对数据分布的一些初步整理方法,提高对常见的统计图表的阅读能力及编绘技能。

二、课程内容

第一节 数据的种类与特点

(一)数据的概念及种类

数据的概念。数据的分类:从数据的来源进行分类可把数据分成计数数据、测量评估数据和人工编码数据;从数据所反映的变量的性质来分,可分为称名变量数据、顺序变量数据、等距变量数据和比率变量数据。

(二)数据的特点

数据的离散性,数据的变异性,数据的规律性。

第二节 次数分布表

(一)次数分布的概念及次数分布表的编制

次数分布的概念。次数分布的两种统计方法:按测量值逐点统计次数和按分数段归类统计。简单次数分布表、相对次数分布表、累积次数分布表和累积相对次数分布表。

(二)次数分布图

次数直方图和次数多边图。相对次数直方图与多边图。累积次数曲线图、累积相对次数曲线图(累积百分数曲线图)。

(三)常用统计分析图

散点图、线形图、条形图与圆形图。

三、考核知识点

(一)数据

(二)次数分布表

(三)次数分布图

(四)常用的统计分析图

四、考核要求

(一)数据

1. 识记:数据的概念以及数据的两种分类方法。计数数据、测量评估数据、人工编码数据、称名变量、顺序变量、等距变量和比率变量的概念。数据的三个特点。

2. 领会：称名变量数据、顺序变量数据、等距变量数据以及比率变量数据的运算特点及区别。

（二）次数分布

1. 识记：次数分布的概念。

2. 领会：简单次数分布表的编制方法。简单次数、相对次数、累积次数及累积相对次数的意义及计算方法。

3. 简单应用：阅读统计表并能回答或分析有关数量问题。

（三）次数分布图

1. 识记：次数直方图的概念。次数多边图的概念。

2. 领会：次数多边图与次数曲线图之间的联系与区别。

3. 简单应用：能绘制简单次数分布直方图和多边图。能绘制相对次数分布直方图和多边图。

（四）常用的统计分析图

1. 识记：散点图、线形图、条形图和圆形图的概念。

2. 领会：四种常用统计分析图的应用特点。

第四节　标准参照测验的定量标准
——合格分数线

尽管在掌握测验、领域参照测验、目标参照测验等一些标准参照测验类型中，对其测验成绩的评价使用了诸如掌握分数（即人为地以80％—90％的正确反应所对应的分数）和正确百分数（即被试答对题目的百分比）等指标来作为测验通过与否的最低标准。但在许多重要的决策领域，有必要为测验成绩建立一个可行的合格分数线标准。下面介绍常用的几种方法。

一、基于题目分类下的经验判断方法

确定测验成绩合格分数线的本质是在连续的分数尺度上（比如从0分到100分之间）确定一个点，使得测验成绩在这个点以下的分数被认为是不合格的，在这个点（包括该点）以上的分数被认为是合格的，这个切断点就是该特定测验成绩的最低合格分数线标准。对于学校教育来讲，成绩标准问题存在于有经验的课任教师的心中，大多建立成绩标准的方法依赖于人的判断，一些处理灰色科学领域的思想方法和"格式塔"心理技能可以被用来处理测验成绩的标准问题。

基于题目分类下的经验判断方法，就是利用课任教师对成就测验标准的"格式塔"心理

现象和教师具备的考评经验来分析测验题目,并作出分类与判断的思想方法。具体一点讲,就是要求课任教师在编好测验之后,认真审察测验中的每一道题目,分别把测验中所有的题目按特定课程的教学要求分成三类,第一类称为"基本要求的";第二类称为"中等要求的";第三类称为"高要求的"。接着,要求课任教师假想一组"最低能力的且恰是可接受"的被试,对他们在作答以上三类题目时提出具体标准,即决定在第一类题目中他们每个人至少应答对多少(比如90%);在第二类题目中他们每个人至少应答对多少(比如60%);在第三类题目中他们每个人至少应答对多少(比如说30%)。最后,根据上述判断结果进行加权计算。

现设三类题目在测验中所占分数记为 W_1、W_2 和 W_3,再设课任教师经过协商认为,最低能力且又是可接受的任一位学生,其至少应答对第一类题目的 P_1%、第二类题目的 P_2%、第三类题目的 P_3%,那么,该特定测验的最低合格分数线 E 确定为:

$$E = W_1 \cdot P_1\% + W_2 \cdot P_2\% + W_3 \cdot P_3\% \tag{7-3}$$

例如,某次数学测验,课任教师认为属于第一类的有 22 个题目,占 40 分;属于第二类的有 8 个题目,占 32 分;属于第三类的只有两个题目,占 28 分。如果课任教师认为最低能力限度下可接受的学生,至少应答对第一类题目的 80%、第二类题目的 50%、第三类题目的 20%,则该次数学测验最低合格线为:

$$E = 40 \times 80\% + 32 \times 50\% + 28 \times 20\% = 53.6(分)$$

因此,课任教师以 54 分作为这一特定数学测验的合格分数线是较可行的。但在目前学校教育过程中,人们通常以 60 分为合格线。为了符合这种传统的评分习惯,使社会与考生易于接受,在命题与制卷过程中,事先就要确定与调整合格分数线,使其接近 60 分。这对于控制与稳定学科成就测验标准,增加学科测验成绩之间的可比性是有重要意义的。

二、基于题目"目标—难度"层次评估法

一位有经验的课任教师,只要审察一下测验卷中的每一个题目,便能判断考试的难易情况,甚至能够较准确地预计到其所教授的班级中具有不同能力结构的学生会有什么成绩。对教师的这种经验判断加以开发,并通过适当的方法、步骤加以引导,可以用来确定成就测验的合格线。

基于题目"目标—难度"层次评估来确定一个测验的合格线时,其主要思路是:根据对题目考查目标层次的认识以及对题目难易程度作出的经验判断,把整个测验卷中所有题目按照两个特征进行双向分类,然后,由课任教师给每一类题目指派一个临界概率,这个临界概率就是,设想一个尚可接受的最低能力的学生能够正确回答该类题目的可能性大小,或者说这一临界概率是对每一位合格的学生至少应答对该类题目的比例大小(同概率值大小相等)。这种方法与前面所介绍的方法有所不同,这里涉及二维评判,前文介绍的则是一维综合评判。两者的相似之处在于,课任教师都要设想所谓最低能力的且又是可接受的被试,答对特定题目或答对这类题目的可能性有多大。现把这种方法简述如下:

第一步:课任教师把一份测验卷中的所有题目按 K 个考查目标能力层次进行分类(比如按布卢姆关于认知目标的六个层次来分),设这 K 类所占分数分别为 M_1,M_2,$\cdots$,M_k(若在构制测验卷过程中有过测验蓝图设计,可直接利用命题双向细目表中的考查目标层次界定及其相应题目的权数)。

第二步:把上述每一类题目按照难、中、易分成三组,因此可得到更细的分类。计算各组题目的分数,就可得到测验题目双向分类下的数据块,以矩阵的形式记为:

$$\boldsymbol{M} = \begin{bmatrix} M_{11} & M_{12} & \cdots & M_{1k} \\ M_{21} & M_{22} & \cdots & M_{2k} \\ M_{31} & M_{32} & \cdots & M_{3k} \end{bmatrix}_{3 \times K} \tag{7-4}$$

第三步:设想一个可接受的最低能力的被试,答对上述"第 i 个难度层次第 j 个能力目标层次"所有题目的可能性大小为 P_{ij}(这里 $i=1,2,3$;$j=1,2,\cdots,K$),因而得到一个概率矩阵,记为:

$$\boldsymbol{P} = \begin{bmatrix} P_{11} & P_{12} & \cdots & P_{1k} \\ P_{21} & P_{22} & \cdots & P_{2k} \\ P_{31} & P_{32} & \cdots & P_{3k} \end{bmatrix}_{3 \times K} \tag{7-5}$$

第四步:计算该试验的最低合格分数,记为:

$$E = \sum_{i=1}^{3} \sum_{j=1}^{k} M_{ij} \cdot P_{ij} \tag{7-6}$$

例如,某次"教育统计学"课程结业考试,由课任教师命题双向细目表的设计,题目可分成五个目标层次和难、中、易三种难度水平,得到如下双向分类数据,记为:

$$\boldsymbol{M} = \begin{bmatrix} 3 & 8 & 12 & 8 & 0 \\ 6 & 6 & 4 & 18 & 8 \\ 3 & 6 & 8 & 6 & 4 \end{bmatrix}_{3 \times 5} \tag{7-7}$$

进一步地,综合若干位学科专家和命题人员的意见,认为一个尚可接受的最低能力的学生,答对上述各组题目的概率为:

$$\boldsymbol{P} = \begin{bmatrix} 0.95 & 0.9 & 0.9 & 0.80 & 0.80 \\ 0.72 & 0.6 & 0.7 & 0.65 & 0.50 \\ 0.45 & 0.3 & 0.3 & 0.20 & 0.05 \end{bmatrix}_{3 \times 5}$$

则该次"教育统计学"考试的合格线可定为:

$$E = 3 \times 0.95 + 8 \times 0.9 + 12 \times 0.9 + 8 \times 0.8 + \cdots + 6 \times 0.2 \times 4 \times 0.05$$
$$= 60.62(分)$$

三、基于已知"掌握—未掌握"效标组的统计分析法

前文我们曾经讲过,当标准参照测验被用来区分"合格与不合格""掌握与未掌握"或"通过与未通过"时,其分类决策的有效性取决于切断分数的有效性。如何判断一个切断分数(即合格线)有效呢? 一个自然的想法是在测验的合格线被确定之后,一个真正属于合格的学生能被判为合格(即该学生的成绩高于合格分数线),而一个真正属于不合格的学生能被判为不合格(即该学生的成绩在合格分数线之下),这样的分类决策有效性高。为了给某个测验确定一个有效的合格线,我们可选择两组学生样本,其中一组被课任教师公认为已经掌握了特定课程的内容,另一组则被公认为未掌握特定课程的内容。然后把有待确定合格线的测验,放到这两组学生中进行试测,分别统计两组学生的测验成绩分布,以此判定测验的合格线。

例如,为确定某一英语测验的合格线,我们可选择两组分别被公认为"已经掌握"和"未掌握"的学生,并尽可能使他们的人数相等(比如各选 100 人),然后让他们参加测试并将成绩分别进行归类统计,即编制次数分布表,如表 7 - 3 所示。最后通过考察两个次数分布,寻找一个切断点,它能反映:其一,在已掌握组中 90% 以上的学生其考试成绩大于这个切断点。其二,在未掌握组中有 90% 以上的学生其成绩低于这个切断点。倘若如此,我们即可以这个切断点所对应的分数作为判断该考试成绩合格与否的标准。从表 7 - 3 中不难看出,该英语测验的合格分数可定为 45 分。

表 7 - 3 "掌握—未掌握"组下的英语测验成绩分布

分　　数	未掌握组人数	掌握组人数
65 分以上	0	6
60—	1	14
55—	2	22
50—	2	32
45—	3	18
-----------------------------------		决断分数线
40—	30	3
35—	23	4
30—	16	1
25—	10	0
20—	6	0
15—	3	0
10—	4	0
总　　计	100	100

::: 课堂讨论题

　　学科内容领域规范或者说学科课程标准与学科素养的关联如何？教育测验的标准是教育的终极目标吗？
:::

💡 关键术语

　　教育标准　表现标准　标准参照测验　内容领域规范　合格分数线　正确百分数　掌握分数　内容等级分数

三 内容提要与小结

　　1. 标准参照测验是依据事先明确规定的知识与能力标准而编制的。由于标准参照测验常用于说明学生的成绩，确定学生对知识的掌握状态或对某类被试进行"合格"与"不合格"的分类，因此，确定测验的标准至关重要。测验的标准包括定性标准和定量标准。定性标准是指测验的内容领域规范(范围)，这是主要的。定量标准则概括地反映到切断分数点上。教育测量专家薛伯德对测验标准的有关评论与认识，深刻而精辟，对我们富有启发意义。

　　2. 常模参照测验与标准参照测验既有联系，也有一些重要的区别。这些主要的区别对于我们编制与使用两类不同特征的教育测验，具有指导性意义。

　　3. 在广义之下，标准参照测验涵盖了目标参照测验、内容或领域参照测验、掌握测验等类型。

　　4. 标准参照测验的分数可以用正确百分数、得分百分数或得分率、掌握分数以及内容标准等级分数来解释。如果能够针对不同的能力目标，对测验的结果作出描述性解释，则对学生会有更多的实质性的帮助。

　　5. 建立测验的内容领域规范可以有多种模式。我们应当根据测验的目的与内容特征，选择其中的某种模式作为基础。我国高等教育自学考试的课程标准与考试标准，集中体现在自学考试课程考试大纲上。我国高等教育自学考试课程考试大纲的内容结构已有文件规定，但编写模式与行文风格仍有改进和创新之必要。

　　6. 高中毕业会考是一种以标准参照测验为主要特征的水平考试。国家鼓励各省积极地探索省级普通高中毕业会考。浙江省有关部门和教育人员在探讨如何建立高中毕业会考的考试标准方面做了大量的理论探讨与实践，具有综合与创新的特点。

　　7. 想为标准参照测验确定一个无可争议的合格分数，这是一件十分困难的事情。国内外学者至今已提出数十种确定测验合格分数线的方法，但较可行与较可靠的方法并不多。本章介绍的几种方法，在经典测验理论框架下具有简便可行的特点，可以借鉴与使用。

练习与思考题

1. 可以从哪些方面把握标准参照测验的标准?

2. 标准参照测验与常模参照测验有哪些主要区别?

3. 内容参照测验、标准参照测验以及掌握测验通常各指的是什么?

4. "正确百分数"在应用上要注意哪些问题?

5. 使用"掌握分数"需要注意哪些方面?

6. 采用"内容等级分数"来反映学生的成就有什么优点?

7. 在描述测验的内容领域规范方面,汉布莱顿模式与美国 IOE 模式有何异同点?

8. 我国高等教育自学考试课程考试大纲的内容结构一般包括哪些部分?

9. 请制定一个建立高中毕业会考标准的计划纲要,把"内容等级分数"应用于会考过程。

第八章　学生课业发展的测量与评价

学习目的

学完本章后，你应当能够：

1. 对课业考评下个定义。

2. 正确认识课业考评的作用。

3. 认识与反思课业考评存在的问题。

4. 了解国内外课业考评改革趋势。

5. 认识学生课业发展的主要内容。

6. 知道评价学生课业发展进步的参照体系。

7. 掌握评价学生课业发展的各种测量方法与非测量方法。

8. 初步了解档案袋评价的原理和特点。

9. 初步了解动态评价的原理和特点。

10. 掌握"学习能力平面图"在教育评价中的应用。

11. 认识等级制原理在学生课业评价中的应用。

12. 了解国家教育部关于学校教书育人以及考试评价改革的有关文件精神。

编写者及课任教师建议的阅读文献

1. [美]R·L·桑代克、[美]E·P·哈根著，叶佩华等主译：《心理与教育的测量和评价》(下册)，人民教育出版社1985年版。

2. [美]N·E·格朗兰德著，郑军等译：《教学测量与评价》，第十三章和第十四章，河北教育出版社1991年版。

3. 黄光扬：《基础教育考试改革研究》，《教育研究》1999年第12期。

4. 黄光扬著：《新课程与学生学习评价》，福建教育出版社2005年版。

5. 吴钢著：《现代教育评价教程(第二版)》，北京大学出版社2015年版。

6. 教育部关于推进中小学教育质量综合评价改革的意见，教基二〔2013〕2号。

7. _____

8. _____

第一节　课业考评改革的基本认识与目标

所谓课业考评,是指对学生的课程学业所取得的发展进步进行考核评价。在课业考评过程中,考试是最基本也是最常用的一种测量与评价手段。在新形势下,如何落实立德树人的根本任务,如何更科学、全面地评价学生的课业发展,帮助学生认识自我、建立自信、促进全面发展以及协同发展学生的核心素养,这是深化教育改革、全面推进素质教育过程中重大的理论与实践课题,也是全面深化基础教育课程改革的迫切要求。国务院在《关于基础教育改革与发展的决定》中多次强调指出,要"改革考试评价和招生选拔制度。探索科学的评价办法,发现和发展学生的潜能,帮助学生树立自信心,促进学生积极主动地发展"。因此,研究与探讨学生课业发展的测量与评价方法具有重要的意义。本节拟对学生课业考评的若干理论与实践问题作一探讨。

一、课业考评的主要作用

课业考评对促进学生发展起着重要作用,尤其是以现代教育理念和教育评价理论为指导而建立起来的课业考评制度与方法,更是如此。

首先,合理的课业考评制度为学生发展提供较明确的目标和努力的方向。确立教育目标,这不仅是现代教育评价活动的起点,而且是现代课程教学活动的重要特点,它在教学过程中起着重要作用。尽管在课本或传统的教学参考书中已有具体的学习内容和教学要求,但是基于这些内容的学习,对学生该有什么样的发展变化,却往往描述得不够明确清晰。因此,合理的课业考评制度首先要恰当地把握学校与课程的教学目标,对预期的教学结果作出明确的描述,从多个维度把握教学目标,使教学目标符合学校教育目的和培养目标,从而有助于学生明确努力方向和调节学习过程。

其次,合理的课业考评制度将有助于评价学生的发展、进步,从而对教与学双方活动起着重要的控制、调节和促进等作用。从教育测量和教育评价的角度看,在对学生课业进行考评的过程中,人们利用考试和其他种种测评方法旨在更全面、更客观地收集有关学生学习经历与行为变化的信息,力求从多个方面去评价学生的发展、进步情况,以期改进学习和教学工作。例如,对于认知领域、情感领域以及动作技能领域中那些可以明确表述且要求所有学生必须掌握的学习结果,人们可以通过标准参照测验或掌握测验对学习者的到达度或掌握程度作出检测分析。掌握学习策略的一个主要论题,就是通过诊断性测验和经常性的形成性测验,构成课堂教学活动的信息反馈系统,以便在班级授课制下产生的学习差异以及学生学习困难的根源被揭示出来后,可适时加以补救与矫正,以收到缩小学习差异、大面积提高教学质量和学生学习积极性的效果。至于教学目标中那些属于更复杂、更高层次和难以穷尽描述的学习结果,无论是认知领域还是非认知领域,都是学生发展的重要组成部分。采用各种测量和非测量的方法,可以对学生在高级心智技能、动作技能、实验技能、态度、兴趣、适应、欣赏、思想与思维品质等方面的发展作出较全面的评价,对学生的全面发展起着指导、教育和促进作用。

再次,课业考评为学生心理发展和学习进步创造必要的背景和空间,诱发学生的学习动机和自主发展的动力。一方面,合宜的教学注重学习的共性和个性的统一,在不断推进教育目标的过程中,通过动态评价、个体化评价以及教学与评价之间的有效整合,瞄准学生的"最近发展区",形成学生已有基础和预期目标之间的矛盾,促进学生的心理需求和可能发展之间矛盾的运动与转化,引导学生积极向上和自我成长。另一方面,为贯彻因材施教的教学原则,倘若不用科学的测量与评价方法,则难以了解学生的个性心理。这样的教学"犹如在黑暗中射箭",显然不能有效地促进学生的心理发展,也不能有效地激发学生的学习动力。

最后,课业考评在中小学生个体社会化进程中起着控制、调节、促进和加速作用。现代社会,学校在儿童的社会化过程中扮演了最主要的角色。学校教育使个体的社会化过程由无组织的自发状态,成为有组织、有目的的过程。在这一过程中,学校按照社会需求确定相应的教育目标,而课业考评则通过考试和其他种种测评过程来强化这些目标,并以定量测量和定性描述的方式全面地显示学生的学习结果,对个性发展加以肯定,从而提高学校教育的效能,在实现社会需要与个性发展需要相统一的基础上加速学生个体的社会化进程。

课业考评在学生发展中起着重要作用,而这种作用能否充分达到,则取决于我们是否建立了一套适应于不同教育阶段的课业考评制度与方法。面对国内外新形势,国家教育部在《关于全面深化课程改革 落实立德树人根本任务的意见》中明确指出:"教育部将组织研究提出各学段学生发展核心素养体系,明确学生应具备的适应终身发展和社会发展需要的必备品格和关键能力,突出强调个人修养、社会关爱、家国情怀,更加注重自主发展、合作参与、创新实践。研究制订中小学各学科学业质量标准和高等学校相关学科专业类教学质量国家标准,根据核心素养体系,明确学生完成不同学段、不同年级、不同学科学习内容后应该达到的程度要求,指导教师准确把握教学的深度和广度,使考试评价更加准确反映人才培养要求。"同时还指出:"统筹课标、教材、教学、评价、考试等环节。全面发挥课程标准的统领作用,协同推进教材编写、教学实施、评价方式、考试命题等各环节的改革,使其有效配合,相互促进。"

二、我国学校传统课业考评的文化特点及目前存在的问题

1. 我国学校传统课业考评的文化特点

中华民族具有悠久的文明历史和灿烂的思想文化。其中,举世公认,中国是考试的发源地。自古以来,中华民族就有崇尚读书、信任考试的优良传统习惯,历来中国人就把读书、教育、考试和人才选拔紧密地联系在一起。尤其是延续了 1300 年左右的科举考试制度,以及由此所演绎出的传统文化基因,根深蒂固地影响了中华民族的文化教育和思想观念。当今学校教育过程中的考试评价制度和方法也深深地刻上了传统文化的烙印,表现出一些鲜明的中国特色:

其一,自古以来,学校教育非常强调学生读书,多读书、读好书、读经典作品;希望学生强记博闻,达到"学富五车";并且通过严格的书面考试制度加以强化。这种文化特点极大地影

响了学校的课程设置、教学思想和教学方法。

其二,学校教育高度重视"三基",即基础知识、基本理论和基本技能的教学,教师教学已经形成过分依赖教科书的局面;考试设计忠实于课本,在一定程度上表现出"以考促学"和教科书主义的倾向。

其三,学校教育历来弘扬"学而不厌""诲人不倦"的精神;教学与人才评价制度一贯促成"学完则考""考好则优""优者则仕"的局面。无论是名学校还是名教师,抑或是名牌大学的学生,他们成名的媒介基本上都是强烈地依赖于传统的考试制度。在我国,考试的作用已经远远超出教育的范畴。

其四,我国学校教育一贯重视并集中学习那些具体的便于考试测量的教学内容,故中国的学生在国际性学科竞赛中常常有绝佳和惊人的表现,也令世界上其他许多国家包括英美等一些教育发达国家羡慕和称赞。这一教育特点和优势,应当说跟重视"三基"教学和考试制度是分不开的。然而,我们应当看到,我国传统学校教育和考试评价制度不够重视发展学生的创新能力、实践能力和应用能力。尽管多数教育工作者和学生家长也意识到了这一点,但是,他们中的许多人在思想深处已经形成对传统教育模式、教科书以及书面考试制度的"眷恋"情结,似乎感到只有这样才是踏实的、可信的和公平的。

其五,由于选拔人才的竞争,从古代的科举考试到今天的普通高考都显得十分激烈,因此,考试制度的公平性、客观性以及社会的稳定性,往往成为社会关注的焦点。人们只要回顾古代科举考试制度几废几兴的历史,再看看当今高校招生考试制度的权威性和高等教育自学考试制度的信誉,就会理解严格的考试制度应当存在的理由。考试制度不仅是教育制度的重要组成部分,而且已经成为维护安定团结、政治文明和社会信誉的重要措施。

其六,中国的父母格外在乎子女在学校的学业表现,同时大多数中国的父母采取传统的管教模式,对学校考试和社会考试表现出极大的兴趣。虽然也有不少的家长责备现在的学校教育给中小学生带来过重的学习负担,然而,学校或教育主管部门一旦出台有关减少考试和家庭作业量的改革措施后,这些家长却常常表现出不安。从某种意义上讲,中国的父母已经习惯并且形成对考试的依赖,中国人的血液中流淌着由千百年考试历史所孕育和传承的文化基因。

总之,我国学校教育的考试评价制度有着深刻的社会历史根源和典型的中国考试文化特色。在基础教育课程改革过程中,我们既要发扬优良的教育文化传统,也要认识自己的短处。只有这样才能保持优势,突显民族特色。然而,在考试评价改革进程中,我们还面临一些困难和问题,有待我们进一步认识和解决。

2. 课业考评存在的主要问题

近几年来,我国中小学校考试评价制度与方法有许多重要的改进,如有些学校以活动化和游戏化的方式让学生体验"快乐考试";有些学校创设"超市"考场,由学生扮演顾客和售货员,用规定的钱买东西;有些教师将让学生用漫画写作文或者"打个电话给老师说一件事"作为一次考试。还有一些学校坚持用教育科学和心理科学来指导考试评价改革,或者借鉴教育与心理测量的方法,大胆进行考试评价的改革与创新。这些改革在一定程度上给学校和学生带来教育的新气象。然而,考试评价改革的发展是很不平衡的。从全国学校教育总体来看,学生的考试评价改革仍存在一些问题与困难。考试评价的指导思想与学校教育理念、目标不相适应,把考试的教育功能简单化,考试的评定功能绝对化。考试评价只重视考试结果量化的分数表达,不重视分析、研究每个学生的试卷,不重视学习过程和发展进步在质性方面的描述评价;只重视对认知领域可测性内容的考试测量,不重视学校教育目标的广泛性和学习内容的丰富性;只重视用抽象概括化的考分来评价学生的学习结果,不重视采用多种方法对学生发展进步作实质性的描述评价;只重视学习的共性目标,不重视对学生学习特点、发展进步以及潜能结构作个别化的评价。在这种单调和抽象的课业考评方法下,必然丢失学习过程及考试过程业已显示出来的大量有用信息,并且把相同考分的学生看成具有相同的发展,从而忽视了学生在心理发展和智能结构方面差异的多面性和客观性。另外,考试与命题常带有随意性,缺乏基本的命题技巧和起码的教育测量与评价学方面的质量要求。

课堂讨论题

普通高等学校学生课业考评存在哪些主要问题?

三、国外课业考评改革的主要经验

学生课业考评改革固然要尊重本国本民族的文化与教育传统,但对课业考评改革的一些国际经验与趋势也需加以重视。

趋势与经验之一:减少考试次数,强化课程作业,把经常性的形成性评价同若干关键年龄段所举行的校外统一考试相结合,以便在较宽松、自主的教育环境下全面落实教育目标。

例如,澳大利亚许多地方教育当局为减轻中小学生学习负担,抑制许多学校"为考试而考试"的严重倾向,从20世纪80年代以来,大量减少由地方政府举行的统一考试,降低小学校内考试的难度和重要性,废除小学升初中的统一考试,中学入学资格主要取决于小学校内考试的成绩、课程作业成绩、日常学习行为记录以及教师的评价。在整个义务教育阶段,澳大利亚各地政府一直给学校以充分的课业考评自主权,仅在高中阶段设有校外统考,以便保证中学毕业生的质量。德国向来注重为中小学生创造欢乐愉快的学习环境,小学与初中阶段很少举行联考或统考。教师通过课程作业、单元小测验、课堂提问与练习等方面的记录,对学生的各科成绩作出等级(通常为六个等级)评定,同时也有评语加以描述。但德国在初中阶段结束时有严格的考试,对学生高中阶段的教育进行分流。其他许多国家,如瑞典、俄罗斯、意大利、印度、法国、日本、美国、泰国、马来西亚等国的中小学,普遍重视对学生的日常观察记录,淡化考试分数之间的微小差异,在课业考评中大多使用等级制和评语制,给学校创造较宽松和快乐的学习环境。为了监控学校教学质量的变化以及为了给关键学习阶段结束后的教育分流提供必要的决策依据,许多国家因地制宜地在若干个关键年龄段里举行较严格的校外统考,使基础教育阶段的教学活动和课业考评工作达到宽松而不放任,自主而有目标的目的。

趋势与经验之二:无论是考试制度向来比较严格的国家,还是考试制度一贯比较宽松的国家,在中小学教育阶段,对于考试这根"弦"的拨弄,基本上呈现出小学阶段较宽松、初中阶段次之、高中阶段相对绷紧的趋势。

例如,瑞典从 20 世纪 80 年代起开始推行九年制义务教育,为此建立起大量的九年一贯制综合学校。在这类学校中,通常很少使用正规考试方法来评估学生,只有期末偶尔举行的小测验和日常连续性的观察记录。在九年的学习中,一般是学生进入七年级以后(相当于初中阶段)才偶有使用正规的考试方法来评估学生进步的情况。但在瑞典的高中阶段,正规考试的方法受到一定的重视。近些年来,有关教育当局规定,在高中阶段特别是高中毕业的最后一个学期,必须采用一些较严格的考试,以便给高中生发放可作为进入高等院校学习的主要依据的高中毕业证书。澳大利亚各地的中小学以往基本上不采用考试的方法来评估学生。但从 20 世纪 80 年代中期以来,对初中和高中阶段的教育,地方政府稍又绷紧了考试这根"弦",要求各中学全面提高教育质量,适当运用考评手段来检查学生的学习情况。澳大利亚许多高校人士和企业界人士认为,在一个充满发展机会的普通教育制度中,给中小学教育创造一个足够自主和宽松的环境是必要的,但对中学阶段尤其是高中阶段的教育而言,保留一定的严格的考试制度对保证毕业生的质量是有好处的。在俄罗斯,学校向来注重全面考核学生。但小学阶段的学习环境显得格外宽松自主,一般很少使用正规的考试。只有学生上了中学,尤其是临近中学毕业时,才需参加由地方教育部门举行的较严格的统一考试。其他一些国家,如法国在中学阶段有比较严格的考试制度,但在小学阶段一般不考试也不留级,甚至(从 1994 年以来)还取消了小学生的家庭作业(但应复习功课)。印度近几年来也为减轻学生学习负担做了许多改革工作,进一步强调义务教育阶段要弱化考试,提出用学校内部小结性评价来替代一些正规考试,小学升初中可以免试,但在初中毕业前夕则要参加由地方教育部门组织的统一考试。

趋势与经验之三:课业考评方法多元化,教学与评价整合化,尤其是表现性测验和实验技能教学考试受到高度重视并被广泛采用。

不可否认,客观性测验对许多方面的知识、能力的测量是一种高效且可信的方法。精心编制的客观性测验也可用于评定包括分析、推理和综合在内的一些较高层次的心智技能,尤其适合于关键性的选拔考试。但对于日常教学和学校课业考评来讲,一方面,教师往往缺乏命题方面的专门训练,另一方面,客观测验往往难于测评高级心理过程以及许多重要的心智技能。因此,近十几年来,英国、美国、日本、澳大利亚等许多国家和地区在学校课业考评及教学过程中,针对标准化测验、客观题测验、书面测验、挑选答案式测验等考评方法的局限性,提倡在更直接、更真实的情境下对学生进行评估,倡导使用没有固定答案的题型,以及由学生自己提供答案、提供作品,或通过实际表现的方式对学生的课业发展作出多样性的考核评价。

在课业考评改革的这一浪潮中,人们提出了一些重要的概念和方法,如真实性评估(authentic assessment)、另类评估(alternative assessment)、表现性评估(performance assessment,也译成实作评估)、档案评估(portfolio assessment)、动态评估(dynamic assessment)以及实践教学考试(practical examinations)等,形成了多元化的课业考评运作模式。其中,针对学生实际表现以便真实地评估学生高级心智技能的表现性测验(performance test)和着重联系课程中实验教学的实验技能教学考试(experiment examinations)受到特别的重视。通过课业考评方法改革与强调的侧重点,旨在培养和发展学生各种重要的高级心智技能。这些重要而复杂的技能包括研究技能、交际技能、口头技能、文字表达技能、操作技能、论辩技能、观察技能、创造技能、探究技能和思维技能等。为此,人们通常采用口试与答辩、短文与论文、过程叙述反应题、综合分析解释题、作品与方案设计、档案历程分析、实验操作等加以直接评估。特别是为了发展学生更高层次的认知技能、动作技能和研究技能,各国基础教育都十分重视实验技能考试,采用笔试、操作、口试与撰写报告相结合的方法,对学生的基本实验能力和动作技能进行评估,促进学生在高级认知技能和研究技能与态度方面的发展。尽管多年来人们对使用表现性测验以及实验技能教学考试测量的公平性、经济性、可靠性等问题有过一些批评和担忧,但对于以促进学生发展和改进教学为主要目的的日常课业考评来讲,由于这类测验或考试能够发展学生的高级心智技能,因而多数人对这类课业考评方式的欣赏远超过对这类方法在公平性、可靠性等方面的忧虑。

趋势与经验之四:学习成绩和学生素质发展的评价大量使用观察表现的等级评定量表、学生参与评价、记录成就与成长的多功能的学习成绩报告单得到普遍重视。

基础教育以促进学生发展为目的,而学生的发展包括文化知识、技能、思维、身体、心理、思想道德、观念态度、社会适应和公民素质等多方面。因此,课业考评的发展趋势是不仅采用适当的掌握知识测验、形成性测验和终结性测验来检查、评估学生在认知领域方面的进步,而且顾及教育目标的广泛性、整体性和丰富性,全面评估学生在情感领域和动作技能等方面的发展进步。为此,许多教育评价方法(包括测量方法和非测量方法),如观察评定、轶事记录、个性测验、评定量表、兴趣与态度测验、检核表测验,以及各种合宜的教学与考评表等,在日常教学和活动过程中得到广泛的应用,以便更全面地收集有关学生学习成果与行为变化历程方面的资料。在这一过程中,人们普遍采用多种等级量表(一般分成三到五个等级)来评价学生的学习结果及其他方面的发展进步。此外,人们还普遍重视用概括性的、实质性的词语去描述学生的发展情况,对学生的达成情况作出负责性的评价,并把这些评价体现在学生成绩报告单上。这样的成绩报告单不再是抽象的考试分数,而是提供许多有助于了解个人进步、态度和行为表现的信息,提供有助于改进与指导学生学习或家庭合作方面的建议,并成为沟通学校和家庭的重要措施。

趋势与经验之五:考试评价结合学生年龄特征和学习内容等特点,采用游戏化的、活动化的和动态化的评价方法。

传统的书面测验以文字作答为主,测验情境庄严肃穆,容易引起测验焦虑,而且测验内容也多脱离社会实际,学生要死记硬背很多知识和概念才能应试。特别是对语文程度或语言表达能力较低的儿童来讲,往往难以从纸笔测验中获得客观全面的评价。因此,采用多样化评价方法,尤其是采用活动化、游戏化、情境化的评价方法,比较适合儿童的年龄特征和学习特点。所谓游戏化评价,是指通过有计划、有目的、有组织的游戏化活动,探测儿童心理发展潜能,考核达成预期教育目标程度的一种评价方法。游戏化评价方法具有如下一些优点:其一是,有利于激发儿童的兴趣、情绪和潜能。其二是,可以实现课程与评价的有机整合,使"教、学、评"三者互相促进。其三是,提供合作学习和间接学习的活动情境。其四是,情境真实,兼顾认知与技能、情感与态度、过程与结果的教学目标。如学生购物、观察风向、预报天气等活动,皆是真实或仿真的情境。所谓动态化评价是与传统静态化评价相对应的一种方法。动态化评价是通过评价者与被评价者之间产生大量的互动,跨越多个时间点,观察、评估学生的进步与改变情形,了解学生动态认知历程与认知能力变化的特点和潜能。动态化评价方法通过评价与教学的整合,不仅可用于学生的课程学习评价,而且还可用于发现与发展儿童的潜能。在应用动态化评价时,教育人员既可以设计一些结构性强、程序规范的评价方案,也可以根据教学与评价的需要,灵活运用或自己创造一些简易的互动评价技术,常见的包括临床晤谈、错误类型分析等方法。

总之,国外的考试评价改革表现出上述几个方面的经验和趋势,若用简练的语言来概括,可归结为:统整性,多元化;发展性,人性化;真实性,动态化;表现性,活动化。我国基础教育考试评价改革要有国际视野,但要基于我国的国情,特别是要充分认识和尊重我国学校教育和考试评价的传统文化特点。

四、课业考评改革的主要目标

课业考评改革要取得实质性的突破,固然需要在观念及劳动人事制度上的配套改革与之呼应,但从学校教育实践的相对自律特点来看,我们能够在校内课业考评改革方面有所作为。我们认为,学校课业考评改革的总体目标是构建符合素质教育要求的课业考评制度与方法。对于基础教育而言,课业考评改革还要和国家新一轮基础教育课程改革的目标相适应。具体地讲,今后我们着重实现如下几个方面的转变:

1. 要实现考试观向发展性评价观的转变

从学校教学的观点出发,我们可以把评价定义为确定学生取得学习进步、达到教学目标程度的系统过程。在这一系统过程中,我们需要采用测量和非测量的种种方法去收集、分析和解释信息资料,并对其结果作出价值判断。所谓发展性评价观,在本质上是秉持一种"以人为本、以学生为中心、以促进学生全面发展为根本宗旨"的现代教育评价理念及方法体系。考试仅是测量与评价的一种手段,它所能获取的信息通常只是学校教育目标和人的素质能力中相对有限的一部分。考试只是评价过程所用的一种方法而已,只有在学校教育中把考试观转变为发展性评价观,才能明确学校的教育目标和全面检查学校教育目标的达成情况。许多先进发达的国家早在20世纪70年代就开始重视学校教育评价,实现从考试观到现代教育评价观的转变。事实一再证明,评价工作是进行成功教学的必要手段,是学校进行各项重要教育决策的主要依据,也是维持甚至支持课程改革与教学改革的重要支点。教育部在《关于全面深化课程改革落实立德树人根本任务的意见》中,再次明确指出,要"加强发展性评价,发挥评价促进学生成长、教师发展和改进教学实践的功能"。

2. 要努力实现从重视"掌握性结果"的评价转变到既重视"掌握性结果"又重视"发展性结果"的评价

当把课程的教学目标看成是预期的学习结果时,我们可以把学习结果分成掌握性结果和发展性结果。换句话说,学习结果可分为学生所必须掌握的内容和促进学生个体最大发展的内容。[①] 掌握性结果往往与课程中那些明确表述的知识、能力与技能有关,它们容易表述,容易考评,且通常可借助于纸笔测验加以评定和检查。而发展性结果则与那些很难全部达到的、较难用一般的纸笔测验来检测的且富有个性化的行为目标有关。例如,学生思维品质、创造力、交际能力、态度、审美以及理解等方面的能力或素质,则通常属于发展性结果的范畴。掌握性结果的教学要点是让每一位学生都达到学习某门课程的最低限度的要求,而发展性结果的教学重点则是帮助学生获得最大限度的发展,这两个教学重点对课堂教学是同样重要的。回顾我国学校教育教学以及课业考评的经过,过去我们往往把更多的注意力放在掌握性结果的教学与评价上,对于那些属于高级心智技能以及那些难以在课本中加以清晰表述的学习结果,则不够重视,至少在课业考评措施上显得软弱无力。为促进素质教育和学生发展,我们必须全面重视掌握性结果和发展性结果的教学与评价。

3. 内容要从认知领域转变到涵盖学习结果的更广泛的教育目标领域上来

教育目标是广泛的、丰富的,但却具有整体性。通常人们喜欢借用美国布卢姆教授把教育目标分为认知领域、情感领域和动作技能领域的学说,在"掌握学习"策略下开展课堂教学与评价。我们承认这是国内近十多年来在基础教育教学与课业考评上的进步,但存在的问题是,人们往往把教学安排和考试评价过多地倾注在认知领域中那些容易用纸笔测验的简单的知识技能方面,过多地考虑测验的信度,而把考试设计导向于零碎的知识、标准的答案、宽广的覆盖面和夸大其实的区分度等方面。认知领域中高层次的思维技能、应用原理、创造技能、解释关系、预测展望、提出假设与论证、认识资料局限性、实验设计、语言表达、组织规划、统整评价等方面的能力则难以得到重视。特别是在命题技巧不够娴熟的情况下,以及把考试当成唯一的评价手段时,对这些重要的心智技能的评价更显得力不从心。至于教育目标中的情感、态度、动作、适应、个性等方面的素质养成之评价,则几乎是挂一漏万,因而窄化了学校的教育内容与目标。为此,课业考评要采用多种方法、多种形式,全面落实教育目标,注重对学生在德、智、体、美、劳等多个方面进行评价。

4. 要努力实现从表征性分数机制到实质性内容机制的转变

表征性分数机制向来以考试分数作为追求的目标和决策的依据,把学生在一个学期或一门课程中丰富多彩的、生动活泼的学习行为,抽象概括成一个考试分数;把学生丰富多彩的个性发展和学习历程用一个笼统的考试分数加以表达。在这样的考评机制下,显然学生追求的是被人为夸大后的考分差异,从而扼杀了个性发展和追求。而实质性内容机制则从定量考评和定性考评相结合出发,强化课业考评的教育与发展功能,从教学内容和教学目标两个维度,采用多种教育评价技术,对学生的课业进展情况作出负责任的实质性的评价。为

---

① ［美］N·E·格朗兰德著,郑军等译:《教学测量与评价》,河北教育出版社1991年版,第28页。

此,我们需要强化课业考评的教育功能,结合课堂教学和试卷分析,采用静态评价与动态评价相结合的多种方法,从多个层面上对学生的课业进展作出实质性的描述性评鉴,这就是所谓实质性课业考评内容机制,它具有以下鲜明的特点:

① 实质性课业考评强调教育目标的整体性与广泛性。从布氏教育目标分类来讲,涉及认知领域、动作技能领域和情感领域的评价;从素质教育的内涵分析来讲,涉及对学生的科学文化素质、心理素质、身体素质、道德思想素质等方面的评价;从教育内容分类来讲,注重对学生在德、智、体、美、劳等多个方面的评价。

② 实质性课业考评重视对课程学习目标的确定与落实,采用一定的程式或评价表把分项评估和综合评估结合起来,在给学生评级或评分的同时,更提倡使用言简意赅的词语对学生的学习情况进行描述性评价,必要时还需及时向学生提出改进学习的指导与建议。

③ 实质性课业考评强化教育性功能,淡化区分与选拔功能,减小了课业考评给学生带来的心理压力。课业考评旨在为教和学提供帮助,最终要促进学生的全面发展。除了特殊场合或特别需要之外,实质性课业考评一般不主张采用分数评价指标对学生进行排队,不用经常性的校内考试和各类校外统考来给学生施加压力。由于评价指标涉及教育目标及课程内容的多个层次,故需要采用等级分制或评语制。

④ 实质性课业考评机制重视用多元方法对学生的课业发展进行评估,重视过程评价和结果评价相结合,尤其重视对学生高级心智能力以及复杂而重要的技能技巧的评价。首先,从学生发展评估来讲,无论是描述评价还是评分等级,通常需要借助一个参照标准,而这个参照标准既可以是个人潜力,也可以是教学目标,还可以是教育常模。其次,从测验类型及方式来看,既可以基于以纸笔为特征的终结性考试,也可以基于日常的课程作业;既可以适当发挥客观测验的测量优点,也可以采用有助于让学生充分表现自己才能的其他测验与考试方法(如表现性测验和实验技能教学考试等)。最后,从测量所涉及的能力来讲,课业考评既要针对教学要求,考查学生对基本知识、基本理论以及基本技能的掌握情况,又要以实质性课业考评为导向,高度重视对学生在智能品质、思维品质、创造技能、实验操作技能等方面的评价。特别是对实验操作技能的实质性评价,我们要改变以往多局限于用纸笔来测试的习惯,需要从多方面实质性地去评价学生的实验研究技能。

⑤ 实质性课业考评机制强调学生个性发展与教育共性要求的统一。正视学生个性发展,这是学校课业考评和学校教育促进学生发展的一个重要原则。素质教育是一种个性发展和全面发展相统一的教育行为,尊重和鼓励学生生动活泼、主动地发展。而在表征性考评机制以及"应试教育"倾向下,把学生发展简单化为考试分数的变化,把相同的考分看成是相同的发展,这是过分强调共同性和忽视学生个体的表现。坚持个性与共性统一的实质性课业考评机制,一方面要接受群体授课制以及中小学教育教学既有目标所表现出来的教育共性,另一方面要尊重学生内心世界的多种组合性以及学生个性独特发展的可能性,珍惜学生在学习过程中表现出某些方面的能力倾向性。为此,课业考评应鼓励学生把本学科内容的学习同其他学科以及同社会、政治、经济等实际问题联系起来,应鼓励学生独立思维、独立见解,在达到教学要求的基本标准之后,根据自己的特点发展自己的科学兴趣和其他特长。

要达到这些目的,课业考评就需要对学生的发展及表现从多方面作出较为连续的记录与评价。

我国当前学校尤其是基础教育课业考评改革的关键点在于,努力实现从表征性分数机制到实质性内容机制的转变。不过,在基础教育阶段建立实质性课业考评机制并不以取消考试、取消客观测验以及实行等级分制为本质特征。我们需要从本国教育传统和国际教育发展经验出发,规划基础教育改革蓝图。面对新一轮基础教育课程改革的目标,我们不能矫枉过正,走进误区。从总体看,中华民族向来崇尚读书和考试,过去在"应试教育"的倾向下,考试和教学关系异化,学生不堪重负,考试的负面效应给基础教育带来许多干扰。但我们的教育传统和制度也不能宽松到"考不考,一样好;学不学,都升学"的地步,以致轻易、盲目地让学生度过义务教育阶段而不论他们学习努力与否。倘若我们没有用相互联系的观点实施基础教育改革的话,缺乏对义务教育阶段的学生进行必要的、连续的教学质量监控和评估,必将带来其他更为可怕的后果。总之,学生课业考评改革旨在创造更有利于学生发展的环境,而不是随意取消考试和降低学习标准。在实现从表征性分数机制到实质性内容机制转变时,对不同年龄阶段的学生要区别对待。但无论如何,突出课业考评的教育性、发展性、基础性、描述性、实质性和多样性,是我们努力的主要方向。

【阅读材料】

基础教育课程改革的六个"改变"

(1) 改变课程过于注重知识传授的倾向,强调形成积极主动的学习态度,使获得基础知识与基本技能的过程同时成为学会学习和形成正确价值观的过程。

(2) 改变课程结构过于强调学科本位、科目过多和缺乏整合的现状,整体设置九年一贯的课程门类和课时比例,并设置综合课程,以适应不同地区和学生发展的需求,体现课程结构的均衡性、综合性和选择性。

(3) 改变课程内容"难、繁、偏、旧"和过于注重书本知识的现状,加强课程内容与学生生活以及现代社会和科技发展的联系,关注学生的学习兴趣和经验,精选终身学习所必备的基础知识和技能。

(4) 改变课程实施过于强调接受学习、死记硬背、机械训练的现状,倡导学生主动参与、乐于探究、勤于动手,培养学生搜集和处理信息的能力、获取新知识的能力、分析和解释问题的能力以及交流与合作的能力。

(5) 改变课程评价过分强调甄别与选拔功能的现状,发挥评价促进学生发展、教师提高和改进教学实践的功能。

(6) 改变课程管理过于集中的状况,实行国家、地方、学校三级课程管理,增强课程对地方、学校及学生的适应性。

资料来源:教育部《基础教育课程改革纲要(试行)》。

第二节　学生课业发展的主要内容及参照点体系

一、评价学生课业发展的内容框架

学生课业发展的内容是丰富多彩的,而评价学生课业发展所需的参照点类型也是多种多样的。

中共中央、国务院在《关于深化教育改革　全面推进素质教育的决定》中明确指出:"实施素质教育,必须把德育、智育、体育、美育等有机地统一在教育活动的各个环节中。学校教育不仅要抓好智育,更要重视德育,还要加强体育、美育、劳动技术教育和社会实践,使诸方面教育相互渗透,协调发展,促进学生的全面发展和健康成长。"特别是针对学校的智育工作,该文件非常明确和具体地指出:"智育工作要转变教育观念,改革人才培养模式,积极实行启发式和讨论式教学,激发学生独立思考和创新的意识,切实提高教学质量。要让学生感受、理解知识产生和发展的过程,培养学生的科学精神和创新思维习惯,重视培养学生收集处理信息的能力、获取知识的能力、分析和解决问题的能力、语言文字表达的能力以及团结协作和社会活动的能力。"对于学校课堂教学,国务院在 2001 年 6 月颁发的《关于基础教育改革与发展的决定》中进一步指出,要"积极开展教育教学改革和教育科学研究。继续重视基础知识、基本技能的教学并关注情感、态度的培养;充分利用各种课程资源,培养学生收集、处理和利用信息的能力;开展研究性学习,培养学生提出问题、研究问题、解决问题的能力;鼓励合作学习,促进学生之间相互交流、共同发展,促进师生教学相长"。2011 年 12 月,教育部在《关于印发义务教育语文等学科课程标准(2011 年版)的通知》中又再次强调,要"积极推进评价考试制度改革。各地要引导学校进行教学评价改革,强化评价在教学诊断和促进学生发展中的积极作用。要以课程标准为依据确定科学的评价标准,尤其要重视基础知识与基本技能、过程与方法、情感态度和价值观等课程目标的全面落实。改进评价方式和方法,注重过程性评价。严格按照课程标准命题,加强试题与社会实际和学生经验的有机联系,在注重对基础知识和基本技能考查的同时,特别重视对具体情景中综合运用知识分析和解决问题能力以及实践能力的考查"。

新时期以来,中共中央国务院高度重视学校教育改革和考试评价改革,出台一系列重要文件,引领学校深化教育改革和考试评价改革。2019 年 6 月 23 日,中共中央国务院颁布了《关于深化教育教学改革全面提高义务教育质量的意见》,强调坚持"五育"并举,全面发展素质教育,并且对义务教育阶段的教学考试评价做了明确规定。更让人倍感振奋的是,中共中央总书记、国家主席、中央军委主席、中央全面深化改革委员会主任习近平于 2020 年 6 月 30 日下午主持召开中央全面深化改革委员会第十四次会议,并发表重要讲话。该会议审议通过了一系列重要文件,其中包括《深化新时代教育评价改革总体方案》,明确指出:"教育评价事关教育发展方向,要全面贯彻党的教育方针,坚持社会主义办学方向,落实立德树人根本任务,遵循教育规律,针对不同主体和不同学段、不同类型教育特点,改进结果评价,强化过程评价,探索增值评价,健全综合评价,着力破除唯分数、唯升学、唯文凭、唯论文、唯帽子的顽瘴痼疾,建立科学的、符合时代要求的教育评价制度和机制。"可以感觉到,从党和国家层面,如此高度重视学校教育评价改革,这还是史无前例的。

　　根据有关文件的精神,借鉴有关教育目标分类的理论,结合我国学校教育的实际特点,我们可以从整体上把握学生课业发展的内容,形成一个分析框架。这个框架可从学校"五育"内容来分析,也可从认知、情意、技能动作三个维度去建构,还可从个体一般性发展目标、学科学习发展目标和个体独特性发展目标这三个层面进行界定。我们以最后一种角度为出发点,结合有关教育目标分类和国内外关于核心素养的理论,对学生课业发展的维度和内涵,建构学生课业发展的内容框架:

　　① 学生的个体一般性发展。这主要是指学生的"个人—社会性"方面的素养发展,它是学生在学校教育背景下社会化的发展成果,也是教育具有社会性的体现,尤其是在当前教育改革背景下,它又是培育和践行社会主义核心价值观的反映。随着知识社会和国际化社会的到来,当代青少年学生的个体一般性发展的内容也发生变化。因此,学校教育和学生课业发展必须重视学生的个体一般性发展目标。这些发展目标涉及公民素质、社会责任、环保意识、学会学习、学会生活、学会做事、学会做人、学会合作、学会思考等。

　　② 学科理论知识和学科能力或技能的发展。对学科的理论知识,我们可以从四个层面加以把握:第一个层面是体现学科基础性的理论知识,这是学生应知、应会的内容层次,或者说是学生应当熟练掌握的那些基础知识与基本理论。第二个层面是体现学科发展性的理论知识,这是师生双方需要通过一定努力才能在教与学过程中得到落实的教学内容,是对学科的基础性理论知识起着发展与提高作用的内容层次。第三个层面是体现学科中一般性或苛刻性的理论知识,这些理论知识对后续课程内容的学习不是不可或缺的,只是对学有余力的学生提供一些高难度的或者是拓展知识面的要求。这三个层面的学科知识体现了从共性要求到个别化要求的变化。第四个层面是学科理论知识应用能力的发展,只学不用或者只会学不会用不是我们现在所要求的教学与发展。课业考评必须树立新的知识观和价值观。对知识理论的应用可从三个水平来把握:一是理论知识的简单应用;二是理论知识的综合应用;三是理论知识的创造性应用。至于学科能力或学科技能的发展的内容,具有明显的学科特定性。不同的学科可以形成一组不同的学科能力或学科技能,甚至同一学科的不同教育阶段,所能发展的学科能力或学科技能在内容及层次上也有所不同。但从总体来看,常见的学科能力或学科技能有:听说技能、阅读技能、写作技能、计算技能、测量技能、绘画技能、绘制图表技能、运动技能、交际技能、表演技能、创作技能、观察技能、设计技能、实验技能、操作技能、交流技能、研究技能、信息技能等。这些重要的高级的学科技能虽然不可能在同一课程中全部出现,但各学科必有其重点。分别进行的课业考评必须抓住重点,形成合力,促进学生的全面发展以及核心素养发展。

　　③ 思维技能与品质的发展。学生思维技能的发展,既是学校各门课程共同的教学目标之一,又是影响各门课程教育目标达成的因素之一。因此,学生思维技能的发展,在教学与

发展的关系中,具有重要的作用。思维技能有形式逻辑思维方法,它包括概括、抽象、归纳、推理、想象、判断等思维过程;有发散性思维方法,其特性是创新、流畅、独特、精致等;还有批判性思维方法以及立论、证据、辩驳、反例等多种思维方法。在评价学生思维技能的发展时,除了解学生的不同思维方法之外,还要评价学生的思维品质。通常人们把思维的深刻性、灵活性、流畅性、广阔性、逻辑性、创造性、独特性、精致性、批判性等作为衡量学生思维品质特性的指标。

④ 研究与学习技能的发展。研究技能,主要包括搜集、获取、整理、处理与利用信息的能力;提出问题或提出有条理的假说的能力;获取研究资料的能力;设计实验与验证假说的能力;统整资料与分析研究资料的能力等。学习技能,主要包括学习过程中的认知技能和学习策略应用两个方面。前者主要包括感知、观察、获取、理解、思维、记忆、保持、同化、应用等学习过程;后者主要包括学习方法的选择与使用,课堂听课的方法与能力,学习与掌握课程内容时策略的使用以及学习过程自我管理和自学能力等。

⑤ 创新精神与实践能力的发展。在教育教学中,重视培养学生的创新精神与实践能力是实施素质教育的重点,也是发展核心素养的要点之一。重视对学生创新精神与实践能力发展的评价,具有导向性和体现时代精神的重要意义。创新精神可以从两方面来理解,或者说有狭义与广义之分。广义的创新精神,包括创新意识、创新思维习惯、创新能力等。创新能力又可以分成几个递进的层次,它们依次是引进新的或重新组合(综合)加以创新;再次发现和首创(独创或创造)新事物。对于不同年龄以及不同教育阶段,培养与评价学生的创新精神,其侧重面应当有所不同。

⑥ 态度、观念与兴趣的发展。态度主要包括对学习的态度、对社会的态度、对社会道德伦理的态度、对科学的态度、对生活的态度、对人生的态度、对人际关系的态度、对自然界的态度等许多方面。观念的发展其内容也十分丰富,且是重要的教育目标之一。它包括知识观、科学观、人生观、世界观、教育观、审美观、道德观、爱情观、生死观、职业观、幸福观等许多方面。学生兴趣的发展也表现出多样性,诸如对研究的兴趣、提出与众不同问题的兴趣、探索某领域问题的兴趣、对学习及获取新知识的兴趣、对人际交流的兴趣、对组织领导的兴趣、对公益活动的兴趣、对某种学科或某种艺术活动的兴趣、对科技创作或文体活动的兴趣、对某种职业的兴趣等。

⑦ 欣赏与审美的发展。美育是重要的教育内容,它对学生的发展起着微妙的、重要的作用。美育教育的形式是多种多样的,除了要加强艺术课程教育之外,还应当开展丰富多彩的课外文化艺术活动,同时也要充分挖掘每一门课程的美育教育题材和价值,把美育融入学校教育的全过程。评价学生在欣赏与审美方面的发展,是学生课业发展评价不可忽视的内容。概括地讲,欣赏与审美的发展,其内容包括:对音乐、美术等各种艺术的欣赏;对文学的欣赏;对人类文化及成就的欣赏;对科学及成就的欣赏;对大自然的欣赏;对人类自身的欣赏;对英雄事迹的欣赏等。

⑧ 适应与习惯的发展。学生的适应与习惯也是课业发展的一个组成部分。之所以如此,是因为一方面,它是影响学校教育和影响学生个体发展的因素之一,另一方面,它也是学

校教育的结果之一。学生的适应发展,主要包括:与同学的关系、与教师的关系、对学校学习与生活的适应、对新环境的适应、对表扬与批评的反应、对社会的适应、对客观事实的接纳等方面的。学生习惯的发展是多方面的,譬如学习行为习惯和日常生活行为习惯;在有效计划、利用时间、利用设备、利用信息资料等过程中表现出行为习惯与思维习惯等。评价这些行为习惯的发展,要通过现象看本质,考察学生是否具有科学性、道德性、合理性、标准性、创造性、独立性、持久性等品质。

⑨ 学生体育技能与素质的发展。体育教育既是学校教育的有效手段,又是学校教育的重要内容。早在 250 年前卢梭就指出,"教育的最大秘诀是使身体锻炼和思想锻炼互相调剂"。由于体育具有典型的身体(物质属性)和思想(精神属性)的双重特点,因此,学生体育发展的一般目标,可从身体领域发展、认知领域发展、情感领域发展和动作技能领域发展这四个维度来分析。其一,学生身体领域发展目标,本质上是学生身体发育和增强体质。学校开设体育课程和开展体育活动最基础、最直接、最原始的目的,就是促进青少年儿童身体的正常发育,增强学生的体质,从而提高学生的健康水平与适应能力。体育的这一基础性目标,对于实现体育教育的其他领域目标以及促进其他学科教育目标的实现具有"基础性""物质第一性"的重要作用。理解这一点,我们就能够正确地理解"健康第一"这四个字的内在涵义。一般说来,学生身体领域的发展可包括学生身体发育水平、学生身体素质(体质)、学生身体形态、学生身体健康状态、学生对身体健康的认知和管理等。学生身体领域发展的评价可采用测量和观察评定相结合的方法。其二,体育认知领域发展目标,包括对体育运动或体育活动、身体及健康、安全与急救、体育发展历史、体育与社会发展、体育与人类发展、体育与文化发展等领域或专题的知识。学生体育认知领域发展的评价方法可以采用观察评定、作业、书面测验、口头测验和研究报告等方式。其三,体育情感领域发展目标,主要是指学生在体育教育教学影响下形成的意识、态度、兴趣、倾向性、习惯、情绪、鉴赏、审美、价值观、责任感、适应性、意识品质等。体育情感领域发展的评价,通常采用行为观察、评定量表、问卷测验以及档案袋评价等方式进行。其四,体育动作技能领域发展目标,包括体育运动技能和身体动觉智能。这里的身体动觉智能是指运用整个身体或身体一部分解决问题或制造产品的能力。所有的身体动觉智能表现都需要有敏锐的时间感知、恰当运用身体、身心和谐、动作协调、展现技巧、有创意等。而在动作技能中的许多高层次行为目标,如动作适应与创作等,可看成是身体动觉智能的一个组成部分。总之,学生体育发展的一般目标框架可以从不同的侧面加以分析与研究,但在制定体育课程目标和评价标准时,可以综合不同的分类方法,有创造性地建构体育课程的标准及学生发展的目标。

⑩ 个体独特性的发展。与个体一般性发展目标相对的是个体独特性发展目标,这种发展目标在"以人为本""尊重学生需要""个性发展"以及关注"个体化目标"和"个体化评价"等理念下得到重视。所谓个体独特性,是指学生个体需要的、符合社会要求的、具有个人独特性的发展目标,它体现了马克思主义经典作家关于人的全面发展的教育目标之一,体现了教育共性与个性的统一,体现了学生个体和谐发展的重要内涵。个体独特性的内涵要比心理学中的"个性或人格"一词的内涵更丰富,它包括学生的个性心理结构独特性、行为独特性、

个人天赋、特殊才能、职业能力倾向、学习个性、学习风格、学科潜能、多元智能结构独特性及发展等许多方面。

总之,学生课业发展的内容是十分丰富的,对其分类也是相对和人为的,欲穷极分类或类别之间不交叉是不可能的。不过,基于上述课业发展内容框架,根据特定教育阶段或特定课程内容,教育人员可以创造性地设计出许多不同类型的学生课业发展评价表。譬如,在评价"小学生学习的情感行为发展"时,可以针对上课专心听讲、作业及时正确规范、学习兴趣与毅力、学习主动性与积极性、学习态度、独立思考、创新意识、合作精神等方面作出等级评定。对"小学生语文认知能力发展"的评价,可以从听说能力、阅读能力、朗读朗诵能力、观察能力、理解能力、自学能力、记忆能力、写字等方面作出等级评定。对"小学生数学认知能力发展"的评价,可以从数学语言交流能力、计算能力、初步逻辑思维能力、空间知觉、解决实际简单问题的能力等几个方面作出等级评定。必要时,还可根据教材内容,对这些认知能力加以进一步的细化,以便对小学生在语文认知和数学认知等方面作出更系统、更全面的调查与评价。

二、评价学生课业发展的参照点体系

无论是相对评价还是绝对评价,要使其结果更有意义,就需要为学生课业发展评价寻找一个参照点。概括地讲,课业考评过程常见的参照点类型主要有个人发展参照、教育目标参照和教育常模参照三大类,其中每一类又可分为若干种不同的方法。这些不同的方法有其不同的使用对象和范围。

1. 评价学生课业发展进步的个人发展参照法

当前国际教育改革,"教育目标"一词,常同教育标准、课程标准、学科素养、核心素养等概念相联系。因此,评价学生课业发展进步的教育目标参照法也是多种多样的。

心理科学理论和教育实践表明,能力的个别差异是客观存在的,青少年学生的学习能力差异可以缩小,但难以消灭。在评价学生课业发展进步的过程中,为了不伤害儿童的自尊心以及尽量减少考试分数对师生双方教学带来的负面影响,教育者对学生的课业发展进步采用个别化的评价,可以个人发展为参照,尽可能体现儿童的学习进步。参照个人发展进行课业评价时,常用的有下面三种方法:

(1) 个人发展纵向参照

对于基础较差或学习成绩较落后的学生个体来讲,假如教师按惯例在考试后当场公布其真实的考试分数,难免会挫伤这部分学生的自尊心。不言而喻,这对学生的个性发展往往是弊大于利。针对这个问题,人们在课业评价过程中主张淡化或不用考试分数,采用婉转和良性的词语并参照学生过去的学习基础或测验成绩,从个人发展纵向比较的角度来评价学生的学习进步幅度和努力程度。至于评定学生课业发展进步实际达到的水平,国外一些中小学校规定,除了学生已经达到优秀(A 等级)和良好(B 等级)成绩可以直接记录或公布外,其余暂时达不到优良等级的学生,不记录也不公布他们的实际(测验)成绩,但教师需要让学生本人知道考试(测验)情况,以便明确课业发展情况和今后的努力方向。

（2）**个人发展横向参照**

个人发展横向参照以不同类型的行为或不同的学习科目在同一时间横断面上进行相互比较，对学生各个方面的发展情况作出评价，并提出书面评语和建议。在采用个人发展横向参照评价法时，可以因人而异地选择"揭短法"或"扬长法"。前者是以发展最好的方面为参照，指出其他方面的不足；后者是以发展基础最差的方面为参照，指出其他方面的进步和长处。课任教师及有关评价者，可以根据学生的学习及个性特点，选择不同的评价方法以适应个体化的教育评价，充分发挥教育评价的功能。

（3）**个人潜力发展参照**

学生的个人潜力之间不但存在着质、量及时间上的差异，而且在潜力发挥的程度上也不一样。一个学生的潜力在某学科学习过程中得到充分的发挥，则应该给予该生高分数；反之，潜力发挥尚不够的学生，哪怕卷面分数已较高，但相对于该生可能达到的更高的学习水平来讲，教师可能只给该生一个中等或中上的成绩，这就是参照个人潜力对学生课业发展给予评价的思路。如何事先了解与判断学生在各个学科上的学习潜力，这是一个尚未得到解决的问题。不过，在实际需要时，我们可不妨先用如下三种方法：第一种是通过测量学生的智力或一般学习的能力，根据已经建立起来的这种能力测验分数（或等级）和某学科特定测验分数（或等级）之间在统计学上的回归关系，从眼下学生的能力测验结果来预期学生在学科特定测验上的成绩，把这预期得到的学科测验成绩看成是学生的潜力所在，并与学生实际学科测验成绩相对照，以判断学生的学习潜力所发挥的程度。第二种方法是依靠课任教师对每名学生的了解，对他们在这门学科上的学习潜力作出分类判断，然后把经验判断得到的学科成绩等级类别同实际的学科测验成绩等级类别相对比，对学生的课业发展作出判断与描述。第三种方法是通过动态评价技术，了解与研究学生的学习迁移能力。

2. 评价学生课业发展进步的教育目标参照法

当前国际教育改革，"教育目标"一词常同教育标准、课程标准、学科素养、核心素养等概念相联系。因此，评价学生课业发展进步的教育目标参照法也是多种多样的。

（1）**专题内容领域参照**

教育过程是渐进的，但就课程教育内容而言又往往具有可分解性。当教学进程可按内容专题去划定范围以及待评估的素质可以在这个范围内实施行为抽样时，那么，据此行为样本组成的测验就可以对学生在这个专题内容领域中的素质发展作出推断，这就是内容领域参照测验评价。在教学过程中，如果需要用内容领域参照法来评价学生的课业发展，我们需要做如下几件事：首先，我们要用某种方式让学生明确待评的内容领域及具体的行为目标。这个内容领域可大可小，大的可以是篇章，小的可以是单元或论题，但对它的内容规定却要实际化和具体化。其次，针对某个内容领域进行学习行为抽样，并命制内容领域参照测验。这测验既可包含单个内容领域，也可涵盖若干个内容领域。最后，由教育者针对每一专题内容领域测验确定一个合格线，它可以是正确解答某一内容领域试题数量的规定（比如6题至少答对5题），也可以是该专题内容领域测验答题得分率。一般说来，不同的专题内容领域测验，其合格线标准是不尽相同的，但某些情况下对不同内容领域也采用同一合格线标准。用内容领域参照法评估学生课业进展，旨在调控教学、促进发展，有利于运用"掌握学习"策略和大面积提高课堂教学质量。

（2）课程目标或标准参照

课程往往可以分解成若干个不同的学习专题内容领域，但课程目标或标准并不是各个内容领域的简单叠加，它是各个内容领域所涵盖的行为目标或素质目标的有机结合、相互促动、功能放大以及从量变到质变的结果。因此，相对于上述的专题内容领域，课程目标或标准更具有系统性、广泛性和弥漫性。当学生课业发展评价需要参照课程目标或标准时，我们不能只局限于零碎的、简单的基本知识与技能，还要关注知识的整合与综合应用；不仅关心理论知识与学术，还要关注学生在能力、情感、思维品质、创新精神和实践能力等方面的发展；不仅关心学习结果，而且关心学习过程。但对于这些不同方面的评估，其采用的方法是不同的。课程目标或标准中那些基本知识技能的考核评价，既可通过日常教学过程中的行为变化来衡量，也可通过精心设计的测验来反映。而对于学生的高级心智能力，尤其是对情感与个性品质等方面的发展变化，则更主要是通过较长期的观察与记录，包括对解决复杂问题和典型问题的观察记录。为此，采用一定的方法对学生在课堂教学影响下的行为变化作出有价值的信息记录，是很重要的。

但从我国当前的中小学实际情况出发，促进学生素质教育发展的关键还在于第一课堂教学。采用参照课程目标或标准的学生发展评价，有两种方法：第一种方法是以一个学期或者一个学年的某课程（教材）内容为参照，把它们分解为"基础性目标、发展性目标和提高性目标"三类，并通过适当方式让学生乃至社会上所有关心学生发展的人都能明确它们的内涵。教育者提出各类目标的最低要求的掌握标准，尔后通过收集学生的多种学习表现去评价学生的课业发展情况。第二种方法则是从新课程标准出发，借鉴英国在义务教育阶段推行国家课程和学业评定的做法，把一门课程的总目标进行分解（比如 20 个目标），然后对每个目标设置若干个不同层次的成绩水平（比如各设 8 个层次），通过收集有关学生发展的多方面证据，确定每个学生课业发展所达到的层次和水平。

（3）整体教育改革实验的阶段性目标参照

全面深化课程改革和人才培养模式改革，贵在教育创新和实验探索。为此，20 世纪 90 年代中期以来，国内许多学校进行了不同模式的整体性教育改革试验。在制定整体性教育改革试验方案的过程中，教育研究人员依据某种教育理论和某些文件精神，规划了各个学科、各个学段学生的发展目标，甚至还建立了相应的目标评价体系。这就给学生评价带来了可以操作的目标框架。进一步地，若要参照整体教育改革实验的阶段性目标开展学生评价，从操作程序来看，我们需要做如下几项工作：首先，要设计学生阶段性课业发展的评价表。由于许多方面的素质发展变化不是短期内可以见效的，因此，这里的阶段性是指在基础教育时期内的若干个关键性阶段。阶段性课业发展评价表包括了课程学习情况评价的项目，也包括对心智发展、技能技巧、行为态度等方面的简要性评价项目。其次，要做好对学生的学习行为记录，包括前文所述以内容领域为参照和以课程目标为参照的课业进展评价资料。最后，若有可能的话，可在义务教育的若干关键阶段建立起统一的课程评价制度，把统一测验和灵活宽松的校内测验协调起来,把学科知识技能掌握性测验和学科核心素养评价结合起来,既便于提高阶段性课业评价的有效性,又有利于教育部门和学校教师了解学生课业实际达到的水平,更有利于学生本人以及关心学生课业发展的家长们了解学生的真实发展情况。

总之,以教育目标或标准为参照来评价学生发展,需要贯彻"多元的教育目标与多元的评价方法相适应"的原则。学校教育教学有着较明确的教育目标,它是评价学生课业发展的参照点。然而,教育目标是广泛的,不仅要让学生掌握课程中规定的知识技能,而且还要培养学生在身体、智力、情感和社会等方面的素质能力。在"应试教育"倾向下,许多学校往往滥用考试,把学校教育教学目标局限在可付诸书面考试的那些知识和技能上,而没被测试到的高级心智能力和技能技巧则不被重视。因而,学校教育目标和课程被窄化,不少地区和学校教育水平的提高是以提高基本知识技能的测验分数为目标,但却是以牺牲高级心智能力、学生的身心健康发展以及社会适应能力等为代价的。为了促进素质教育走上正轨,就要努力探索与建立起一套适应素质教育需要的基础教育学生课业考评制度。显然,评价学生课业发展时参照学校教育目标的思想是顺理成章的。

3. 评价学生课业发展进步的教育常模参照法

教育常模,就是有代表性的学生团体在通常的教育环境下实际所达到的成绩水平,如平均分数等。它可成为评价学生课业发展进步以及解释有关测验分数的参照点。利用某一教育常模对学生的课业发展作出评价,这种方法被广泛用于教育系统之中,包括管理、教学、诊断、选拔以及研究过程。教育常模参照评价法在本质上是把被评者在某种认知或非认知方面的实际水平同一个学生团体的实际水平(如平均数)相比较以论高低。这个作为参照点的"学生团体的实际水平",不是指课程教学上的预期达到的那个"标准",而是实际水平的描述。在教育与心理测量学中,对于那些可用成就测验来测量的学习成果,既可使用常模参照测验,也可使用标准参照测验。标准参照测验和常模参照测验之间并不存在鸿沟,它们各有优缺点,结合使用,相得益彰。常模参照测验能提供可靠的相对发展方面的信息,使学生知己知彼;而标准参照测验有利于向学生提供期望达到的学习水平,并可在测验后向人们反映学生实际拥有的学习水平。

评价学生发展的教育常模参照,可以采用年级常模参照、年龄常模参照、百分等级常模参照、分等评定常模参照、标准分数常模参照等。这些常模的意义及其建立方法已在第六章中讨论过,这里不再赘述。

【阅读材料】

中国学生发展核心素养

学生发展核心素养,主要指学生应具备的,能够适应终身发展和社会发展需要的必备品格和关键能力。2014年教育部研制印发《关于全面深化课程改革落实立德树人根本任务的意见》,提出"教育部将组织研究提出各学段学生发展核心素养体系,明确学生应具备的适应终身发展和社会发展需要的必备品格和关键能力"。有关核心素养课题组历时三年集中攻关,并经教育部基础教育课程教材专家工作委员会审议,最终形成研究成果,确立了以下六大学生核心素养。2016年9月13日上午,中国学生发展核心素养研究成果发布会在北京师范大学举行。中国学生发展核心素养以培养"全面发展的人"为核心,分为文化基础、自主发展、社会参与三大方面,综合表现为人文底蕴、科学精神、学会学习、健康生活、责任担当、实践创新等六大素养,具体细化为国家认同等18个基本要点。各素养之间相互联系、互相补充、相互促进,在不同情境中整体发挥作用。为方便实践应用,将六大素养进一步细化为18个基本要点,并对其主要表现进行了描述。根据这一总体框架,可针对学生年龄特点进一步提出各学段学生的具体表现要求。

一、文化基础

(一)人文底蕴

1. 人文积淀:具有古今中外人文领域基本知识和成果的积累;能理解和掌握人文思想中所蕴含的认识方法和实践方法等。

2. 人文情怀:具有以人为本的意识,尊重、维护人的尊严和价值;能关切人的生存、发展和幸福等。

3. 审美情趣:具有艺术知识、技能与方法的积累;能理解和尊重文化艺术的多样性,具有发现、感知、欣赏、评价美的意识和基本能力;具有健康的审美价值取向;具有艺术表达和创意表现的兴趣和意识,能在生活中拓展和升华美等。

(二)科学精神

4. 理性思维:崇尚真知,能理解和掌握基本的科学原理和方法;尊重事实和证据,有实证意识和严谨的求知态度;逻辑清晰,能运用科学的思维方式认识事物、解决问题、指导行为等。

5. 批判质疑:具有问题意识;能独立思考、独立判断;思维缜密,能多角度、辩证地分析问题,做出选择和决定等。

6. 勇于探究:具有好奇心和想象力;能不畏困难,有坚持不懈的探索精神;能大胆尝试,积极寻求有效的问题解决方法等。

二、自主发展

(三)学会学习

7. 乐学善学:能正确认识和理解学习的价值,具有积极的学习态度和浓厚的学习兴趣;能养成良好的学习习惯,掌握适合自身的学习方法;能自主学习,具有终身学习的意识和能力等。

8. 勤于反思:具有对自己的学习状态进行审视的意识和习惯,善于总结经验;能够根据不同情境和自身实际,选择或调整学习策略和方法等。

9. 信息意识：能自觉、有效地获取、评估、鉴别、使用信息；具有数字化生存能力，主动适应"互联网＋"等社会信息化发展趋势；具有网络伦理道德与信息安全意识等。

（四）健康生活

10. 珍爱生命：理解生命意义和人生价值；具有安全意识与自我保护能力；掌握适合自身的运动方法和技能，养成健康文明的行为习惯和生活方式等。

11. 健全人格：具有积极的心理品质，自信自爱，坚韧乐观；有自制力，能调节和管理自己的情绪，具有抗挫折能力等。

12. 自我管理：能正确认识与评估自我；依据自身个性和潜质选择适合的发展方向；合理分配和使用时间与精力；具有达成目标的持续行动力等。

三、社会参与

（五）责任担当

13. 社会责任：自尊自律，文明礼貌，诚信友善，宽和待人；孝亲敬长，有感恩之心；热心公益和志愿服务，敬业奉献，具有团队意识和互助精神；能主动作为，履职尽责，对自我和他人负责；能明辨是非，具有规则与法治意识，积极履行公民义务，理性行使公民权利；崇尚自由平等，能维护社会公平正义；热爱并尊重自然，具有绿色生活方式和可持续发展理念及行动等。

14. 国家认同：具有国家意识，了解国情历史，认同国民身份，能自觉捍卫国家主权、尊严和利益；具有文化自信，尊重中华民族的优秀文明成果，能传播弘扬中华优秀传统文化和社会主义先进文化；了解中国共产党的历史和光荣传统，具有热爱党、拥护党的意识和行动；理解、接受并自觉践行社会主义核心价值观，具有中国特色社会主义共同理想，有为实现中华民族伟大复兴中国梦而不懈奋斗的信念和行动。

15. 国际理解：具有全球意识和开放的心态，了解人类文明进程和世界发展动态；能尊重世界多元文化的多样性和差异性，积极参与跨文化交流；关注人类面临的全球性挑战，理解人类命运共同体的内涵与价值等。

（六）实践创新

16. 劳动意识：尊重劳动，具有积极的劳动态度和良好的劳动习惯；具有动手操作能力，掌握一定的劳动技能；在主动参加的家务劳动、生产劳动、公益活动和社会实践中，具有改进和创新劳动方式、提高劳动效率的意识；具有通过诚实合法劳动创造成功生活的意识和行动等。

17. 问题解决：善于发现和提出问题，有解决问题的兴趣和热情；能依据特定情境和具体条件，选择制订合理的解决方案；具有在复杂环境中行动的能力等。

18. 技术运用：理解技术与人类文明的有机联系，具有学习掌握技术的兴趣和意愿；具有工程思维，能将创意和方案转化为有形物品或对已有物品进行改进与优化等。

第三节   评价学生课业发展进步的主要方法

根据格朗兰德以及李聪明等人的观点,教育评价就是尽可能地利用测量的和非测量的技术方法来评定教育效果,作出价值判断。为了改进对学生课业发展的评价,我们应当学习与掌握多样化的教育评价技术与方法。

一、客观题评价法与主观题评价法

在学校教学过程中,教师沿用并创造了丰富多彩的考试题目类型,这些题目类型如第四章中所指出,大体可归于两类,一类是客观题,另一类是主观题,它们各自又可分成许多不同的题目类型。由于不同的题型具有不尽相同的测量功能与特点,因此,要使成就测验有效地测量到所计划的教学目标,就必须选择恰当的题型使之与特定学习成就相适应。我们先讨论各种客观题型的特点,再讨论主观题的功能,以便帮助大家获得较全面的认识,从实际出发选择最适当的题型。

1. 客观题评价法

观察事物讲究客观性,这种思路无疑是进步的。有一些考试题目,如果评分规则一旦明确下来,只要依照这些规则,无论谁去评分,都会得出相同的分数,这种类型的题目称之为客观题。典型的客观题,要求学生填写一个词语、一个数字、一个符号或从预先准备好的备选项中选择正确的答案。典型的客观题类型常见的有填空题、简答题、解释性客观题、是非题、匹配题、单项选择题和多项选择题等。实际上,除了上述这些典型的客观题型外,还有许许多多其他题型,如概念或术语的解释题、简单计算题、所有在内容受到明确限制后使评分更为客观的简答题,以及用典型客观题作为提问的阅读理解题等,都是客观性较强的题型,国外一些文献中则称之为半客观题。

选择题可以认为是一种最具典型性且最具良性测量功能的客观题。选择题的用途也最广,它不仅能测量由上述简答题、填空题、是非题以及匹配题等题型所测量的简单的学习成就,而且能测量识记、理解、应用领域以及某些更复杂和更高级的学习成就。

正因为选择题具有上述诸多优点,因此,选择题在各种能力测验中得到广泛而重要的应用。比如,美国、日本、韩国等国家的大学入学考试科目中,有些科目基本上都采用选择题。特别是韩国的大学入学考试,近几年来不断开发研究客观题型,充分发挥客观选择题的测量优势。韩国的“大学修学能力测验”中几乎全部使用选择题,考查学生综合应用知识解决问题的创新能力。俄罗斯国家杜马为了惩治教育腐败和高考腐败,于2007年2月2日通过一项议案,计划在全国范围内对高考进行改革,把现行高考题型中的主观笔试题全部改为选择题,并取消不必要的口试和面试。虽然这是不得已而为之,但其中也昭示着深刻的道理。

毫无疑问,客观题对学习成就以及能力方面的测量而言是一种高效的和有用的题目类型,它可以测量学习成就领域中从简单到复杂、从低级到高级的广泛的学习结果,测量效率高,信息量大,信度高,测验评分与计分误差控制得好,因而有相当广泛的应用前景。当然,客观题也确有自己明显的不足,主要是难以有效地、直接地测量学生在语言表达、思维分析以及创造技能方面的高级学习成就。特别是在编题缺乏技巧并带有粗制滥造的情况下,选择题的许多优点不但不能充分体现,反而会进一步突出选择题的一些缺陷。这一点,读者应当给予重视。寻找其他题型与客观题配合使用,优势互补,是命题的发展趋势。

2. 主观题评价法

无论中外,在学业成就测验中都使用主观题型,如论述题、证明题、计算题、作图题、作文题等。主观题和客观题一样,都要在试题中设置问题情境并提出作答任务与要求。但跟客观题不同,它允许被试自由反应作答,作答结果是由被试构建的、相对完整而又符合所属学科规范要求的"产品",如一段逻辑论证或意义阐释文字、由抽象符号与运算规则构成的一项数学证明、步骤规范的计算问题解答、一幅图或一首诗等。

主观题有自己突出的特点和长处:适合于考查学生的分析能力、综合能力、组织表达能力以及计算与推论等较为复杂的心智技能;提倡自由反应,有利于考查应用能力乃至创造能力;可以获得较为丰富的作答反应过程资料,便于分析被试的技能、创意、策略以及知识缺陷;内容和形式更接近教学与实践中的问题情境,被试不陌生、好接受,教师命题制卷比较方便等。当然,主观题也有明显的不足,比如:作答过程有大量的书写任务,造成被试"忙于书写而无心遐想""手指累而头脑松";单位时间中施测的题量较少,限制了测验内容的覆盖面,不利于测验效率的提高;评分易受评价者主观因素的影响等。

值得庆幸的是,客观题或主观题一方不足的地方正是另一方的长处所在,二者结合恰好可以相互补充。所以,大多数学业成就测验应结合运用这两种题型。我国的高校招生考试和高等教育自学考试试卷同时采用这两种题型,力戒片面性,实践证明其效果不错。

二、表现性测验评价法

所谓表现性测验(performance test)指的是客观测验以外的一类以行动、作品、表演、展示、操作、写作、制作档案资料等更真实的表现来展示学生口头表达力、文字表达力、思维思考力、随机应变力、想象力、创造力、实践能力及学习成果与过程的测验。近二、三十年来,英美等一些国家和地区,因对传统标准化考试(指选择题型的考试)有许多怨言而寻求更好的课业考评方法,以便更直接、更富实质性地去考查学生的高层次的思维能力以及传统纸笔测验通常难以考查的那些技能技巧。新的课业考评方法尊重了教育目标的广泛性与整体性,对于我国中小学教育改革及课业考评改革具有重要的借鉴意义。表现性测验在学生课业考评过程中常用的测验题型与方式有:

1. 口头测验

古今中外,口头测验有着广泛的应用。一般来说,口头测验常用于测量那些用纸笔测验难以考查的知识、技能及情感。在现代社会生活中,口头表达技能和听力受到格外的重视。这些能力是人际沟通、信息交流和语言学习所必需的技能。口头测验的测量与评价目标主要是:使用特定语言回答问题的能力;综合有关信息,提出问题的能力;阐述观点并为自己的观点作解释与辩护的能力;口头表达时逻辑思维及概括能力;知识理解的广度与深度;态度、气质与情感方面的特殊表现。

归纳起来,口头测验通常有如下几种常用的方法:

① 口试。口试(oral examination),这是一种最古老的考试方法。它要求被试(学生)用口头语言来回答主试(教师)提出的有关问题,或者用口头表达的方式完成主试(教师)所规定的作业。教师采用"口试"的方式来实施教学评价,如果应用得当,可以发挥几个优势,一是可以"即问即答""随时追问",以侦察与了解学生学习概念及内容的完整性。二是能够了解与评价学生的认知与情意,通过"追根刨底"和"察言观色",了解学生的高层次的认知能力与情意。三是立即诊断学习问题,有利于教学补救。四是增进学生语言口头表达能力和逻辑思维能力,训练学生组织语言和论据,有条理地回答问题。

在教学过程中,口试可以有不同的表现方式,例如,演讲、辩论、口头报告、故事接龙或词语接龙、小组讨论中随意发言、随机抽题加以口头回答、预先设置问题进行专题发言、根据图片讲故事、角色扮演、课本剧、演唱、朗读或朗诵以及科学研究问题中的答辩等。答辩是口试方法的特殊应用,它通常要求学生在教师和同学面前对自己的观点和逻辑作出较详细的解释与辩护。教师可以创造性地把它同课堂教学有机结合起来,以丰富教学及评价活动。

总之,口试有许多优点,可以反映与训练学生的口头表达能力、思维的逻辑性、语言思维及概括能力,还能在一定程度上反映学生的思维过程以及对所掌握的知识的理解能力。此外,口试还适用于考查学生在非认知方面的品质。因此,许多人认为口试是评定学生认知发展的最有效的方法之一。但由于口试往往是个别实施的测验,因而,考试的效率最低,成本较高。

② 课堂提问。课堂提问(questions in classroom)是口头测验的另一种非规范的应用方式,它是教师在课堂教学过程中,作为师生教学双方的互动模式而经常用到的课堂检查,是形成性评价的方法之一。一般说来,课堂提问是课堂教学技巧与沟通的方式,也是课堂教学管理的措施之一,既可以调动学生的注意力与兴趣,又可以了解学生对内容的认知状态。与口试有所不同的是,课堂提问一般不作为考试形式,但也有一部分教师把课堂提问纳入教学评价与学业考评的一个组成部分。

③ 论辩或辩论。论辩能力是从事许多职业活动所需要的重要技能。因而,近些年来论辩能力日渐受到人们的重视。通过论辩活动,我们不仅可以评估和考察上述口试及答辩所能考查的能力,而且还能反映学生的随机应变力、论证思维的逻辑性、思维的敏锐性、言语的深刻性、回答问题的针对性以及个人的知识面等能力。20世纪90年代以来,我国内地及港台地区也颇重视开展中学生或大学生辩论赛。与此同时,教育界一些有识之士也从中得到启迪,在学校教育中饶有趣味地引进"论辩"的活动形式,既丰富了学校课外活动内容,也开发和利用了一种新的课业考评方法。论辩方法在课堂教学中的应用,需要教师事先准备好适宜的论题,并应用行为评价表来描述和评定学生的表现,以便在有限的时间及时地记录多

位学生的表现。显然,学生在论辩过程中的某些品质与才能,是其他考评方法尤其是纸笔测验所难以得到反映的,也是一般口头测验情境所难以表现出来的。

教师若要把上述种种口头测验纳入教学与评价之列,应当遵循有关原则,比如:口头表达内容应与教学目标有关;教师提问或命制口试题目时,应避免模糊不清和过于笼统;实施正规的口试要给学生充足的准备时间;候答或面对学生回答时,主试的态度要温和,表情要恰当;事前要建立客观的口试评价标准;为了提高评价的客观性,若有可能的话,最好请两位以上教师担任主试,共同评判。

2. 论文题测验

论文题(essay question)测验不仅可以考查各种认知学习问题,而且在组织、架构、表达、创意及完整思考历程等能力特性的测量与评价方面都有着独特的作用。论文题有机会让学生建构自己的答案,展现自己的运思、表达与创意,有利于学生表现才思。论文题形式多种多样,再加上各个学科教师富有创意的设计,论文题的类型难以穷尽。但如果按学生建构答案的自由度,可分为两大类,第一类是扩展反应论文题(extended-response essay question),又称申论题。这类论文题几乎不限制学生反应的形式与范围,只是要求学生围绕主题和有关教学目标。例如,"环境污染对生物有哪些影响"是一个典型的扩展反应论文题。命题作文以及科学研究报告等,皆是扩展反应论文题。第二类是限制反应论文题(restricted-response essay question),这类问题只给学生部分作答的自由,常使用介绍性题材导引资料或具体指导语来限制学生反应。例如,"请从人类遗传疾病的角度来说明婚前要做遗传咨询的理由",就是一个受到一定限制的论文题。

论文题有许多优点,如能够测量与评价较复杂、较高层次的学习结果,尤其是关于组织、统整、综合、创意、构思、表达、解决问题、论证、反驳等能力特性的。但论文题评分不易客观,题目取样不广泛,故应当把论文题和其他题型结合使用。此外,对于重要的考试,论文题评分要事先制定评分标准,请两人以上的教师共同评分。在课堂教学与考试评价过程中,常用的论文题有下列两种:

① 短文题考试。短文题考试即我们国内通常所指的使用论述题、问答题、申论题、评论题、综述题、概述题等题型的考试。它一般是要求学生用大段文字较系统地对某个问题(或某种现象、某种观点等)进行描述、分析、解释、总结、评价或论证等。它可以有效地评价学生对某个问题或某门学科的理解与统整。

② 写作测验。写作能力被认为是一种高级的学习成果,向来受到人们的重视。虽然国内外一些研究表明,采用标准化的客观测验也能评价学生写作的要素(如拼写、语法、字词的用法等),但要全面评价学生的写作能力,最好的办法还是让学生实际动笔去写。写作测验主要用于评价学生的写作技能,诸如语言文字表达力、想象创造力、描述事实与整理资料的能力,以及根据写作要求能清晰表达自己思维观点的能力。写作测验通常有一般作文题和科学论文题两类。作文题主要是考察学生驾驭语言文字、遣词造句、布局谋篇、直接或间接表达事理与观点等方面的写作能力。科学论文题这里指的是用于科学研究和学科内容探讨方面的研究报告的写作。虽然科研论文写作也需要一般性作文的写作技能,但科研论文更

重视文章的完整性、准确性、创造性和科学性。它对于考察学生的整理与描述资料的能力、分析探究问题的能力,以及有条不紊地清晰明确地表达某种思想观点的能力等,是非常有效的。近十多年来,英国、美国、新加坡、澳大利亚等国家的学校里,十分重视培养学生的写作能力,并且把科研论文写作纳入科学教育过程中。

3. 实验技能教学考试评价

实验技能教学考试评价是结合教学过程要求学生操作实验设备材料直接去感知事物的一种综合性的校内考试评价。学校课程中规定的各种实验,不仅有助于发展学生的更高层次的认知技能,而且给学生提供直接感知与体验事物的机会,从而促进动作技能、心智技能的全面发展,并有助于获取知识和发展积极的学习态度。当今世界,科学技术日新月异,学校课程重视探索求知,实验室正成为中心而发挥重要作用。

在我国基础教育阶段,从总的方面来讲,实验教学及技能培养是一个薄弱的环节。一方面,不同的学校其仪器设备的配置情况不同,造成许多学校的实验课开课率不高。另一方面,有些教师在思想上重视不够,习惯于一本书、一支粉笔的教学方法。许多教师习惯于"黑板上讲实验,课本上看实验,考试前背实验,试卷上做实验"。再加上考试指挥棒的作用,因此,学校不够重视对学生动作技能以及实验观察能力与创造力的培养。近几年来,随着高考改革以及高中毕业会考制度的建立,实验课逐渐地被重视起来,但还未达到要求。值此基础教育新课程改革之际,我们要从国家与民族发展的高度出发,重视中小学生实验技能的教学,改进实验技能教学考试评价的方法,促进素质教育,提高教育质量。要进一步搞好实验技能教学考试评价的工作,需要遵循如下几条原则:

① 实践性为主原则:实验技能教学考试评价应以动手操作为主,考查学生的实验基础能力、观察能力。对于实验过程中的一些推导演算和结果解释等属于笔试的范围,虽应列入实验技能教学考试评价的整体计划中,但不宜占过多的权重,以利强化实际动手操作能力的教学。

② 教学与发展原则:实验技能教学考试评价是教学过程的一个环节,旨在落实既定的教育教学目标,促进学生全面发展,尤其是实验操作能力及相应的个性心理的发展。这种考试不便笼统打一个分数,也不要进行排序,更不要用于选拔分流之类的教育决策过程。实验技能教学考试通常由课任教师主持,不要营造紧张的考试气氛。

③ 全面性与客观性原则:实验工作需要较高的、较全面的能力和素质,因此,评价实验技能的教学及学生进行实验技能考试常包括认知领域、心理动作领域和情感领域。认知领域包括设计、分析、计算、解释、综合与评价等;心理动作领域包括观察、预测、按要求进行操作、想象、创造等多种较高级的心智行为和操作技巧等;情感领域包括好奇、坚持、兴趣、习惯、合作等。因此,评价学生的实验技能要建立在行为观察的基础上,可事先设计和准备好便于客观评价或记录学生操作行为表现的表格,采用先分项评价,尔后再综合评价的方式评分。例如,我们要评价学生操作显微镜的技能,不妨设计类似如表 8-1 所示的格式,这样做的目的是提高教育评价的科学性与效率。

表 8-1　显微镜操作技能检核评价表(在"是"或"否"栏打"√")

序号	内　容	是	否
(1)	学生是否用透镜纸拭擦试片？		
(2)	学生是否在试片上滴上 1—2 滴培养液？		
(3)	学生是否正确拭擦玻璃盖片？		
(4)	学生是否正确调整玻璃盖片？		
(5)	学生是否擦去多余液体？		
(6)	学生是否正确放置试片？		
(7)	学生是否用目镜观察并紧闭另一只眼睛？		
(8)	学生是否用最低倍数观察标本？		
(9)	学生是否调整光线和凹镜？		
(10)	学生是否调整十字线片？		
(11)	学生是否正确使用粗调？		
(12)	学生是否打破试片？		
(13)	学生是否将标本放好？		
……	……		

资料来源:许建钺等编译:《简明国际教育百科全书——教育测量与评价》,教育科学出版社 1992 年版,第 308 页。

④ 基础性和目标性原则:在基础教育阶段的实验教学带有基础性,要面向所有学生进行有目的、有计划的教学,保证学生在实验时能够按照说明进行基本的操作,懂得安全措施,培养基本的实验能力,达到教学大纲中所规定的最低的要求和目标。

由于大多实验都包括实验计划与设计、实验的实施与操作、实验分析与解释、实验报告撰写这几个主要环节,因此,对学生的实验技能评价往往可以把笔试部分和动手部分分开进行,但在设计实验技能评价表时,则要从整体性原则出发,全盘考虑。例如,我们可把某一实验的技能要素分解为:实验设计、仪器和测量设备的使用、观察方法与记录、数据分析及符号表达(包括图表与曲线的绘制)、结果解释和推理、行为习惯和个性等若干题目,并给这些要素赋予一定的权重,确定各要素下的行为表现的描述性评语,以供教师对照评定。

实验技能是一种高级的、全面的能力,我们应当关注实验技能教学及考试评价的国际化趋势,采取有力措施,改进我国学校教育尤其是基础教育阶段实验技能教学及考试评价方法,促进教育质量和教学水平的提高。

表现性测验的类型丰富多彩,且因不同的学科而有所区别。除了上述几种外,常用的还有作品、公开演示以及档案袋评价等。表现性测验近年来在许多国家得到格外的青睐。英国 1988 年后的全国课程改革极为强调仔细的学习目标及表现性测验,重视对研究技能、观察能力、口头技能、交际技能、共事能力、仪器操作能力、调查与设计能力的训练与测评。这些能力的测试主要通过实践作业、书面作业、口头与听力作业、表演这四种类型的课程作业加以实现。实践作业指有指导的实验独立观察、独立完成美术作品及各种动手能力的测试。书面作业既有客观测验，也有抢答题、随笔、课程论文、调查报告、读书笔记、评论、科研项目等。口头与听力作业以及表演作业则主要用于语言、音乐等科目。美国本是十分重视选择题及常模参照测验的国家，但从20世纪80年代以来，也开始重视制定学习目标，并大量设计和应用表现性测验。美国教育测验服务中心(ETS)还设立特别部门发展表现性测验。香港地区自20世纪90年代对中小学推行"目标为本课程"的教育改革以来，致力于制定教学目标和改进教学评价方法，大量采用表现性测验，以提高学生的素质技能。台湾地区从2001年到2004年期间计划实施"九年一贯"课程改革，把课程改革、教学改革与评价改革这三者有机地整合到教育改革行动之中，实行多元化教学评价，同时也格外重视实作评估，即表现性测验的评价方法。

表现性测验虽甚具吸引力，但也有很多局限性，主要是测验评分信度较低，成绩的可比性较差，测验评估费时，在时间上不经济，以及由于不同学生所测内容不同，易引起对测验公平性的担忧等。如果测验成绩涉及学生重大抉择问题(如教育分流等)，那么表现性测验的成绩的确存在评分信度方面的担忧。但是，在义务教育阶段，甚至在高等教育阶段，如果测验成绩不涉及对学生的排序，也不妨碍学生发展，那么采用表现性测验以使学生充分地、公开地、多方位地表现自己，其好处恐怕远比取得精确可靠的分数更重要。在义务教育阶段以及在淡化考试分数的今天，在日常教学中多采用表现性测验，是有利于促进素质教育走上正轨的。不过表现性测验不能完全替代客观测验，最好的选择是让它们共存并进，才能相得益彰。

【阅读材料】

表现性测验在 IEA 国际科学教育研究中的应用

从20世纪60年代以来，在数学与科学研究方面，IEA共进行了三次较大规模的研究，分别是在20世纪70年代、80年代中期和90年代。在表现性测验评价方面，第一次、第二次研究主要是针对实践技能测验(practical skill test)，到20世纪90年代初开始进行第三次国际数学与科学教育研究时，开始使用表现性评估(performance assessment)这个概念。IEA在第三次科学教育理论报告中把表现性评估定义为："利用综合的涉及使用仪器和设备的实践作业去评价学生的内容知识(content knowledge)和程序知识(procedural knowledge)，以及学生运用这些知识进行论证或解决问题的能力。"表现性评估有着一些与传统纸笔测验很不同的特征，正像格朗兰德所归纳的，这种评估是"更真实的评价作业；更复杂的评价作业；需要更多的评量时间；评分中需要更多地应用专业判断"。

第一次国际科学教育研究主要采取的是纸笔测验，采用理论题和实践题，研究结果表明,这两种题型之间的平均相关系数达到 0.57—0.58,说明这两种笔试题目之间存在中等程度的正相关。研究期间,也进行了部分实践技能测验,主要涉及操作、观察和测量。这次的实践技能测试内容主要是:(1)通过计算方块数测量一叶状图形的面积;(2)找出两张照片中果蝇的不同点;(3)观察化学反应,将 NaOH 稀溶液分别加入到未知的 X、Y、Z 三种物质中,要求对这三种物质分别观察出两种现象;(4)测量长度和误差;(5)按照给定的图式构建一个电路图,然后测量其电流。进一步对纸笔理论题、纸笔实践题和实际操作测验题之间的相关进行研究,结果表明,实际操作测验题与纸笔测验题之间的相关很低,平均相关系数在 0.24—0.45 之间。国际研究的结论是:"这些数字表明,实验的实际操作测验是用以测量某些特征的。它与从笔试中测量到的特征很不相同。用笔试式的实际考题去探测这些特征,其作用范围是很有限的。"

第二次国际科学教育研究以克洛普弗(L. E. Klopfer)的科学教育目标分类为基础,进行科学课程分析和技能测验设计。克洛普弗的科学教育目标包含九个方面:"(1)知识和理解;(2)科学探究过程Ⅰ:观察和测量;(3)科学探究过程Ⅱ:发现问题并找出解决问题的办法;(4)科学探究过程Ⅲ:解释数据和概括定形;(5)科学探究过程Ⅳ:建立、测验、修订理论模型;(6)科学知识和科学方法的应用;(7)操作技能;(8)态度和兴趣;(9)定向。"在这一分类基础上,第二次国际科学教育研究把技能简化地分成三类,即操作、探究和推理。这次科学教育研究突出技能测试,包括物理、化学和生物学科。作业例题如:"一烧杯内有少量石灰水,用一吸管向内吹气,问:(1)发生了什么变化?(2)如何解释这种变化?"再如:"桌子上有一杯水和一杯有颜色的液体,溅一点或滴几滴有色物质到水杯中,观察 5 分钟。(1)描述你观察到的现象;(2)解释发生的现象。"研究者还针对学生可能的回答进行详细研究,并制定评分细则。

在第三次国际数学与科学教育研究中,研究者将科学课程分为内容(content)、表现期望(performance expectations)和展望(perspectives)三个方面。为了评价不同的表现期望,表现性评估的作业被设计成小型的问题解决探究活动。几乎每一个作业都涉及测量、观察、探究、寻找解决办法或形成解释。例如,13 岁组的科学作业题目有"脉搏研究:当你在楼梯上爬上爬下一格,连续 5 分钟时,你的脉搏将如何变化?""电池研究:找出哪些电池是好的,哪些电池是废了的。""橡皮条研究:当越来越多的铃铛挂在橡皮条上时,橡皮条的长度会如何变化?""容器研究:找出哪一个容器装热饮料保温时间更长。"……针对表现性评估作业,研究者制定了编码评分方法。第一位数码用于评分,第二位数码用于标明学生答题的类型,如正确、不正确、普通错误还是概念错误。这种评分方法能为教学提供更多的信息。

由上可知,IEA 在最近的国际科学教育研究中已经积极尝试和应用了表现性评估,关注测量观察、探究、问题解决或解释现象,每一作业都需要阅读技能、研究技能和报告技能,在关注表现期望的教育目标同时,也关注"展望"的目标,包括态度、经历、参与、兴趣、思维与行为习惯等方面。随着探索性(研究性)科学课程(Inquiry Oriented Science curricula)的兴起,实验室及实践技能教学已成为发展学生的创新精神和实践能力的核心,日益发挥着重要作用。实验室所能起的最重要的作用在于,提供直接体验的机会,这种体验可导致学生动作技能、心智技能的发展,也有助于获取知识和发展积极的学习态度。因此,评价实验教学需要包括三个领域,即认知领域、心理动作领域和情感领域。表现性测验评价通常也涉及这三个领域。

资料来源:张海和《IEA 国际科学教育研究中的实作评量》,《比较教育研究》2002 年第 11 期。

三、评定量表评价法

在教育与心理测量方法中,评定量表(rating scales)是用来量化观察所得印象的一种测量工具。它既可用于现场观察的直接记录与评价,也可用于经过较长时间的纵向观察以印象为基础的综合评价。因此,评定量表的使用,具有收集接近客观实际情况资料的功能,尤其适用于对学生表现性行为或作业的评价,因此,它是表现性评价的常用方法之一。评定量表的一个重要特点是由他人对被评者的心理或行为作出评价,而不是由被评者自己对测验条目(项目)作出逐一反应。然而,现在许多评定量表不仅可以由知情的他人来作评定,而且还可以由被评者自己作出反应(如 SCL-90 等心理卫生量表)。从这个意义上看,评定量表和自陈量表似乎没有绝对严格的区别。

评定量表在行为科学、心理科学、教育学、临床医学以及工商企业等领域有着广泛的应用。评定量表的主要特点是结构明确、各条目描述精练、内容丰富、施测简便,通过知情人对被评者心理特质与行为特征的评价,不仅可判断每一条目内容在被评者身上是否存在,而且还可以按照量表设计的标准,作出等级评定或内容描述。虽然得到的评价是主观的,但评定的依据及来源却是比较客观的,因而具有相当的真实性。因此,在学校教育、行为科学等一些领域,人们已广泛使用评定量表法来收集资料。尤其是对于动作技能、工作习惯、社会态度、兴趣、欣赏、适应等方面的学习结果,通常需要用结构性强的评定量表加以评价。

1. 评定量表的形式

(1) 数字等级评定量表

数字等级评定量表是用圈画数字的形式来确定所列行为特性的等级的,并对数字等级作简单的文字说明。行为特性一般分 3—5 个等级,用数字 1、2、3、4、5 来表示。通常情况下,数字等级大小表示行为特性程度或优劣程度的大小。例如,为评价学生在课堂讨论中所表现出的积极程度,以及学生所谈内容与课堂讨论主题联系的密切程度等行为特性时,可以用"5—4—3—2—1"分别表示"很高—较高—一般—较低—很低"这五个等级程度。由于数字等级和词语可以互相转换,所以数字等级评定量表也可以改编为词语等级评定量表。近几年来,我国小学成绩评定采用"优、良、中、及格"四个等级来评定学生的学业成绩,实际上也可看成是这种评定量表的一种变式与改造。

（2）图示等级评定量表

图示等级评定量表是在每个行为特性项目的下面或右边给出水平图尺的等级刻度。一般分为 3—5 个等级，同一个评定量表中各条目的等级量表是相同的。这些等级刻度可以根据被评价的行为特性，按照从低到高，从小到大，从少到多，从差到优的顺序分成若干个等级。譬如分成 5 个等级时，评价学生在课堂讨论中所表现出的积极程度、学生所谈内容与课堂讨论主题联系的密切程度、学生谈话时语言与思维的条理性等行为特性时，可用"低—较低—一般—较高—高"以及"差—较差—一般—较好—好"等一些表示程度大小的词语在水平图尺上加以表示。课任教师等评价人员在利用"图示等级评定量表"去评价学生的学习与发展时，应当将其建立在系统观察和较充分证据的基础上。在具体操作时，评价人员可以在连续性图尺刻度的任一适当位置做个记号，譬如用"×"表示，不一定取其等分点。不难看出，图示等级评定量表和数字等级评定量表之间有许多相同的地方。但数字等级评定量表只限于整数等级，而图示等级评定量表可以在水平图尺上任意取值。

评定量表除了上述两种外，常用的还有图示描述评定、检选式评定和脸谱图形评定等一些方法。图示描述评定是在每一题目下设有图尺量表刻度，并在若干个刻度下面，用语言描述其刻度值大小所提示的行为与心理特征，由评定者根据被评者的表现给予客观评定。这种评定形式是对上述的图示等级评定量表的一种改进。检选式评定则是事先向评定者提供由许多形容词或陈述句组成的项目一览表，评定者将各项目所提示的人格与行为，逐一与被评者进行对照，尔后把其中最能描述与反映被评者心理特征、行为特性的项目挑选出来，最后综合起来进行分析。脸谱图形评定则通过一系列简单、形象而有趣的脸谱或图形，直观形象地反映人的情绪特征、行为特征及外貌特征等，由评定者对被评者的行为、表情、态度、情绪、容貌等事项进行对照评定。这种评定方法生动有趣、形象直观、容易操作，但所能提供的心理活动与行为方面的信息量较有限。

2. 等级评定量表的使用

等级评定量表可用来评价许多学习结果及发展侧面，它们在心理与教育测量及评价过程中有诸多方面的特殊应用。

（1）适用于过程评价

学生在许多课程或专题上的成就会通过行为表现出来，如学生说话的能力、辩论的技巧、课堂教学能力、实验设备与仪器的操作、团队班级工作、演唱、弹奏乐器、体育运动的动作技能、体操表演等。这些学习内容与活动用书面测验难以充分体现，只有以直接或间接的方式，从活动表现的全过程或部分过程去观察评价（例如，微格教学技能评价就是利用录像的办法，对被评价者的教学技能作出分析与评价），才会客观真实。

（2）适用于成果评价

成果评价在许多情况下具有实质性意义。如果学生的表现与成就能够以某种形式的结果体现出来，那么对成果的评价可以与预期的教育目标相结合，以便说明更多的问题。比如，学生的写作能力、绘图能力、归纳主题能力、网页制作能力、程序设计能力、数学建模能力等，最好是通过学生的作品与成果进行评价。而对写作过程观察、怎样设计程序、如何想出数学模型等方面的过程观测,虽然有一定的意义,但得不到更多的、有实质性意义的信息。教学过程中课任教师经常检查学生课堂作业、论文、读书笔记、科技小制作、书画作品等学习成果,这些都是成果的评价。不过,有些学习内容,如写字、绘画、烹调、木工技能等,学习开始阶段要从过程去评价,而在学习进展到一定水平后,则要从学习者所做出来的"产品"的质量去评价。

(3) 适用于对学生诸方面发展的终结性评价

无论是评定学生"个人—社会"特性的发展,还是评定学生在认知方面的发展,要对学生在一个学期或一个学年的情况作出总评,其方法与上面的过程评价和成果评价有所不同。对活动过程的评价,通常是在观察过程中的现场评价或观察后不久的即时评价。但是,学校教育中的终结性评价更多地表现为定期行动,而这种评价是建立在平时训练观察的基础上的,其等级评定是课任教师或班主任对学生发展总体上的印象,多少带有教师的感觉和个人的印象。当然,在这种带有"算总账"式的定期评价中,对有些发展侧面的评价,还需要综合运用测量与非测量的多种方法以及成果评价与过程评价的有关结论,才能对学生的发展作出合乎事实的等级评定。

四、档案袋评价法

档案袋评价(portfolio evaluation)是"教师依据教学目标与计划,请学生持续一段时间主动收集、组织与省思学习成果的档案,以评定其努力、进步、成长情形"的一种评价方法。[①] 用档案袋评价方法来了解学生的成长历程与发展进步,其想法源自于艺术家的作品档案袋(artist's portfolio)。那些画家、音乐家、摄影家、建筑设计师、时装设计师、剧作家以及文学家等,通常都会有意识地保存个人的作品。由此作品档案资料,一方面,作家本人可以反思自己的艺术成长历程,另一方面,人们可以据此了解艺术家的成长道路,对艺术家的艺术成就和发展作出质的分析(qualitative analysis)与评价。

档案袋评价有不同的类型。档案袋的类型可根据档案袋内容侧重点、生成结构、用途这三个维度(或称三个标准)来划分。按内容侧重点可把档案袋分成成果型、过程型和综合型这三种基本型;按生成结构可把档案袋分成结构型、半结构型和非结构型;按用途来分,可把档案袋分成评价型、展示型和反思学习型三种类型。由于成果型档案袋、过程型档案袋和综合型档案袋实际上既可以直接用于学生的发展性评价,也可以用于展示会上接受间接的评价或非正规的评价,因此,要仔细区分是否属于评价型档案袋或是否属于展示型档案袋,似乎没有必要。反思学习型档案袋,从其功能上看,强调学生本人对学习历程和档案袋作品的反思,旨在帮助学生本人改进学习,提高学习质量,不一定把它用于正规的教育评价过程。不过,反思学习型档案袋在内容构成上可以采用综合型档案袋或过程型档案袋的模式。至于档案袋的结构性是有还是无,是"全"还是"半",其界限和分类具有相对性和模糊性,在本质上就是对生成档案袋在事前指导与限制的多寡,或者说是学生制作档案袋时可以发挥的

---

① 李坤崇著:《多元化教学评量》,心理出版社 2000 年版,第 200 页。

自由度。所以,可暂不考虑这一特征。本书主题是关于考试评价制度改革的,引进档案袋评价方法是途径之一,所以,要把档案袋评价方法在国内推广,首先要对档案袋的分类理出一个头绪,然后根据我国实际需要,避繁就简地抓住基本类型,加以研究和应用。档案袋评价分成三种基本类型即可,即成果型档案袋、过程型档案袋和综合型档案袋,并在此基础上适当考虑其结构形态。

成果型档案袋(product portfolio)主要展现学生的优秀作品与学习成果。档案袋的主题由教师或者师生共同决定,可以是一个主题,也可以是多个主题。学生必须根据档案袋主题及有关制作要求,选择自己感到最优秀或最满意的作品或学习成果,装入档案袋。尔后,学生需要对装入档案袋的优秀作品与成果进行必要的注解、反思和整理,形成符合要求的学习档案袋。成果型档案袋一方面常用于各种类型的展示会,另一方面也可用于教学评价(最高行为测验与评价)。正因为成果型档案袋常常用于学习成果展示会,故有些人就把成果型档案袋与展示型档案袋看成是同一类型的档案袋。

过程型档案袋(process portfolio)的重点是呈现与展示学生学习进步、探索、努力、进取、反思、达成目标与成就的历程。一般说来,过程型档案袋是按一个一个主题来建立的。学生根据师生事先商定好的主题,在教师的指导下,有计划、有系统地收集学习进程中有意义的、能说明学习进步与改变历程的细节资料。这些细节材料可能会完整地呈现整个学习与创作并取得成就的渐进历程,而不仅仅是只放进感到满意的作品或学习成果。例如,那些从事写作教学任务的教师,可能要求他的学生在档案袋中提交头脑风暴时的文思记录、第一份提纲、第一份草稿、修改稿,以及最终的作品等内容。过程型档案袋除了学生学习历程连续性的资料与作品外,还可能包括由教师等人完成的行为观察检核表、评定表以及各种形成性测验记录。同时,学生本人也应当对学习成长历程进行阶段性反思,分析取得进步或不能进步的原因等,这些均可装入档案袋。

综合型档案袋(synthetic portfolio)指的是兼具成果型和过程型,或者是兼具多个主题的学习档案袋。课程教学总结性评价或学生能力倾向发展性评价中,最常用的还是综合型档案袋。比如,小学数学课教学,当讲授到有关"时、分、秒;元、角、分;长、宽、高"的"四则运算"等内容时,可以设计"逛书店"数学学习档案袋,通过记录活动时间、测量书本的尺寸、购买文具书籍、反省学习档案袋内容等项目,形成综合型的学习档案袋。再如,教师可以结合艺术课(含音乐、美术、舞蹈等),要求学生制作"我的艺术追求"学习档案袋,把课内与课外有关艺术活动、艺术创作、艺术思考、艺术实践、艺术表现等有意义的作品或表现性资料装入档案袋,尔后定期加以整理与反思,形成"我的艺术追求"综合型的艺术学习档案袋。

所谓结构型档案袋(structured portfolio),是指学生在制作档案袋之前,教师或教研人员就已对档案袋的生成给予结构性较强的设计,比如,由教师提供档案袋主题、档案袋评价目标要点、档案袋重点项目、档案袋评价标准、各个重点项目的学习评价单以及给学生制作档案袋的明确指导。而学生只是依据学习评价单内涵及对评价标准的理解,围绕主题充分发挥,努力进取,尽可能地展现自己的学习成果与进步历程。一般说来,结构型档案袋系教师给予学生的高度指导,学生创意与发挥的空间相对较少,但这种形式的档案袋容易建立,而且易于开展评价工作。

所谓非结构型档案袋(non-structured portfolio),是指教师仅告知学习档案袋的主题,而未给学生确定重点的档案项目以及未给学生提供学习评价单,使学生在制作档案袋之前,未形成明显的结构设计。此时,学生有充分发挥的自主空间,依据经验与创意,自行决定重点的档案项目,自行规划档案内容与形式,自主收集学习成果。

所谓半结构型档案袋(semi-structured portfolio),是介于结构型档案袋和非结构型档案袋之间的类型。此时,教师提供学习档案袋主题、重点档案项目,学生仍有较大的自主发挥空间,他们可以自行规划呈现重点档案项目的内涵与形式,学生可以发挥创意与经验,设计、整理、美化与反思档案内容结构,展示学生的成果、进步与努力。

就一般教学情境下运用的档案袋评价而言,其目的大体上可分成:终结性评价、形成性评价、诊断性评价、最高行为评价、典型行为或个人独特性评价。

在教学评价多元化的改革浪潮中,档案袋评价渐受人们的青睐与重视。档案袋评价以实作的形式,请每位学生设计与制作个人学习档案袋,就特定学习主题连续收集各种有意义的资料,经过整理、反思与统合,建构出有丰富内容的、有创意的学习档案,以系统地展现学生个人学习的历程与成果。一般说来,精心设计与制作的学习档案袋,可以发挥诸多优势,如能兼顾学习结果与历程,兼顾认知、情感、动作技能的整体目标;可以评估学生元认知(metacognitive)和反思能力;可以呈现多元资料,获得关于学生发展的更真实的表现与成果;可以用整合、动态、实作的方法激发学生的学习兴趣;可以培养学生主动积极、自我成长、自我评价、自我负责的精神及价值观;可以增进师生互动、同学沟通、合作精神等。为了更好地发挥档案袋评价的上述优点,我们还需要注意如下几个原则:其一,档案袋评价必须与教学相结合;其二,档案袋评价应与其他评价方法并存使用;其三,档案袋评价应采用渐进式、引导式,循序渐进;其四,档案袋评价应实施多次、阶段性的反思与协助;其五,档案袋评价应顾及学生的承受力和可利用的资源。不过,我们也应当认识到档案袋评价的一些局限性:①档案袋评价技术投入运作,需要教师有较系统的教育评价理论修养,尤其是对档案袋评价技术的基本了解与掌握。然而,国内中小学教师从整体上看,缺乏这方面的专业素养。②档案袋评价需要学生和教师付出比传统纸笔测验多得多的时间与精力。这对国内已很忙碌的中小学教师来讲,是挑战,也是困难。尤其是当小班化教学还不能有明显进展的话,要教师付出那么多精力和时间来指导学生制作档案袋,开展个体化的档案袋评价,这是行不通的。③档案袋评价的标准化与客观化程度较低,因而评价的信度和效度有时难以保证。所以,档案袋评价只是多元评价的方法之一,不能取代其他评价技术,也不一定要各门课程、每位课任教师都对学生提出制作学习档案袋的学习任务。这与近年来中学生开展研究性学习的道理是一样的。④档案袋评价技术的应用,往往需要有一定的经费投入,这也可能给学校经费预算以及学生家庭经济带来一定的困难。因此,我们要正确认识、科学使用档案袋评价技术。

特别地,档案袋评价方法可以扩展创新应用范围。它不仅可用于学生个体评价,也可用于研究生培养过程,还可用于中青年骨干教师培养过程,甚至还可以用于各个教育层面的教育增值评价过程。

五、动态评价法

学校教育的目的之一,在于促进学生认知与行为的有效改变,而考试评价是协助达成教学目标的重要手段或者说重要过程之一。随着认知心理学的蓬勃发展,人本思想以及现代建构主义思想渐受重视,考试评价的理念及方法也在不断地发展和改变。传统静态评价(static evaluation or assessment)难以适应对学生的认知历程与学习潜能进行有效的分析与评价,这使得动态评价(dynamic evaluation or assessment)应运而生,渐受关注。动态评价有两层含义:其一,是跨越多个时间点观察评估学生的进步与改变情形,了解学生动态认知历程与认知能力变化的特点和潜能。其二,是评价者与被评价者之间产生大量的互动,强调评价与教学相结合,实施个体化的诊断评价与教学补救。为此,前者是教师连续应用"前测验—教学介入—后测验"的程序,后者则是经过充分的沟通与互动,持续评价学生教学反应与学习历程,了解学生在教学前后认知能力的发展与改变,了解学生远近不同的学习迁移,进而提供促进学生最佳发展和改变的教学介入与教育干预。所以,动态评价能够统整教学与评价、兼重历程与结果,可以评估与预测学生最佳的发展水准,颇具现代教育理念,值得我们研究与借鉴。动态评价有一些不同的模式,[1]但最常用的是坎佩恩—布朗(J. C. Campione & A. L. Brown)渐进提示评价模式(graduated prompting evaluation or assessment)。这一模式根据俄国著名心理学家维果茨基(Vygotsky)的社会发展认知论,把其中有关学习与发展的观点、最近发展区概念、鹰架概念、社会中介概念等用之于教学评价之过程。创建这种评价模式的这两位学者认为,动态评价不仅可以测量与评价学生过去已有的知识、经验与技能,而且可以在渐进提示的学习进程中评估学生的成长、认知改变的可能和学习迁移的距离。这种模式以数学、阅读、逻辑推理、结构复杂问题的解决为题材,事先建构一套"从一般、抽象到特定、具体"的提示系统为鹰架结构,再采用"前测—学习(训练)—迁移—后测"的基本程序来了解学生的学习、保留、迁移能力。前测与后测可采用静态评价(如传统书面测验),以了解前后测的表现水平之变化,但在中间的学习、保留、迁移阶段可采取动态评价,即采用一系列标准化教学与提示系统。根据学生的认知能力,在学习与迁移阶段还可以因人而异地施以多种层次的教学介入与训练,以促进学生的学习迁移,评估学生的迁移成效。一般说来,迁移阶段可依中间介入的学习材料或题型与原学习材料或题型之间的相似关系,把迁移分成保持(零迁移)、近迁移、远迁移和极迁移四个不同的难度层级或距离层次。极迁移是难度最大、迁移距离最远的一种学习迁移,具有"触类旁通"的效果。在计分与评价方面,通常最简单的方法是:以提示量多少来核算,每提示一次计点一次,提示量愈多,表示学生的能力愈低,迁移的能力也愈低(近迁移或零迁移等);反之,提示量愈少,则说明学生的学习能力愈高,学习的迁移能力愈高(远迁移或极迁移)。坎佩恩—布朗的渐进提示评价模式,具有评分客观、易于实施与推广、能够精确评估迁移能力、强调与学科领域结合等优点,然此模式

---

[1] 参看李坤崇著:《多元化教学评量》,心理出版社 2000 年版,第 310—318 页。

若用于复杂度甚高的学科,则会因解题与思考历程过于复杂与多元,以致不易建立工作分析、认知分析与提示系统。

动态评价有多方面的应用。一方面,我们可以把这种方法与具体学科相结合,应用动态评价的方法来了解、评估和探索学生的认知能力发展及学习潜能;另一方面,我们可以把动态的评价思想和方法应用于课堂教学或课程编制,体现评价与教学相结合、评价与课程相结合的新的教育方法。在实际应用中,课任教师可以依据前文介绍的四种动态评价模式,设计教学与评价方案。更重要的是,教师还可以根据教学与评价的实际,灵活地运用或创造出简易的互动评价技术,以确认学生内在认知历程及认知缺陷,作为班组教学与个别教学补救的依据。这种互动评价的简单方法,常见的包括临床晤谈、后设认知晤谈、放声思考、错误类型分析等。临床晤谈法对讨论主题不预设立场,无标准化问题,只是依据学生反应来提出问题,同时,鼓励学生尽可能用自己的话来解释自己的认知或行为,教师在与学生进行非结构式的面谈互动过程中,了解学生的认知过程、认知水平及存在的问题。后设认知晤谈法则通过较有结构性的晤谈,来深入了解学生的认知历程与应用学习策略的历程。放声思考要求学生一边开动脑筋,一边将其思考的内容、路线、策略、自设自问、自我探索的运思历程用语言跟随着说出来,让教师或同伴能了解并分享被试的心智运作历程,作为评估学生认知水平及调整教学辅导的依据。而错误类型分析不仅要分析学习错误的表现类型,而且还要分析可能造成学习错误的认知历程。为此,教师通过采用互动式的晤谈或让学生进行放声思考的方法,探究学生的认知历程,评价学生的认知能力,进而采取一定的互动模式,帮助学生正确地学习,提高学生的认知能力和学习迁移能力。这些简易的动态评价方法,既可以单独使用,又可以在前文所述的学习潜能评价模式和渐进提示评价模式中加以应用(见例8-1)。

例8-1 以书面测验和课堂渐进教学干预相结合的数学课程动态评价

数学课程中的许多内容,尤其是具有结构和过程的应用题教学,较适合于采用动态评价方法。主要步骤简单叙述如下:

第一步:事先准备数学动态评价教学所用的个别测验。这里不妨以初中一年级"一元一次方程及等量关系问题"的内容为例加以说明。

第二步:实施动态评价教学法,向每位学生发一份测验,并作必要的说明。

第三步:开始测验。阅读第1题,并在题目下面的空白处作答。

第1题:某文艺团体为"希望工程"募捐组织了一场义演,售出成人票和学生票总共1000张,筹得票款总额是6950元。已知成人票和学生票每张分别为8元和5元,请问成人票与学生票各售出多少张?

第四步:教师巡视观察,经过适当的时间,请会做并完成第1题作业的学生举手(但教师要了解哪些学生处在还不知从何入手去分析问题和解答问题的状态),并请会做的同学先做第2题。

第五步:教师首次提示:"请把题目再看一次,想一想,再试试!"过了适当时间,请再试成功的同学举手。同时,教师观察了解还有哪些学生不会做。

第六步：教师第二次提示，告诉学生一些重点，学生一面看题目一面听教师讲解，教师在黑板上作重点提示，必要时可辅以图形说明。比如作如下提示：

题目已经告诉我们成人票和学生票的票价分别是 8 元和 5 元，题目包含两个等量关系：

（1）成人票数＋学生票数＝1000 张

（2）成人票款＋学生票款＝6950 元

设售出的学生票为 x，则成人票为 $1000-x$

这样，根据上述等量关系可以列式求解。

第七步：请学生继续作答，观察学生表现，并请会做的同学解答下一题。对于还有一小部分不会做的同学，进行下一步骤的例题教学。

第八步：例题教学。

例题：某文艺团体为"希望工程"募捐组织了一场义演，共售出 1000 张票，筹得票款 8000 元。已知成人票每张 10 元，学生票每张 5 元，试问售出的成人票和学生票各多少张？

分析解答如下：

（1）学生票数＋成人票数＝1000 张

（2）学生票款＋成人票款＝8000 元

（3）设学生票数为 x 张，则成人票数为 $(1000-x)$ 张；已知学生票价每张 5 元，成人票价每张 10 元

（4）则学生票款为 $5x$，成人票款为 $10(1000-x)$

（5）根据等量关系有 $5x+10(1000-x)=8000$

（6）求解上述方程，可得 $x=400$ 张

（7）因此，售出的学生票数 400 张，成人票数 600 张（$1000-400=600$）。

第九步：请学生继续完成第 1 题。此时，若所有学生都做出了，就做下一题。倘若还有个别学生不会做，那就需要教师原原本本地把第 1 题解答给学生看。尔后，才进入下一题的教学。

第十步：当最后一批学生也进入第 2 题的测验时，教师可以仿照前述步骤加以提示和教学干预，如此循环前进，直到测验结束。这种动态评价教学过程可及时了解学生的学习进程和水平，因人而异地给予提示和指导，从而能够因材施教，整合教学与评价，培养学生自学和思考能力，了解学生的学习水平和迁移能力，诊断学生学习困难并给予适当的帮助，最终提高教学效果。

动态评价技术有兼重学习结果与学习历程、兼重回溯性评价与前瞻性评价、兼重认知潜能与学习迁移能力、兼重教学与评价、兼重社会文化介入与个别差异、兼重静态与动态、兼重诊断与处方等诸多优点。动态评价不仅适用于正常发展的学生，而且特别适用于学习障碍学生。从维果茨基的社会发展认知论的观点来看，发展认知乃社会互动历程，学习障碍学生

可能系社会互动环境不佳所致,经由教学介入与引导,可扩增学习障碍学生的认知发展区域,激发其潜在发展水准。同时,经由实施持续的互动评价,可更正确诊断学习障碍学生的真正潜能。但是,动态评价也难免存在一些缺点,如动态评价专业性强、评价设计较难、不易推广、实施个别化评价成本较高、信度与效度常常证据不足、前测的信息没能被充分发掘与利用、中间的教学介入内容缺乏明确的理论依据等。因此,积极引进与研究动态评价是很有必要的,但不能用动态评价取代静态评价,也不能固守静态评价,将动态评价技术置之度外。

研究性学习专题一

　　为了加强培养大学生的创新精神和实践能力,普通高校的考试与评价制度应当如何改革?

研究性学习专题二

何为教育增值评价? 它有哪些优缺点?

第四节　成绩评定等级制的原理及应用

　　对学生的课业成绩评定方法可能会因国家、年代乃至学校的不同而存在差异。我国自汉代开始,学校教育中普遍采用等级记分法,如汉代太学的成绩评定分为及格和不及格两个等级,后又分为甲、乙、丙、丁四等或优、良、中、可、劣五等。中国学校采用百分制最早始于清代末期。1902 年(光绪二十八年)清政府颁布的《钦定学堂章程》规定:"评定分数以百分为满格,通各科平均计算,每科得 60 分者为及格,不及 60 分者为不及格。"百分制记分法断断续续地一直沿用至今。新中国成立后,学校教育中起初学习苏联而广用五分制,后改为百分制。"文革"期间,学校曾用及格与不及格两级制以及百分制等方法。现在我国学校教育绝大多数采用百分制记分法,60 分为及格。尽管有时人们也采用"及格与不及格"两级记分法以及"优、良、中、及格、不及格"五级记分法,但百分制还是人们最常用、最熟悉的一种记分法。

　　近些年来,国内在探索中小学教育整体改革以及在实施素质教育的过程中,一些地区和学校试图从学生课业考评改革入手,打开教育改革的局面。这些地区和学校对学生的成绩评定试行等级制,且在一些中小学里得到富有创新的应用。在这种背景下,系统探讨等级制的类型及它们在一些国家义务教育阶段中的应用,具有重要的意义。

　　从教育测量与评价的专业角度来看,课业成绩评定等级制可分为两大类,一是绝对评价等级制,二是相对评价等级制。

一、绝对评价等级制及应用

按照既定的课业标准把学生的学习成绩与表现划定为若干等级,这种成绩评定法称为绝对评价等级制。常见的有如下几种:

1. 教师综合评价法

这种方法就是由教师对每位学生的学习情况,包括平时的作业、课堂提问与讨论、形成性测验结果、学生的作品等多方面学习表现与成果作全面考察,进行综合评价,并给出等级分数。比如,五级记分制用 5,4,3,2,1 表示成绩的等级水平;用评语形式的五等记分制即分为优秀、良好、中等、及格、不及格。

许多国家在中小学阶段,特别在初等教育阶段使用五级记分制。如苏联、波兰、瑞典等国家用 5 分表示优,4 分表示良,3 分表示及格,2 分表示不及格,1 分表示最差。在苏联的一些低年级学校里,对不及格的学生暂不给予成绩评定,以免给学生造成心灵上的打击,等到学生通过补习有明显进步后再给成绩。

不难看出,综合评价法下的等级记分制能够充分发挥课任教师在学业考评中的主动性与积极性,能够敦促教育者平时善于观察、记录与了解学生的学习情况,能够给师生双方更大的主动性和互动空间,同时也能简便地对学生的学习成绩与表现作出较全面的、综合的评价。但这种方法存在主观性,教师之间在评定标准及理解上存在明显差异。为此,一些部门和学校常制定一些宏观性的指导意见及评定标准,供任课教师参照。除此之外,等级制记分法还要求任课教师对学生的学习进步情况给出附加性的评语描述。

譬如,对一位初一年级下学期语文科目综合评定为 4 分(良好)的学生可作这样的评语描述:

能够分析一些简单句子的语法结构;能应用一些简单的句型直接表达自己的思想;能阅读一些通俗的文学作品和大众报纸……

倘若在等级记分制下能够再附加评语描述,这就使课业考评从过去以分数为形式的表征性评定,转变为以等级制附加评语描述的实质性评定,显然,后者更符合素质教育的要求。

2. 测量结果转换法

这种方法的运用通常是在举行正式测验或考试之后,把测量得到的分数按照事先规定的分数段转换成等级分数。例如,90—100 分为优秀(5 分),80—89 分为良好(4 分),70—79 分为中等(3 分),60—69 分为及格(2 分),59 分以下为不及格(1 分)。当然,不同的国家、地区乃至学校,都有自己不尽相同的等级转换方法。有些国家使用五级记分制,而有些国家则采用七级记分制等。譬如,智利的许多中小学通常采用测量结果转换法下的七级记分制,7 分为最优,4 分为及格,3 分以下为不及格。而墨西哥的中小学则更多地采用十级记分制,通常以百分制中的每 10 分为一个分数段进行转换,即 90—100 分对应十级记分制下的 10 分,80—89 分对应十级记分制下的 9 分,依此类推。10 分最高,表示优异(特优),9 分为优秀,8 分为良好,7 分为中等,6 分为及格,5 分及以下为不及格。当然,根据需要也有其他的转换法。

显然,测量结果转换法比前文的教师综合评价法更客观准确。特别是在举行统一的标准化测验的情况下,等级记分法在不同的学校之间具有较好的可比性。同时,由于采用等级制,淡化了考试分数在同一分数段中的细小差异。不过,这种方法过分依赖严格的纸笔测验和规范的测验设计,同时也忽略了学习表现中的其他信息。为此,一些国家在评定成绩时不仅要看学生在统一测验下的表现,而且还参照学生平时的作业成绩和表现,对这两方面进行加权处理后,综合评定学生的学习成绩。

3. 核心内容参照法

这种方法是在编制的课程标准和考试指导文件中对该课程的学习和考核标准进行明确的界定,规定每一成绩等级的核心内容,并按照这种标准对学生的学习成绩作出等级评定。根据实际情况,成绩可分为五等,也可分为七等。例如,通常由 16 岁左右的英国高中学生参加的"中等教育普通证书(GCSE)"考试,其成绩按照该课程的国家标准规定可分别判定为A、B、C、D、E、F、G 七个等级。英国 GCSE 考试的国家标准能够较明确地界定一门课程的核心内容及相应的成绩等级标准,使得该成绩的等级含义更明确,评定标准更具体、更稳定。

不难看出,核心内容参照法的优点是,有具体的、明确的评定标准,有利于把教、学、考三者有机地联系在一起,能够把提高个人学习水平同提高教学质量较好地统一起来。这对于那些近几年来不断强调课程标准并试图建立适当的评价制度的国家,是一种有益的启示。例如,新加坡、美国、澳大利亚、加拿大等一些国家和地区,自 20 世纪 90 年代以来一直在强化中小学阶段的课程标准,并力图建立起具有明确学术标准的等级评价制度。我国自从实行高中毕业会考制度以来,许多省市也借鉴国外统一考试的方法,在高中毕业会考中采用核心内容参照法评定成绩就是其中的一种做法。

同样应该指出,核心内容参照法的成绩评定最好是把纸笔测验和课程作业等综合在一起,加权判定。一种显而易见的事实是,课程标准中的教育目标是较广泛和全面的,而课程标准中的核心内容只不过是一种最低的要求,再加上考试往往只侧重于课程核心内容中可测性强的一部分内容,因此,仅凭一次性考试评定学业成绩与表现,显然是有局限的。为避免学校教学内容过于狭窄和"应试教育"的趋势,一些国家在成绩评定标准与方法中充分考虑到学生日常的学习表现。例如,英国在对 5—16 岁儿童实施国家课程教育中,对 7 岁、11岁、14 岁及 16 岁这四个关键年龄段进行正规的学业评定。其中 16 岁结束段的学业评定包括校外统考和校内评定两部分。校内评定主要由任课教师负责,主要考查学生的课程作业,如实践作业、书面作业、口头或听力作业、表演与作品等。一般说来,课程作业在总评中所占的比例为 20%,从而弥补了校外考试的不足,可以反映校外测试以及纸笔测试所无法测到的有关技能或能力,如研究技能、交际技能、口头表达技能、与人合作的能力、观察能力、承受能力以及动手操作方面的能力。英国学校成绩评定的这些经验,值得我们借鉴与学习。

二、相对评价等级制及应用

所谓相对评价等级制,是根据学生的卷面成绩在同类考生团体中所处的相对位置来确定成绩等级分数的评分体制。这种评分体制在 20 世纪 50 年代以前曾在一些国家流行,并一度有取代绝对评价等级制和百分制的趋势。倡导相对评价等级制的人认为,成绩的高低并不完全在于卷面分值的大小,而在于该成绩在同类学生团体中的位置。此外,由于不同科目命题难易及不同任课教师评分标准宽严的不一样,因而采用百分制的卷面分数来评价学生或基于绝对评价等级制的等级分数来评价不同课程的学习水平,其可比性是可想而知的。而主张采用绝对评价等级制和百分制的人则认为,学校教育教学是有计划、有目的和有标准的,不能抛弃或不顾这种既定的标准(目标)去追求仅具相对意义的高分数。换言之,学校课程考试是达标性考试,相对评价往往不能很好地把追求高分数和追求真实水平与高质量有机地协调起来。再者,即使师生双方在教学上非常努力,成绩显著,但相对评价后班级里仍有低分数或低等级,这既不利于调动教师的积极性,同时也不利于学生个性的发展。因而,相对评价记分法是不够明智的。20 世纪 60 年代以后,随着学校教育目标管理及评价理论的建立,成绩评定方法又倾向于绝对评价法,而在许多重要的场合,人们又倾向于把绝对评价法和相对评价法的思想结合起来使用。应该讲,这种评分制能向人们提供更多的信息。为便于使用或了解相对评价等级制,下面简要介绍两种常见的方法。

1. 五分等级制

这里所要介绍的五分等级制虽在记分形式上与上述绝对评价五分等级制相同,但在评定等级时不是把学生的学习成果与某一既定的标准进行对照,而是根据学生的学习成绩在学生团体中所处的相对位置来确定其相应的等级分数。同时,对各个等级分数的评定方法也与前面的五级记分制有所不同。具体的评定方法是把学生成绩(通过考试或教师综合评估后得到的成绩)从高分到低分排列,然后根据考生总数按照下述两种方案所给的比例,对属于各个等级的人数进行套评。

(1) 正态分布面积比例法

这种方法根据人的能力通常服从正态分布的假定,把正态分布曲线下位于正负三个标准差范围内的面积以等距的方式划分为五部分,使这五部分的面积百分比结构为 3.5:24:45:24:3.5,然后把一批考生的成绩从高到低依次按上述五部分的面积比例来确定每一个等级的人数及比例,即 A 等(5 分)占 3.5%,B 等(4 分)占 24%,C 等(3 分)占 45%,D 等(2 分)占 24%,E 等(1 分)占 3.5%。

(2) 按 1:2:4:2:1 的比例分配法

这种方法是 1948 年日本学校教育法规定的一种学习成绩评定方法,即把评为 A 等(5 分)、B 等(4 分)、C 等(3 分)、D 等(2 分)和 E 等(1 分)这五个等级的人数按照规定的 1:2:4:2:1 的比例进行分类,形成中间多、两头少的人数结构。若把这种比例换算成百分比结构,不难知道,A、B、C、D、E 五个等级的人数比例分别是 10%、20%、40%、20% 和 10%。可见,这种比例结构实际上是参照上述正态分布面积比例结构的一种调整。这种方法当时在日本实行后不久,人们就很清醒地意识到,无论教师如何努力,成绩始终是“两头小、中间大”的状态。因此,这种按比例套评等级的记分方法不利于调动师生的积极性,容易引导人们关心名次而不是关心内容掌握程度,所以这种方法使用不久即被绝对评价等级制以及百分制所替代。但在实行绝对评价等级制的同时,学校教师也根据具体考试情况适当参照相对评价等级制的各等级比例,对学生的成绩进行适当调整。

2. 十分等级制

这里的十分等级制,是根据心理学中的所谓标准十分量表的原理,对学生的成绩作出 10 个等级的相对评价。这 10 个等级从高到低分别用 10 分,9 分,8 分,……,2 分,1 分来表示,各个等级的人数比例是根据正态分布的原理进行划分的,具体比例如表 8－2 所示。

表 8－2 十分等级制记分法各个等级的人数百分比

等级分	10	9	8	7	6	5	4	3	2	1
所占人数百分比(%)	2	5	9	15	19	19	15	9	5	2

不难知道,相对评价法下的十分等级制不考虑全体学生的整体学习水平,一律把学生的考试成绩从高分到低分按照既定的人数比例来划定等级分数,最高等级为 10 分,最低等级为 1 分,形成"中间多、两端少且对称"的等级分布。而绝对评价法下的十分等级制则是根据某种需要或规定,先把卷面分数划分成十个分数段,然后进行赋值转换,形成十级记分体系。而且,这 10 个等级上的人数比例结构,虽然大都形成"中间多、两头少"的分布,但各等级人数比例往往是随考试的不同而不同,随学生学习水平的变化而变化的。由于限定比例结构的十分等级制不利于调动师生的积极性,因此,这种相对评价法在非选拔性考试中已用得很少。尽管如此,在许多情况下,人们在使用绝对评价法的十分等级制时,为了适当平衡各个等级分数的人数比例分配,也常常借鉴相对评价法下的各个等级的人数比例结构,以作微调。

事实上,对一些正规的考试(如证书考试),无论是国内还是国外,在实行等级制评定成绩时,往往都倾向于把绝对评价法的思想和相对评价法的思想结合在一起,建立既有利于调动师生双方的积极性又能够形成合理的考试成绩结构的评分制度。

💡 关键术语

课业考评 课业发展 核心素养 学科素养 个人发展参照法 教育目标参照法 教育常模参照法 客观题评价法 主观题评价法 表现性测验评价法 实验技能教学考试评价 评定量表评价法 档案袋评价 静态评价 动态评价 成绩等级制

📑 内容提要与小结

1. 课业考评对促进学生发展起着重要作用,尤其是面对全面深化课程改革与人才培养标准的提升,中共中央、国务院和教育部在一系列重要文件中,对改革考试评价和招生选拔制度作了重要的指示。在学习"教育测量与评价"这门课程时,尤其是学习本章内容时,我们要把握上级有关文件的精神实质与要求。

2. 近几年来,校内考试评价制度和学生课业考评方法有了一些改进,但各级各类的教育在这方面发展不平衡。从总体上看，当前我国学校中对学生课业考评还存在一系列问题。为此，我们要加强学习与研究，加大改革力度，借鉴国外有益经验，把握国际改革趋势，确立改革目标，努力实现课业考评的"四个转变"，尤其是实现从表征性分数机制到实质性内容机制的转变。

3. 学生课业发展的内涵丰富，从整体上分析，课业发展主要内容包括：学生的个体一般性发展；学科理论知识与学科能力或技能的发展；思维技能与品质的发展；研究与学习技能的发展；创新精神与实践能力的发展；态度、观念与兴趣的发展；欣赏与审美的发展；适应与习惯的发展；学生体育技能与素质的发展；个体独特性的发展等十个方面。通过对学生课业发展内容框架的把握，结合特定教育阶段或特定学科教学的实际情况，可以设计多种多样的学生课业发展综合评价表。

4. 无论是相对评价还是绝对评价，要使评价结果更有意义，就需要确定学生课业发展评价的参照点。在个人发展参照评价法中有个人发展横向参照法、个人发展纵向参照法及个人潜力发展参照法。在教育目标参照评价法中有专题内容领域参照法、课程目标或标准参照法和整体教育改革实验的阶段性目标参照法等。在教育常模参照法中，有年级常模参照法、年龄常模参照法、百分等级常模参照法、分等评定常模参照法、标准分数常模参照法等。

5. 评价学生课业发展进步的方法多种多样，而书面测验只是其中的一种。利用客观题和主观题来评价学生的课业发展，各有优缺点。近20年来，表现性测验在评价学生的课业发展中受到世界上许多国家和地区的格外重视。表现性测验的形式多种多样，如口头测验、论文题测验、实验技能教学考试评价等。

6. 一旦注重了教育目标及课业发展内容的多样性之后，评定量表评价方法在学生课业发展的综合评价中具有重要的应用。评定量表形式多样，其中常用到的有数字等级评定量表、图示等级评定量表、图示描述评定、检选式评定和脸谱图形评定等方法。评定量表有其特别的适用范围，在使用中，可以根据实际情况并结合具体内容特点，加以整合使用。除了评定量表评价法外，同伴评定和轶事记录表在学生课业发展某些侧面的评价中独具特色，也应当给予充分的重视。

7. 档案袋评价是教师依据教学目标与计划，请学生持续一段时间主动收集、组织与省思学习成果的档案，以评定其努力、进步、成长情形的一种评价方法。用在班级学生评价的档案袋基本上可分为成果型档案袋、过程型档案袋和综合型档案袋三类。就一般教学情境下运用的档案袋评价而言，其目的大体上可分为终结性评价、形成性评价、诊断性评价、最高行为评价、典型行为或个人独特性评价。在教学评价多元化的改革浪潮中，档案袋评价渐受人们的青睐与重视。不过，我们也应当认识到档案袋评价的一些局限性。档案袋评价只是多元评价的方法之一，不能取代其他评价技术。我们要正确认识、科学使用档案袋评价技术。

8. 考试评价的理念及方法也在不断发展和改变。传统静态评价难以适应对学生的认知历程与学习潜能进行有效的分析与评价，这使得动态评价应运而生。动态评价是跨越多个时间点观察评估学生的进步与改变情形，了解学生动态认知历程与认知能力变化的特点和潜能;强调评价与教学相结合，实施个体化的诊断评价与教学补救。动态评价能够统整教学与评价、兼重历程与结果，可以评估与预测学生最佳的发展水准，颇具现代教育理念，值得我们研究与借鉴。

9. 成绩评定等级制是一种古老的评定方式，在新的社会背景下，它有许多重要的发展，并具有特定历史意义和应用价值。课业成绩评定等级制从总的方面来看有绝对评价等级制和相对评价等级制两大类。它们又有许多不同的方法，其中一些方法是根据教育统计学原理和现代教育测量与评价的理论建立起来的，具有较好的科学性和价值。在义务教育阶段，尤其是小学教育阶段，使用等级制来评价学生的课业发展有其一定的优越性。此外，对于认识能力以外的课业发展目标来讲，许多内容通常需要采用非测量方法或准测量方法来获取证据，并采用等级评定量表来评价。所以，等级制在大、中、小学各个阶段的学生课业发展评价中，都具有特殊而重要的应用，我们应当采用多种方法来评价学生的课业发展与进步。

🎓 练习与思考题

1. 合理的课业考评对促进学生发展起哪些积极作用？

2. 实质性内容机制的课业考评方法有哪些特点？

3. 学生课业发展的内容框架包括哪些方面？请你选择一门课程，分析课业发展的主要目标要素，设计一个评价表，并给出关于每个目标要素的评价方法的建议。

4. 说说结构性强的学习档案袋应当如何制作。

5. 动态评价的理论依据是什么？

6. 采用等级制来评定和评价学生的课业发展，其方法通常有哪几种？发展趋势如何？

7. 教育目标、教育标准、学科素养、核心素养，它们之间的关系如何？

第九章　学生智能发展的测量与评价

学习目的

学完本章后，你应当能够：

1. 对学生在认知过程中的四种基本能力作出评价。
2. 认识心理学界对智力的几种主要定义。
3. 认识智力结构的几种典型观点。
4. 了解加德纳多元智力理论的主要观点及现实意义。
5. 了解斯腾伯格成功智力理论的观点及现实意义。
6. 了解测量智力(智商)的几种典型方法及特点。
7. 掌握对创新精神与创新能力的一些评价方法。
8. 认识几种典型的创造能力测验及特点。
9. 了解若干能力倾向测验的特点与应用。

编写者及课任教师建议的阅读文献

1. 郑日昌主编：《中学生心理诊断》第四章和第五章，山东教育出版社 1994 年版。
2. ［美］霍华德·加德纳(Howard Gardner)著，沈致隆译：《多元智能》，新华出版社 1999 年版。
3. ［美］R. J. 斯腾伯格著，吴国宏、钱文等译：《成功智力》，华东师范大学出版社 1999 年版。
4. ［美］雷吉尔(David Lazear)著，郭俊贤、陈淑惠译：《落实多元智慧教学评量》，远流出版事业公司 2000 年版。
5. ［美］Linda Campbell 等著，王成全译：《多元智能教与学的策略——发现每一个孩子的天赋》，中国轻工业出版社 2001 年版。
6. 李毓秋：《韦氏儿童智力量表第四版的结构变化及其对儿童认知能力的评估》，《教育测量与评价》(理论版)2009 年第 4 期。
7. 戴海崎、张锋主编：《心理与教育测量(第四版)》第十二、十三章，暨南大学出版社 2018 年版。

8. _____

_____

9. _____

_____

第一节　学生认知过程基本能力发展的测量与评价

中共中央国务院在《关于深化教育教学改革全面提高义务教育质量的意见》中指出,要"提升智育水平。着力培养认知能力,促进思维发展,激发创新意识。"还强调,要"突出学生主体地位,注重保护学生的好奇心、想象力、求知欲,激发学习兴趣,提高学习能力。"因此,学生和研究学生认知能力发展的测量与评价,有重要的现实意义。

认知过程涉及心理过程的全部范围,但观察能力、记忆能力、思维能力和想象能力是其中的四种基本能力,这些基本能力是智力的重要组成部分。无论学校教育课程如何改革,这四种基本能力在学生的发展及素质教育过程中有重要的作用。[①]

一、观察能力发展的测量与评价

观察是一种有目的、有计划、持久的知觉活动,是知觉的高级形态,是认知过程的基本环节,是从事任何一种专业活动都必须具备的能力。一个人如能勤于观察、善于观察,就有可能随时发现问题,得到意想不到的收获。许多人成为杰出的发明家、科学家、文学家、艺术家和政治家,都和他们具有非凡的观察能力分不开。著名的生理学家巴甫洛夫(I. P. Parlov)把"观察、观察、再观察"作为座右铭,并告诉学生们:"不学会观察,你就永远当不了科学家。"而杰出的生物学家达尔文(C. R. Darwin)则对别人说:"我既没有突出的理解力,也没有过人的机智,只是观察那些稍纵即逝的事物,并在对它进行精细的观察能力上,我可能在众人之上。"因此,认识学生观察能力的发展规律,培养与提高学生的观察能力,其意义重大毋庸置疑。

1. 观察能力的发展

学生观察能力的发展,既有年龄特征,又有个别差异。我们可从观察的目的性、持久性、精确性和概括性方面加以认识。

（1）观察的目的性

观察是一种有意识且自觉的认知活动。在小学阶段,由于教师在教学过程及各种有关的活动领域里不断地向儿童提出观察的任务与要求,小学生的观察能力得以发展。不过,受小学生生理与心理发展水平的限制,小学生的观察能力整体水平较低,其观察活动的目的往往是由教师或他人提出的。进入中学阶段,学习环境、学习内容甚至学习方法均有较大的变化,在学习过程中观察能力得到不断的启发、训练与强化,使得中学生在观察活动的主动性、目的性、计划性等方面比小学生有了显著的提高,并且随着年龄的增长与年级的增高而发展。为了培养学生发现问题、探索未知的兴趣和能力,为了培养学生具有更加强烈的创新意识,我们在学校教育中要促进学生形成善于观察、有目的地观察的能力和习惯。

（2）观察的持久性

观察活动的持久性可用有意注意或注意集中的时间来说明。有意注意和无意注意是两

---

① 参看郑日昌主编:《中学生心理诊断》第四章,山东教育出版社1994年版。

种不同类型的注意过程。无意注意指没有自觉目的、不需意志努力的注意,因此,它通常是一种漫不经心的注意;有意注意是一种有自觉目的、必要时需作出意志努力的注意。后者是一种主动并服从于一定目的和要求的注意,如上课专心听讲、注视化学实验演示等。虽然这些活动未必引人人胜,但人能通过意识的能动作用,克服许多干扰,通过有意注意来完成有关活动。

观察活动通常是一种持久的有意注意,其集中注意的时间可反映观察活动的持久性程度。一般说来,观察的持久性既与观察任务有关,也与年龄特征有关。教育心理学实验研究表明,[1]对于通常的学习活动来讲,5—7 岁儿童集中注意于某一事物的时间平均约为 15 分钟,7—10 岁儿童平均约为 20 分钟,而 12 岁以上青少年平均可超过 30 分钟,而中学生以及大学生的主观能动性更强,因而在观察活动过程中更能集中注意。

（3）观察的精确性

人的观察力是否高超敏锐,在很大程度上取决于观察的精确性与概括性。这里讲的观察精确性,主要表现在人对事物细节的感受能力与辨别能力以及对事物理解的深刻性上。学生观察的精确性有一个发展过程。首先,从小学到中学再到大学,随着学生身心的发展,在学习活动与经验的作用下,中学生和大学生在观察事物过程中能自觉地运用各种感官从各个侧面取得丰富而精确的信息。在各种感官的并用中,有 90％ 的外界信息是通过视觉这一渠道进入人脑的。有研究材料表明,初中学生的视觉感受能力比小学一年级学生的视觉感受能力增高 60％ 以上;初三、高一学生的视觉和听觉感受能力能达到成人的水平,有的甚至超过成人。其次,从小学到中学,随着各种认知能力的发展,中学生的观察活动趋向多层次,在"眼到"的同时做到"心到",观察更加深入细致。再次,由于心理发展与知识经验的积累,中学生和大学生的观察方法也远比小学生丰富和精巧。最后,中学生和大学生能提出观察计划,按照事物本身的内在联系全面细致地、有步骤地进行观察思考,且由于排除错觉干扰的能力增强,观察更具条理性和准确性。

（4）观察的概括性

观察的概括性是指观察过程中理解事物的抽象程度和概括程度,它们是观察能力的高级表现,并且出现于特定的年龄段。

中学生的思维能力水平比小学生高。尤其是抽象能力、概括能力和类比能力,通常到初中二年级以后才得到明显的发展,个别能力甚至要到高中阶段以后才得到较充分的发展（如对抽象概念与多维空间的观察理解等）。正是由于这些原因,中学生和大学生的观察的概括性得以进一步发展。由于观察的概括性的发展,大中学生能够在观察中思考,在思考中观察;大中学生的观察能够透过事物的表面现象,揭示事物的内在规律;大中学生的观察能够突破时间、空间与自身感官的局限,实现认识上的飞跃;大中学生的观察是一种有规律的、有高级思维能力参与的认知活动。

2. 观察能力的测量与评价方法

对学生观察能力的发展进行测量与评价的方法,主要有如下几种:

---

[1] 林崇德著:《中学生心理学》,北京出版社 1983 年版,第 100—101 页。

（1）实验室评价法

即结合学校有关课程实验,利用实验课教学或实验室有关设备,设计实验观察,通过实际观察活动来评价学生的观察能力。

（2）研究报告评价法

即通过对学生的课程作业、科学研究报告、实验室实验报告等来分析、判断与评价学生的观察能力。比如,教师可结合学科课程或课外科技活动,向学生布置有关科学观察与撰写研究报告的任务(如蚕的发育变化过程),然后给予评价。

（3）教师观察评价法

即根据教师对学生一段较长时间的观察了解,参照上述观察活动的目的性、持久性、精确性与概括性四个一级指标,适度分解二级指标,可设计一份"学生观察能力评价表",对学生进行观察能力的评价。

（4）测验评价法

虽然通过对学生作品的分析和对平时学习活动的了解,教师可以对学生的观察能力作出初步判断,但要客观地测量与评价学生的观察能力及其特点,更有效的方法是采用专门的测验去评价。常用的观察能力测验有两种,一是从图形符号的辨认来评价学生的观察能力。这种方法是通过学生对图形、符号、字母或数字等材料的精细辨别成绩来评价学生的视觉的感受力、知觉的综合能力与认知的速度及精确性。二是从综合的角度来测量与评价学生的观察能力。这种方法主要从排除错觉能力、差异辨析能力、空间翻转视觉能力、局部与整体的识别能力以及思维的推理、判断、想象、概括等方面,来判断学生观察能力的发展水平。

二、记忆能力发展的测量与评价

记忆作为人的思维乃至整个心理活动过程的基础,是人类日常生活中最普遍的心理现象之一,它对于人类生活是极其重要的,也是人类活动取得成功所必不可少的条件。记忆包括"记"和"忆"。"记"是一种感知过程,心理学上也称为识记,可分为有意识记与无意识记;也可分为机械识记与理解识记,还可分为形象识记与抽象识记。"记"作为一种感知过程,在人脑中留有对事物反应的痕迹,这在心理学上称为"保持"。正由于这种"保持"的作用,人们能对以前被感知过的事物进行再认或再现,即所谓的"忆"。而记忆能力从本质上看,它包括了识记、保持、再认或再现的心理活动过程。识记是记忆的前提,为了提高记忆能力,需要讲究识记的技巧与方法,以便在大脑中形成较巩固的联系,能够保持下来,实现对事物的再认或再现,满足人类活动的需要。同时,通过再认或再现过程又进一步地强化了识记与保持。

虽然记忆能力是每个人都具有的一种基本的认识和心理能力,且可以通过后天的训练得到一定程度的提高,然而,在人的记忆能力发展上存在着明显的年龄特征与个别差异。记忆能力测验是判断记忆能力个别差异的客观量具。

一个多世纪以来,心理学家对人类记忆的奥秘进行孜孜以求的探索,产生了关于记忆的各种理论。与此同时,从事心理测验的心理学家也对记忆的诊断作过大量的努力。他们之所以对记忆如此感兴趣,不仅是因为记忆对于人类生活具有极端重要的作用,还在于人们从临床医疗中发现,人的记忆功能的缺陷是许多器质性和功能性精神障碍的一种常见的伴随症状。因此,无论从诊断还是治疗康复的角度看,用客观的方法来测评与诊断人的记忆能力都是十分重要的。下面根据学校教育的特点,介绍一些记忆能力的测量与评价方法。

1. 文字记忆测验

（1）数字广度记忆测验

数字广度记忆测验是一种常用的文字记忆测验,旨在通过测量人的短时记忆能力来检查人的记忆功能是否出现障碍。数字广度记忆测验的方法较简便,通常是由主试依次呈现一组数字,要求被试立即复述,数字数目由少到多,以考查被试能准确复述数字的位数,即广度。数字广度记忆测验一般包括顺背数字和倒背数字两类题目。例如,在韦氏智力测验和韦氏记忆量表中均含有背数测验的这两个方面的内容。

（2）词的广度记忆测验

以词语作为识记材料编制成的短时记忆测验,即词的广度记忆测验。例如,瑞(Rey)的"听觉词语学习测验"就是其中一个较易掌握的词的记忆广度测验。其具体方法是,由主试念 A 组中的 15 个常用词,以每秒钟一个词的速度准确念出,要求被试在听完后立即复述。被试记的词越多,得分越高(可以不按原顺序复述)。对 A 组重复进行 5 次测验,记下每次的成绩,然后转到 B 组的 15 个词。在对 B 组的 15 个词进行一次回忆后,要求被试再对 A 组的词尽可能作出一次回忆,用以测试由于学习词组 B 而产生的对词组 A 记忆的干扰。另有 C 组 15 个词作为备用,整个测验约 15 分钟。

（3）故事记忆测验

在故事记忆测验中,识记材料是一个有情节内容、前后有逻辑意义与联系的小故事,通常约两百字左右。测试时由主试把故事念给被试听,然后立即回忆。故事根据具体内容细节,可分成若干小节,给予评分。这种测试往往准备两套难度大致相等的小故事,最终成绩是取两个故事记忆分数的平均数。逻辑故事复述可以说是一种评估和诊断人的短时记忆能力的常见方法,教师或家长平时利用适当的语文材料对学生进行测验,通过观察比较大致可判断学生记忆功能如何。但稍微规范的故事记忆测验通常对刺激材料的呈现作出适当的规定,而且对评分标准也作了规定。在标准化的记忆测验中,甚至还提供了测验的常模,以便客观地诊断人的记忆能力发展水平。中国科学院心理研究所有关研究人员曾经用故事复述测验来检查脑肿瘤患者和老年人记忆障碍。

2. 非文字记忆测验

非文字记忆测验通常是向被试呈现一组非文字的视觉刺激物(如图形等),要求被试画出或辨认出这一刺激物。这种测验的效果取决于两方面的因素:一是记忆能力,二是被试的视知觉和视空间知觉能力。因此,在应用这类测验时,我们应充分辨析被试上述两方面能力的作用程度。在有些情形下,被试可能存在视知觉和视空间知觉方面的障碍,其成绩差不能简单地归因于记忆力这一因素。非文字记忆测验主要有图形再认测验、视觉保持测验及图形记忆测验等。

（1）图形再认测验

图形再认测验是由主试向被试依次呈现一组需要辨认的几何图形或无意义的图案，再向被试呈现数目更多的一组或若干组图形，其中包括了前面呈现过的图形，要求被试指出哪些图片是曾经看过的。我国有关人员编制的"临床记忆量表"中有一个关于无意义图形的再认项目便与此相似；其他一些综合性的记忆能力测验，通常也含有图形再认测验的项目。

（2）视觉保持测验

视觉保持测验是为评定视觉认知、视觉记忆和视觉结构功能而设计的一种测验工具，其测验方法通常是向被试呈现某种图形后要求被试立即默画出所看过的图形。例如，伯东(Benton)视觉保持测验就是广泛流行的记忆测验，其测试材料包括绘有图形的十张卡片，其中两张卡片中绘有一种图形，其余各张都绘有两个或三个图形。伯东视觉保持测验有三套可替换的测验材料，每一套材料均可采用四种方法加以测试：

方法一：每张图片让被试看 10 秒钟后移去，要求被试立即默画出。

方法二：每张图片让被试看 5 秒钟后移去，要求被试立即默画出。

方法三：让被试照着图片临摹出。

方法四：每张图片让被试看 10 秒后移去，约间隔 15 秒后，再让被试画出刚才看过的图形。

伯东视觉保持测验适用于 7 岁—成人被试。目前，国内有人将这一测验用于临床诊断。

图形记忆测验类似于上述的视觉保持测验，其测试方法大多是让被试看某种图形后，要求被试立即画出他所记住的图形。

3. 综合性成套记忆测验

专门检测记忆功能的成套记忆测验为数较少，就我们国内来讲，主要有如下两种：

（1）韦氏记忆量表

韦克斯勒在编制著名的韦氏智力量表的同时，于 1945 年发表了他的记忆量表，我们称为韦氏记忆量表。该量表由七个分测验组成，包括：个人的和当前的常识记忆；时间和地点的定向记忆；精神控制能力；逻辑记忆；数字广度；视觉记忆；成对联想学习。

湖南医学院龚耀先教授在 1980 年对韦氏记忆量表进行了修订，并增添了三个测验，形成了韦氏记忆量表中国修订版。该量表是成套记忆评价工具，包含 10 个分量表，分别测量被试的长时、短时和瞬时记忆 3 个方面，比韦氏记忆量表增加了 3 个分测验。其中长时记忆有 3 个分测验，即个人经历、定向、数字顺序；短时记忆有 6 个分测验，即视觉再认、图片回忆、视觉再生、联想学习、触摸、理解；瞬时记忆只有 1 个分测验，即顺背和倒背数字。计分采用记忆商(memory quotient，简称 MQ) 方法，MQ 值越高，表明记忆能力越好。

（2）中国临床记忆量表

中国科学院心理研究所有关研究人员于 1985 年正式发表了一套较适合中国具体情况的"临床记忆量表"，以满足国内临床工作和实际心理测验工作之需要。该记忆量表包括五个分测验：其一，联想学习，即用不同的成对词来检查被试的学习记忆情况。其二，指向记忆，即利用录音机呈现一些词，要求被试按指导语识记其中同属一类的词。其三，图像自由记忆,即呈现给被试一组内容皆为日常用品的图片,要求被试看完后复述。其四,无意义图形再认,即把无意义图形作为目标刺激呈现给被试后,把这些无意义图形混入同类型的其他许多干扰刺激中,再以随机顺序呈现给被试,要求被试再认。其五,人物特点联系回忆,即把黑白人物像 6 张依次呈现给被试,并把人物与姓氏、职业和爱好这些特征联系起来告诉被试,尔后要求被试再认人像,并将姓氏、职业和爱好说出来。

中国临床记忆量表已建立了成年人(20 岁—89 岁)的常模。近年来,国内一些研究人员把该量表应用于青少年学生,有望进一步修订并扩大它的应用范围。

三、思维能力发展的测量与评价

思维能力是智力的核心。有了它,我们才可以打开知识的大门,获得前人的经验;有了它,我们才可以对各种事物探根究源,揭示其中的奥秘;有了它,我们才可以超越时间与空间的局限,洞察世界,了解过去并预测未来。从这个意义上讲,思维能力是人的一种重要素养。

1. 学生思维能力的发展

心理学家曾对中小学生的思维能力发展及其评价作了多个侧面的研究,其结果表明:

（1）**中学生思维能力整体水平得到迅速发展**

思维是人脑对客观事物本质和事物之间关系的反映,这种反映具有概括性与间接性的特点。所谓概括性是指思维所反映的不是个别事物,也不是事物的个别特征,而是一类事物共同的本质特征。所谓间接性指的是这种反映往往通过其他事物为媒介,并借助于言语来实现。例如,早上起来,推开窗户,看见屋顶潮湿,便推想到夜里下过雨。在这里,夜里下过雨的认识是通过屋顶潮湿作为媒介并有言语参与的情形下推断出来的。

与小学生相比,中学生由于其言语能力、记忆能力、观察能力的发展,再加上知识经验的不断积累,所以分析综合能力、抽象概括能力以及对事物的分类比较等方面的能力迅速发展,从而使其思维能力在整体水平上比小学生有明显的提高,并且随着年龄的增长而不断发展。

（2）**抽象逻辑思维的发展具有明显的年龄特征**

对于人的常规思维来讲,抽象逻辑思维的发展水平是人的思维能力高低的重要标志。中学生的思维能力明显提高,表明他们的抽象逻辑思维处于相对优势地位。但初中学生的思维特点与高中学生的思维特点仍存在明显的差异。心理学研究表明,初中二年级是整个中学阶段思维发展的质变期与关键期。从初中二年级开始,抽象逻辑思维开始由经验型向理论型转化,这一过程到高中一、二年级时基本完成,意味着他们的思维趋向基本成熟。虽然初中学生的抽象逻辑思维开始占优势,但在很大程度上还不自觉、不发达,常常需要感性经验的直接支持。比如,初中学生(尤其是低年级)在掌握一些抽象概念上(如哲学中的"物质"概念、物理学中的"焦耳"概念等)还抓不住本质属性。而高中学生尤其是大学生的抽象逻辑思维已从经验型转化为理论型,抽象、概括的水平较高,已经能够用概念系统或理论作指导来分析综合各种材料,间接认识事物的本质属性。

因此,了解学生的思维发展规律与特点,抓好关键期,对促进学生的思维能力充分发展,是非常重要的。

2. 思维能力的测量与评价方法

思维是一个心理过程,通常包括分析、综合、比较、抽象和概括。无论哪一种思维过程都具有明确的逻辑形式,遵循一定的逻辑规则,都是基于概念、判断、推理为基本思维形式的认识过程。概念的形成往往要通过一定的判断推理过程;判断的获得通常也要通过推理。因此,大多的思维能力测验是通过判断推理的形式加以评价的。常见的有以下几种:

（1）**语言文字推理测验**

通过字、词、句、事件、故事等一系列以文字式材料呈现的测验题目,对词语之间的逻辑关系、事件之间的逻辑顺序、故事情节之间的逻辑演绎等进行判断推理。例如,在我国检察院、法院系统的职业能力倾向测验以及公务员一般行政能力倾向测验中,就有涉及这种类型的思维能力测验。

（2）**图形推理测验**

以图形为测验材料,对图形之间的逻辑关系或空间关系进行判断推理。许多智力测验,如瑞文标准推理测验就是一种典型的图形推理测验。在一些智力训练和智商简易测验中,常使用图形推理测验。[1]

（3）**数学符号推理测验**

借助一组数学符号为测验材料,对数字之间或符号之间的逻辑关系及演绎结果进行判断推理。这种测验形式在智力训练和智商测验中经常用到。

值得指出的是,实际上大多数思维能力测验是把上述几种形式综合在一起形成的推理测验或思维能力测验。

四、想象能力发展的测量与评价

1. 想象的意义

想象是在原有的感性材料的基础上,经过重组联合等加工改造而创造出新形象的活动。人在认识客观世界的过程中,不仅能感知到直接作用于感觉器官的事物,能通过思考、透过现象去认识事物的本质和规律,能回忆起自己曾经感知过的事物,而且能根据想象,创造出自己从未接触过的事物的形象。

想象过程,按照创造性的程度不同,可分为再造想象和创造想象。再造想象是根据对某种事物的描述(图画或语言文字),在头脑中再造出该事物的形象的心理过程,其基本特点是再造性。创造想象则是根据已有表象,通过肢解、改组、类比、粘合等加工改造,独立地创造出前所未有的新形象的心理过程,其基本特点是创造性。创造想象是比再造想象更复杂、更富有独创性的高级的想象活动,并服从一定的目的和任务,与人的思维特点、个性品质、言语水平等有关系。

想象和思维之间有一定联系,想象是人脑对表象的思维。因此,想象就是形象思维,不

---

[1] 谢小庆编译:《18—60岁人自己查智力》,知识出版社1984年版。

一定有明确的逻辑规则。而思维则更多的是借助言语的逻辑思维与抽象思维。所以,有人称想象是智力活动的翅膀,而思维是智力的核心,它们是人类进行创造活动的两大认识支柱。

在学校学习活动中,想象也是必不可少的。无论学习哪一门学科,都离不开一定的想象。例如,学习数学,不仅要掌握牢固的知识,而且要逐步培养丰富的空间、时间及数量变化关系的想象能力;学习地理,要想象不同的地形地貌、河流山川、海洋港湾等,这样才能理解与掌握有关知识与理论。想象能力是科学研究与创造活动极为重要的品质。

2. 学生想象能力的发展

（1）想象的有意性得到迅速发展

想象按其目的性、意识性的程度,可以分为无意想象和有意想象两种。无意想象是没有自觉目的,也不需作出任何意志努力的一种想象。有意想象是自觉的、在必要时还需作出一定意志努力的一种想象。学前儿童虽然有一定的想象力,但他们的想象往往不能自觉地服从一定的目的任务,通常是不知不觉地想象出童话故事与动物故事的情景。小学生的想象有所发展,但他们的想象有意性成分仍较少,这与他们的认识水平和生活经验有关。而中学生,特别是高中生的想象,其目的性与有意性迅速增加,并明显表现在学习与课外活动过程中。

（2）想象活动的社会性与现实性得到增强

学前儿童和小学生的想象内容,其社会性与现实性较差。儿童的想象多局限于个人生活与要求方面的满足,常把幻想当成现实,即使有意想象也较少考虑其社会意义与现实性。这是由于儿童的生活经验(感性认识材料)较缺乏,社会意识尚未发展的缘故。而大中学生,由于其社会意识的发展和知识经验的相对丰富,再加上社会化过程的加速,因此,大中学生在想象力得到发展的同时,其想象活动的社会意义与现实意义也有了明显的提高。这不仅明显地表现于学校教学过程中,而且明显地体现在大中学生对待人生、对待社会、对待科学的积极态度和参与意识中。例如,中学生作文的构思与取材更具有社会性、第二课堂活动与兴趣小组活动的内容也更多地考虑社会价值与现实意义就说明了这一点。

（3）想象中的创造性成分逐步增加

虽然学生之间创造性的个别差异很大,但在整体水平上,中学生想象活动的创造性比起小学生、儿童要高得多。中学生正处于创造性思维发展的快速阶段。这一方面得益于中学生的知识能力及思维的智力品质(如思维的深刻性、广阔性、灵活性、批判性、逻辑性、敏捷性与创造性等)得到发展,另一方面则由于中学生思想活跃、情感丰富、精神饱满、想象力富有创造性。因此,在历届全国青少年科技发明大展上,数以千计的科技发明出自中学生之手。基于此,在基础教育阶段,重视培养与激发中小学生的想象能力,是素质教育向高阶发展的一个重要方面,也是高等教育发展与提高的基础。

3. 想象能力的测量与评价方法

测量与评价学生的想象能力,大致有两类常用的方法:一是作品分析评价法,二是心理测验评价法。

（1）作品分析评价法

利用学生的作品来评价其想象能力的高低,是一种简便易行又不失科学性的方法。这种方法常见的有如下几种：

① 作图法。

主试提出一定的要求或简单地描述后，要求学生绘出图形。例如，对"外星人""飞碟"等语词作图。然后根据学生所作图形的具体特征，在相互比较中，评价每位学生的想象力。

② 完成法。

以不完全的陈述句或不完全的文章、故事，让学生接着补充完成，以考查学生的想象能力。

③ 课堂作业观察评估法。

在学校教学过程中，一些学习科目的作业练习需要有高度的想象能力才能顺利完成。譬如，语文学科中的诗歌创作与命题作文，数学学科中与空间图形知觉有关的立体几何学等等。因此，教师只要留心考查学生的有关作业，通过分析与比较，可以在一定程度上对学生的想象能力作出评价。当然，教师及教育研究人员还可以创造出其他方法来考查、训练及评价学生的想象能力。

值得指出的是，上述这些方法虽然简便易行且有一定的合理性，但它们不够规范与客观，也难以定量地加以测评。因此，有必要借助于科学的心理测验法。

（2）**心理测验评价法**

① 印象画法。

让学生观察若干幅印象画后，说出浮现在心中的观念或形象，并对反应时间及结果作出记录，然后根据记录，参照有关评分标准，对被试的想象能力给予评价。

② 拼图法。

给学生若干零碎的图形，让学生在单位时间里尽可能多地组成各种完整的、有一定意义的图形。"七巧板"就是一个典型的例子。

③ 空间图形法。

借助于几何学中的空间几何图形来考查人的空间知觉及想象能力。

④ 画面或图片组合排列法。

向学生提供一组活动的画面（通过电化技术手段），要求学生看完后对这些活动的画面加以重组排列，构成有意义的情节（例如，把电影中有关活动的镜头画面加以重新组合，可构成不同的故事情节）；或是向学生提供一组图片，要求学生把图片进行适当的组合排列，构成一些不同意义的故事。

⑤ 综合法。

综合法就是采用上述多种方法来测定学生的想象能力，然后作出评价。

在深化基础教育课程改革和全面推进素质教育的进程中，学校教育要特别重视促进学生观察能力、记忆能力、思维能力和想象能力的发展，并把它们纳入素质教育评价和核心素养评价的内容体系之中。

第二节　学生智力发展的测量与评价

"智力"一词虽是闪光的字眼,但也存在激烈的争论。在这一节,我们将以简明扼要的文字,讨论智力的基本理论与发展、智力测验的理念与方法等问题。

一、关于智力的经典定义

为便于同现代智力观相比较,不妨把传统的智力观看成是经典智力观。早在 19 世纪后期,哲学家斯宾塞(H. Spencer)和生物学家高尔顿(F. Galton)在达尔文的物种起源思想的影响下,将拉丁词"intelligence"引入英文,用来反映个体在心理能力上的差异,并且相信这种由"intelligence"所反映的能力具有天生与遗传的特点。这种观点在高尔顿的《遗传性才能与天才》(*Hereditary Talent and Genius*,1864)一书和《人类能力之研究》(*Inquire into Human Faculty*,1883)一书中得到了充分的体现。此后,高尔顿和他的学生 J·卡特尔在 1890 年首次使用了"智力测验"这个术语。他们认为,智力的基本内容是"辨别能力"(power of discrimination),因此,他们试图建立起一种依据于感受敏锐性和感觉速度的智力测验法,但没有成功。[1] 尽管如此,智力一词由于法国的比纳和英国的斯皮尔曼等人对智力测验所进行的富有成效的研究而广泛流传并逐渐普及与使用起来。

"智力"一词在中文里,常用"聪明""智慧"来表示,也有称"天赋"或"天才"的。对此,国内有些学者作了这样的比较与概括:[2]顾名思义,聪明即耳聪目明,强调了感觉和认知的能力与作用;智慧一词似乎比聪明一词的层次要高些,但"慧"字反映了中国传统文化重视才干的评价;天赋或天才,说明的是才能的来源,带有遗传的色彩,在这一点上与英文中的"intelligence"的原意是相同的。我国的传统文献如《释名》中认为,智者,知也。《孟子》中曰:"是非之心,智之端也。"荀子《正名篇》中则说,"知而有所合,谓之智"。佛教则认为,决定审理谓之智,造心分别谓之慧。或者说,善入佛法谓之慧,巧用佛法谓之智,强调了认知、分析是非、理解、发展及应用等多方面的能力。尽管人们现在都习惯地沿用智力一词以评价人的才能,但至今为止,仍没有找到一个被广大学者所认同或普遍接受的定义。现将有代表性的观点叙述如下:

1. 智力是抽象思维的能力

抽象思维能力是人的认识能力中较高层次的一类能力,诸如判断能力、理解能力、推理能力、联想能力等。持这种观点的代表人物有比纳、推孟(L. M. Terman)等人。比纳说:"智力是一种判断的能力、创造的能力、适应环境的能力。"后来,他又进一步明确地概括:"善于判断、善于理解、善于推理——这是智力的三种要素。"推孟说:"一个人的聪明程度是与抽象思维能力成正比的。"

---

① 许建钺等编译:《简明国际教育百科全书——教育测量与评价》,教育科学出版社 1992 年版,第 274 页。
② 彭凯平编著:《心理测验:原理与实践》,华夏出版社 1989 年版,第 262 页。

上述这种理解可以说是抓住了经典智力的核心，在实践中也有一定的积极意义。比纳在编制标准化智力测验时，总结了前人研究的成果与经验，摒弃了仅从身体感受性方面来测量人的智力的做法，一下子把目光瞄准在个体高层次的心理能力测量上，使其带有经验判断色彩的智力测验研究富有成效，并为后来的心理学家斯皮尔曼所证实。从斯皮尔曼的观点来看，比纳的智力测验研究似乎缺乏理论基础，他认为"比纳的研究成果只是出于好运，虽然他找到了测量一般智力的方法，但对此却几乎毫无了解"。其实不然，比纳的心理学造诣很深，他通过对心理缺陷者、棋手以及快速计算的人的思维活动进行深入研究，于 1903 年出版了《智力的实验研究》一书。他认为，智力是广义的，包含一切高级心理过程；智力是极其复杂的，非简单的方法所能测量。本着这种精神与目光，他创编了标准化智力测验，抓住了"智力"的核心进行测量。在其后几十年的历史中，有不少智力测验的内容，基本上是测量个体的以抽象思维能力为主的一般能力。如美国心理学家曼泽特（A. W. Munzert）在 1977 年编制的"自我智力测验"就是典型的一例。

2. 智力是适应的能力或智力是学习的能力

持智力是适应环境的能力一说的人认为，智力愈高的人，适应新环境的能力愈强。心理学家斯腾（L. W. Stern）说过："普通智力就是有机体对于新环境充分适应的能力。"桑代克也说："智力是一种适当的反应能力。"而著名心理学家皮亚杰（J. Piaget）则认为：智力的本质就是适应，它使得个体与环境取得不断的平衡，而儿童对客观世界认识的发展便是在个体与现实环境相互作用中逐步逼近化与完善化的。也就是说，儿童对环境的适应是通过动作和运算来实现的。皮亚杰采用运算的转化来解释个体认知结构的形成和发展，指出知识的获得依赖于儿童的认知结构，每个阶段的智力活动都有赖于一定的认知结构，而一定水平的认知结构便是智力活动进行的基础。

主张智力是学习的能力的人认为，智力高的人能够学习较难的材料，学起来既容易又迅速，且成绩优良。反之，智力较低的人，不能或者难以顺利地学习较难的材料，且进步缓慢，成绩不良。这种现象被许多测试数据所证实，表明了人的智力水平与学习成绩之间有着中等以上程度的正相关。正是由于存在这样一些实证材料，因此，一些教育心理学家认为"智力就是一种学习能力"，"智力就是获得知识的能力"等。

3. 智力是多种能力的综合，是一种全面能力

把智力看成是多种心理能力的综合，是一种全面的能力的观点，已被多数教育界和心理学界人士所接受。这不仅有其理论上的意义，而且有实践上的重要性。20 世纪 40 年代以来，这种综合、全面的智力观开始流行，并在智力测验实践与运动中起到了积极的作用。韦克斯勒（D. Wechsler）认为，智力是一个人理解和处理其周围世界的全面能力。他说："智力是一个人有目的地行动、合理地思维和有效地处理其周围环境的综合或整体的能力。"另一位有代表性的心理学家斯达德（G. D. Stoddard）则把智力定义为："智力是从事艰难、复杂、抽象、敏捷和创造性活动以及集中精力保持情绪稳定的能力。"在这里，斯达德把非智力方面的因素也概括到智力的范畴中，可以说是有见地的，这在某种程度上恰好同韦克斯勒的观点相吻合。同时，我们也可看到，经典智力观和现代智力观之间有某些相同的地方。韦克斯勒曾经解释说:"我认为智力是结果而不是原因,也就是说,智力是包括非智力的能力在内的不同能力相互作用的结果。"这种观点,就我们认为,不仅具有科学哲学的意义,而且对于智力开发和教育教学策略的选择都富有积极的指导意义。

以上介绍的是具有代表性的几种经典智力观点。除此之外,尚有其他观点,诸如信息加工的观点、神经生物学的观点以及"生物—社会"等观点。但是我国心理学界目前比较普遍接受的一种观点是,智力是各种认识能力的综合,包括观察力、注意力、记忆力、想象力、思维能力等,其中以抽象思维能力为核心。这一经典智力观确实有许多理论和实际意义。

二、智力结构的理论及发展

智力结构的理论是解释智力、开发智力、测量智力的思想基础。尽管不是所有的智力测验都严格依据某一智力理论为基础进行编制(事实上绝大多数智商测验所测的能力和上述经典智力观是不完全吻合的),但不同的智力观必然会影响智力测验的编制及其测验结果的解释与使用。因此,在我们介绍著名智力测验之前,很有必要以概览的方法了解一下国内外心理学家对智力的认识及对其结构的理论研究。鉴于智力测验的发展充满了戏剧性的色彩和无休止的论争,因此,了解智力测验发展过程的主要曲折与论争,对我们研究与正确使用智力测验具有重要的意义。尤其是关注当代新的智力理论的发展,对于我们搞好学校教育改革和人才评价工作具有重大的现实意义。

1. 斯皮尔曼的 G 因素说

英国心理与统计学家斯皮尔曼是因素分析技术的创始人,他创设了一种被称为四项差异的方法去研究若干测验行为之间的相关结构。他解释说,不同测验之间之所以会有程度不同的相关,是由于完成作业或测验过程中需要一些共同的一般的能力因素,他称之为一般因素(G);一个测验之所以区别于另一个测验,并且呈现不完全相关,是因为完成作业过程中除了具备一般的能力因素外,还要有特定的能力因素,他把这种为个别测验所特有的能力因素称之为特殊因素(S)。因此,斯皮尔曼认为,人的能力由一般因素(G)和特殊因素(S)两部分构成。[1] 一般因素(G)是笼统的综合的抽象能力,为完成所有测验所要求;而特殊因素(S)则因测验不同而有所不同,它们可表示为 S_1、S_2、S_3 等。因此,代表个人智力的,实际上指的是 G 因素。许多采用单一测度或单一 IQ 分数的智力测验通常都是测查斯皮尔曼所谓的 G 因素的。

斯皮尔曼在其后的深入研究过程中发现,某些智力活动或测验之间具有很高的相关是不能完全由 G 因素来解释的。由此他意识到,除普通因素和特殊因素之外,还可能有中间等级的因素,这因素既不像 G 因素那样普遍,也不像 S 因素那样唯一或特殊。事实上,斯皮尔曼及其学生在后来的实验研究中找到了诸如算术能力、机械能力、语言能力、空间能力等许多中间因素。这些因素中的每一种,通常为一组智力活动或测验所共有的,而不是所有的智力活动或测验所共有的。实际上,这就是后来由塞斯顿等人提出的群因素。[2]

---

① 刘远我:《现代智力因素理论与智力研究的新进展》,《应用心理学》1992 年第 2 期。
② 郑日昌编著:《心理测量》,湖南教育出版社 1987 年版,第 322 页。

2. 桑代克的特殊因素说

美国心理学家桑代克是智力结构多因素论的先驱。他否认 G 因素的存在。他认为智力是由许多成分组成的,不同的活动包含不同的成分组合;智力是由多种高度特殊化的因素联合起来的,智力是可分解的。他在 1926 年发表的有关论著中指出,智力的因素是抽象性智力,即有效地运用概念和符号的能力;社会性智力,即了解他人、与他人相处的能力;机械性智力,即处理具体事物或情境的能力。

桑代克还认为,智力具有层次(高度)、距离(广度)、敏捷(速度)三个维度。因此,智力测验应包含测量的高度、广度和速度三个方面。他早期所设计的 CAVD 测验,其内容包含完成句子(C)、算术推理(A)、词汇(V)和领会指示(D)共四项,即体现了他的智力观。可惜的是,桑代克的智力测验所涉及的智力因素没有包含社会性智力,但他的智力因素结构观是有独特见解的。

3. 塞斯顿的群因素说

美国心理学家塞斯顿(L. L. Thurstone)根据自己改进的一种因素分析技术,更加精辟、深刻地提出了智力结构的群因素理论。

塞斯顿采用因素分析法,根据 56 个测验之间的相关系数矩阵,抽取出七种首要的独立性较强的公因素,分别是:空间知觉因素(S);计算因素(N);言语理解因素(V);词的流畅性因素(W);记忆因素(M);知觉速度(P);推理因素(R)。塞斯顿 1941 年根据上述七种基本因素编成成套的"基本心理能力测验"。如同一张能力结构剖析图那样,人们通过上述七种基本因素,就可把一个人的智力"刻画"出来。并且,对于个体的这七种基本因素,塞斯顿认为它们之间是相对自律的。可是后来的进一步研究表明,这七种基本因素之间存在着某种程度的正相关。例如,计算与词的流畅性相关为 0.46,与言语理解的相关为 0.38,与记忆因素的相关为 0.39,与推理因素的相关为 0.54,等等。这些客观证据,使他意识到在七种基本因素之外,还有更为普通的因素存在。这样,斯皮尔曼和塞斯顿两位心理学家本来对智力结构持相反观点,后来从不同的方向(实际上是采用不同的因素分析技术)找到了接触点,并被另一位心理学家弗农(Vernon)结合成为一个单独的智力结构模型,该模型协调了斯皮尔曼和塞斯顿的两种互相对立的观点。

4. 弗农的智力层次结构模型

英国心理学家弗农(P. A. Vernon)提出了关于智力的层次结构模型,该模型可用逻辑树加以表示(如图 9 - 1 所示)。在层次结构模型中,他把斯皮尔曼的 G 因素放在最高层;第二层是两大因素群,包括"言语—教育因素"(verbal-education,简记为 v-ed)和"空间—机械因素"(spatial-mechanical,简记为 s-m 因素),这两个第二层次的主因素又依次包括多种小因素群,它们便构成第三层次。例如,"言语—教育"因素可进一步分解成语词流畅、数字能力等因素;"空间—机械"因素可再分成机械知识、空间能力、动作协调等次级因素。每个第三层次的小因素,按照弗农的观点又可进一步分解成更小的特殊因素,它们构成该层次结构模型中的第四层次。由此,弗农的智力层次结构模型,不仅可看成是对斯皮尔曼和塞斯顿两种智力结构观点的整合与协调,而且可以看成是对斯皮尔曼二因素理论的巧妙发展。

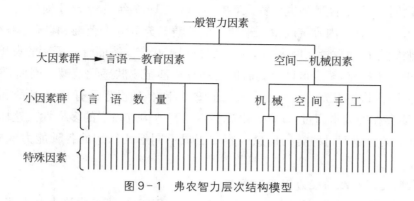

图 9-1　弗农智力层次结构模型

5. 吉尔福特的智力三维结构模型

美国著名心理学家吉尔福特(J. P. Guilford)在第二次世界大战期间曾担任美国陆军航空队心理研究所所长,承担并领导着研究筛选飞行员测验的任务。由于从事不同飞行任务的人需要不同的心理品质,所以需要编制不同类型的能力测验,以便把那些适合飞行的人员筛选出来,并进行分类与培训。吉尔福特根据塞斯顿的群因素理论编制了大量的测验,并采用塞斯顿发展起来的有关因素分析方法对所获得的大量测试数据进行因素分析。研究结果不仅证实了塞斯顿所提出的七种主要心理能力因素的存在,而且还发现另外一系列能力因素,数量达到 40 个左右。由于能力因素数量的增加且表现出相似性与差异性,这一事实促使吉尔福特认识到有必要对这些能力加以组织,并建构模型。起初,这些能力若按心理过程的类型来分,可分为理解、记忆及观念流畅等;如果按信息(刺激)内容来分,可分为视觉、符号及语言等;如果按信息项目的构成与形成来分,则可分为种类、关系、系统等。这样的分类,使他意识到需要从三个维度建立一个立体模型,这就是智力三维结构模型。该模型首先发表于 1959 年 4 月出版的《美国心理学家》杂志,并由此开始广为人知,简称为 SOI 模型。[①]

在 SOI 模型中,他用操作、内容和产品三个变项构成立体式模型,用以描述智力结构。其第一个维度是操作,它是指个体对于原始材料刺激物的处理方式,包括认知、记忆、发散思维、辐合思维和评价共 5 种。第二个维度是内容,它是指引起个体心智活动的各种刺激物,吉尔福特把它区分为图形的、符号的、语义的和行为的共 4 种。第三个维度是活动的成果,即产品,包括单元、门类、关系、系统、转换和含蓄 6 种。因而,三个变项便可组成 120(4×5×6)种较单独的智力因素,并分别用英文字母三位编码来表示。

自从 1959 年吉尔福特提出他的智力三维结构模型以来,有关该模型的研究与改进取得了较大的进展。这主要表现在如下几个方面:

（1）**扩充一级因素的数量**

吉尔福特根据弗雷士曼(Fleishman)、范德曼(feldman)和霍恩(Horn)等人的相继研究,在 1959 年将听觉内容加进内容维度中。起初,他把听觉内容和视觉内容合二为一,并在图形

---

① 李孝忠、穆道欣:《吉尔福特智力结构模型研究的发展》,《应用心理学》1990 年第 2 期。

内容中加以说明。后来,随着研究的深入,吉尔福特在 1977 年解释 SOI 模型时,干脆把视觉和听觉一分为二。这样,内容维度由原来的 4 个范畴扩充为 5 个范畴,其智力基本因素或称一级因素所假定存在的数量从原来的 120 个扩充到 150 个。按照吉尔福特的设想,内容这一维度还可以进一步扩充,至少可区分到肌肉运动感觉甚至皮肤感觉范畴。因而,他设想,SOI 模型中的一级因素将扩充到 180—200 个。到 1970 年,他的设想已有 98 个因素得到证实;到 1987 年已证明存在的因素超过 100 个,由此显示出智力构成因素的多样性。这样,吉尔福特认为,智力应定义为把不同种类的信息内容加工成不同形式信息的各种能力或机能所构成的有机整体。

（2） **认同更高一级的能力因素的存在**

由于当时人们对弗农智力层次结构模型的认同以及 SOI 模型中许多基本能力因素之间存在相关的事实,吉尔福特对自己的 SOI 模型进行层次划分。研究结果表明:在 SOI 模型中,尚存在 85 个二级因素和 16 个三级因素。这 16 个三级因素实际上是由 5 个内容因素、5 个操作因素和 6 个产品因素所组成的;而 85 个二级因素实际上是由上述 5 个内容因素、5 个操作因素及 6 个产品因素两两交叉组合形成的二级能力因素的数量（即 $C_5^1 C_5^1 + 2C_5^1 C_6^1 = 85$）。基于这种研究结果,吉尔福特也承认一般因素是存在的。所不同的是,斯皮尔曼的一般因素只承认存在一个,而吉尔福特强调说,一般因素并非仅有一个。因为从他目前的研究材料中,还无充分证据显示在三级因素之上还存在着一个更高级的一般因素。

综上所述,随着人们对智力结构的深入探讨,持智力为一般因素论者同持智力为多因素论者之间逐渐结合起来。但除了弗农的智力层次结构模型外,至今尚未找到一种更为理想的智力层次结构模型来完美地协调与统合上述各种智力结构观。鉴于智力结构的多样性与研究者视角的多样性,下面分别再介绍其他有代表性的三种智力结构学说。

6. 卡特尔的流体智力和晶体智力理论

R・B・卡特尔(R. B. Catell)综合多因素论和群因素论后,于 1963 年至 1971 年相继完整地提出了流体智力和晶体智力理论。所谓流体智力(fluid intelligence),是洞察复杂关系的能力,是在不同的环境和条件下都要显示出来的一般的普遍的能力;而晶体智力(crystalized intelligence)则是获得的知识与技能的有效结合之能力。前者更多地用在适应新环境的情形下,而后者则往往用于完成某种固定的任务。

卡特尔认为,流体智力更多地依赖于遗传,而晶体智力则更多地依赖于环境的作用;流体智力在 14 岁左右达到高峰,其后逐渐下降,而晶体智力却缓慢进步,直到 25—30 岁。因此,卡特尔认为,流体智力要用类似文化公平的测量工具来测量,而晶体则要靠言语测验。因此,卡特尔认为,通常的智力测验仅测量人的晶体智力,很少甚至没有测量到人的流体智力。

7. 加德纳的智力结构理论

加德纳(H. Gardner)是美国哈佛大学教育研究院的教授,专门从事发展心理学研究,论著甚丰,尤其是对人类智能结构及发展的探索,他独辟蹊径,提出有关智能结构的新观点,对心理科学研究及人类教育策略的选择与改进有着重要的贡献。1983 年,加德纳出版了《智能的结构》一书,这是他那颇有建树的科学研究的结晶,书中提出了多元智力结构的理论框架。

此后,加德纳及其同事开始了课程体系、教育评估和教学方法的改革实验,尝试在学龄前儿童、小学生和中学生的教育中应用他的多元智力理论。相隔 10 年之后,即 1993 年,加德纳将他们在多元智力理论应用研究方面的工作加以总结,结集出版了《多元智能》一书。[①] 在加德纳出色的研究中,他不仅借鉴了当代心理学研究成果,而且还运用了生物科学尤其是脑科学研究和神经心理学研究的成果,并且力图从不同文化及人类实践活动中进行纵横考察,从理性思考与实验相结合的角度,向人们提供一个多种智能的框架。加德纳认为,所谓智力,就是人类在解决难题与创造产品过程中所表现出来的,为一种或数种文化环境所珍视的那些能力。为此,加德纳在论证与描述智能的结构画面时,重新考察了大量的迄今没有被很好地联系起来进行研究的资料,即关于神童的研究,关于天才个体、脑损伤病人、有特殊技能而心智不健全者、正常儿童、正常成人、不同领域专家以及各种不同文化中个体的研究,从而描述了他的多元智力理论框架,确定了人的七种智力:言语智力、数理逻辑智力、空间智力、身体动觉智力、音乐智力、人际智力、自省智力。后来,他根据自己的研究,又加入符合"选择标准"的第八种智力,即自然智力。加德纳的多元智力理论虽然还处在发展与完善阶段,但这种多元智力的思想对当今学校教育改革及人才选拔却具有特别重要的意义。有关多元智力发展的测量与评价方法,我们将在第五节中详细地探讨。

8. 斯腾伯格的成功智力理论

美国耶鲁大学教授斯腾伯格(R. J. Stenberg)是当代极有影响的心理学家。早在 20 世纪 70 年代,他就潜心于智力心理学的研究,分析了传统智力研究的优点与不足。他认为,"无论是基于结构还是基于过程的单一智力理论都不能对智力进行清晰完整的描述",而实际上社会文化环境和人的经验等因素,在很大程度上影响着人的智力行为及对其内涵的认识。斯腾伯格站在信息加工的倾向性立场上,试图结合心理计量学派和信息加工学派各自的长处并克服彼此的缺陷,注重寻找并刻画一种心理操作的过程。于是,他在 1985 年终于向传统的智力观发出挑战,出版了《超越 IQ》一书,提出了著名的"三重智力理论",包括成分亚理论、情境亚理论和经验亚理论,作为对传统智力结构成分理论的扩充与修正。他认为,只有从智力活动发生的情境(外部世界)、主体智力行为的经验(联结内外世界的经验世界)和主体的内部心理加工(内部世界)三方面加以综合地考察,对智力的把握才可能是可靠的。

在相隔十余年之后,斯腾伯格再次超越自己,提出"成功智力"理论。他认为,成功意味着个体在现实生活中达成自己的目标。成功智力就是用以达成人生中主要目标的智力,它能导致个体以目标为导向并采取相应的行动,这是对现实生活真正起到举足轻重影响的智力。成功智力包括分析性智力、创造性智力和实践性智力,这三个方面构成一个有机的整体,只有在分析、创造和实践能力三方面协调与平衡时才最有效。分析性智力用来解决问题和判定思维成果的质量;创造性智力可以帮助我们从一开始就形成好的问题和想法;实践性智力则可将思想及其分析结果以一种行之有效的方法加以实施。斯腾伯格指出,传统智商

---

① 〔美〕霍华德·加德纳(Haward Gardner)著,沈致隆译:《多元智能》,新华出版社 1999 年版。

测试和学业测验所测的智力成分只是成功智力中的一部分,学业智力和实践性智力的发展所遵循的规律是不同的。学业智力一般随着求学的进程而逐渐增加,随后便开始下降;而实践性智力却会随着年龄的增长而逐渐发展,这主要是由于"未明言知识"在人的一生中都会有所增长的缘故。他认为,未明言知识和实践性智力发展的来源是经验。[①] 由此看来,强调学生参加实践活动、积极培养学生的创新精神和实践能力,不仅具有理论依据,而且具有时代意义。

以上介绍了各种典型的智力理论流派,不仅可以丰富大家的理论视野,而且对于理解智力概念、开发学生智力与潜能、评价学生智力以及促进多元才能的发展等都具有重要的作用。

<blockquote>

课堂讨论题

早期心理学家(如桑代克、瑟斯顿、韦克斯勒等人)的经典性智力观和当前一些心理学家(如加德纳、斯腾伯格等人)的现代智力观主要差别在哪里? 传统智力观和现代智力观有哪些相似的观点?

</blockquote>

三、经典智力发展的评价方法

许多研究表明,从出生到青少年时期,人的智力水平随着年龄的增大而增高。美国心理学家贝雷(N. Bayley)采用纵向研究法对相同的被试进行智力测验追踪,历经三十多年,于1970年公布了他的著名研究成果,提出了智力成长曲线。此外,其他一些心理学家,如韦克斯勒等人,也分别研究了成人的智力变化曲线,其结果一致表明:尽管人的某些能力因素发展的年龄跨度可延至中年甚至老年,但就整体智力水平来讲,一般趋势为智力随着年龄的增大而增高,这种趋势一直保持到26岁左右,即到达最高峰;从26岁到34岁左右,一直保持智力的高峰状态;从35岁到60岁左右智力缓慢下降;60岁以后,整体智力急剧下降。因此,对智力的评价要考虑年龄因素。

对儿童、青少年及成年人的智力发展进行评价,较规范与客观的方法是采用标准化智力测验。智力发展水平的测量是以常模参照为典型的智商测试。自从20世纪初法国医学心理学家比纳和西蒙合作创编出世界上第一个标准化程度较高的智力测验(人们称此测验为比—西智力量表)后,智力测验方法迅速在世界上许多国家和地区得到发扬光大和广泛的应用。目前,在我们国内常见的有中国比纳智力测验、斯坦福—比纳智力测验、韦氏智力量表、瑞文标准推理测验和中小学生团体智力筛选测验等多种类型、不同特征的智力量表。其中尤以韦氏智力量表、瑞文标准推理测验和中小学生团体智力筛选测验为更实用的智力量具。

1. 韦氏智力量表

(1) **韦氏智力量表的结构与内容**

美国临床心理学家韦克斯勒教授从20世纪40年代到60年代期间,创编了系列韦氏智

① [美]霍华德·加德纳(Haward Gardner)著,沈致隆译:《多元智能》,新华出版社1999年版。

力量表,包括韦氏儿童智力量表(简记为 WISC)、韦氏成人智力量表(简记为 WAIS)和韦氏学前及初小儿童智力量表(简记为 WPPSI),它们分别适用于 6 至 16 岁少年儿童、16 岁以上成年人及 4 至 6 岁半儿童。这三种韦氏智力量表在测验内容结构上具有较大的相似性和承接性。它们在国内均有中文修订版,并被广泛地应用到临床心理评估、学校教育管理以及科学研究工作中。下面通过介绍韦氏儿童智力量表(WISC),即可对韦氏智力量表系列有一个概括的认识。

　　韦氏智力量表最早是为成年人设计的,后来发表的韦氏儿童智力量表专门适用于 6 至 16 岁的儿童。因此,韦氏儿童智力量表的结构与成人智力量表类似,包括文字测验和非文字(操作性)测验两大部分。前者属于言语量表,后者属于操作量表。

　　韦氏儿童智力量表修订版(WISC－R)中文版中,包括 12 个子测验,其中言语部分占 6 个子测验,操作部分也有 6 个子测验。施测后对照常模可独立给出被试言语部分的智商、操作部分的智商以及总测验的智商值。各子测验内容简介如下:

　　测验 1:常识。测量被试的知识广度,共 30 题。

　　测验 2:填图。测量被试的视觉记忆及其理解力。该测验有 26 张图片,每一张图片中的图形都缺少一个重要的部分,要求被试说出或指出每张图的缺失部分。

　　测验 3:类同。测量儿童的概括抽象能力。该测验共 17 题,每题都向被试提供一对事物的名称,如"蜡烛—电灯",要求被试说出两者主要相像或相同的地方。

　　测验 4:图片排列。该测验共有 13 套图片,每套图片都以打乱的次序呈现在被试面前,请被试在一定时间内把图片按照正确的次序整理好,使图片形成一个符合逻辑的故事。该测验主要测量被试的社会情境理解能力和统整综合能力。

　　测验 5:算术。测量被试运算推理能力,共 18 题。每题都规定要在一定时间内完成,越快越好。

　　测验 6:积木。该测验共有 9 块正方形木块,每一块都是相同的,上面涂有红白两种颜色。要求被试在一定时间内用积木拼成指定的形状。该测验是测量儿童的视觉能力和分析图形结构的能力。

　　测验 7:词汇。测量儿童的语词及其理解,共 32 个词语。

　　测验 8:拼图。测量儿童处理部分与整体关系的能力。该测验由 5 套组合板组成,它们分别是某种水果、某种交通工具等的组合。要求被试在规定时间内把零散的小板块组成一个完整而正确的图形。

　　测验 9:问题理解。测量儿童的实际知识与理解能力,共 17 题,每题都是向被试提问一个问题,如"我们需要警察有哪些原因?"等。

　　测验 10:译码。测量被试学习、领会与书写速度。该测验有甲种译码和乙种译码两套,要求被试根据示例,把图案与字码很快地匹配起来。

　　测验 11:背数。测量儿童的注意力与机械记忆能力,共 15 题。当主试按一定节奏朗读数字之后,要求被试能准确地复述出来,随着数字位数的增加,困难也就加大。在这个测验的后半部分是要求被试倒背数字。例如,当主试念完"3—4—1"后,被试要倒过来背数,即

"1—4—3"。

测验 12:迷津(宫)。该测验是补救性测验。换句话说,当我们对被试的智力测量结果有怀疑时,不妨用增加迷津测验的方法加以判断。该测验共有 9 个迷宫图,要求被试用铅笔画出正确的路线走出迷宫。

2008 年,由北京师范大学心理学系张厚粲教授主持、国内众多专家学者共同参与,京美心理测量技术开发公司引进了最新版的儿童智力量表(第四版),并完成了 WISC-Ⅳ(中文版)的修订。与前几个版本相比,WISC-Ⅳ首次对量表的结构、内容作了大幅度调整,不仅更新了常模、增加了部分新的分测验(整个测验有 14 个分测验),而且改进了设计理念和记分方法,使得测验的结果更有助于专业工作者作出更准确的解释和临床判断。在分数揭示使用上,WISC-Ⅳ之前的所有版本(WISC、WISC-R、WISC-Ⅲ)都是两因素结构,即智力由言语和操作两个主要因素构成,因此整个量表分为言语量表和操作量表两大部分。在 WISC-Ⅳ中,量表结构变为"四指数"结构,即言语理解指数、知觉推理指数、工作记忆指数和加工速度指数,同时导出总智商(Full IQ),以更全面地评估儿童的智力及认知结构。进一步对四个指数之间、分测验之间进行分数差异比较,可以了解儿童认知能力具体表现,有助于判断儿童认知活动的相对优势和弱势。

WISC-Ⅳ中文版 14 个分测验分别是:言语理解指数含有 4 个(词汇,类同,理解,常识)、知觉推理指数含有 4 个(积木,图画概念,矩阵推理,填图)、工作记忆指数含有 3 个(背数,字母—数字排列,算术)、加工速度指数含有 3 个(译码,符号检索,划消)。为了提高儿童对评估过程的兴趣,WISC-Ⅳ中文版严格按照美国原版对测验器材的外观和质感的要求制作。所有需要给儿童看的非操作性材料都整合到了一本彩色《测试题本》中,而测评师的所有指引及题目材料均在《指导手册》中给予了详细的说明,并且《指导手册》外皮可以折叠并立于桌面,方便测评师操作。WISC-Ⅳ中文版的图片更具有现代艺术性,色彩丰富,引人入胜。这种艺术性包含了服饰、技术和人类群体的最新变化。对测评师和儿童的操作说明也有了很大的改善,让使用者感到更加方便。WISC-Ⅳ中文版施测所用的记分册、答题册以及记分用的记分键都制作成了相同的规格,便于使用、保存和整理。所有的测验器材都可以放置在一个精巧的手提箱中,减少了器材的数量及繁杂性,便于携带。

研究性学习专题

"未明言的知识"有什么特点? 如何有效地获取"未明言的知识"?

(2) **韦氏智力量表的特点与应用**

韦氏智力量表是当今少数最有影响的智力量具之一,其主要特点有:

① 测验具有完整的结构,不但有总智商,还有分量表评价。同时,韦氏智力量表具有很高的信度,一般都在 0.90 以上。

② 采用分量表,将测量同一种能力的项目集中起来组成分测验,各种年龄的被试都接受

同样的分测验。这种成套式或称专车式排列法的最大优点是可对各种能力加以比较,同时可节省指导测验的时间。而斯比智力量表的排列方法称混合列车式,同一性能的分测验不集中,而是根据难度分散于各年龄组,因此一个年龄组所包括的分测验与另一年龄组不一定相同。此种排列法的优点是容易引起被试的兴趣,年幼的被试不致因长期进行同一方式的测验而感到厌烦。

③ 用离差智商代替比率智商,既克服了计算成人智商的困难,又解决了在智商变异性上长期困扰人心的问题。

④ 整个韦氏三套智力量表相互衔接,运用的年龄范围可从幼儿到老年,这便于开展智力发展的个案研究与跟踪研究。

⑤ 国内外一些心理学专家通过因素分析以及从吉尔福特三维智力结构理论的分类方法入手,深入研究韦氏智力量表所测量的能力因素以及各个分测验所测量的能力因素后,认为韦氏智力量表每个分测验既有它独特的评价能力,也有与其他分测验共同测量的能力。

所谓独特能力,是指仅与一个分测验相联系的能力。以类同测验为例,这个分测验测量了言语概念形成、抽象思维水平、基本要素与非基本要素的区分,以及逻辑的抽象思维。前两种能力也为词汇分测验所评价,区分基本要素和非基本要素的能力也同样为填图及图片排列分测验所评价,所以,这些技能是可以与其他分测验共同测量的。只有逻辑的抽象思维能力是除类同分测验之外,没有任何一个其他分测验所能评价的独特能力。此外,美国心理学家考夫曼(A. Kaufman)通过对韦氏儿童智力量表标准化样本的因素分析发现了三个因素,分别是语言理解能力、知觉组织能力和抗干扰能力。所以韦氏智力量表的语言智商和操作智商常常被用作判断儿童语言理解能力和知觉组织能力的参照。按照目前对这三个因素的定义,前两个能力属于认知领域,而抗干扰能力属于行为或情感领域。值得指出的是,操作智商反映一个人以心智活动为主的知觉组织能力,而不是手部动作为主的动手能力。考夫曼发现的这三个因素,它们与各分测验的关系如表 9-1 所示。① 韦氏智力量表的主要缺点是缺乏充分的效度资料,对智力极高或极低的被试不大适用。尽管如此,目前韦氏智力量表仍为首推的权威智力量具之一。

表 9-1　考夫曼发现的三个因素与各分测验的关系

语言理解能力	知觉组织能力	抗干扰能力
常识	填图	算术
类同	图片排列	背数
词汇	积木	译码
理解	拼图	
	迷津	

① 王书荃、张绪扬著:《韦氏儿童智力量表的理论与应用》,人民教育出版社 1998 年版,第 18、70—78 页。

2. 瑞文标准推理测验

瑞文标准推理测验是在北京师范大学心理学系张厚粲教授的主持下,根据英国心理学家瑞文(J. C. Raven)1938年设计的"标准图形渐进测验"修订的一种非文字智力测验。测验编制者与修订者认为,该测验是测量斯皮尔曼智力二因素论中的 G 因素的有效工具,尤其与测量人的问题解决、清晰知觉和思维、发现和利用自己所需的信息等方面的能力有关。

瑞文标准推理测验包括 A、B、C、D、E 五组,每组有12题,共60题,适用于6岁以上的儿童和成人。在瑞文标准推理测验中,各组测验的试题皆依难度从易到难渐进排列。试题的基本形态是在一幅图的上半页印有一个大的长方形图案,图案中缺少一小块,在长方形图案之下印有6个不同的小图形,其中只有一块可以填入长方形之缺口,与整个图案作正确之拼合(如图9-2所示)。被试在作答时须将这一正确答案指出。此测验可以个别或团体实施,施测时间长度可因被试的智力发展水平不同而不同,一般在30—60分钟之间。

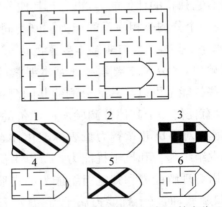

图9-2 瑞文标准推理测验列图(答案为4)

瑞文标准推理测验的优点在于适用的年龄范围宽,测验对象不受文化、种族与语言的限制,并且可用于一些生理缺陷者。测验可个别进行,也可团体实施,使用方便,省时省力,结果解释直观简单,测验具有较高的信度与效度。此外,瑞文标准推理测验也有系列量表。比如,现有适用于更小年龄儿童和智力落后者的彩色推理测验以及适用于高智力水平者的高级推理测验。这些测验在国内均有修订版。因而,瑞文标准推理测验备受欢迎,广为使用。利用瑞文标准推理测验的百分等级常模可以对人的智力水平作出五个等级的评价,具体标准与等级如表9-2所示:

表9-2 智力水平分级标准

等级	标 准
一级	智力测验分数的百分等级等于或超过同年龄常模组的第九十五百分等级,称为高水平智力
二级	智力测验分数的百分等级界于第七十五百分等级至第九十五百分等级之间,称为智力水平良好

续 表

等级	标 准
三级	智力测验分数的百分等级界于第二十五百分等级至第七十五百分等级之间,称为中等水平智力
四级	智力测验分数的百分等级界于第五百分等级至第二十五百分等级之间,称为智力水平低下
五级	智力测验分数的百分等级低于第五百分等级,称为智力缺陷

除了上述瑞文标准推理测验是用百分等级来评价人的智力发展水平外,大多数智力测验是用离差智商来评定人的智力发展水平的。由于研究者使用不同的智力量表,因而对智力发展水平的分类也不尽相同。例如,心理学家韦克斯勒本人曾把智力发展水平分为七类,详见表 9-3。

表 9-3 韦克斯勒的智力分类

智商	类别	百分比(%)	
		理论常态曲线	实际样组
130 以上	极优秀	2.2	2.3
120—129	优秀	6.7	7.4
110—119	中上	16.1	16.5
90—109	中等	50.1	49.4
80—89	中下	16.1	16.2
70—79	低能边缘	6.7	6.0
70 以下	智力缺陷	2.2	2.2

多数心理学家把智商超过 130 的人称为智力超常,把智商低于 70 的人称为智力落后。鉴别智力超常或智力落后的学生,较规范与客观的方法是选用适当的智力测验。当然,教育人员通过行为观察也能作出初步的判断。

智力超常的儿童除了可能在各自不同的领域(如美术、音乐、领导等方面)表现超常外,还具有浓厚的好奇心和旺盛的求知欲;观察敏锐,分辨力细致;注意力集中,记忆力强;思维具有灵活、敏捷和独创的特点;坚持、勤奋和自信。而智力落后的儿童通常学习困难重重,抽象思维能力很低,一再留级;对周围环境不能适应,生活难以自理;兴趣狭隘,注意力不易集中。

最后我们指出,智力测验是一种具有科学价值的量具,我们必须正确使用,并正确对待智力测验的结果。在学校教育过程中,智力落后的人数比例虽然较小,但对他们的教育却事关重大。一方面,教育工作者有责任及早了解儿童的心智发展状况,对那些智力落后以及心智不健全者实施特殊教育。另一方面,在中小学教学过程中,应当了解那些学习困难的学生究竟是因智力偏低造成的,还是其他因素造成的,以便采取适当的教学补救和教育管理措施,这对于贯彻因材施教的原则是十分重要的。

3. 中小学生团体智力筛选测验

鉴于国内较缺乏团体智力量具,北京师范大学心理学系郑日昌教授以及华东师范大学心理学系金瑜教授、李丹教授分别开展了团体智力测验的修订与研究工作。中小学生团体智力筛选测验就是其中较成功的一例。

例如,金瑜教授和李丹教授以美国心理学家曼泽特所编制的自我智力测验为蓝本改编修订而成的团体智力测验,由 60 个选择题组成,包括如下三大类:

① 求异题。共 25 题,这种题目主要要求被试在一组词或数字或字母或图形中,找出一个恰与该系列共同特征相异或不符合该系列构成规律的元素(词、数字、字母、图形)。

② 类比题。包括图形对比和词的对比两个方面的测题。

③ 判断、推理、计算题。回答这类题目并不需要高深的知识,只要看被试解答问题是否合乎逻辑。有的类似于算术应用题,有的类似于逻辑判断题。

中小学生团体智力筛选测验的测验目的是对人的思维和推理能力作出评估。原测验编制者曼泽特教授认为,测验的智商分数主要报告了被试的思维、推理和解决问题的能力,还存在一些该测验尚未能测到的能力(如 WISC 量表中的记忆、口头语言表达、手工操作等方面的能力)。基于这个事实,国内修订者把测验命名为"中小学生团体智力筛选测验",测验分数仅是对一个人的思维能力(推理与逻辑判断能力)等重要方面的一般估计,可以粗知儿童智力发展的水平,为教育工作者从事教育实验或进行教育过程中的心理诊断提供信息。另外,修订后的中小学生团体智力筛选测验在制定常模时,把智商下限定为 70,上限定为 130,这并不影响测验的适用广度,而对于智商特别高(高于 130)或特别低(低于 70)的儿童,最好选用更为专门化的量表进行测试。

据修订者对中小学生团体智力筛选测验的应用研究结果来看,该测验不仅省时快速、容易掌握,能够引起学生的兴趣,而且有较好的信度和效度。分半法信度($N=52$)达到 0.81,重测信度($N=134$)为 0.876。该测验与韦氏儿童智力量表之间的相关系数在 0.55—0.65 之间($N=179$)。

1996 年,金瑜教授已建立起中小学生团体智力筛选测验的全国性常模,从而进一步增加了该测验的使用价值。

四、智力测验历史及我们的态度

智力测验的历史对心理学和教育具有重要的意义和价值。从形式上看,智力测验在教育评定上的应用可分为截然不同的两类:一类是在升学选拔时及校内按智力分组时需对正常的儿童进行测试,另一类则是对弱智儿童的检测,以便把不适合接受正常教育的儿童从常规儿童团体或常规学校中分离出来,把他们送到特殊学校去。从时间上看,第二类在先,并且人们对它很少有批评的意见。因而，智力测验在社会历史舞台上获得的第一个稳固的立足点是为弱智者提供诊断和帮助。许多临床心理学家，如克雷培林（kraepelin），建议在精神病理学上使用测验，并用心理测验的方法研究心智正常的人与病态的人。比纳也正是站在前人研究的基础上超越前人的目光，创编了第一个标准化智力测验，以适应当时诊断异常儿童智力的需要。智力测验也因而广为流传。

一方面，20世纪初，智力测验不仅从法国流传到世界其他区域（尤其是美国），而且被应用于其他极不相同的领域。这主要有两个方面：一是军事领域，二是学校考试选拔。早在第一次世界大战期间，战争计划给美国军事当局提出了一个过去从未遇到的问题，需要对比以前任何时候都多的应征士兵进行处理、评价和分类。[①] 美国政府设置了专家智囊团，其中有许多测验设计者、统计与测量学家、心理学家。这些专家负责解决军队与战事中的心理问题。由于斯坦福大学的推孟教授已经开始编制美国式的智力量表，提出"斯坦福—比纳"修订量表的初版，使得专家智囊团中的其他心理学家，如桑代克、戈达德、耶茨等人，能够有效地与推孟教授就军队应征士兵的迅速分类问题进行成功的合作，编制出陆军甲种测验和陆军乙种测验，先后测试了170万名美国士兵，取得了预期的良好效果。这使智力测验获得了通过其他方式所难以取得的权威与声誉，且一直延续到战后。

另一方面，在智力G因素诞生的英国国土上，政府在选拔那些素质较好的儿童进入学校学习并享受免交学费的待遇时，毅然采用了智力测验。1907年的一项条例规定，申请人需要通过"成就和才能入学测验"，这实际上是一种标准化的智力测验，主要测量人的一般智力。在英国这个重视测验与考试的国家里，智力测验在教育上的应用从20世纪初开了先河之后，愈演愈烈。1924年发表了具有世界意义的《教育顾问委员会关于考查接受教育能力的心理测验的报告》，强调了智力测验在选送儿童接受不同教育形式问题上的潜在价值；1938年的斯彭斯报告（the Spens Report）因赞成采用标准化测验进行教育选拔而达到了智力测验舆论的高峰；1944年颁布的教育法案中规定了举世闻名的"11岁考试"，即每个英国儿童在11岁时都要根据其考试结果进入不同的学校，接受不同层次的中等教育。可见，智力测验在20世纪上半叶的英国社会舞台上确实焕发着科学的光辉，这种光辉一直到50年代中期才开始衰减。

正当智力测验在英国受到普遍重视的时候，美国的国土上，智力测验正在受到越来越尖锐的批评。例如，1921年出版的一本刊有大量智力测验资料的文摘，在公布了当时美国人的平均智力年龄为14这一著名结论之外，还对具有不同文化、不同民族和种族的群体的智力进行了比较。同时，由于智力测验在军队筛选士兵方面的成功应用，许多因素直接导致美国国会通过了1924年的约翰逊—洛奇移民法（Johnson-Lodge Immigration Act）。这项以歧视南欧人和东欧人的永久性移民政策为基础的法案，在后来遭到了强烈的批评。一方面，这种批评自然而然地涉及人们轻率使用智力测验和使用智商进行决策而造成的文化偏见与种族歧视。另一方面，随着人们对智力本质探讨的深入，许多教育家、社会学家乃至一些从事智力

① 许建钺等编译：《简明国际教育百科全书——教育测量与评价》，教育科学出版社1992年版，第276—277页。

研究的资深学者也纷纷开始批评传统的智力测验。这些人认为:其一,传统智力测验所涉及的许多问题(信息)都反映了那种生活在特定环境与教育环境里所获得的知识。例如,"民事侵权行为"是什么意思,《伊利亚特》的作者是谁,胃的作用是什么。这些问题的应答肯定有利于受过正规教育的个体,特别有利于那些习惯于书面考试的个体。[①] 显然,这种应答能力明显地反映了一个人进入学校的种类及其所在家庭的社会经济地位。其二,传统智力测验很少能评价出被试吸收新信息的能力或解决新难题的能力。这种"结晶的"而非"流动的"知识倾向造成的后果是惊人的。一方面,某些被诊断为低智商的个体,可能在某个技能领域表现得出类拔萃(即所谓"白痴学者"现象的存在);另一方面,一些智商接近天才水准的个体,可能在新环境下表现不出任何主动性,在解决新难题过程中甚至一筹莫展。其三,按照传统智力测验来评价儿童,有半数人的智商在平均数之下,一旦某些儿童被诊断为低智商,其精神将蒙受着不可弥补的创伤,还会在无形中受到歧视,始终处于不利的发展条件之下,这是得不偿失的。这也是导致苏联于 20 世纪 30 年代、美国于 20 世纪 60 年代曾经明令禁止学校使用心理测验的原因之一。上述这些智力测验发展史上的经验教训,我们应当记取。

智力测验的发展与应用有它辉煌的过去,但也走过曲折的道路。有幸于当代心理科学的进步以及科学本身的强大生命力,曾经遭受尖锐批评的智力测验在经受波折之后,仍然以崭新的面貌流传到世界各国。20 世纪 60 年代后期,苏联心理学家重新提出评价智力测验的问题,特别肯定了智力测验的应用价值,尤其在教学上,"测验对全面研究儿童具有进步意义。要根据测验资料来制定教学法,掌握学生智力发展的规律,控制教学活动"[②]。美国曾有一项调查表明,在 37 种心理测验的使用频度中,频度等级排列前 6 位的心理测验中有 4 种属于智力测验范畴。同样,国内有调查研究表明,在中国的临床心理学研究中,应用最广泛、最多的是智力测验。[③] 可见,智力测验的一些负面效应不仅仅是测验本身的问题,更是我们应当如何正确使用智力测验的问题。

更可喜的是,近二、三十年来国外一些心理学家,如加德纳和斯腾伯格等人对智力的杰出研究,超越了传统的智力理论,提出了多元智力理论和成功智力理论的结构框架,这对丰富智力理论、更新智力观念、指导教育改革、发展学生多方面的潜能,选拔与评价优秀人才等,在思想方法论上具有革命性的意义。

课堂讨论题

经典智力模型有没有现代多元智力的思想成分?

---

① [美]霍华德·加德纳(Haward Gardner)著,兰金仁译:《智能的结构》,光明日报出版社 1990 年版,第 16、18 页。
② K·M·鲁列维奇:《心理学的智力测验》,《心理学问题》1980 年第 2 期。
③ 戴晓阳、郑立新、J·J·Ryan:《心理测验在中国临床心理学中的应用以及与美国资料的比较》,《中国临床心理学杂志》1993 年第 1 期。

第三节　学生创新能力的测量与评价

《中共中央国务院关于深化教育改革　全面推进素质教育的决定》明确指出,实现素质教育要以培养学生创新精神和实践能力为重点,要求在智育工作中"转变教育观念,改革人才培养模式,积极实行启发式和讨论式教学,激发学生独立思考和创新意识,切实提高教学质量"。对高等教育则提出"要重视培养大学生的创新能力、实践能力和创业精神,普遍提高大学生的人文素养和科学素质"。因此,在我们的课程中探讨如何评价学生的创新精神、创新能力及实践能力等,具有重要的意义,这是时代发展对教育评价提出的客观要求。

一、创新的内涵及相关概念

1. 创新的概念及其内涵分析

"创新是一个民族进步的灵魂",创新更是知识经济时代大力弘扬的理念。那么,什么是创新? 正如有的学者指出的:"知识经济首先是一种经济形态,对创新的理解只能从经济学范畴里发挥,根据经济学理论予以解读。"[①]与创造的词源不同,创新是一个外来词,是从英文 innovate(动词)或 innovation(名词)翻译而得,带有"革故鼎新"的意思。20 世纪初,美籍奥地利经济学家熊彼德首次将创新视为经济增长的内在变量,在他的《经济发展理论》(1942年)一书中系统地叙述了有关组织创新、管理创新、制度创新和技术创新等创新理论体系,从而构成了现代创新理论概念的基础。经济学家熊彼德认为,"新的或重新组合的或再次发现的知识被引入经济系统的过程"都可称之为创新。因此,我们认为创新至少有三个层次的含义:一是引入新的或者是重新组合的,二是再次发现的,三是新发现的与创造前所未有的。可见,创新是一个比创造更宽泛的概念。发明和创造前所未有的事物是创新,而且是最高层次的创新,但引进新的知识、新的方法、新的工艺、新的思想、新的品种也是创新;把已有的事物或要素进行重新组合产生不同的事物,也是一种创新;积极探索,再次发现他人已经发现的事物,也是一种创新。根据创新内涵的分析,学校教育过程就应当从不同教育手段及课程性质出发,积极培养学生的主动探索精神,拓宽学生的知识面和学术视野,培养学生的综合能力和创造性思维能力,积极开展创新教育和创造活动。

2. 与创新相关联的若干概念

近几年来,在学校教育及有关媒体中,频频使用一些与"创新"一词相关联或相近的概念,如创新能力、创新精神、创新意识、创新教育、教育创新、创造能力、创造性思维、创造性能力等。怎样理解这些概念? 它们之间有什么联系与区别? 若想把它们弄得一清二楚且没有异议,这是不可能的。但为了便于开展教育评价工作,我们对此作一初步的探讨也实属必要。

首先,从创新过程来看,人需要有创新意识、创新精神、创新思维、创新能力、创新活动,最后获得创新产品或成果。其次,创新教育是整个教育创新的一个组成部分。教育创新包

---

① 叶平:《"创新教育"解析》,《教育研究》1999 年第 12 期。

括教育制度创新、教育体制创新、教育方法创新、教育模式创新、教育观念或理念创新、教育技术创新以及教育过程知识创新等许多方面。创新教育是旨在激发人的创新意识、培养人的创新精神、开发人的创新能力、解放人的创新潜能、提高人的创新素质的一种教育模式与方法。最后,由于创新涵盖创造,因此创新能力涵盖创造能力;创新教育的概念更宽泛,可以替代创造教育的概念。同样,我们可以认为创新性思维是比创造性思维更宽泛的概念。倘若这样来理解,会给学校教育工作乃至教育评价工作带来许多方便。

创新意识是驱使个体创新行为或创新活动的心理觉醒和动机。没有创新意识的人,不可能有创新精神和创新行为。创新精神是创新活动的非智力个性因素,即属于个性心理品质范畴,包括强烈的创新意识、创新的激情、创新的心理需要,以及包括探索欲、求知欲、好奇心、进取心、自信心、独立性、敢为性、坚持性等在内的个性特点与精神。创新精神是创新行为的内驱力,也是内在的创新潜能的组成部分。创新能力有广义与狭义之分。广义的创新能力是指实现完整的创新过程所需的创新精神、创新素质和能力。狭义的创新能力是指从事创新行为或创新活动的心智能力。

在知识经济社会里,重要的不仅在于创造出新思想,而且在于把新思想运用于实际,形成产品,创造出价值。同理,创新教育如果只停留在培养学生的创新精神阶段,不注意引导学生把新思想"转化"为解决问题的能力,那么就无法提高创新的品质。如果学生不善于将思想转化为某种形式的思维产品,不能联系快速发展的科学技术和千变万化的社会生活实际,无法认识和解释复杂的社会现象和问题,同时不能不断增强自身的动手操作能力、人际交往能力和竞争合作精神,那么创新学习的过程就没有完成,创新教育就失去了生命力。[①] 再者,若从斯腾伯格的成功智力理论来分析,欲达到创新目标,必须使分析性智力、创造性智力和实践性智力达到平衡。因此,重视培养学生创新意识、创新精神、创新能力和实践能力,是非常有必要的。

二、创新能力的评估方法

美国经济学家艾米顿(D. M. Amiden)为创新过程提供了一种评估方法,即构造出三种"商数"以衡量效果,它们分别是:[②]其一,衡量新思想创造能力的"创意商"(idea creativity quotient);其二,衡量运用新思想能力的"品质商"(quality quotient);其三,衡量新思想最终成为市场化产品和服务并创造利润能力的"创新商"(innovation quotient)。它们分别对应于3C,即创造(creation)、转化(conversion)与商业化(commercialization)。这三种"商数"可以为评估学生的创新能力提供一种思路。但是,教育过程与经济过程有许多不同的地方。任何经济活动追求的都是最大的利润价值和社会数量,而且特别重视结果(利润)评价。但教育活动所追求的目标不是利润的最大化,而是教育价值的最大化与最优化。尤其是在终身教育理念下,素质教育成为各阶段教育的共同取向。因此,完全利用经济创新过程的3C和三种"商数"的指标来评估学校的创新教育是不够全面的。为此,我们借鉴斯腾伯格的成功

---

① 叶平:《"创新教育"解析》,《教育研究》1999 年第 12 期。
② [美]戴布拉·艾米顿(Debra M. Amidon)著,金周英等译校:《知识经济的创新战略》第二章,新华出版社 1998 年版。

智力理论,从教育测量与评价的基本原理与方法出发,对评价学生创新能力的发展提出如下一些建议:

1. 观察评估

教师是学生的知情者,因为教师有机会在课内外对学生进行较长期的观察、了解和接触。只要教师留心观察,每个学生都能够在教师的脑海中留下个性化的印象。这给教师评估学生提供了素材和经验,因而可以对学生的创新意识、创新精神、创新能力等作出印象评估。

2. 通过研究性学习加以评估

研究性学习活动是在教师指导下,结合每学期的课程计划与教学内容,从自然、社会、学校、环境以及日常生活中选择和确定专题进行研究性学习,并在研究过程中主动地获取知识、应用知识、体验研究过程、解决问题、发展能力的学习活动。这对于改变单纯以传授知识为主的教学方式、实施素质教育、培养学生的创新精神和实践能力等具有重要的意义。研究性学习可通过小组研究、个人独立研究或个人研究与全班集体讨论等相结合的方式开展。它一般是按照选题开题阶段(即问题情景阶段)、实际研究体验阶段和表达交流阶段有序地加以开展。因此,指导教师乃至各小组负责人,可以对学生在研究性学习整个过程中所表现出来的对问题的敏感性、创新意识与精神、认识与分析问题的深刻性、创新思维与解决问题的创造性、实践能力、形成结论或成果的创意及其创新的水平层次等作出分析与判断,也可以借鉴斯腾伯格成功智力的"三要素",对研究性学习过程中学生分析问题和解决问题所表现出来的分析性智力、创造性智力和实践性智力作一评价。

> **研究性学习专题**
>
> 尝试设计"大学生创新能力综合评价表"。

3. 科技作品分析法

这种方法是聘请校内外有关专家对学生所提供的科技作品进行全方位的分析与评价,对学生的知识面、想象力、创新精神、创新思想、创新思维品质、创新能力、综合或整合能力、独创性、科技作品的创新水平层次以及科技作品的社会价值与经济价值等方面作出分析与评价。

4. 评定量表评价法

人们可根据创新的内涵以及创新过程的心理与行为特征,设计一系列项目,形成"创新能力评价表"用于学生的创新能力评价。这些评价项目,可以结合学校学习背景来考虑。比如有丰富的阅读经历,有迹象证明能对阅读的内容进行思考,并喜欢讨论;显示出广泛的兴趣,对某一领域注意力特别集中;把大量的时间花在自己的特殊的研究项目上;往往能断定某项活动的毛病所在,并提出改进意见;即使对一些古老的概念也能提出一些令人耳目一新的意见;对常规程序和技能表现出极少的耐心;喜欢探索问题和难题的答案;即使是班级或学习上的常规事物,也常常能想出新点子;在解答书面问题时,常常表现出思维的独特性和方法的简洁性等。显然,这样的项目还可以写出许多许多。但学校教育评价人员应当根据不同教育阶段的学生特点设计相适应的评价项目。

三、创造能力的测量与评价

创造能力(creativity),亦译成创造性,可理解为发现新关系、产生新想法、创造新事物的能力;或认为创造能力就是脱离传统的思维模式,产生出独特思想的能力,是发现事物新关系的能力。联系上述有关创新理论的观点,创造能力可以认为是创新能力的组成部分,且是高级的创新能力。

测量人的创造能力,通常借助一些有影响的创造力的测验。不过至今为止,流传于世的大多数创造力测验都是基于对发散性思维及联想能力的测验。说到底,创造能力的测量还是局限于心智技能领域,与创造活动的实践能力及创造性产品的社会价值相独立。为便于进一步研究,下面简要介绍两种典型的创造力测验。

1. 托兰斯创造思维测验

托兰斯创造思维测验(Torrance Tests of Creative Thinking)是美国明尼苏达大学教育心理系前主任托兰斯(E. P. Torrance)编制的。该测验分甲乙二式,甲式为《图形创造思维测验》,乙式为《语文创造思维测验》。后来又发展了一套声音和词的创造思维测验,整个测验由 12 个分测验组成。

甲式包括三项活动。一是建构图画:要求被试把一个边缘为曲线的色纸剪下贴在一张白纸上,贴的部位自由选择,然后以此为出发点,画一张包含有趣故事的图画。二是完成图画:利用给定的线条画出物体略图。三是平行线条:利用平行线画出尽可能多的不同图画。测验按流畅性、变通性、独创性和精致性评分。

乙式包括七项活动,即发问、猜测原因、猜测结果、产品改良、不寻常的用途(空罐子)、不寻常的问题、设想。测验按流畅性、变通性和独创性评分。

第三套包括两项活动,即音响想象和象声词想象。测验材料用录音磁带制成,声音呈现三次,要求被试听到声音后,想象出有关的物体和活动。测验只根据反应的独创性记分。

托兰斯创造思维测验测量的是以学校为背景的创造力。为让被试感到有趣而乐于参加,他把测验称为"活动",并用游戏的形式进行。甲式适用于从幼儿园的小朋友到研究所的老专家。乙式适用于团体测验,可在小学四年级的学生到研究所的老人中施测。

托兰斯创造思维测验有详细的说明书(指导手册),评分信度在 0.8—0.9 之间。评分时要特别注意反应的速度。

2. 南加利福尼亚大学测验

创造力测验中比较著名的有南加利福尼亚大学测验(the University of Southern California Tests),这是吉尔福特和他的同事们经过大规模能力倾向测验后编制的。吉尔福特认为创造思维主要是发散性思维,所以这个测验主要以发散性思维为测量内容。该测验共由 14 个项目组成,依次是:词语流畅、观念流畅、联想流畅、表达流畅、非常用途、解释比喻、效用测验、故事命题、推断结果、职业象征、组成对象、组拼略图、火柴问题和装饰设计。例如：

词语流畅：迅速写出包含一个指定字母的词。如，"o"—toad, over, pot …

表达流畅：写出每个词都以指定字母开头的四词句。如，"K—U—Y—I"—Keep up you interest. /Kill useless yellow insects.

非常用途：列举出一个指定物体各种可能的非同寻常的用途。如"报纸（用于阅读）"——点火、包装箱子时作填充物……

推断结果：列举一个假设事件的不同结果。如，"假若人们不再需要或不想睡眠，会出现什么情况？"——干更多的工作、不再需要闹钟……根据回答总数记观念流畅性的分数；根据与众不同的回答数记独创性的分数。

由此可见，吉尔福特的创造力测验是由测量发散思维为主要特征的一种测验。对于这种评价方法，学校教育工作者可以借鉴，结合课堂教学，设计类似问题，既开发与训练学生的创造性思维，又可评估学生的创造能力，把课堂教学训练与学生评估两者有机结合起来，正是当前学生评估的改革趋势之一，同时也是充分发挥教育与心理测验功能的重要举措。

【阅读材料】

学位论文独创性的 15 种表现形式

如何撰写具有独创性的学位论文，这是一个十分有价值的问题。英国有一位教授在《如何获得哲学博士》(How to get a ph. D)一书中列出 15 种独创性的表现形式，可供参考。

（1）第一次把信息的主要部分用文字记载下来。

（2）继续已经确定的独创性工作。

（3）进行导师设计的独创性工作。

（4）提供独创性的技术或观察，或在一个非独创性的，但却充分的研究工作中得到独创性的结果。

（5）有许多由其他研究生实际进行的独创性设想、方法和解释。

（6）在检测他人的设想中表现出独创性。

（7）进行以前没有人做过的实验性工作。

（8）合成一个以前没有做成的化合物。

（9）利用已有材料得出新的解释。

（10）在本国做出某些只在他国做过的研究工作。

（11）把一个特殊技术应用到一个新的研究领域。

（12）为一个老问题提供新证据。

（13）进行交叉学科的工作并采用不同的方法论。

（14）着眼于本学科中还没有开始过的新的研究领域。

（15）以一种前人没有做过的方式增进人类的知识。

资料来源：陈学飞：《面向 21 世纪国际高等教育发展的基本趋势》，《现代教育管理》，1998 年第 6 期。

第四节　学生能力倾向发展的测量与评价

能力倾向是指一个人获得新的知识、能力和技能的内在潜力。能力倾向具有相对广泛性、相对稳定性和潜在可能性，它既不等同于人的一般能力即智力，也不等同于人在教育训练下获得的某方面的专业知识技能，如健康常识、语文知识、法律知识等。能力倾向测验是一种旨在预测未来成功可能性的一种测验，是一种关于个人潜能的探测性测验。例如，人的手指灵巧性这一能力倾向，是指一种能快速而正确地活动手指、用手指准确地操作细小东西的能力。这种能力有利于从事有关手指活动的一系列职业活动，如计算机录入、打字、制版、描图、弹拨乐器、精密仪器修理、绣花等，而通过学习与绣花活动相关的一系列知识和技能，不是能力倾向，只是影响面很小的绣花技能而已。

能力倾向测验在人才选拔中有着重要的应用。下面简要介绍几种较典型的能力倾向测验。

一、学习能力倾向测验

学习能力倾向测验旨在测量一般的学习能力和潜能，即是否具备较好的学习与研究的潜在能力，而不是已在学校中学到了多少知识。

在学习能力倾向测验中，最典型的是美国的大学学习能力倾向测验（SAT）。该测验在美国已有 70 多年的历史，现由美国教育测验服务中心（ETS）主持，其成绩在美国多数高校招生中作为入学的依据之一。SAT 考试在美国每年举行 5 次左右，以适应考生的需要，因而，SAT 考试在美国已成为名副其实的全国性考试，是最有影响的一种大学入学考试。

SAT 旨在测量学生是否具备大学学习和研究的能力，不是测验学生在中学时学到了多少知识。SAT 作为一种能力测试并为高校招生决策服务，既区别于平时的教育成就测验，也有别于一般智力测验。首先，SAT 主要是用来预测大学阶段的学习，而不是检查中学阶段课程的学习情况的；其次，它并没有依据特定的课程内容或教材，且把涉及的知识内容和水平降低到绝大部分考生都熟悉的标准上（如数学部分的题目内容被限制在九年数学课程的程度内）；最后，SAT 不同于一般智力测验把测验题目的内容与先天习得的知识内容结合得更紧密，它所测量的语言能力和数学能力显然主要是学生在多年与环境的相互作用中发展起来的潜在能力。[①]

SAT 考试是经过精心设计的标准化测验,主要涉及语言能力和数学能力,题型一般为客观选择题,约 150 题,限时 3 小时。其中语言能力部分约 90 题,内容有反义词、类推类比、句子填充完成、阅读理解等;数学能力部分约 60 题,题型有简答题和数据分析题等。美国的 SAT 考试采用标准分数评分制度,从 1995 年开始,SAT 考试最低为 200 分、最高为 800 分、中间为 500 分,总分 400 分—1600 分。考生成绩是参照全国常模加以评定的,因而具有逐年可比、全国可比的特点。2005 年 3 月,美国 SAT 考试进行了一次改革,考试总时长 3 小时 45 分钟。在 SAT 中,总分介于 600 到 2400 分之间,由批判性阅读(Critical Reading)、数学(Mathematics)和写作(Writing)三部分各 800 分加和而得。到了 2014 年 4 月,美国 SAT 考试再次改革,主要表现在以下几点:① 新 SAT 考试中的词汇将不再考察那些出现频率很低的深奥难词,改为考察大学课程中的常见词汇,比如"synthesis 合成"和"empirical 经验的"等。② 自从 2005 年以来,以前要求必考的作文,都成为可选考试项目。学生如选择考这个项目,将被要求阅读一篇文章,分析作者如何使用证据、论理和文体因素来建立一个论证。③ 错题将不再倒扣分。④ 总分将恢复之前的 1600 分,800 分阅读,800 分数学。作文部分将单独给分。⑤ 数学题目主要考三个领域:线性方程,复合函数或复合方程,比例、百分比和比例推理。计算器将只能在部分数学考题部分允许使用。⑥ 阅读和作文部分出现来自于很多领域的文章,包括自然科学和人文社会科学。有些问题上,学生被要求选出支持他们最后选择的答案的原文引句。美国 SAT 考试的优点及经验值得我们借鉴与学习,我国从 20 世纪 80 年代中期以来,已开始对学习能力倾向测验研究,并取得了阶段性成果。

二、职业能力倾向测验

职业能力倾向测验是通过测量人的某种职业活动潜能,从而预测人在一定职业领域取得成功可能性的心理测验。职业能力倾向测验通常有两类:一类是一般职业能力倾向测验,主要用于较广泛领域中的就业指导和人员安置。另一类是特殊职业能力倾向测验,主要考查人是否具有从事某种特殊职业的潜在能力。常见的有如下几种:

1. 一般能力倾向测验(GATB)

该测验由美国就业服务中心编制,整套测验包括 9 个分测验,分别评估人的一般能力、言语能力、数学能力、空间能力、形象知觉、动作协调、手指灵活、手臂灵活等。除此测验外,当今世界应用很广的另外两个职业能力倾向测验是:由美国心理公司出版的《能力倾向区分测验》(DAT),以及由美国教育与工业测验服务中心出版的《职业能力安置量表》(CAPS)。这两个测验在内容结构上与 GATB 测验有相似性。这些测验均已被引进国内,有的还被初步修订成中文版。

2. 行政职业能力倾向测验(AAT)

该测验由国家人事部组织国内专家编制,是国家公务员录用考试的一个必试内容,是对

---

① 王天佑:《美国大学入学考试中的学习能力倾向测验(SAT)》,见国家教育委员会考试管理中心主编《第三届全国普通高等学校招生考试改革科研讨论会论文选编(考试部分)》,高等教育出版社 1989 年版,第 63 页。

从事国家公务员职位所需要的一般素质和能力的考查,是对应试人员在经过适当学习或训练并在一定环境条件下,能完成行政职业领域内某种活动的可能性与潜在能力的测量。国家公务员录用考试中的行政职业能力倾向测验包括 5 个部分的内容:其一,知觉速度与准确性测验;其二,数量分析测验;其三,资料分析测验;其四,言语表达与理解测验;其五,判断推理测验。这套测验总题数达 160 题左右,整套测验满分 100 分,限时 90 分钟。因此,绝大部分应试人员没有时间答完所有的试题是很正常的,其中个别分测验有严格的时间限制,其余分测验都有参考时限,以便考生恰当安排答题计划。

职业能力倾向测验种类较多,除了以上所介绍的几种外,常见的还有文书能力倾向测验、机械能力倾向测验、飞行员职业能力倾向测验以及音乐与美术能力倾向测验等。此外,国家人事部等有关部门还编制了《企业经营者管理能力倾向测验》和《检察院法院职业能力倾向测验》等,它们均是对应试人员从事某职业活动所需要的一般素质与能力的测量,是对职业活动适应性和成功可能性的潜能评价。利用这些能力倾向测验,可以对学生,尤其是对高中毕业生和大学生的学习能力倾向与职业能力倾向作一系统的分析与评价,这对把握升学就业的主动性具有一定的参考作用。

第五节　学生多元智力发展的测验与评估

自从加德纳 1983 年在《智力的结构》一书中提出多元智力理论(或译为多元智能、多元才能、多元智慧,简称 MI 理论)后,多元智力理论开始引起了心理学界和教育界的广泛关注。此后,经过理论上的逐步完善,多元智力理论已成为心理学界研究智力的一种重要学说,而且通过在学校实践中的不断应用,多元智力理论已成为许多西方国家 20 世纪 60 年代以来教育教学改革的重要指导思想。

一、多元智力理论的基本观点

心理测量的传统智力理论认为,智力是以语言能力和数理逻辑能力为核心的,特别是根据因素分析的结果认定存在一般智力(general intelligence),即应用于所有领域、渗透所有认知过程的智力因素。传统的智商测试可以根据常模以量化的方式描述某人的一般智力水平,认为智力是与生俱来的,后天的影响甚少,且智商决定一个人将来可达到的发展高度。加德纳对此进行反驳,他认为人的才智总是具有领域具体性的(domain-specific),有些人专长数学,有些人专长文学,数学专长与文学专长并无必然的联系。智力测试测得的分数其实是数理和语文能力的综合表现,而非一般智力。他的关于智力的概念与传统智商理论的智力概念不同。

加德纳还认为,不只是在智商测试中得高分才是智力高超的表现,那些象棋大师、小提琴家、体育世界冠军所拥有的也是一种智力。这突破了传统智力理论只注重水平(horizontal)方向的认知过程即知觉、记忆、推理,而强调了垂直(vertical)方向的处理不同内容的特有方式,如视觉空间信息的把握,或用文字表述对事物的理解。他的智力概念就反映了这一思想。他认为,智力是在特定的文化背景或社会中解决问题或制造产品的能力。解决问题的能力就是能够针对某一特定的目标,找到通向这一目标的正确路线,文化产品的创造则需要有获取知识、传播知识、表达个人观点或感受的能力。

在界定一种能力是否是智力时,加德纳认为须考虑到下列标准:在大脑中是否有这种智力的特定代表区域,是否有些人在这种能力上特别突出或特别薄弱,而且这种能力的进化史也可以在其他动物身上看到。所以,加德纳参考了脑损伤病人、特殊群体如天才与白痴、人类认知进化、交叉文化、心理测验与心理训练等方面的研究成果,确定了人的七种智力:言语智力、数理逻辑智力、空间智力、身体动觉智力、音乐智力、人际智力、自省智力。后来他根据自己的研究,又加入符合这些标准的第八种智力:自然智力。加德纳主张,每个正常人都拥有八种智力,不同之处在于所拥有的智力的程度和组合不同,这才造成心智的多样性。当然,这八种智力也不是确定无疑的,如果有新证据支持某种能力是多元智力的一种,我们就可以在多元智力的结构中增加这种智力。反之,就可以删除这种智力。加德纳提出的八种智力,其内涵如下:

- 言语智力(linguistic intelligence),指使用语言、表达思想和理解别人的话的能力。在诗人、作家、演讲家、律师等身上表现突出。
- 逻辑—数学智力(logical-mathematical intelligence),指理解事件的根本法则,进行数理运算、逻辑推理和科学分析的能力。在侦探、科学家、数学家、工程师等身上表现突出。
- 视觉—空间智力(visual-spatial intelligence),指在脑中形成一个外部空间世界的模式并能够运用和操作这一模式的能力。在航海家、飞行员、棋手、雕塑家、画家等身上表现突出。
- 身体—动觉智力(bodily-kinesthetic intelligence),指运用整个身体或身体一部分解决问题或制造产品的能力。在舞蹈家、运动员、外科医生、手工艺大师等身上表现突出。
- 音乐—节奏智力(musical-rhythmic intelligence),指感受、辨别、记忆和创造音乐的能力。在作曲家、指挥家、歌唱家、乐器制造者和调音师等身上表现突出。
- 人际关系智力(interpersonal intelligence),指理解他人并作出适宜反应的能力。在教师、推销员、政治家等身上表现突出。
- 自省智力(intrapersonal intelligence),也称进入内心的智力,指建立准确而真实的自我模式并在实际生活中有效地运用这一模式的智力。在小说家、哲学家等人身上表现突出。
- 自然智力(naturalist intelligence),指对植物、动物、矿物进行认知和分类的能力,以及对自然世界的特征的敏感性。过去在猎人、采集者、农夫等身上表现突出,现在在植物学家、考古学家、饲养员等身上表现突出。达尔文是这方面的代表人物。

二、发展多元智力的学校教学改革

多元智力理论一经提出便引起强烈的社会反响,尤其是得到教育界的普遍好评。至今美国已有上百所学校自称多元智力学校,每所学校、每名教师都从自己的经验和实际情况出发来解释多元智力理论并将之应用于学校教育改革中。正如多元智力理论所宣称的,不同的文化对智力的理解不同,不同的个体智力组合也不同,所以加德纳本人从不提供一份多元智力学校的实施标准,而主张各地的文化和师生特质才是多元智力学校的基本考虑因素。但总的来看,多元智力学校有必须共同遵循的方针,或者称其为多元智力学校教育的基本特征,包括:

1. 个性化的学校教育

传统的"统一"学校教育观认为,现今世界上存在着的一套基本技能和一些重要知识是每个人都必须掌握的。学校应该按统一的方式设置,所有的学生都应学习相同的课程、接受相同的教学方法和标准化的评估。而现在人们认识到,不可能所有的学生都能从单一的智力渠道获益,传统的正式教育方式可能只服务于少数的一部分学生。现代心理学研究表明,不同学科和领域的学习、知觉、记忆存在着不同的法则,而且随着知识的剧增,过去那种一个人可能掌握世界上所有知识,至少可以完全掌握某些重要知识的时代已一去不复返,所以每个人都必须选择学习的范围和重点,选择适合自己的发展道路。而每个人都有其独特的认知剖面,学校教育应当充分考虑到每个个体的独特性,有针对性地施加教育影响,促进每个个体的成功。个性化的教育要求学校承担三个角色:①评估专家,即对儿童在学校所表现出来的特别才能、倾向和弱点,定期提供最新的评估。②学生课程代理人,即根据最近评估得到的智力分析结果,向学生提出选修什么课程的建议,用适合于其本人的方法学习相关的内容。③学校—社区代理人,即为学生在更大范围的社区内寻求受教育的机会,增加学生发现适合自己智力特点的职业或副业的机会。

2. 学校教育目的强调理解并学以致用

加德纳认为教育的一个直接目的就是通过循循善诱,让学生真正理解知识并学以致用。理解并学以致用,指能够把在任何教育背景下所获得的知识、概念和技能,都应用到与这些知识、概念和技能确实相关的新的事件中或新的领域中。理解并学以致用的教育,要求彻底缩减课程,因为过分广泛的覆盖面只会导致肤浅。教学中,教育工作者首先要明确学生必须获取的技能、知识和成果是什么。教学不要涵盖所有的内容范围,而要追求知识的深度。然后通过与不同人员(包括教师、学者、专家、企业和政府的领导者、家长以及学生等)进行沟通从而确定一个主题,这一主题应该包含主要课程的必要概念,与学生发展有切身关系,能够激发学生的兴趣和高层次的思维技能,然后通过八种智力来指导学生学习,并要求学生在教室之外应用所学知识。

3. 通过多元智力渠道进行教学

所有学生都必须掌握基础知识,比如语文、数学、艺术、历史和科学等,而传授给每个人这些知识时,不必采用相同的方式。虽然这种教学也不一定必须是七种或八种(认为每一主题都一定可以以七种或八种方式进行学习的想法是荒谬的），但确实可以有多种方式适用于某一个主题的教学。如果教师能用各种方式呈现信息，为学生取得成功提供多种选择，就会大大减少他们的挫折和学业的失败。多元智力理论提供了观察学生的不同视角，每个学生都有自己的智力强项，教师对学生发展持有很高的期望，在教学中努力地帮助学生发挥他们的长处并弥补他们的弱点。当学生在学一些新的东西或正试着去理解某个特别难的概念时，可以运用一个发展较好的智力来帮助学生掌握，还可以运用一个较强的智力去训练、发展较弱的智力。美国德克萨斯州一所小学，在教一些无法记忆如何正确拼写词语而身体—动觉智力发达的学生时，教师让学生用他们的身体来表现不同字母的形状，结果这些学生几乎都能在拼写测验上答对 85％以上。

4. 重视师徒传授制(apprenticeships)

师徒传授方式为学生创设了一个真实或接近真实的情境，提供给学生真实的任务，让他们和那些学有专长或有特殊技艺的高年级学生或成人一起工作，观察这些拥有知识的专业人员的实际操作活动并与之互动，同时进行个别训练。这样，让学生投入到脉络丰富的学习活动中，能消除真实世界和学校教学之间人为设置的藩篱，而且学生在受教育期间累积了重要的技能和知识。其基本做法既可以让高年级学生帮助年幼学生做作业，也可以由教师或社区成员带领学习或训练某项技艺。教学既可以在课堂中进行，也可以在课外进行。

重视师徒传授制对于培养高层次的专门人才，尤其是培养大师级的科技专家来讲，有时是非常重要的教育措施。著名旅美物理学家、诺贝尔物理奖获得者李政道博士曾经说过，"中国的青年人才有科技创新的绝对优势。要使他们有深一步的发展，需要抓紧时间，尽早确定方向，然后要给他们创造好的环境。这个环境除了依靠课堂教育、高科技的教育工具带来的信息以外，还需要上一代科学家的悉心指导。我特别主张导师和研究生要有一段时间的密切的共同研究的过程，而且由一个教师来带一个学生，特别是从事基础教育科学研究的人才，这个'一对一'的培养过程不能省，不能急。因为科学精神的传播要靠人与人的直接接触来完成。人与人之间是有感情的，这种夹杂了情感因素在内的传授是别的方式所不能替代的"[1]。我们认为，重视师徒传授制，实行"一对一"或"个别教学"的传授方式，教师和学生之间互动增强，师生双方的知识、技能及情感态度不断得以建构与发展，这正是多元智力的理念在这种特殊教育方式下取得发展的体现。

三、多元智力评估的理念与方法

多元智力理论认为，传统标准化测验（如智力测验）只代表脱离现实情境的不完全信息，只是来自于学生在某天的某个测验上的一次表现，这无法对学生的多元智力给予完整的描述。要真正评估学生的多元智力，只能根据"智力公平"（intelligence-fair）的原则，让每一个测验本身所欲测量的智力都用其所特有的"语言"和符号来呈现，而不是通过纸笔测验以简短问答或选择题的形式来进行。例如，一个以语言呈现的测验无法真正测得身体—动觉的

---

① 李政道：《为什么需要"一对一"?》，参见《光明日报》（"名流看教育"第 8 期），2001 年 11 月 13 日第 2 版。

智力,即使被测验者能精确地描述一个身体活动。身体—动觉智力的"语言"或符号系统就是身体动作本身,所以这类测验就必须用这些条件来呈现。因此,在评估学生的发展时,要允许学生以不同的智力方式来表现他们的理解和发展。

多元智力理论认为,评估和测验时,应该长期观察学生在各种活动和学习方面的参与情形,采用表现为基础的直接评量方式,广泛运用各种各样的测试工具,以求对学生的知识和学习提供一个更完整、正确和公平的描绘。它可以显示学生的长处和短处,并提示我们使学生把智力潜能发挥到极致的途径,而不仅仅是考查学生的缺陷。多元智力理论研究者支持真实评估(authentic assessment)和表现评估(performance assessment),表现评估强调在所欲测量的项目上的反应,学生必须完成或展现评估所欲测量的相同行为;真实评估重视反应表现的情境脉络,学生不只必须完成或展现指定的行为,还必须在实际生活的脉络下进行。因此评估应成为课程的一部分,而不是在额外的时间加进来,更不是一种孤立事件或与教学毫不相干的事,要把评估置于真实情境之中,在学生完成课业问题、从事专题研究、解决实际问题过程中来进行评估,教师在教学中不断进行评估,给予学生立即的反馈。

为了记录学生多元智力发展的成长史,档案评估(portfolio assessment)日益受到关注。它是在学生进行自由探索的过程中,对他们的智力倾向、学习活动做观察记录。这些学习档案的资料可以真实地包括任何事物,既可以是学生自己挑选的本人作品,自我反省、自我认识和自我评价的证据,以及其他能够说明学生个体成长和改变的事物,还可以有教师对学生在各种活动或学习任务中的观察,同学的观察和评价,来自家长的信息等。档案评估以一种具体而真实的方式来诠释学生,学生有机会对作品进行修正、美化,或是附上解释,把评估统整成学习历程的一部分,其中也融入了学生对这些作品的认同感。

1. 雷吉尔的多元智力发展评估指标与方法

(1) 多元智力剖面指标

加德纳及其他研究者认为,智力测验的主要目标是为每位学生绘制一张属于他们个人的智力剖面图。在学校教育的前几年,这样的剖面图可以帮助我们确认如何培育每位学生的完整的智力光谱,在稍后的几年中,这个剖面图则可以帮助我们指出学生未来职业发展的方向,因为他们在这些领域中表现出性向和兴趣。雷吉尔(D. Lazear)在《落实多元智慧教学评量》(*Multiple-intelligence approaches to assessment*)一书中提出描绘个体多元智力发展状况的剖面图的方法,如图 9-3 所示。兹将雷吉尔的多元智力发展评估指标及方法简述如下:[①]

① 行为日志。

持续观察学生在各种学习课程或活动中的表现三到四周,注意发觉具有一致性的行为形态,从这些行为表现可以了解学生的智力状况。例如内省行为包括:高度的直觉和/或"常能突发奇想";沉静的极度自我反省与醒觉;问题切中要害,有热切的好奇心;能够以各种方

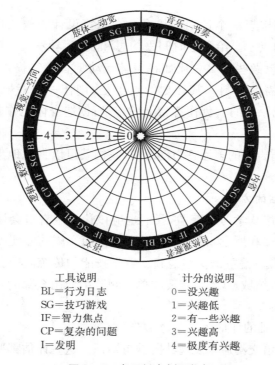

工具说明 计分的说明
BL＝行为日志 0＝没兴趣
SG＝技巧游戏 1＝兴趣低
IF＝智力焦点 2＝有一些兴趣
CP＝复杂的问题 3＝兴趣高
I＝发明 4＝极度有兴趣

图9-3　多元智力剖面指标

法表达自己的内在情感；注重自我，独立自主，不在意他人的看法。

　　② 技巧游戏。

　　在教室四周设计一系列的智慧游戏站或中心，说明每一站的主题与内容，然后让学生选择他们想要去的站，也鼓励他们每一站都去试试，持续几周观察学生玩游戏的情况，看看他们是否投入，是否理解游戏规则，是否自信快乐，以及技艺高低。如视觉—空间游戏包括：需要观察形态局势的游戏，像国际象棋、中国象棋等；图解游戏，像连连看等；想象游戏，像拼图或"图中哪里不对劲？"等；需要抓到方向感的游戏，像就地取材游戏或"阅读地图的挑战"等。

　　③ 智力焦点。

　　让学生欣赏一部充分展现出各种智力的影片、戏剧或是电视节目——有好的剧本、美丽的场景、丰富的动作、高品质的音效等，然后引导学生进行讨论，观察他们的注意力集中的所在以及回忆、想象和认知等情况。比如有关人际的讨论问题包括：a. 在这些角色上，你观察到哪些关系？ b. 如果你可以选择其中一个角色作为朋友，你会选择谁？ 为什么？ c. 在一个团队或合作小组中，你会分派给每一个人什么角色？

　　④ 复杂的问题。

　　让学生置身于解决问题的任务中，在学生努力寻找答案的过程中，激发他们的智力行为，注意观察各种反映不同智力的问题解决策略的运用情况。比如自然观察者的解决策略有：关于环境形态与关怀的策略；自然界的类推；想要到户外解决问题；自然的环境影响策略等。

⑤ 发明。

提供给学生设计或构想一个计划的机会。在教室设计一些工作站或小型实验室,放置不同的工具与计划的点子。给学生时间去构思和观察,看看哪一间实验室吸引他们,以及一旦开始创作,他们想做些什么。比如在身体—动觉智力站提供戏服、化妆品、运动设备、建造或发明某物所需的材料。其计划的点子是:创作一出戏剧,进行角色扮演;舞蹈(包括传统的、创新的或原创的);创作舞台上的布景;创造身体运作规则(肢体语言、姿态、运动等)。

无疑地,通过建立雷吉尔的多元智力剖面图,我们就可以直观地大致了解学生的智力优势和弱势领域。

（2） **多元智力评估的方法**

正如学生以各种方法从学习中获益,我们也应该让学生有机会用各种方式以多元智力为本的方法来展现其所知和所学,根据多元智力理论而实施的多元模式做法是测试学生的可行做法,它超越(但涵盖)偏重语文与逻辑—数学技能的传统测验。八种智力就有八种评估工具,应用于不同学科领域。(不一定要在单一测验中使用全部的八种智力)在这方面,雷吉尔提出了自己的观点:

① 以语文技艺为基础的评估。

要求学生以有效的语文沟通来展现其所学与知识。这些评估都要求学生使用语文智力的特殊能力:理解文字的意义;说服别人采取行动;解说或教会别人某事;从他人的说明、书面或听到的幽默、记忆与回忆中学到某事;元语言分析(使用语言去研究语言)。其评估工具有:书面论文、字画问答比赛、语文信息的回忆、录制声音记录、诗词创作、语文式的幽默、正式演说、认知性辩论、倾听与报告、学习日志与日记。

② 以认知形态为基础的评估。

要求学生透过逻辑与分析的思考历程来表现其所学与知识。这些评估要求学生运用特殊的逻辑—数学智力的能力:抽象形态的辨识、演绎与归纳推理、辨认逻辑关系与连接、各种复杂计算的演算,以及科学推理。其评估工具有:认知主体(以图形展示所学)、高层次的推理、形态的游戏、摘述要点、逻辑与推理游戏、心灵清单与公式、演绎推理、归纳推理、计算过程、逻辑分析与批判。

③ 以想象力为基础的评估。

要求学生创作视觉的展示与心像,借此来评估其所学与知识。这些评估要求学生使用一些与视觉—空间有关的特殊能力:活跃的想象力、形成心像、图像表征、在空间中找出路、辨识物体间的关系、意象操纵,以及从不同角度感知物体。其评估工具有:壁画和混合画;图像表征与视觉图解;视觉化与想象力(把研读内容经想象形成图像,然后描述之);阅读、理解与制作地图;流程图与图表;雕塑与建造;想象的对话;网络化;录音与照相;操作示范。

④ 以表现为基础的评估。

要求学生透过实地的演练或行动来展现其所学与知识。这类评估要求学生必须具备使用身体—动觉智力的能力:各种动作活动的控制(包括有意的、无意的、有计划的身体动作)、身心连接、透过身体扩展意识、提升身体功能、模仿能力。其评估工具有：研究室的实验、戏剧、原创舞蹈、比手划脚和模仿、扮演、发明的计划、体操与游戏、技艺示范、透过肢体语言与姿势来解说。

⑤ 以听觉为基础的评估。

要求学生通过聆听和制造声音来展示其所学与知识。这类评估要求学生具备使用音乐—节奏的智力：欣赏音乐的结构、有敏锐的音感、旋律与节奏的创作与复制，以及透过音调、振动与节奏形态来表达思想和感受。其评估工具有：创作概念歌与饶舌歌、用声音解说、辨认旋律的形态、谱曲、用概念把音乐和节奏连接起来、编管弦乐曲、辨识音调的形态与品质、分析音乐的结构、复制音乐与节奏形态。

⑥ 以关系为基础的评估。

要求学生以分工合作的形式来展现其所学与知识。这类评估要求学生使用人际智力的能力：语文与非语文的沟通技艺、细心体会他人的心情与动机、在团体中合作、对他人的同情心、辨认他人行为下蕴藏的意图与观点。其评估工具有：小组分工合作；向别人解说或教导他人；"思考—配对—分享"（告诉他人答案，该人再传给另一人）；"接力赛"（先做测验的某一部分，再传给另一人继续完成）；提供和接受反馈；访谈、问卷与调查；随机的小组问答；评估你的队友；测验、训练、再测验。

⑦ 以内心历程为基础的评估。

要求学生通过表达他们对教材的感受，以及教材如何启发或改变他们的自我理解、个人哲学观、信念或价值观等，展现其所学与知识。这类评估要求学生运用内省智力的能力：心意的专注、全心留意、元认知的处理、不同情绪的察觉与表达、超个人的自我感受（没有人是孤岛），以及高层次的思考与推理。其评估工具有：自传式的报告、个人应用的脚本、元认知的调查与问卷、较高层次的问答、专注力测验、心情日记与日志、个人的投射（假如我是……，我将……）、自我认同的报告、个人历史的关联、个人的偏好与目标。

⑧ 以自然观察者为基础的评估。

要求学生通过在自然界与自然环境中穿梭，展现其所学与知识。这类评估要求学生运用自然观察者智力的能力：辨识自然界族群、将自然形态制成图表、认识并与自然界沟通、区分并分类自然界的成员，以及辨识相近种族的存在。其评估工具有：动手做的实验或示范、种族或自然形态的分类、与大自然邂逅及田野调查、环境的反馈、大自然的观察、照顾植物和动物、感官刺激练习（亲历大自然的音、色、气等）、典型的形态认知、自然世界的模仿。[①]

通过这些多元化的评估方法并结合具体教学实践，我们就可以设计出符合现代教育理念、课程发展和教学评估需要的丰富多彩的多元智力评价程序。

2. 康贝尔关于多元智力的 12 个特征描述

康贝尔（L. Campbell）等人在《多元智能教与学的策略——发现每一个孩子的天赋》

---

① ［美］雷吉尔（David Lazear）著，郭俊贤、陈淑惠译：《落实多元智慧教学评量》，远流出版事业公司 2000 年版，第 115—150 页。

(*Teaching and learning throughmultiple intelligences*)一书中也分别提到八种智力的 12 个特征,通过对这 12 种特征的识别,可以了解个体在某一智力上的发展状况,并进而了解个体多元智力发展的状况。

例如,康贝尔认为,具备以下特征的人能够发展优异的运动智力:通过接触和动作探索环境和物体,喜欢触摸、控制和摆弄所学对象;发展协调性和时间感;在直接投入和参与过程中学得最好;喜欢具体的学习经验,如实地参观、建造模型、参与角色扮演、游戏、装配物件、身体运动;在局部或整体动作中都显示出灵活性;能够敏锐地感受物理环境和物质系统;在演出、运动、缝纫、雕刻或键盘输入工作中展现技艺;在身体动作中表现出平衡感、优雅、灵活和精确;具有协调身心的能力;理解健康身体的标准,并依此标准生活;对运动员、舞蹈演员、外科医生或建筑师等职业感兴趣;创造新的身体技能或创作新的舞蹈、运动以及其他身体活动。这些就是有运动潜质的个体可能具备的特征,当然运动智力还具有领域具体性,在某个领域有高度技能并不意味着在其他领域也有同样的天赋。比如,一个人可能在哑剧表演方面显露才华,但在运动或手工艺方面却可能表现平平。

又如,康贝尔认为高自省智力者的特征是:能察觉自己情绪的范围;找到表达自己情感与想法的方法;形成一个正确的自我模式;有确定并追求的动机;有人生的一套伦理价值体系;能独立地工作;对人生的"大问题",如意义、关怀与目的感兴趣;激励自己持续学习与成长;努力去挖掘与理解内在的经验;能理解自我与人类处境的复杂性;努力达到自我实现;激发别人的活力。[①]

总之,参照康贝尔对每一种智力的特征描述,我们就可以了解到具备某一智力强势的个体的特征,从而在教育教学中有针对性地因材施教,发展其长处,弥补其不足,最大限度地发挥他们的潜能,达到人生最大的成功。

💡 关键术语

经典智力观 现代智力观 智商测验 智力量表 多元智力 成功智力 创新意识
创新精神 创新能力 创造能力 能力倾向 真实评估 表现评估 档案评估

☰ 内容提要与小结

1. 青少年儿童在认知过程中所涉及的观察能力、记忆能力、思维能力和想象能力等这些基本能力的发展具有明显的年龄特征。在教育教学过程中,充分重视培养青少年的这四种基本能力,并把这些基本能力的测量与评价适当地融入教学活动过程中,是非常有价值、有意义的。因此,掌握这些基本能力的测量与评价方法,对广大教育工作者是十分必要的。

2. 研究智力及智力测验总是有着积极的一面。人类对智力心理学及智力测量的探索已

---

① [美]Linda Campbell 等著,王成全译:《多元智能教与学的策略——发现每一个孩子的天赋》,中国轻工业出版社 2001 年版,第 108 页。

有一百多年的历史。尽管传统的智力观及智力测验有许多局限性，但在工业革命与科技发展的年代里，传统智力观毕竟抓住了人类思维和认识能力的核心因素。从这个方面来看，传统智力观及智力测验不仅在过去对社会发展起过积极作用，而且今后仍有存在的积极意义。基于这一认识，我们仍然珍视传统的智力观，并把传统的智力观称为经典智力观。在智力心理学研究的现代理论与传统观点撞击过程中，经典的东西我们还是要给予尊重与肯定，但我们也不能保守，而要创新。

3. 加德纳的多元智力理论和斯腾伯格的成功智力理论是目前比较流行的两种理论流派，这些现代智力理论还不够完善，但现代智力理论所揭示的观点及理念对于 21 世纪人才选拔与教育改革是非常有现实意义的。现代智力观是对经典智力观的一种超越和发展，但现代智力观和经典智力观也不是没有联系。事实上，从对桑代克、瑟斯顿和韦克斯勒等人的智力观分析中可以看出，经典智力观中多少表现出一些超越传统智商测验的理念。

4. 本书介绍的韦氏智力量表、瑞文标准推理测验以及由曼泽特所编制的自我智力测验为蓝本改编而成的中小学生团体智力筛选测验，是很有代表性的三种智力量具，它们能适应不同的需要。

5. "创新"这一概念包含三个层次。近几年来，社会各界使用与"创新"这个词语相互联系的概念较多，而且也较混乱。本章对教育创新、创新教育、创新精神、创新意识、创新能力、创新活动、创造能力等概念力图作一梳理和阐明，并对创新能力的评价方法以及典型的创造能力测验作了初步的探讨。

6. 能力倾向，是指一个人获得新知识、能力和技能的内在潜力。能力倾向测验在升学就业、人才招聘选拔和教育训练中有着广泛而重要的应用。通过对学习能力倾向测验和若干种不同职业能力倾向测验的学习，我们初步了解了能力测验的编制原理、结构及应用。

7. 加德纳的多元智力理论已在世界上许多国家和地区的教育改革中得到实际应用。我国大陆与台湾地区的新一轮基础教育课程改革，在一定程度上都借鉴了加德纳的多元智力理论。因此，重视培养学生的多元智能，并把发展多元智能的教学策略同测量与评估的方法有机地结合起来，是当代课堂教学改革的发展趋势，同时也是现代教育测量与评估理论研究和发展的方向。本章介绍的雷吉尔多元智力发展的剖面指标以及康贝尔关于多元智力的 12 个特征描述性评价方法，对我们深刻理解各种智力的行为表征以及通过教学活动来促进学生的多元智力发展，具有重要的启迪作用。

练习与思考题

1. 观察能力的四种品质以及常用的评价方法是什么？
2. 文字式记忆测验有哪些常用类型？中国临床记忆量表包含哪几个分测验？
3. 常用的思维能力测验有哪些？它们之间有什么异同点？
4. 说说作品分析法在测量与评价学生的想象能力上的意义和作用。

5. 谈谈经典智力观和传统智力测验之间的联系与区别。

6. 结合我国当前教育改革,谈谈借鉴斯腾伯格的成功智力理论的时代意义。

7. 举一个亲身经历的例子来说明获取"未明言的知识"的重要性及过程。

8. 说一说创新、创新精神、创新意识、创新能力概念之间的关系。

9. 本章对评价学生的创新能力提出了哪些思路或方法?

10. 加德纳八种智力的内涵是什么?

11. 测量与评价多元智力的理论方法有哪些新发展?

第十章　学生人格心理发展的测量与评价

学习目的

学完本章后,你应当能够:

1. 领会学生人格心理测量与评价的意义。

2. 了解学生健康人格的特征。

3. 了解人格心理测量的方法及发展。

4. 掌握人格测评的原则及评定方式。

5. 了解若干著名的人格测验结构及应用。

编写者及课任教师建议的阅读文献

1. 张厚粲主编:《大学心理学》,北京师范大学出版社2001年版。

2. 黄坚厚著:《人格心理学》,心理出版社1999年版。

3. 许惠英著:《人格教育论:青少年的人格培养》,学苑出版社2000年版。

4. 陈雪枫等编著:《中小学生心理测评与心理档案》,暨南大学出版社1997年版。

5. [美]Lewis R. Aiken著,张厚粲、黎坚译:《心理测量与评估》,北京师范大学出版社2006年版。

6. 戴海崎、张锋主编:《心理与教育测量(第四版)》第十四章,暨南大学出版社2018年版。

7. _____

_____

8. _____

_____

第一节 人格心理测量与评价的意义

教育学、心理学是以人的行为作为研究对象的,而人与人之间的差异主要反映在能力与个性两个方面。我们希望通过各种途径和手段来更深刻地了解自己和他人,对于能力的差异可以通过能力测验去进行考查,而个性上的差异就要通过个性测验得以区别。在国外,人们习惯把个性测验称为人格测验(本章我们约定"个性测验"即为"人格测验")。人格心理测量就是采用专业的人格测验或人格心理量表对被试的性格、气质、态度、兴趣和内在行为倾向等心理品质进行测量与评价。

在讨论学生人格心理发展的测量与评价之前,我们有必要先了解有关"人格"(personality)的论述。

一、人格的不同定义

学者们对人格的论述很多。有人说:人格的"格"在中文里可作为"正"字解释。如:人们常把作为立身处事标准之言称之为"格言",用于正人心。行为不正,通常被称为没有人格或人格卑鄙等。

据美国专门研究人格的心理学家奥尔波特(G. W. Allport)统计,早在 1937 年时,人格的定义就多达 50 多种。在现代,其定义也不少。可见,人格的研究是具有复杂性和多样性的。正因为它的复杂性和多样性,所以至今仍没有一个统一的且被大家公认的定义。

心理学家奥尔波特概括地提出了自己的观点,认为人格是一个人内部的决定对环境独特地适应的心身系统的动力组织。苏联一些心理学家把人格归结为个体生理反应的差异。我国一些心理学家认为,[①]人格是具有一定倾向性的心理特征的总和,它是下列几方面心理特征的独特而有机的组成:一方面是完成某些活动的潜在可能性的特征,即能力;另一方面是心理活动的动力特征,即气质;第三方面是对现实的稳定的态度和行为方式,即性格;第四方面是活动的倾向性特征,如需要、动机、兴趣、理想、信念、世界观等。

一般的心理学书籍中所提的"人格"大约有三种含义:一是指人的外在表现和态度及其表现的社会价值;二是指人在生活中对自己的恒久不变的自我意识;三是指人内外可以观察与测量的所有特点的总和。

简单地说,每个人的行为、心理都有一些特征,这些特征的总和就是人格。人格即指人与社会性联系最为密切的心理特质的总和。人格特征可以是外在的,也可以是隐藏在内部的。人格的形成是由先天的遗传因素和后天的环境以及教育因素相互作用的结果。人格是在先天遗传因素的自然基础上形成和发展的,主要由个体的生活史所决定,且受社会历史条件的影响。所以说人格很重要的方面是自我与现实之间的和谐,以及自我和理想的自我之间的和谐。人格测量对于因材施教、心理诊断、人才选拔、人员安置以及特殊人群的科学研

---

① 参看朱智贤主编:《心理学大词典》,北京师范大学出版社 1989 年版,第 225 页。

究,均具有重要的作用。

二、人格的基本内容

人格有其不同的侧面,通常包括:气质、性格、适应性、兴趣、态度等。

1. 气质(temperament)

气质是每个人独特的行为心理特征,它决定于人的高级神经活动,是人格形成的心理基础。人们常常把气质分为四种典型的类型,即胆汁质、多血质、粘液质、抑郁质。这四种气质类型分别有其特点。

胆汁质的人的特点:兴奋和抑制反差大,是不均衡型。无论是高兴还是忧愁,表现非常强烈,也非常迅速。具有胆汁质的人一般精力旺盛,性情直率,待人热情,容易激动。他们个性刚强,易感情用事。整个心理活动笼罩着迅速而突发的色彩。

多血质的人的特点:兴奋和抑制是平衡型。属于多血质的人反应迅速,有灵活性,性情活泼,较善于交际,语言流利,易适应环境,情绪不稳定,注意力易转移,较粗枝大叶。

粘液质的人的特点:兴奋和抑制是平衡型。属于粘液质的人心情比较平稳,变化缓慢且不灵活,踏实但有些死板,沉着、冷静,但缺乏生气。

抑郁质的人的特点:抑郁质神经活动类型是弱型的。抑郁质的人稳重,很少外露自己的情感,不善于交际,喜欢独处,敏感,感受他人反应的能力强,内心情感体验持久而强烈,外表谦和,怯懦,动作缓慢。

这四种类型是典型的划分,在实际生活中,人往往是几种气质的混合。

2. 性格(character)

性格是指人与社会价值相联系的人格特点。如诚实、仁慈、勤奋、合作等。性格和气质既有联系又有区别,性格和气质都是建立在神经系统活动基础上的,有一定的遗传性,又会在后天环境的影响下发生变化,所以它们具有稳定性和可变性。气质主要是先天的产物,具有生物制约性,所以在道德评价标准上无优劣好坏之分。但性格主要是后天的产物,具有丰富的社会评价色彩,因而在社会互动层面上有优劣好坏之分。此外,性格特征会受到一定气质类型的影响,同时它也会在一定的程度上掩盖和改造气质。尽管如此,同一气质类型的人有可能具有不同的性格。

3. 适应性(adjustment)

适应性是指人与外界协调的程度。强调个体对环境的适应,认为个体在适应环境的过程中形成的独特适应方式就是人格的内涵。适应性不仅是人格的重要组成部分,而且也是人的一种能力和素养。适应性测验通常包括学习适应性测验,职业适应性测验、社会适应力测验以及特定环境适应性测验等。

4. 兴趣（interest）

兴趣是指人寻求参与特定活动的意向。学生兴趣的发展也表现出多样性,诸如对研究的兴趣、提出与众不同问题的兴趣、探索某领域问题的兴趣、对学习及获取新知识的兴趣、对人际交流的兴趣、对组织领导的兴趣、对公益活动的兴趣、对某种学科或某种艺术活动的兴趣、对科技创作或文体活动的兴趣、对某种职业的兴趣等。俗话说，兴趣是最好的老师，兴趣是入门的一半。在学校教育中，发现与培养学生的兴趣，也是教育工作者的重要任务。对学生兴趣的发现与研究，虽然可以通过观察的途径，但要客观、全面了解学生的学习与职业兴趣，还需要通过一些专门化的心理测验。

5. 态度（attitude）

态度是指人对其周围各种现象表示喜爱或拒绝的意向。态度本身就是学校教育的重要目标之一。态度包括对社会、对自然、对人生、对学习、对教师、对同学、对成绩、对工作、对父母、对生活、对科学、对金钱物质、对幸福、对动物保护、对环境保护等各个方面。教师通过观察可以获得有关态度方面的信息，如果结合采用一些专门的态度测验，掌握的信息就会更加丰富。

三、健康人格的特征

心理学家们从不同的方面描述了健康人格的特征。[①] 奥尔波特说：具有健康人格的人是成熟的人。成熟的人有七条标准：其一，专注于某些活动，在这些活动中是一个真正的参与者；其二，对父母、朋友等具有显示爱的能力；其三，有安全感；其四，能够客观地看待世界；其五，能够胜任自己所承担的工作；其六，能够客观地认识自己；其七，有坚定的价值观和道德心。

罗杰斯（C. Rogers）认为：具有健康人格的人是充分起作用的人。充分起作用的人有五个具体的特征：其一，情感和态度上是无拘无束的、开放性的，没有任何东西需要防备；其二，对新的经验有很强的适应性，能够自由地分享这些经验；其三，信任自己的感觉；其四，有自由感；其五，具有高度的创造力。

弗洛姆（E. Fromm）指出：具有健康人格的人是创造性的人。除了生理需要，每个人都有各种各样的心理需要，这正是人与动物的重要区别。具有健康人格的人将以创造性的、生产性的方式来满足自己的心理需要。

弗兰克（J. Frank）认为：具有健康人格的人是超越自我的人。超越自我的人被概括为：在选择自己行动方向上是自由的；自己负责处理自己的生活；不受自己之外的力量支配；缔造适合自己的有意义的生活；有意识地控制自己的生活；能够表现出创造的、体验的态度；超越了对自我的关心。

我们认为，在现代社会，青少年学生所具有的健康人格应是：能客观地认识自我和外部世界；开放的；对所承担的学习和其他活动有胜任感；充分发挥自己的潜能；对父母、朋友具有显示爱的能力；有安全感；喜欢创造；有能力管理自己的生活；有责任感等。

这样，人格测量的意义在于：有助于识别被试的人格状况，了解被试的性格类型，鉴别变态心理问题的性质和识别情绪障碍的类型，更有助于特殊能力人才的选拔。

---

① 参看黄坚厚著：《人格心理学》，心理出版社 1999 年版，第 189 页。

课堂讨论题

当前大学生的心理健康问题主要表现在哪些方面？对此，应该采取哪些有效措施以减少大学生心理健康问题？

第二节　人格心理测量与评价的方法

人格测量与评价是随着心理测验而发展起来的一种心理学技术。我们要了解学生的人格，只有通过对学生的气质、性格、能力、兴趣、爱好等进行全面考察或测验之后，才能作出客观的判断。对学生人格心理发展的测量与评价，可以说是学生管理中的核心问题之一，也是实施因材施教、个别化评价的基础。

一、人格心理测量与评价的方法简介

人格测量以测量人格为目的，测验涉及人的心理状态、情感或行为的非智力方面的人格因素，通常包括对性格、情绪状态、人际关系、动机、兴趣和态度的测量。由于人格在一定程度上具有动态的隐蔽性和复杂性，所以对人格的测量应当用多种方法，交叉使用，互相印证，这样才能达到较好的测量效果。人格测量的主要方法有自陈量表法、评定量表法、情境测验法和投射测验法。其中最常用的有自陈量表法、投射测验法以及评定量表法。评定量表法在第八章中已经作了介绍，故以下简介自陈量表法和投射测验法。

1. 自陈量表法

自陈量表法，也称问卷测验法，多以被试提供关于自己人格特征的自我报告的形式出现，所以称为自陈量表，是人格测验最常用的方式。自陈量表一般以问卷的形式呈现文字题，涉及的内容为若干个具体的情绪反应和日常生活中的行为表现。每题后面有几种答案，让被试选择。施测者根据被试在问卷上的作答反应，从专业上推测和评定被试的人格类型与特征。由于自陈量表是由被试自己来答题的，因此被试在自陈量表上作答的诚实程度是影响问卷测验结果可靠性和有效性的重要因素。其原因有二：一方面，被试不一定能很好地了解自己；另一方面，可能被试会出于自我防御的心理而掩盖自己的真实倾向，造成问卷测验常常会形成有意识或无意识的掩饰。例如：被试回答往往不是立足于"自己实际上是个什么样子的"，而是在乎于"社会要求自己是什么样的"，这种按照"社会期望性"作答的倾向会影响测验的信度和效度。

自陈量表的设计者为了克服上述的不足，在问卷中增设了"测谎"的题目来检查被试答卷的诚实程度，且在每份问卷的指导语中强调被试要诚实作答，从而提高了问卷结果的可靠性和有效性。

【阅读材料】

情境测验法及应用

情境测验法是把被试置于特定情境中以观察其行为反应,评价其人格特性的方法。这种情境既包括日常生活中的一些特殊情境,也包括有意设计和有控制的实验情境,还包括一些在实际生活背景下难以预测而突发的特殊情境。情境测验在学校教育、工商业人事决策、人事选拔考核、军事特殊人员的训练与选拔等方面均有重要的应用。常见的情境测验有两类,一种是品格教育测验,另一种是情境压力测验。前者多用于学校教育过程,后者多用于特殊人员的训练或选拔过程。

(1)品格教育测验

采用自陈量表进行人格测验,被试可能按"社会赞许"的行为规范违心地作出反应,以致我们难以客观判断。品格教育测验的基本假设认为,人的某些心理侧面或行为由于受到意识控制,在通常情境下不会出现,只有在"独处"或没有人监视的情境下才能流露出来。因此,可适当巧妙地利用学校教学及课外活动的许多情境,或者有意创设一些使被观察的学生感到为难的情境,以考查学生的诚实性、利他性、公正性、勇敢性和自控能力等方面的人格心理侧面。经典性的一些品格教育测验有:考试作弊;好书的诱惑;说谎与夸耀;不可信的成绩;分发珍贵的邮票等物品。

(2)情境压力测验

情境压力测验是让被试置身于一种具有特别压力、困窘、紧张、恶劣甚至危险的情境下,再由主试直接或间接地对被试的行为进行观察,以此来了解被试的人格特征与能力。情境压力测验除了军事情境压力测验外,在人事考核选拔、企业管理人员选拔以及特殊行业人才选拔中常有自觉或不自觉、规范或不规范的实际应用。例如,国内近些年来,为了考核、选拔专门人才而采取无领导的团体讨论、公文包测试、商业模拟情境测试以及司法模拟情境测试等,就是一种情境测验。

学校教育人员完全可以根据情境测验的基本理念和范例,在教育教学过程中富有创意地设计测验情境或利用已有的教育情境,对学生进行德育、心育以及评价活动。

2. 投射测验法

投射测验是人格测量中另一种普遍使用的形式。在心理学上,投射是指个人把自己的思想、态度、愿望、情绪和性格等特征,不自觉地反应于外界或他人的一种心理作用过程。因为人格结构大部分处于潜意识之中,个人无法凭其意识说明自己,但当人处于一种不明的刺激情境中时,常把隐藏在潜意识中的欲望、需求、动机等泄露出来。这正是投射测验的特点,它通过间接的方法来了解人们对某个事物的态度或内心世界,通常向被试提供一些未经组织的刺激情境,让被试在不受限制的情况下,自由地表达自己的反应,如一些模糊的人形或墨迹图,或让被试自己画一个人,或给被试一个场景,要被试讲故事等,被试在自由问答时不知不觉地把自己的思想、情感、态度等人格特征泄露出来,通过分析被试的反应结果来推断其人格类型。

与自陈量表相比,投射测验可以对人的内心作深层探索。测验的表面效度很低,被试根本不知道测量什么,所以无法隐藏或伪装自己的内心世界,从而可以有效地防止被试作答的掩饰倾向。相比之下,投射法比自陈法的偏差一般要小些。曾有人给投射法下过这样的定义:投射技术是一种对行为的无意识或隐藏的内容尤为敏感的工具。

但这种测验也有其不足之处,一是测验结果的评价和分析缺乏充分的常模资料,所以具有相当大的主观性;二是测验的原理深奥复杂,一般人不易使用。投射测验设计者们努力克服以上不足,尽可能将测验结果量化,建立评分的客观标准,再者就是加强测量者的专业训练,促进这种测验的应用和发展。

常用的著名的投射测验有默里(Murry)的主题统觉测验、罗夏(H. Rorschack)的墨迹测验、罗桑兹威格(Rosenzweig)的逆境对话测验等。

3. 内隐联想测验

内隐联想测验(Implicit Association Test,简称 IAT)是由格林沃尔德(A. G. Greenwald)在 1998 年首先提出的。内隐联想测验是以反应时为指标,通过一种计算机化的分类任务来测量两类词(概念词与属性词)之间的自动化联系的紧密程度,继而对个体的内隐态度、自尊等内隐社会认知进行测量。它是用来测量人们对特定对象的内隐态度等方面的内隐社会认知特质。

所谓内隐态度(implicit attitude),通常是指过去经验积淀下来的一种未被内省识别或识别不准确的无意识痕迹,该痕迹潜在影响着个体对待社会目标客体的认知、情感和行为反应。由于这些经验痕迹通常不能被人们明确地意识到,因而难以采用自陈报告的方式表达出来,但如果受到与此痕迹相关的刺激,这些痕迹便会被激活,并自动化地调节人们的当前行为。IAT 就是通过测定人们在分类任务中对两类刺激(目标刺激和属性刺激)间自动化联结的紧密程度,来评定人们对特定对象的内隐态度的测评方法。[1] 作为内隐态度测量的目标刺激,通常是选择和构建合适的目标概念词,比如有关鲜花的名字(郁金香等)、昆虫的名字(蜘蛛等)。作为内隐态度测量的属性刺激,通常是选择和构建合适的属性形容词,属性形容词通常是具有态度指向的形容词汇,比如美丽、丑陋等。在社会期许中,目标概念词和属性形容词之间有两种可能的关系,一种是相容的或积极的关系,另一种是不相容或消极的关系。比如,郁金香——美丽、蜘蛛——丑陋,这种关系被认为是相容的或积极关系;而郁金香——丑陋、蜘蛛——美丽,这种关系被认为是不相容的或消极的。IAT 基本操作范式是在计算机屏幕左上方和右上方分别呈现一个类别标签,而在屏幕中央依次呈现刺激(如目标概念词或属性形容词),被试需要按照测验指导语将刺激进行辨别归类并作出相应的按键反应,计算机自动记录其反应时和正误反应。

内隐联想测验在生理上是以神经网络模型为基础的。该模型认为信息被储存在一系列

---

① 戴海崎、张峰主编:《心理与教育测量(第四版)》,暨南大学出版社 2018 年版,第 246、247 页。

按照语义关系分层组织起来的神经联系的结点上,因而可以通过测量两概念在此类神经联系上的距离来测量这两者的联系。在认知上、内隐态度测验以态度的自动化加工为基础,包括态度的自动化启动和启动的扩散。为什么相容和不相容任务的反应时之差可以作为内隐联想测验效应呢?这是因为,反应时的不同阶段对应着不同的加工过程,反应时越长,心理加工过程越复杂。在社会认知研究中,由于所呈现的刺激多具有复杂的社会意义,其必然引起被试心理的复杂反应,这些刺激可能与内在需要或内隐态度相一致,也可能与之相矛盾,刺激所暗含的社会意义不同,被试的加工过程的复杂程度就会不同,从而反应时的长短也会不同。相容任务中,概念词和属性词的关系与被试的内隐态度一致或二者联系较紧密,此时辨别任务更多依赖自动化加工,相对容易,因而反应速度快,反应时短;不相容任务中,概念词和属性词的关系与被试的内隐态度不一致或二者缺乏紧密联系,这往往会导致被试的认知冲突,此时辨别任务更多依赖复杂的意识加工,相对较难,因而反应速度慢,反应时长。所以,两种联合任务的反应时之差可以作为概念词和属性词的关系与被试的内隐态度相对一致性的指标,即上述的内隐联想测验效应。

1998年,格林沃尔德的"花—虫"内隐联想测验就发现,两种联合任务间反应时有显著差异,内隐联想测验效应显著,"花+褒义词"的联合明显快于"虫+褒义词"的联合,这表明"花+褒义词"的联合与被试的内隐态度更一致,被试对花的态度更为正向。

21世纪以来,在上述标准内隐联想测验模式的基础上,国内外心理学专家还研究编制出了内隐联想测验的一些变式,比如单类别内隐联想测验、单属性内隐联想测验以及简单式内隐联想测验等,它们在心理测评、心理辅导、人才选拔等方面,发挥着积极和独特的作用。

二、国内外知名人格测验及应用简介

人格测验的发展已有上百年的历史了。我们发现,尽管国外人格测验很多,但适合我国国情的却很少。所以,国内学者在引进国外人格量表的基础上,经过修改、试测和重新组织,形成了一些新的人格测量量表。下面简介一些国内外常用的人格测验。

国内外测量人格的自陈量表多达几十种,但知名度较高的主要有:

1. 明尼苏达多相人格调查表

明尼苏达多相人格调查表(Minnesota Multiphatic Personality Inventory,简称 MMPI)是应用最广的人格量表,采用的是问卷法,原来只有 500 题,后来经过修订增补,变为 566 题,为了简便起见,常采用 399 题。MMPI 是目前世界上应用最广、影响最大的人格量表,它的内容涉及很广,包括健康、心身症状、神经障碍、动作失调、性欲、宗教和精神病的行为表现等。如强迫观念、强迫行为、幻觉、妄想、病态恐惧、焦虑等。现在广泛应用的两个版本分别提供了 13 岁以上的青少年和成人的常模。中国科学院心理研究所的宋维真教授自从 1984 年主持修订了 MMPI 的全国常模之后,至今已进行过多次的修订。

2. 加利福尼亚心理测验表

美国心理学家编制的加利福尼亚心理测验表(California Psychological Inventory,简称 CPI)是著名的人格问卷。CPI 有广泛的应用,在教育心理方面可用于对被试的成就、创造性潜能的预测,并为其专业选择提供指导;在管理心理方面,可以用于对应聘者的管理潜能、工作效绩的预测提供参考。在国外,它被认为是一项在人员选拔方面有较大潜力的测验。此问卷尤其适用于大中学生。问卷共有 230 题,让被试对每道题目给予"是"或"否"的回答。国内杨坚教授、龚耀先教授等人在 1992 年根据 14 个省市 2220 名被试的取样完成了 CPI 的修订工作,现已有了全国的常模,并得到了广泛的应用。

研究性学习专题

　　临床精神科专家把人的性格分为 ABC 三种类型。这三种性格类型的人各具有什么典型特征?通常与哪些疾病有关联?

3. 卡特尔 16 种人格因素测验

卡特尔 16 种人格因素测验(R. B. Cattell Sixteen Personalitry Factors Questionaire,简称 16PF)是美国心理学家卡特尔经过多年的研究,运用一系列严密的科学手段研制出的人格量表。他把描述人类行为的 17973 个人格形容词,通过因素分析确定 16 种基本人格因素,称这 16 种因素为根源特质。他认为只有根源特质才是人类潜在的、稳定的人格特征,是人格测验应把握的实质。这 16 种特性因素在任何一个人身上组合,就构成了不同于其他人的独特人格。由此,卡特尔编制了举世闻名的 16 种人格因素测验。

16PF 由 187 题组成,其中除了"聪慧性"这个因素外,其余 15 个因素的所有题目都有 3 个答案,要求被试从中选择一个。16PF 除了描绘人的 16 种基本人格特征外,还可以根据实验统计结果所得的公式,用有关量表的标准分数推算出许多复合的人格因素,如适应与焦虑性、内向与外向性、感情用事与安详机警性、怯懦与果断性等。也可以根据前面的测验分数(标准分)进行一些运算,了解心理健康情况、是否会有成就、适应环境的能力、创造力等。

16PF 是我国应用很广的一种人格测验,尤其是在大学里,它是使用最多的一种人格测量工具。目前,在国内已有多种版本可供选择使用。

4. 艾森克人格问卷

艾森克人格问卷(Eysenck Personality Questionaire,简称 EPQ),是英国心理学家艾森克教授编制的。他搜集了大量有关人格方面的特征,通过因素分析归纳出三个维度,提出了决定人格的三个基本因素:内外向、情绪性、心理变态倾向。人们在这三个方面的不同倾向和不同表现,便构成了不同的人格特征。

EPQ 目前有成人问卷和青少年问卷两种。EPQ 的测题很简单,被试根据自己的情况作出"是"或"否"的回答。然后按 E、N、P、L 四个量表记分。E、N、P 分别代表艾森克人格结构的三个维度,L(说谎)是后来加进的一个效度量表。

我国陈仲庚、龚耀先教授等人修订了 EPQ 中文版,并制定了全国性城乡综合常模,还包括儿童和成人两种,分别适用于 7—15 岁儿童和 16 岁以上成人。

5. 爱德华个人兴趣量表

爱德华个人兴趣量表(Edwards Personal Preference Schedule,简称 EPPS)是美国心理学家爱德华于 1953 年根据哈佛大学著名心理学家默瑞(H. A. Muray)1938 年所提出的成就性、顺从性、秩序性、表现性、自主性、亲和性、省察性、求援性、支配性、谦逊性、慈爱性、变异性、坚毅性、爱恋性和攻击性 15 种需求编制的,包括 225 题(其中 15 道重复题目,用于检查反应的一致性),每题包括两个第一人称的陈述句,用"强迫选择法"要求被试按自己的个人喜好从二者中选择其一。

EPPS 的主要功能是通过被试对题目的反应,评定他在 15 种需求上相对于一般人的强弱程度,然后绘出人格剖面图。

6. 罗夏墨迹测验

瑞士精神病学家罗夏在 20 世纪 20 年代率先运用了墨迹技术对人格进行诊断。罗夏墨迹测验是由 10 张经过精心制作的墨迹图构成的,其中 7 张为水墨墨迹图,3 张为彩色墨迹图。这些图片按规定次序出现在被试面前,主试的说明很简单,例如:"这看上去像什么?""这使你想到什么?"主试要对被试的逐句反应、每张图片出示到被试第一个反应出现的时间、各反应之间较长的停顿时间、对每张图片反应总共所需的时间、被试的附带动作和其他重要行为等作详细的记录。

罗夏墨迹测验早就被应用于我国的临床,现已有了国内的常模。

7. 默里主题统觉测验

该测验由美国心理学家默里于 1935 年基于 15 种需求理论编制而成。该测验包括 30 张内容阴晦的黑白图片,以及一张空白图片,内容以人物或景物为主。测验时,让被试面对图片情境编造故事,他们常把隐藏在内心的冲突和欲望投射到故事之中,借故事人物的行为宣泄出来。实测者对被试所编的故事进行分析,便可得到被试的心理需求。

8. 罗桑兹威格逆境对话测验

该测验是罗桑兹威格于 1941 年编制的,测验共有 24 张类似卡通片的图画,每一张都有两个面对面的漫画,其中一个对着另一个说几句逆耳的话,这些话足以引起另一个人生气(即产生挫折的情境)。被试扮演后者的角色,必须对这些逆耳的话作出反应。逆境对话测验要求被试去构造自己的言语反应,然后根据答案的攻击方向和所表达的攻击类型计分,这种反应共分九类,可根据常模作出解释。

9. 句子完成测验

句子完成测验是以未完成的句子作为刺激,让被试自由地给予语言反应来完成未完成的部分,依据被试的反应内容来推断被试的情感、态度以及心理冲突等。这种言语联想方法起源于德国,最初用于测查儿童的智能,后来美国用这种方法来测查人格。句子完成测验与罗夏墨迹测验相比,显得更有结构,因此它比罗夏墨迹测验有更好的信度,且使用方便,易于掌握,可适用于各种年龄,年幼儿童可以口头回答。

人格测验的种类繁多,不同类型的测验有不同的测验目的,适应不同的年龄范围,各自描述不同方面的人格功能,也各有利弊。所以在人格测验技术的使用过程中,我们应具体情况具体分析。

在众多的人格评估方法中如何正确选用合适的测验,是非常重要的问题。通常要综合考虑以下几个方面来选用测验:其一,根据测验的目的,要明确所选的测验可以评估哪些方面的信息。不同类别的人格测验,目的也各不相同。例如,想了解被试的人格特点,为他在职业选择上提供指导,用 CPI 或 16PF 更合适些。如有经验的临床心理学家想要了解患者的内心冲突、心理动力特征等,罗夏墨迹测验是一个很好的工具。就简明方便而言,EPQ 较合适。其二,在选择测验时应考虑测验本身的一些情况,如测验是否已标准化,其标准化程度如何;是否有合适的常模;信度、效度如何;常模样本与被试情况是否符合。其三,了解施测者对测验熟悉程度以及应用该测验的经验等。

我们知道,每一种测验方法都不是十分完美的,单独应用某种方法并不能使我们真正全面地了解学生的人格,但每一种人格测验的方法确实帮助我们对人格的某些方面有所了解。所以,我们在使用某种人格测验的同时,要结合被试的社会文化背景进行具体的分析,只有这样我们才能达到更好地了解学生人格的目的。

关键术语

人格 人格测验 气质 性格 适应性 兴趣 态度 自陈量表 投射测验 内隐联想测验 MMPI 测验 CPI 测验 16PF 测验 EPQ 测验 EPPS 测验 罗夏墨迹测验 主题统觉测验 句子完成测验

内容提要与小结

1. 人格也称为个性,指人与社会性联系最为密切的心理特质的总和。人格特征可以是外在的,也可以是隐藏在内部的。人格的形成是由先天的遗传因素和后天的环境以及教育因素相互作用的结果。人格是在先天遗传因素的自然基础上形成和发展的,主要由个体的生活史所决定,且受社会历史条件的影响。所以说人格很重要的方面是自我与现实之间的和谐,以及自我和理想的自我之间的和谐。

2. 人格有其不同的侧面,通常包括:气质、性格、适应性、兴趣、态度等。气质是每个人独特的行为心理特征,它决定于人的高级神经活动,是人格形成的心理基础。人们常常把气质分为四种典型的类型,即胆汁质、多血质、粘液质、抑郁质。这四种气质类型分别有其特点。性格是指人与社会价值相联系的人格特点。如诚实、仁慈、勤奋、合作等。适应性是指人与外界协调的程度。兴趣是指人寻求参与特定活动的意向。态度是指人对其周围各种现象表示喜爱或拒绝的意向。

3. 具有健康人格的人是成熟的人;具有健康人格的人是充分起作用的人;具有健康人格的人是创造性的人;具有健康人格的人是超越自我的人。在现代社会,青少年学生所具有的健康人格应是:能客观地认识自我和外部世界;开放的;对所承担的学习和其他活动有胜任感;充分发挥自己的潜能;对父母、朋友具有显示爱的能力;有安全感;喜欢创造;有能力管理自己的生活;有责任感等。

4. 人格测量的意义在于:有助于识别被试的人格状况,了解被试的性格类型,鉴别变态心理问题的性质和识别情绪障碍的类型,更有助于特殊能力人才的选拔。

5. 人格测量的主要方法有自陈量表法、评定量表法、情境测验法和投射测验法。国内外知名的人格测验主要有明尼苏达多相人格调查表、加利福尼亚心理测验表、卡特尔 16 种人格因素测验、艾森克人格问卷、爱德华个人兴趣量表、罗夏墨迹测验、默里主题统觉测验、罗桑兹威格逆境对话测验以及句子完成测验。

练习与思考题

1. 什么是人格? 人格的主要内容有哪些?
2. 人格测量与评价有何意义?
3. 人格测量与评价有什么困难?
4. 健康人格的标准是否具有一般性和时代性?
5. 人格测量与评价的四种方法有什么不同点?
6. 你怎样看待人格测量与评价的信度和效度?
7. 内隐联想测验的理论基础是什么?

第十一章　学生思想品德发展的测量与评价

学习目的

学完本章后,你应当能够:

1. 理解思想品德测量与评价的概念。
2. 正确认识学生思想品德测量与评价的现实意义。
3. 领会实现品德测量与评价的基本要求。
4. 掌握品德测量与评价的基本方法。

编写者及课任教师建议的阅读文献

1. 中共中央关于印发《公民道德建设实施纲要》的通知,中发[2001]15号。
2.《中共中央关于改革和加强中小学德育工作的通知》,1988年。
3.《中共中央关于进一步加强和改进学校德育工作的若干意见》,1994年。
4. 中共中央、国务院印发《新时代公民道德建设实施纲要》,2019年。
5. 中华人民共和国教育部:《中小学德育工作指南》,2017年。
6. 肖鸣政著:《品德测评的理论与方法》,福建教育出版社1995年版。
7. 白先同主编:《德育新观念》,广西师范大学出版社2000年版。
8. 施光明著:《学校德育新探》,知识出版社1999年版。
9. 柳夕浪著:《学生综合素质评价:怎么看? 怎么办?》,华东师范大学出版社2016年版。

10. _____

_____

11. _____

_____

第一节　学生思想品德发展概述

学生思想品德发展是人的全面发展的重要组成部分。21世纪以来,中共中央、国务院以及国家教育部陆续颁布了一系列有关加强道德建设和思想政治教育方面的重要文件。例如,2001年中共中央、国务院颁布《公民道德建设实施纲要》,2004年中共中央、国务院发布了《关于进一步加强和改进大学生思想政治教育的意见》。2014年教育部颁布了《关于全面深化课程改革　落实立德树人根本任务的意见》,2015年教育部印发了《中小学生守则(2015年修订)》,2017年教育部印发了《中小学德育工作指南》。在《中小学德育工作指南》这一指导性文件中,提出了中小学德育工作的指导思想、基本原则、总体目标和各学段目标、德育内容、实施途径与要求、组织实施等方面。其中在"组织实施"这一部分中提出,要加强督导评价,教育行政部门要将学校德育工作开展情况纳入对学校督导的重要内容,建立区域、学校德育工作评价体系,适时开展专项督导评估工作。学校要认真开展学生的品德评价,纳入综合素质评价体系,建立学生综合素质档案,做好学生成长记录,反映学生成长实际状况。面对国内外形势发生了很大变化,特别是中国特色社会主义已经进入新时代,党和国家对新时代公民道德建设提出了新的更高要求。为此,2019年中共中央、国务院再次颁布了《新时代公民道德建设实施纲要》重要文件。针对学校教育,该文件明确指出,要"把立德树人贯穿学校教育全过程。学校是公民道德建设的重要阵地。要全面贯彻党的教育方针,坚持社会主义办学方向,坚持育人为本、德育为先,把思想品德作为学生核心素养、纳入学业质量标准,构建德智体美劳全面培养的教育体系。加强思想品德教育,遵循不同年龄阶段的道德认知规律,结合基础教育、职业教育、高等教育的不同特点,把社会主义核心价值观和道德规范有效传授给学生。注重融入贯穿,把公民道德建设的内容和要求体现到各学科教育中,体现到学科体系、教学体系、教材体系、管理体系建设中,使传授知识过程成为道德教化过程"。因此可以说,加强道德建设以及加强学生思想政治教育已成为共识;研究学生思想品德发展与测量评价问题,其意义深远而重大。

一、学生思想品德的概念与结构

德,即思想品德,亦称道德素质,或简称品德,它是心理和伦理双重蕴含的概念,是德育学、教育学、教育心理学、人才学等学科的研究对象。从今天心理学的角度来分析,德就是内在的认识、情感和外在的行为(意志、信念)等方面的统一体。[①] 按照胡守棻教授的观点,我们今天提的思想品德概念应包括思想、政治、道德等品质。因此,学生的思想品德是依据社会的思想观点、政治准则(包括法制)和道德规范在言行中表现出来的一些经常的、稳定的特征和倾向,它是个性中具有道德评价意义的核心部分。个人的思想品德主要是在社会舆论的熏陶下和家庭教育、学校教育的作用下形成的,是社会现实在人脑中的反映。中小学阶段

---

① 余光:《德育原理研究对象初探》,《华东师范大学学报:教育科学版》1987年第4期。

是青少年儿童长身体、长知识的时期,是对他们进行道德情操、心理品质和行为习惯养成教育的最佳时期,也是为他们树立科学的人生观、世界观和形成正确的政治态度奠定基础的重要时期,所以学校要抓住这一重要时期,奠定学生一生良好的德的基础。

学生思想品德结构是许多心理学家、教育学家较为关注的问题。对这个问题的分析研究,有助于品德心理研究的深入开展,而且直接影响德育工作的成效。在当今的教育理论界较为公认的观点有:[①]

1. 知、情、意、行四因素说

人的思想品德是由知、情、意、行四个基本要素构成的,思想品德形成过程是以知为基础,以情、意为中介,以行为为外部表现的,培养知、情、意、行的内在程序,是螺旋式循环发展的过程。它揭示出:知、情、意、行之相互关系及其统一;知、情、意、行前进的内在自然程序,思想品德形成与发展的必然趋势。这四个因素相互渗透,互相促进,共同提高。其模式的全过程为:

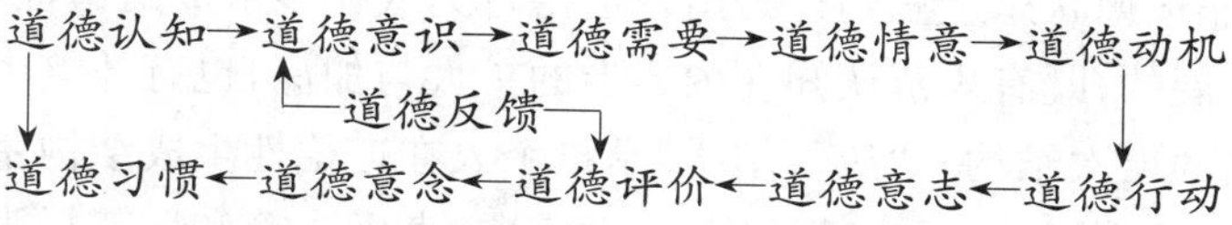

道德认知→道德意识→道德需要→道德情意→道德动机
　　　　　←道德反馈←
道德习惯←道德意念←道德评价←道德意志←道德行动

图 11-1　道德发展的知、情、意、行四因素模式示意图

2. 四项意识说

四项意识说是从社会实践活动的范围和顺序上来考查人的思想品德的,是由政治观、世界观、人生观、道德观四个意识因素构成的,它们作为意识形态都是由一定的社会环境和社会关系所决定的,互相影响但不互相决定。道德意识先于政治意识出现和形成,并积极地影响政治意识的形成,如母爱的思想先于爱社会主义祖国的思想而形成,前者属道德意识,后者既是道德意识又是政治意识。四项意识对社会生活的反映方式不同,政治是直接的,道德是间接的,世界观更为间接。因此,人的思想品德结构可经历三个阶段:其一,以道德意识为主;其二,从以道德意识为主到以政治意识为主过渡;其三,以政治意识为主。

3. 基本维度说

基本维度说是从人的社会适应说来研究思想品德结构的,并从动态发展的观念去考察,强调多维、基本维。品德的基本维,即它的层次性和融合性。层次性的顺序依次是:与先天素质有关的如冲动、气质在最深层,其上为性格品质,精神、意识为较高层。融合性指各层次之间关系不是叠堆静态的,而是互相配合的。关于人的思想品德形成,从其结构上来看为:本能和生理冲动──→气质──→性格──→伦理观念──→人生信念,并按积极的社会适应、自觉的意识统一和能动的自我控制三个水平依次形成,新旧层之间相互渗透形成一个统一整体。

4. 三环结构说

三环结构指的是:品德心理要素环、品德个性倾向环和品德能力环三方面有机结合,并

---

① 胡守棻主编:《德育原理》,北京师范大学出版社 1989 年版,第 22 页。

以世界观为核心,在品德结构中各种心理品质都按各自与世界观的联系程度依次排在世界观周围,受世界观的统驭,同时各心理品质也给世界观的形成与巩固以不同程度的影响。

5. 三维结构说

三维结构说是从系统论来理解思想品德结构的,认为一切思想品德的形成都是通过人的心理活动的,任何一种思想品德都是心理内容、心理形式和心理能力三者的有机统一体。思想品德完整的心理结构应是三维结构,即思想品德的心理形式维(包括道德品质、政治品质、思想品质等要素)、心理内容维(包括思想、世界观和政治观、立场及伦理道德方面)、心理能力维(即智能结构)。

6. 三断面结构说

三断面结构的设想是章志光教授提出的,他把品德结构分为生成结构、执行结构和定型结构三个断面。当这些结构和宏观的社会环境及微观的群体环境发生关联或相互制约时,就构成了一个包括品德机制在内的大的社会动力系统。所谓"生成结构"并非指生来就有的结构,而是指个体从非道德状态过渡到开始出现道德行为或初步形成道德性时的心理结构。道德性是不断向前发展的,既有规范认知在内容上的扩大与加深,也有随整个心理水平的提高而出现的更为复杂的层次结构。"执行结构"是指个人在道德性生成结构基础上发展起来的,更有意识地对待道德情境,经历内部冲突、主动定向、考虑决策和调节行为等环节的一种复杂的心理过程及其结构。它既表明个人日常处理道德问题时的一般心理空间状况,也说明由简单的道德性向品德形成过渡的一种形式。"定型结构"是指个体能具有品德的心理结构。道德行为可以是情境性的,也可以是倾向性的。前者因受外部特殊情况及内部不稳定因素驱使而发生,因而不经常、不一贯,后者是内部由于先期影响而形成的某种比较稳定的道德心理结构,所以带有恒常性,品德是较稳定的道德性。如果我们了解到一个人有某种品德(如助人为乐、急公好义、言而有信、宽大为怀等),就可以预期其在通常或更多的情况下,必然会做出某些特定的道德行为。

二、学生思想品德的形成与发展

1. 学生思想品德的形成

道德心理学家的研究表明,道德的形成和发展有一个由他律到自律,再由自律到自由的过程。在他律阶段,外在道德规范和制度伦理的作用尤显重要,制度规范、示范、榜样、奖惩等对人们的行为选择和习惯的形成起到主要作用。在自律阶段,个体的德性或良知成为道德及其发挥作用的核心,人敬畏和服从的是"内心的道德律",外在道德原则和内在道德品质是不可分开的。

思想品德的形成不是起因于主体自我意识,也不是客观世界在个体上的消极反映,而是主客体内外条件作用的结果,即在教育性活动和交往中形成,又通过活动和交往表现出来,这是一种有目的的形成思想品德的基础,是在教育和自我教育过程中实现的。为此它要完成两个转化:一是社会思想、道德内化为受教育者的思想观点、道德信念;二是受教育者的思想道德观念、信念外化为思想、情感、行为。就个体内部而言,已形成或正在形成的道德观念

（包括规范认识、道德信念和利他观念等）、道德判断水平和道德评价能力、价值观、归因风格及道德情感（移情）、抗诱惑能力等一系列因素都对个体的道德行为表现发生影响；就外部因素而言，社会规范与价值观教育、教育方式、父母特征、师生互动方式、奖励结构等都影响甚至决定着个体的道德发展水平和道德行为的表现。无论是内部因素还是外部因素，它们都不是单独发生作用的，它们之间以及它们与道德行为之间都是相互作用与相互影响的。

思想道德的形成具有长期性，它是社会关系的产物，是在人的社会化过程中实现思想品德的社会化。为此我们要按照既定的教育目标、德育规范来实施对青少年一代的教育。由于受教育者的思想道德状况与德育目标之间的矛盾，教育者必须考虑社会主义的政治经济要求和学生年龄阶段发展的内在需要，运用正确的方法，充分发挥受教育者的主体性，鼓励他们既要作为思想道德的理解者、接受者，又要成为社会思想道德的传播者，唤起他们自我教育的愿望，在集体活动、社会实践和个别教育中，促使内部心理矛盾运动实现由不知到知、由知之不多到知之较多、由消极错误方向向积极正确方向、由思想认识向行为习惯的转化。

2. 学生思想品德的发展

个体思想道德品质发展不仅受社会发展规律的制约，而且也受个体生理机能和认知发展水平的制约，个体道德发展一般包括道德认知、道德情感、道德动机、道德意志和道德行为的发展，并且表现出年龄阶段性特征。

关于儿童道德的发展，行为主义心理学派、认知心理学派和精神分析学派都各自提出过不同的见解，其中影响较大的是认知心理学派的道德发展阶段论。20世纪20年代末，皮亚杰（J. Piaget）着重研究了儿童道德判断的思维结构，区分出四个阶段：其一，自我中心阶段（大约2至5岁）；其二，权威阶段（大约6至8、9岁）；其三，可逆性阶段（大约8、9岁至10岁）；其四，公正阶段（大约11至12岁）。

20世纪50年代末，柯尔伯格（L. Konklberg）对72名10至16岁的儿童进行研究，总结出了儿童道德发展的三水平六阶段，后来柯氏对儿童道德发展的阶段有了更为广泛适应性的研究结论，即：

阶段零：前道德阶段，既不理解规则，也不能用规则和权威判断好坏，使他愉快或兴奋就是好的，使他痛苦和害怕就是坏的，没有义务、应该、必须等概念，行为受他自身能做什么和想做什么所支配。

前习俗水平：儿童能区别文化中的规则和好坏，懂得是非名称，但他根据行为对身体上的或快感上的后果来解释好坏。这个水平分为两个阶段：阶段1：以惩罚与服从为定向；阶段2：以工具性的相对主义为定向。

习俗水平：按个人的家庭、集团或国家所期望人们做的去行事就被认为它本身就是有价值的，而不管它所产生的直接和明显的后果如何。在这个水平上有两个阶段：阶段3：以人与人之间的和谐一致或"好男孩—好女孩"为定向；阶段4：以法律与秩序为定向，行为是服从权威。

后习俗的自主的或有原则的水平：儿童努力摆脱掌握原则的集团或个人的权威，且不把自己和这种集团视为一体，从而确定有效的和可用的道德价值和原则。这个水平有两个阶段;阶段 5:以法定的社会契约为定向,带有功利主义色彩;阶段 6:以普通的伦理原则为定向,根据良心作出的决定是正确的。①

目前青少年品德发展研究主要集中在青少年的道德判断发展、道德情感发展、道德意志行为发展等几个方面。下面分别介绍小学生、初中生、高中生思想品德发展的一般特征。

（1）小学生思想品德发展的一般特征

个体进入小学后,正规的学习成了他们的主导活动,由于学习活动是在强制式的班级授课和集体活动中来完成的,小学生已逐渐意识到自己与他人的关系,自己与集体的关系,意识到自己的权利和义务,习得各种社会交往技能,了解他人的评价并学会客观地评价自我,最终形成自我概念。小学阶段道德认识的发展,按皮亚杰的说法是正好处于自律道德发展阶段,他们逐渐地能自觉运用自己的道德认识来评价和调节道德行为,比如依人的行为目的来判断好坏,而不再以结果来判断,内心开始受道德原则制约来判断各种是非善恶,而不是简单地依从外在的规则。

从道德情感发展来看,在形式和内容上都有进一步发展,幼儿是以直觉道德情感为主的,自觉性低,常以瞬间需要和体验来控制自己的行为。小学生已经能依赖于想象性的道德情感来调控自己的行为,比如由想象中的道德榜样激发起道德情感以制约自己的行为,到了高年级他们逐渐产生伦理性的道德情感萌芽。李怀美的研究发现,小学生对道德情感内容认知理解的发展具有不平衡性,他们的义务感最强,荣誉感次之,良心和爱国主义感再次之,幸福感体验最差。从道德动机发展来看,林崇德对儿童道德动机有三个发现:一是由服从向独立发展;二是从具体的近景动机向抽象的远景动机发展;三是开始产生道德动机冲突,但还不强烈。从道德行为发展来看,小学生道德意志控制力和自觉性明显增强,但还离不开外部检查和督促。小学生道德观念影响源主要是其家长和教师的道德观念,所以他们的思想观念、言论和行动都会直接反映出他们所接受的教育内容,因而言行比较一致。到高年级就复杂得多,因为影响源增多了,行为控制能力也发展了,所以对自己道德需要或掩饰或延迟表决,有言行不一的现象。

（2）初中生思想品德发展的一般特征

学生在初中阶段,正处于青春初期,是在生理上的第二个发育高峰期,加上生活、学习环境改变,他们的内心世界也发生了很大变化,渴望了解自己的意识越来越强烈,进入主观化自我阶段。他们常会问:我到底是一个什么样的人? 别人喜欢还是讨厌我? 怎样才能让别人喜欢我等。关于"我"的问题始终萦绕在他们心中,自我概念逐步建立和完善,青少年的道德品质也在发展,有下述特点:

① 世界观开始萌芽,逐步能用道德信念自觉调节行为。心理学家埃里克森(E. H. Erikson)指出,青少年时期最主要的任务就是建立个人统一的、稳定的自我认识,这关系着青少年个体人格特征的全面发展,只有形成健康的自我概念,其认识、情感、行为等才能真正协

---

① ［美］柯尔伯格:《道德发展与道德教育》,见瞿葆奎主编,《教育学文集:德育卷》,人民教育出版社 1989 年版,第 443—446 页。

调起来。随着道德信念、理想价值观的逐步形成,青少年的世界观也开始萌芽和形成,他们有了发展自己道德品质的强烈动机和愿望,能用道德理想和信念调控并使行为符合理想与信念,个体道德行为的自觉性和原则性大大增强了。

② 自我意识高涨,道德行为习惯逐渐巩固。青少年时期由于情绪情感发展的不稳定性、两极性,他们常易感情用事,有时精神振奋,有时消极沮丧,道德行为表现出不稳定状况。但由于个体对自我的反省与监控的增强,形成了个体道德行为的自我强化,能对自己的道德行为进行自我反馈、自我调整,加上道德判断水平正发展到自律水平,对自己的行为可用自己的道德观念和道德评价标准或鼓励、或纠正、或控制,在反复的训练中使道德行为巩固下来。

③ 伦理道德开始占优势,同时表现出动荡性。青少年时期道德观念、道德信念具有较强的具体性和敏感易变的特色。尽管这阶段他们开始增大对别人关心的范围,对自己在人际交往中的角色、地位有了明确的认识,可依据一些社会公正的原则建立自己的评判标准,能根据社会的要求和自己掌握的道德评价标准来判断、认识事物,但他们自我概念中有很强的理想成分,个体的自主性和原则性还不够,加上是幼稚向成熟过渡的时期,个体的控制能力、思维的抽象水平还有待于进一步发展。按林崇德等人的观点,初二年级是中学阶段品德发展的关键期,其道德判断较之于低年级具有显著差异,道德品质发展处于一个转折时期。按柯尔伯格的观点是:青少年道德认识处于第四个阶段,其思想倾向还依然是根据权威和社会秩序来决定道德标准,停留在世俗或习俗水平。

（3）高中生思想品德发展的一般特征

高中生由于思维力的提高,抽象逻辑思维已具有充分的假设性、预计性和内省性,辩证逻辑思维迅速发展,逐渐进入成熟期,这为他们个性、品德方面的发展带来巨大的影响,道德品质发展已趋于成熟和稳定。突出表现在:

① 确立价值观、人生观。价值观是个体对社会、对自然、对他人、对自我、对人的一生的各种问题的总的根本性的看法,是个体评判客观事物的重要性的主观标准。价值观形成受个体知识水平、生活背景、主观意志、情绪情感、态度、动机,以及人生目标等因素的影响。高中生的自身条件诸如思维水平和能力使他们可以掌握多种判断的标准,加上阅历的进一步丰富,情感体验和冲突的增加,对社会各种问题均能作出分析和判断。另外,高中生面临职业选择,他们渴望了解社会、了解他人对自己的评价,以便把握自己适应社会的要求,所以人生观、价值观的确立是这个阶段最主要的任务。

② 提高道德自治能力。初中生已有较强的独立意识,高中生的自治要求更为强烈。他们希望在行为上能独立决定涉及个人的各种问题,渴望父母、教师对自己的理解,而不是干涉和监控,情感上能独立体验,理想主义色彩浓厚,对现实社会有种种不满,有时会听不进家长或教师的指导。道德评价上有较强批判性,相当一些高中生道德判断水平已达到原则水平,他们基本上能依据自己的评价标准,独立评价自己和他人的观点、行为,以及社会事件。[1]

---

[1] 寇彧、张文新著:《思想品德教学心理学》,北京教育出版社 2001 年版,第 28—35 页。

【阅读材料】

《童规》①

今儿童,正成长,健身心,须规范。学而知,知而行,行有恒,成习惯。

第一章　是起居,事虽小,莫轻看。黎明起,即漱洗,整卧室,不脏乱。一日里,三餐饭,应定时,要定量。进餐前,先洗手,碗和筷,须洗烫。上餐前,知谦让,不喧哗,不敲碗。接饭菜,双手端,夹饭菜,莫乱翻。知营养,不挑剔,有美味,大家享。刺激物,要少吃,喝饮料,莫多贪。吃饭时,莫分神,不玩耍,不看书。细细嚼,慢慢咽,不泼菜,不撒饭。餐已毕,即漱口,不跑跳,保腑脏。到晚上,按时眠,应洗脚,须洗脸,枕勿高,盖勿厚,讲卫生,莫蒙头。自己事,自己做,爱劳动,成习惯。

第二章　是保健,保健好,体质强。清晨起,练身体,伸腿脚,舒臂膀。练器械,添力量。常跑步,腿脚壮,多走路,长力气。冷水浴,利发育。三餐饭,加杂粮。吃果蔬,利胃肠。自来水,莫生喝。生瓜果,洗净吃。摊头食,要慎吃。食变质,不可吃。不吸烟,免伤肺。不喝酒,免伤肝。鞋与袜,常洗晒,内衣裤,要勤换。光线差,不读写。读书报,距一尺。保视力,做眼操。穴位准,合节拍。看电视,有节制。听音乐,莫太响。烈日下,不暴晒,护肌肤,免中暑。有鼻涕,不乱抹。有痰液,不乱吐。果皮壳,不乱扔。入厕后,要洗手。防疾病,常体检。有疾病,莫拖延。

第三章　是学习,学业精,靠勤奋。惜晨时,要早读,读好书,背名篇。上课前,早准备。老师讲,专心听。未听懂,不装懂,有疑难,即发问。有作业,独立做,不拖拉,不抄袭。学新课,要预习,温旧课,能知新。各学科,都学好。举其一,能反三。大学校,是社会,不灰心,心有恒,志更坚。同学间,相互帮,爱好广,须培养。成绩好,不自满,知不及,加劲赶。学有时,玩有度,劳和逸,两相顾。

第四章　是安全,常警惕,保平安。放爆竹,有危险,不玩火,免灾难。工地上,不放逐。水塘边,不嬉戏。学游戏,大人带。人遇险,即呼救。煤气阀,不乱拧。用电器,防触电。大树下,高楼旁,勿躲雨,避雷伤。红灯停,绿灯行。过马路,走横线。走路时,勿玩耍,靠右行,成习惯。尖利器,休乱玩。坚硬物,口莫含。猫狗咬,毒虫叮,及时诊,找医生。若迷路,不惊慌,寻警察,请相帮。人外出,防失盗,窗与门,关锁好。平日里,要机警,陌生人,莫轻信。乘车船,扶稳当,头和手,不出窗。有车来,莫抛石。在楼上,禁扔物。

第五章　是仪表,仪表好,有教养。红领巾,胸前系,天天戴,常换洗。穿衣服,要朴素,合身体,忌华服。冬穿棉,夏穿单,不敞襟,不反穿。鞋与袜,要合脚。领与袖,要清洁。衣绽线,要缝合。扣脱落,即钉上。备手帕,常洗换。入厕毕,整衣带。场合变,服装换,合礼仪,讲风范。人爱美,须自然。不描眉,不涂唇,无戒指,无耳环。头常洗,发常理。手指甲,常修剪。立和行,要稳健。坐如钟,挺腰板,腿并拢,脚平放。站如松,挺

---

① 高长梅等主编:《学校德育工作全书》,九州图书出版社、人民日报出版社1998年版,第656页。

胸膛,昂起头,看前方。行如风,步履轻,头不摇,身不晃。一举手,一投足,要适度,不夸张。与人言,不装腔,遇急情,不张狂。

第六章 是礼仪,知礼仪,善交际。与人处,讲信用,不欺小,不恃强。与人语,要和气,听人讲,不插腔。人有错,当面问,要团结。处邻里,要和睦。有客来,起身迎,让座毕,把茶上。访亲友,轻敲门,人未请,莫自闯。乘车船,不抢座,帮残疾,让老弱。指人路,要热情,问人路,要谦恭。遇外宾,不围观,见贤者,当敬仰。他人物,不乱翻,路拾遗,不入囊。借东西,按时还,物有损,要赔偿。收人礼,赠人物,双手接,双手送。礼貌语,会使用,慎交友,免上当。

第七章 是尊长,敬亲师,尊长辈。父母歇,不惊扰。清晨起,问声早。上学前,要道别。放学回,要问好。有美食,敬父母,家务事,要帮做。父母唤,要应答。父母病,勤伺候。父母心,知体谅,要勤勉,不娇惯。心里话,告父母,有过错,不隐瞒。父母言,要恭听,求上进,父母安。见师长,要行礼,办公室,不乱闯。师提问,要回答,发言时,要立正。知尊师,师先行,师先坐,师先用。教师名,不直呼,听教诲,要温恭。师授业,要勤学,一日师,终生敬。

第八章 是爱国,少立志,报祖国。中华史,五千载,近百年,多忧患。共产党,救危亡,好儿女,热爱党。敬国旗,爱国徽,唱国歌,要肃立。解放军,为人民,民拥军,如亲人。对人民,要热爱。对领袖,要拥戴。我华夏,多民族,大团结,要维护。好传统,要继承。学英烈,树新风。我中华,是古国,文物多,要保护。好风俗,美文化,要继承,要光大。我中华,佳节多,知来历,要庆祝。爱家乡,敬父老,乡土情,永不忘。接班人,做栋梁,炼体魄,保国防。

第二节 学生思想品德测量与评价的意义

学生思想品德测量与评价简称品德测评。它既要对学生的思想品德状况作事实判断,又要对学生的思想品德发展作价值判断,因此,这是一种客观性与主观性的统一。它是建筑在测量的基础上,在收集了诸多品德特征及信息的基础上,与既定德育目标与标准进行比较后,采用语言和数量的形式进行定性或定量的转化的解释,由此来反映个体品德发展的客观情况。

学生思想品德测量与评价包括了测量与评价两个方面的有机结合。它既要对个性品德中的共性特征进行量化或价值判断,又要对个体独特的特征进行概括抽象式的评语描述。因此,它是测评者采用科学的测评手段(工具),有目的地、系统地收集被测评者在某一时期内主要活动领域中的品德特征信息,针对某一测评目标、体系作出数量或价值判断,或直接概括与引发品德行为独特性的过程。

一、学生思想品德测量与评价的可能性

1. 学生思想品德测量与评价的困难

思想品德是个体在政治、思想、道德、个性、心理等方面的行为特征的总和。要对个体的思想品德状况作出公正、客观的评价,就必须对学生的行为表现有全面的了解和准确的把握。然而,学生的行为表现空间广大,思想品德行为有时会存在内隐与外显的不一致性,这就给思想品德测评带来了极大的困难。教师很难对学生的思想道德水平作出十分准确的评价,思想品德测评的科学性和可信度是人们经常反思的一个问题。

2. 学生思想品德测量与评价的可能性

尽管思想品德的模糊性和其具有精神性的特点使得测量与评价有一定的困难,但纵观各种测评现象不难发现,测评所应满足的三个充分条件是:一是测评对象的客观存在,并可被认识和把握;二是测评对象质与量有大小、强弱和多少的程度差异、数量差异或存在与否的差异;三是这种差异可以通过比较进行调查和报告。而学生思想品德不是神秘的东西,是个体某一时期行为表现所决定的特征系统,是一种客观存在,是能被人觉察到的,是外部行为与内在品质的统一,有质和量的形式,因而是可以测量与评价的。思想品德有些内涵不能直接测量,但间接的测量也具有一定的可靠性、有效性。如一个有经验的教师往往只需寥寥几十个字就能较为准确地描述出一位学生的思想品德状况,优缺点一目了然,这种定性评价往往能捕捉到最近一段时间内学生思想品德方面的变化。其中充满关怀的肯定性文字,对学生所起的激励作用有时远远超过定量评价中冷冰冰的分值。

思想品德测量与评价实质是一种对思想品德质量的判断,是对思想品德行为特征进行客观的、有意识的观察与判断,其作用在于真实而客观地描述思想品德的类型、特征、面貌,并对思想品德内外差异进行尽可能准确的度量与比较。某种内在德性虽然是个别的、独立的、零散的,很难把握,但通过综合分析,还是可以进行归纳的。如动机情感,不能用常量数字进行客观评分,却可采用模糊量表进行主观区别,有些思想品德特征无法在群体中进行比较,但可以通过类别量表描述,通过量化比较和语言描述来评价。

思想品德测量与评价作为人类对品德的一种认识鉴定形式,可以通过有效的方法,选择和设计适宜的刺激,使内心流露在行动上。实践表明,尽管目前思想品德测量与评价还存在一定的困难,但思想品德测量与评价是可能的、可行的。尽管影响测评质量的因素很多,但可以通过有关测评技术和更新观念,用实事求是的态度进行控制,尽可能减少不利的影响,以提高测评的效度和信度。

二、学生思想品德测量与评价的意义

1. 促进德育目标的实现和德育质量的提高

学校要坚持社会主义办学方向,对学生的思想品德、学识、体力要有一个社会化的、体现时代精神要求的标准,并以此作为学校德育工作的目标。德育工作的质量最终体现在学生思想品德水平的提高上,德育工作评价旨在衡量实现德育目标的程度。经验式的思想品德

测量与评价方法,即单凭教育行政管理者的主观印象,凭学校领导及教师的工作汇报,凭班主任对学生操行的主观评定等,虽有一定的可行性,但也存在较大的主观性、片面性和随意性。利用科学的方法进行学生思想品德测量与评价,有助于客观、真实、全面地反映学生的实际发展状况、德育工作的成绩、管理实践的正误,最终达到既定的德育目标。

2. 思想品德测量与评价是德育工作科学化的保证

尽管学生的思想品德是精神性的、变动性的、意识状态的东西,但借助于测评技术能使我们较客观地认识德育现象与规律,认识学生真实的思想、政治、品德、个性面貌。我们认识事物和人不能单凭工作经验和人生阅历,只进行大概式的定性评判,而且学生的思想品德有"此时此地此景"的特点,有一定的情境性,所以不能单凭印象去定夺。我们必须通过科学的工具与方法,在完善的目标体系下,在正确的德育观念下,科学地操作评价程序,真实地获取思想品德特征信息,对测量或评定结果作出合理的解释,使测评工作科学、准确、有说服力。

思想品德测量与评价应坚持定性和定量相结合的原则。由于长期以来,思想品德测量与评价基本上是经验式的描述,因此,人们缺乏对定量描述的认识和实践。在当前情况下,重视教育评价技术及其数量化方法是必要的。思想品德测量与评价的数量化实际上就是把个体稳定的行为特征和倾向空间,与某一向量空间建立同态关系,使定性评定中无法综合处理的行为特征信息可以得到统一的数学处理,使测评者对不同个体思想品德的心理感觉差异反映于数量差异之上,进而综合反映个体思想品德的差异与水平。[①] 思想品德测量与评价的量化使纷繁的行为特征描述、操行评语转化为可以比较的分数,简化了对各个学生思想品德水平与差异的比较,使选拔录用中的思想品德标准落到实处,改变了传统单一的感性体验测评。减少主观性,有效控制误差,提高测评的准确性,加上量化数据可采用计算机技术进行分析,使测评者与测评对象可以迅速方便地查询个人单项或整体多项的品德特征信息,大大提高了思想品德测量与评价、信息反馈及利用的效率与效果。

> **课堂讨论题**
>
> 　　思想品德测量与评价要坚持定性与定量相结合的原则,你如何看待这一原则?

3. 思想品德测量与评价有利于发挥评价的教育功能

前述材料及有关调查表明,思想品德测量与评价对于学生全面发展目标的实现而言是必要的、可能的,通过测评可以实现一些功能:

① 描述评定功能:对个体思想品德行为表现按一定目标进行事实或价值判断,即进行描述性评定和价值性评定,这种评定为学生后续的修养树立了奋斗目标与努力方向,对学生不良行为有规范、约束、教育、鞭策、鼓励作用,也为教育者提供了德育工作的方向与直接目标。

[①] 肖鸣政著:《品德测评的理论与方法》,福建教育出版社 1995 年版,第 49 页。

② 发展差异区分功能:缩小学生的个别差异是我们的教育责任,但个别差异是客观存在的,不允许我们以任何冠冕堂皇的理由去掩盖它。测评对象的差异在测量与评价中可以处在不同类型的等级上,如,优、良、中、及格、不及格五个级别类型。这种显示个别差异的实事求是的做法,可激励测评对象积极向上。

③ 反馈功能:测评的结果对测评主体与客体而言都起到了诊断、管理、协调、控制的作用,通过测评知道了好在哪里,善在哪里,优点是什么,缺点有哪些,并在测评中知晓品德培养的要求,了解到工作离目标的偏差有多大,应遵守什么,提倡什么,反对什么,发扬什么,控制什么。

④ 教育功能:思想品德测量与评价可使家长、教师、学生、学校对学生的思想品德有全面的了解,从而激发出自觉性和责任感,并在获得思想品德特征信息后及时强化、调节、修正工作及内容。

⑤ 预测功能:思想品德测量与评价可对个体将来的某些发展作出估计,为选拔人才及因材施教提供依据,当然,也不能"三岁看老",而应用发展的眼光来看待测评的内容和结果。

4. 思想品德测量与评价有助于学校德育改革

任何一种德育改革,其目的都在于提高受教育者的思想品德,改革的每一步都必须及时地进行形成性评价,要对改革的效果作出科学的分析,为深化改革提供可靠依据,保证德育改革的正确发展方向。今天的年轻一代面对的是"新经济""网络信息时代""全球一体化"的文化价值、道德、观念的多元化形势,道德教育的一个重要方面,就是要提高学生的民族自信心。同时,用充满创意的方式,在开放性和互动性的活动中,使年轻一代形成科学的世界观、正确的人生观、适宜的价值观。① 有人说今天的年轻人什么都敢想敢做,他们实际、乐观、追求金钱和享乐,但事实上,如何评价这一代人,需要用科学公正的方式进行。思想品德测量与评价可一改人们凭直觉与表面性的感觉以及情感好恶进行评价的方式。通过测评,可使人们对学生有一个全面客观的认识,获得可靠准确的信息,还有助于干部的挑选、工作分配与人员组合、职业与专业咨询。

综上所述,德育目标和质量的实现,德育工作的科学化,德育工作的改革与深化,社会生活及个人发展都需要品德测评,因此,用科学的方法开展学生思想品德测量与评价有着重大的意义。

三、学生思想品德测量与评价的原则

学生思想品德测量与评价是一项重要而又艰难的工作。由于思想品德的复杂性、学生的能动性、测评者的主观性、方法工具手段的不完善性以及他们相互作用的矛盾性,使思想品德测量与评价有许多难点问题,诸如,思想品德的复杂性和测评的简约性,思想品德的模糊性与测评的精确性,思想品德的掩饰性与测评的诊断性,思想品德的情境性与测评的确定性等问题。为此,在进行学生思想品德测量与评价时,要注意按照有关政策和原则科学地制定评价目标,选择评价工具与方法,以确保测评结果的客观、准确与公正。

---

① 杨明:《新世纪高校道德教育的思考》,《扬州大学学报(高教研究版)》,2001 年第 9 期。

1. 方向性原则

方向性原则是指学生思想品德测量与评价必须和当前德育教育方向保持一致,使测评目标与学校德育工作的方向、学生思想品德发展方向、德育目标时代性方向与素质教育方向相一致。这一原则是由我国学校教育的社会主义性质所决定的。中共中央《关于改革和加强中小学德育工作的通知》和中共中央《新时代公民道德建设实施纲要》等文件中都明确提到学校德育工作的社会主义办学方向,使培养出来的学生要真正成为社会主义事业的建设者和接班人。因此,思想品德测量与评价的各个环节及整个过程(测评目标体系设计、内容的选择、标准的确定、权重的分配和结果的解释等)都要朝德育目标方向去开展。这是贯彻该原则时应注意的问题。

2. 教育性原则

教育性原则指测评者在测评过程中要注意发挥思想品德测量与评价的教育作用,使思想品德测量与评价成为一项教育活动,而不仅仅是一项测量与评价活动。

思想品德测量与评价具有教育功能,前文已有提及,发挥思想品德测量与评价积极的教育功能,就要改进与完善思想品德测量与评价工作。首先,发挥测评主体自我测评的积极性与自觉性,发挥积极因素,克服消极因素,只有做到正确认识自己,正确评价自己,才能真正发挥自我教育的作用,使测评事半功倍,起到良好的教育效果。测评客体对测评所持的态度对测评结果的准确性与客观性有着很大的影响,积极参与测评能为测评提供更全面、更丰富、更准确的测评信息。其次,使学生掌握正确的道德认识和道德行为标准,提高分辨是非、善恶、美丑的能力,坚持正面教育积极引导,做到不为测评而测评,不以测评卡学生,不能只给一个分数和结论就算了事,而要使学生真正懂得怎样做是对的及为什么,自身有什么缺点及怎样克服,从而真正发挥测评的教育改进作用。在作出结论时,要指明努力方向,使学生在测评中实实在在受到教育。再次,要把思想品德测量与评价工作和学校德育教育工作有机整合起来,纳入综合素质评价体系中去,落实立德树人的根本任务。最后,要正确处理和利用测评结果,有些可全面公开,有些结果只能在小范围内知晓,另有些隐私的资料或结果则不能公开。

3. 客观性原则

客观性原则是由唯物辩证法和测评的内在要求所决定的,测评不能仅凭个人的主观臆断,而应在制定测评方案、建立测评目标体系及开展测评活动时,符合思想品德形成的规律和德育活动的客观规律。贯彻客观性原则,首先,要以思想品德行为作为依据,客观真实地反映人的德性。其次,测评目标体系的制定要有科学性,能反映测评对象和测评内容本身的特点。再次,测评方法要合理,在量化时要考虑到思想品德的本质特点,尽量使测评结果客观、准确,避免主观随意性。但同时,由于思想品德养成是一个相当复杂的教育发展过程,其成果是精神产品,不宜过分追求量化,要把测评结果量化、测评结果的解释和品德特性的评语尽可能地结合起来。最后,实施测评时,要注意控制无关因素及主观因素的影响,保证测评过程的客观性。得到领导、教师、学生、社会舆论一致好评的测评,才能显示其威力,才能对思想品德教育起促进作用。

4. 有效性原则

思想品德测量与评价的有效性即测评全面准确地反映学生的思想品德状况及其水平。贯彻这一原则,首先,要建立一套全面系统反映测评对象的目标体系。其次,采用不同方法来获取各种信息,如用笔试形式并结合思想品德课的教学考试来考查学生对德育知识的掌握程度,用问卷、谈话及观察等方法考查学生的道德情感、政治情感和思想意识,用观察、调查等方法考查学生的思想品德行为,然后再分析与综合以上结论,得出测评结果。最后,要用联系的观点来使用测评资料。有时对单项的测评结果进行简单相加,往往不能得出思想品德的整体全貌,而必须参考学生行为的所有方面,参考同学、任课教师测评及学生自评结果,从学生整个时期的动态发展和横向的比较中全面综合地测评其思想品德。为此,要注意时间与空间上的综合性,即行为测评与认知测评相结合,个人测评与集体测评相结合,班主任测评与任课教师测评相结合,校内测评与校外测评相结合。

此外,思想品德测量与评价还要顾及思想品德形成的阶段性、顺序性特点,遵循如下原则:①有序性原则,如学生道德品质形成总体上先于思想品质和政治品质的形成,礼貌品质的发展先于劳动品质的发展,因而不同年龄阶段测评的内容、方式、结果会有不同。②动态性原则,要求思想品德测量与评价随时间、环境、条件的改变而变化与发展。③可行性原则,要求测评简单、方便,能为人们普遍接受。④规范化原则,即标准化与统一化,指每一项测评目标、规格、测评方式和程序、测评工具的选用与操作、测评结果的记录要求与方法、计量或评定的标准与方法,这些都应有明确统一的质量标准和规定,以保证测评结果客观、真实、可靠和可比等。为了使对学生的思想品德测量与评价更加有效,学校要认真按照教育部有关《中小学德育工作指南》以及《中小学生守则(2015年修订)》等文件的具体要求进行操作。

第三节 学生思想品德测量与评价的内容及方法

本节着重探讨学生思想品德测量与评价的内容及方法。在确立科学的思想品德测量与评价内容时,我们在实践上要牢牢把握四个统一:①学习科学文化与加强思想修养的统一。青少年时期要注重思想修养,要树立正确的世界观、人生观、价值观。②学习书本知识与投身社会实践的统一。要磨砺意志、品格,把学得的知识用于实践,在实践中继续学习、提高。③实现自身价值与服务祖国人民的统一。个人抱负要同时代和人民的要求紧密地结合起来。④树立远大理想与进行艰苦奋斗的统一。青少年要有理想,还要有脚踏实地、百折不挠的奋斗精神。

一、学生思想品德测量与评价的一般内容

学生思想品德测量与评价可以从素质结构出发,它包括:政治素质、思想素质、道德素质、法纪素质和心理素质五个方面。思想品德测量与评价应该从实际出发,针对不同学段、不同年龄、不同对象等特点作出科学的、切合实际的评价。

1. 政治素质测评

政治素质测评指的是对学生的基本政治立场、观点、态度和行为的价值判断。它是学生思想品德素质测评的核心内容,是关系到学校培养什么人,怎样培养人和党的路线能否坚持的问题。在学校教育中不同年龄段对学生的政治素质要求不同,但从总体上看,评价学生的政治素质要从知、情、意、行四个方面综合考查,看其对党、对社会主义祖国的感情,看其对党的路线、方针、政策的理解,对国家政权和广大人民利益的正确认识。

2. 思想素质测评

思想素质测评指的是对学生世界观、人生观以及价值观等思想观念的价值判断,是德育评价要素中最本质的因素,是关系到学生为谁活、怎样活的严肃课题。评价学生思想素质应从学生具体的学习、生活和各种现实问题入手,评价他们的思想状况。在当前形势下,思想素质测评要引导学生准确理解和把握社会主义核心价值观的深刻内涵和实践要求。但在评价时要坚持全面、辩证、突出重点(世界观)的原则。

3. 道德素质测评

道德素质测评是指对学生的道德认知、道德情感、道德意识、道德信念、道德关系、道德行为等方面的价值判断。青少年的道德素质水准关系到中华民族未来的道德标准。评价学生的道德素质主要应评价他们是否具有正确的道德认知,是否具有高尚的道德情感,是否具有坚强的道德意志,是否具有崇高的道德信念,是否具有良好的道德行为以及是否具有自觉的道德修为。

4. 法纪素质测评

法纪素质测评是指对学生对于社会主义民主、法制制度、组织纪律等基本知识的认识和态度,以及坚持民主、遵守和维护法律、遵守组织纪律的行为素质的价值判断。进行法纪素质评价,就是为了让学生知法、懂法、用法、守法。评价学生法纪素质,要重点考查他们是否具备基本法纪常识和社会主义法制观念,是否形成了遵纪守法的良好品质,是否懂得同丑恶现象、不良现象、违法犯罪现象作斗争,是否了解自己的合法权益并学习运用法律武器保护自己的合法权益。

5. 心理素质测评

心理素质测评是指对那些与道德评价及道德发展密切相关的心理状态、心理品质、心理能力、心理特征进行测量与评价。心理素质的外在表现综合体现为心理健康状况。一个心理健康的学生应具备以下特点:[①]一是自觉,即努力学习。二是自知,即有明确的自我意识。三是自爱,即正视现实,约束自己。四是自持,即情绪稳定、乐观。五是自尊,即善与人友好相处。六是自强,即有理想的生活目标。七是自制,即遵守社会道德行为规范。评价学生心理素质,主要看其心理是否健康,有无不良心理行为表现。

为便于学习,下文提供一份《大学生品德素质测评表》(如表 11 - 1 所示),作为应用和进一步研究的基础。

---

① 詹万生主编:《整体构建德育体系总论》,教育科学出版社 2001 年版,第 562 页。

表 11‐1 大学生品德素质测评表

一级指标	二级指标	三 级 指 标	等级分值			实际得分
			一	二	三	
A₁ 政治素质 26 分	B₁ 政治理论 8分	C₁ 认真学习"两课",成绩优秀	3	2	1	
		C₂ 能运用所学理论正确分析社会生活中的政治、经济、文化、道德现象	3	2	1	
		C₃ 能正确识别各种社会思潮,主动与各种错误言行作斗争	2	1.5	1	
	B₂ 爱国爱党 10分	C₄ 关心国家和世界大事,能正确认识中国国情,有为现代化建设贡献力量的思想和能力	3	2	1	
		C₅ 有对国家和民族负责的意识,正确处理个人利益和国家利益的关系,不做有损国格和国家荣誉的事	3	2	1	
		C₆ 拥护中国共产党领导,接受党的教育,积极要求进步	4	3	2	
	B₃ 科学世界观 8分	C₇ 关心集体,积极参加集体活动,正确处理个人与集体的关系	3	2	1	
		C₈ 有健康、高雅的审美情趣和正确的审美观,有正确辨别美丑的能力	3	2	1	
		C₉ 有正确的恋爱观,能正确处理个人感情问题	2	1.5	1	
A₂ 道德素质 28 分	B₄ 勤劳敬业 5分	C₁₀ 热爱劳动,热爱劳动人民,积极参加社会实践,在劳动中埋头苦干	2	1.5	1	
		C₁₁ 有正确的学习目的,有良好的学风,努力完成各项学习任务	3	2	1	
	B₅ 社会公德 5分	C₁₂ 遵守公共秩序,爱护公共财物,保护公共设施,讲究公共卫生,维护公共安全,敢于批评各种不道德的行为	3	2	1	
		C₁₃ 待人有礼,尊重他人,乐于助人	2	1.5	1	
	B₆ 孝亲敬长 5分	C₁₄ 关心、体贴父母、长辈,主动为父母分忧解愁	3	2	1	
		C₁₅ 尊老爱幼,主动与师长交流沟通思想,尊重老师的劳动成果;对外籍教师和国际友人以礼相待	2	1.5	1	
	B₇ 见义勇为 5分	C₁₆ 为人正直、富有正义感,敢于主持公道	3	2	1	
		C₁₇ 能主动热情地为同学服务,别人有难时,能主动提供力所能及的帮助	2	1.5	1	
	B₈ 诚实守信 4分	C₁₈ 待人诚实,表里如一,不弄虚作假	2	1.5	1	
		C₁₉ 作风扎实,言而有信,不说大话、空话	2	1.5	1	

续　表

一级指标	二级指标	三　级　指　标	等级分值			实际得分
			一	二	三	
A₃ 法纪素质 22 分	B₉ 职业道德 4 分	C₂₀ 有全心全意为人民服务的思想	2	1.5	1	
		C₂₁ 有敬业意识、服务意识、质量意识、法纪观念	2	1.5	1	
	B₁₀ 民主观念 8 分	C₂₂ 正确行使法律所赋予的各项民主权利	3	2	1	
		C₂₃ 按民主集中制原则组织活动、处理问题	3	2	1	
		C₂₄ 积极参与班级民主管理	2	1.5	1	
	B₁₁ 遵守法规 8 分	C₂₅ 认真学法,自觉遵守宪法和各项法律、规定	3	2	1	
		C₂₆ 自觉履行法律所规定的义务	3	2	1	
		C₂₇ 主动与违法犯罪现象作斗争,并正确运用法律武器保护自己	2	1.5	1	
	B₁₂ 遵守纪律 6 分	C₂₈ 模范遵守学校的规章制度	3	2	1	
		C₂₉ 能与各种违纪行为作斗争	3	2	1	
A₄ 心理素质 24 分	B₁₃ 情绪性格 6 分	C₃₀ 能正确认识自我,敢于开展批评与自我批评,保持和谐的人际关系	3	2	1	
		C₃₁ 有较好的心理调适能力,能在各种场合展示推销自我	3	2	1	
	B₁₄ 意志品质 6 分	C₃₂ 意志坚定,不怕挫折,有良好的适应能力	3	2	1	
		C₃₃ 谦虚谨慎,积极向上,富有艰苦奋斗的开拓精神	3	2	1	
	B₁₅ 创新精神 6 分	C₃₄ 有自信心,善于思考,勇于探索,勇于创新	3	2	1	
		C₃₅ 积极参加实践活动,善于运用所学知识解决实际问题	3	2	1	
	B₁₆ 身心健康 6 分	C₃₆ 积极参加体育锻炼,体育达标,个人卫生好,无不良嗜好	3	2	1	
		C₃₇ 积极参加各种健康的文化活动	3	2	1	
总　分			等　级			

评　语:

二、学生思想品德测量与评价的方法

美国心理学家桑代克曾指出,研究人的个性的方法有三个:"第一,我们可以看看他(她)对自己的情况说些什么;第二,我们可以了解清楚他人对他(她)的情况说些什么;第三,我们可以看看他(她)实际上是怎样做的,看看他(她)在真人真事的环境中如何行动。"①

明确了测评什么,就可以选用适当的方法去实施。学生思想品德测量与评价方法从评价主体看,有自评和他评(民主评议)两种方式。从评价类型看,有评分、评等、评语和综合测评法。从信息搜集的角度看,有观察法、谈话法、访问法、调查法、态度测量法等。从信息整理的角度看,有个体内差异评价法、绝对评价法、相对评价法。下面我们介绍学生思想品德测量与评价中常用的方法。

1. 操行评语法

操行评语法是我国学校长期使用的一种学生思想品德测量与评价的传统方法。它是自我、集体与教师三级测评,以内省报告、观察评判为基本方式,以语言文字转达评定结果。它是以《中小学德育工作指南》《中小学生守则》《中小学生日常行为规范》以及中小学有关品德与法治课程标准为依据,对学生思想品德作出评价的方法。这种方法在目前学校中依然应用广泛,一般在学期结束、升学、毕业前夕进行,以班主任为主,以评语形式对学生在这一时期里的思想品德和行为表现进行定性描述。

操行评语法有其优缺点。优点是,评价者根据平时的观察了解,对照一定标准,对学生思想品德行为作出的评价,其结果有一定的规范性和针对性。它能使学生看到自己的成绩与不足。如:"虽然你学习成绩不佳,但在同龄人中算得上是一个懂事的孩子,孝道和友爱在你的身上都有所体现,能客观地看待和处理问题,会使你较好地适应社会。若再加上丰厚的文化底蕴,你的前途一定会光明的。""人是社会的人,唯我独尊是自私的表现,要学会心理换位,有时候,退一步海阔天空。"②当然这种方法由于较多地从经验和印象出发,加上测评信息的有限性,又没有明确严格的评判标准,测评结果的主观性、随意性明显,比较空泛,难以反映出不同学生思想品德的差异程度,具有一定的模糊性。比如某班主任对甲与乙的评价分别是:甲:"该生思想要求进步,有较好的日常行为习惯,热爱劳动,关心集体,愿为班级做好事,性格内向,上进心强,学习方法不得当,望今后变得开朗些,做个诚实活泼的中学生",但由于成绩较差,总评时的操行评定等级为下等。乙:"该生思想要求进步,积极参加各项活动,尊敬老师,团结同学,学习刻苦,成绩优良,有时上课溜号,望今后更加注意,对班级活动再主动些。"但由于成绩优秀,操行评定等级为:优等、文明学生。③ 从这两则评语看,在下等与优等之间并没有特别的程度差异,但结果是很不一样的,也许这样的评定有两种解释:一是对成绩好的学生严格要求,评语写得一般,而对成绩差的学生,为了鼓励上进,写得好些;

① 〔美〕桑代克(Thorndike R. L.)、〔美〕哈根(Hagen E. P.)著,叶佩华等译:《心理与教育的测量与评价》,人民教育出版社1985年版,第111页。
② 詹万生主编:《整体构建德育体系研究论文集》,教育科学出版社2001年版,第388页。
③ 肖鸣政著:《品德测评的理论与方法》,福建教育出版社1995年版,第435页。

二是决定操行评定的主要因素是学习成绩(或纪律、或评价主体不同)。

可见,经验性的、随意性的操行评语法存在一些局限性。为了更好地运用这种方法,建议如下:

① 评价人员必须深入透彻地了解每一位学生,了解他们的特点、特长、心理状态、处事原则、困惑等,可采用集体问卷法,相互介绍法(如"我眼中的同学×××")、自我介绍法等。把学生品行上的特点与家庭出身、学生学习进步、学生心里最想做的事情结合起来。

② 应把学生放到时代背景下去评价,这样才能符合现代教育的要求。下笔之前班主任要更换角色,以诤友的身份去看待面前的每一个人。在客观评价中,既要有正确的引导,更要有善意的劝慰,以一种谈心式的口吻去达成共识,这是班主任送给每个学生独有的文字礼物。

③ 要用发展性的眼光看待每一个学生。教师必须把握好主观的感情色彩,评语不仅仅是对学生的评价,还要使学生从中有所感悟,在明确学生缺点的同时,不仅教给学生怎样做,还要让他们知道为什么这样做。评语的语言要具有文学性、艺术性、让人耳目一新,闪光的地方要一目了然,缺点提出要含蓄委婉,激励性的话应在诚恳中带点力度。评语中可渗透一些做人原则,也可将名人名言写在评语中,使评语起到启迪人生、催人奋进的作用。

④ 实行评语反馈。家长在阅读评语后,要给孩子写一份评语,让家长对孩子有一个客观的评价,并写出对教师的评语。

⑤ 若有条件,可组织教师研究与建立操行评语短句或词汇档案库。

总之,通过改进操行评语,学生能够在评价中学会做人,学会求知,学会劳动,学会生活,学会评价,学会负责,学会审美。

研究性学习专题

依据《中小学德育工作指南》,为某一学段的学生建构学生思想品德测量与评价"评语短句或词汇"。

2. 操行加减评分法

操行加减评分法是根据《中小学德育工作指南》《中小学生日常行为规范》和《中小学生守则》等要求,制定出一些评语式测评项目和相应的评分标准,指明达到什么程度加多少分,或违反到什么程度扣多少分。测评前每个人都有一个相同的基础分,学期初向学生公布,学期结束时,算出加减后的总分,最后得出区分等级。这种方法的优点是:

① 把被评对象的思想品德评判转化为数量评分,对每条操行的评判有统一的、具体的、差别明显的等级标准。

② 评分结果比较客观。在统一的标准下,每个学生的品德测评都经本人、同学、班干部评定讨论,最后由班主任审定,克服了主观随意性,结果较为客观。

③ 操行加减评分法可以反映学生思想品德在各个方面、各个方向上的行为变化,且所获

得的总评结果为分数形式,可以进行直接比较,分辨性和具体性大大增强了。

④ 保证德育工作和德育管理及时获得信息,及时施教。

但这种方法也有其缺点:评判分值难以科学、合理;偏重行为评价,忽视道德意识和思想动机;加分减分相抵,容易掩盖某些缺点和优点;使用不当时,易出现以测评代替教育的做法,影响德育评价各项功能的发挥等。为此,选用这种方法时,要注意运用科学方法确定各项指标及其分值;要把评价过程作为教育过程,防止为评价而评价;评价时要把行为动机与提高道德意识结合起来等。

3. 知行结合测评法

知行结合测评法是把思想品德测量与评价和政治品德课的学习成绩测试结合起来,认为完整的品德行为包括知和行两种因素,既要考察其相关的知识与判断能力,又要观其实践行为表现。在测评方法上发挥了笔试的作用,克服了过去以行为为唯一测评标志的片面性做法,也改变了目前品德政治课空洞说教的教育方式,促使他们联系实际,指导自己的行为。当然在运用这种方法时要注意防止知识考核影响行为考核,以提高测评的效度。重视对学生掌握政治、思想、道德知识的检查,要求学生知行统一,言行一致,养成良好的道德习惯。

4. 积分测评法

积分测评法一般是先将德育目标或规范要求具体化为一些操作行为,并用具体项目表示,每个项目定出分值及评分要求,学期初向学生公布,然后定期进行测评,期末累加起来,即为某一时期思想品德测量与评价的累积分数。必要时,还可以把积分转化为等级(如85分以上为优,70—84分为良,60—69分为及格,60分以下为不及格)。

这种方法目前在使用中有许多变式,大致有:分等评分累积法、不分等评分累积法、分块积分法等。积分测评法改进了操行加减评分法中的一些做法,变扣分的压抑性为积极鼓励性,引导学生从一点一滴做起,注重平时努力养成良好行为习惯,积善成德,也有利于学生自我教育意识的增强。

5. 模糊综合评判法

在思想品德评价中运用模糊综合评判法,即把整个思想品德评定看成一个集合,各个评定项目都可以各看成一个模糊子集,这些模糊子集可用其隶属度所构成的一个矩阵来表示,为了进行综合评判,还要确定各个项目的权重,这些权重也用一个模糊矩阵来表示,最后将两个模糊矩阵相乘,把其乘积加以归一,可得出思想品德综合评判成绩。其基本程序为:其一,制定思想品德测量与评价项目体系。其二,量化各测评项目等级。其三,选择并组建测评团体。其四,进行模糊测评计量。其五,进行模糊综合评判并确定最后等级。

这种方法的优点是可以使定性与定量分析结合起来,把大量分散的和模糊的认识转化为集中的判断。缺点是计算繁琐,一般人难以掌握,评价者要有一定的模糊数学的知识。

6. 品德情境测评法

这种方法是教育者根据德育目标,创设一定的社会交往情境,引发学生自由地产生品德心理活动和品德行为,从而客观地测评品德的方法。品德情境测评包括品德情境模拟测评和品德现场情境测评。

（1）品德情境模拟测评

它用语言描述、图像展示、实物呈现等形式，模拟学生品德产生的生活情境，引发学生品德心理活动的表露，据此作出评定。它包括品德语言描述模拟测评和品德图像模拟测评。下面是一个典型的品德语言描述模拟测评范例：

元旦那天，真高兴。下午，我约了两位同学去参观刚刚通车的大桥。快走到桥头时，我突然发现乱石旁有一个小包，捡起来一看，里面有一叠钱，我很快数了数，100 元一张，50 元一张，10 元一张，还有三枚面值 1 元的硬币，共 163 元。我手里捏着这些钱，赶紧跑上前几步，两位同学还没发现，我心里想：其一，这些钱能够做什么用？其二，手里捏着这些钱该怎么办？其三，在这些办法中，我认为最好的办法是_____；我的理由是_____。我认为最不好的办法是_____；我的理由是_____。其四，我最后选择的办法是_____；我认为叫做_____行动。其五，这样选择后，现在想来，我的内心感到_____。

（2）品德现场情境测评

品德现场情境测评指在学生真实的生活情境中，通过控制无关变量，操纵某些自变量，激发学生内心的矛盾冲突，从而测评学生的品德行为、品德动机、品德情感体验及认识评价。它包括品德现场个体情境测评和品德现场群体情境测评两种。下文是一个品德现场个体情境测评的例子：

主试告诉学生说："同学们，新年快到了，今天老师送给大家一份新年礼物，它是一套印有学习格言的彩色书签。（老师呈现）但由于这套书签很漂亮，要的人很多，我们班只买了××套，还差 20 套，老师又去买了 10 套另一种质量较差的书签（印刷不如前一种精美，色彩也不如前一种鲜艳）。现在请大家动动脑筋帮老师出主意，还差 10 套怎么办？把你们的意见写下来，老师根据意见发书签。"主试的调查表内容如下：

① 现在遇到了（什么事？）_____。

② 我需不需要参加解决？_____。

③ 为什么？我的理由是_____。

④ 我想了想，有这样几种办法：_____。

⑤ 这些办法中，最好的办法是_____。我的理由是_____。

⑥ 这些办法中，最不好的办法是_____。我的理由是_____。

⑦ 我到底要不要书签？_____。我要较好的书签还是较差的？_____。

⑧ 我认为这叫_____行动。

⑨ 做出这样的选择后，我的内心感到_____。

这两种测评方法有时可结合运用，能对学生道德观念、道德认识、道德动机、道德情感、道德行为等全面地进行测评，但由于编制情境难度较大，如分书签时要较差书签的学生，可能是因为其品德好，也可能是他根本不喜欢或不想要书签。

> **课堂讨论题**
>
> 　　有些德育方法只促使学生在校内表现得很好,出了校门就不行,或者只是对其行为的改变而没有触动其思想。你如何评价德育方法深层次的德育效果?

7. OSL 品德测评法

这种方法以品德养成为目的,又称养成性(教育性)品德测评法,这里"O"即"on(做到)"的缩写,"S"即"short(稍差)"的缩写,"L"即"long(较差或需努力)"的缩写,O、S、L 即品德养成结果(做到、稍差、较差)主观测评的一种简便标记符号。

在 OSL 品德测评法中,首先采用符号记录测评结果,最后在综合中或必要时才转换成分数。这样可以避免直接打分带来的不良影响。最后综合时,累计 O、S 和 L 的个数 m_1、m_2 与 m_3 转入公式计算,以求得结果的量化等级比较:

$$P = (3/2)m_1 + m_2 + (1/2)m_3$$
$$或 P = 1/2(3m_1 + 2m_2 + m_3) \tag{11-1}$$

式中 P 为总分,m_1 为 O 的个数,m_2 为 S 的个数,m_3 为 L 的个数,分数仅为比较之用,报告时采用优秀、良好、中等、尚可、须努力等词语。规定 $P > 85$ 为优秀,$75 \leqslant P \leqslant 85$ 为良好,$65 \leqslant P < 75$ 为中等,$55 \leqslant P < 65$ 为尚可,P 值为 55 以下为须努力。

OSL 方法突出了学生自我测评的重要性,突出了形成性评价和教育过程。[①]

8. FRC 品德测评法

所谓 FRC 品德测评法,是事实、报告、计算机辅助分析的考核性品德测评方法,F 是"fact(事实)"的头一个字母,R 是"report(报告)"的头一个字母,C 即"computer(电脑或计算机)"的头一个字母。这种方法的基本思想是,借助计算机分析技术从学生品德结构要素中确定一些基本要素,再从基本要素中选择一些表征行为或事实,然后要求学生自己就是否具备这些表征行为与事实予以报告。报告方式可以是个别谈话,也可以是集体问卷,每个学生的报告的表征行为事实经过光电信息处理后,即储存于个人品德信息中,然后计算机根据专家仿真测评系统对学生报告的表征行为进行分析,作出定性与定量的评定。

设计这种方法的目的有二:一是把中小学班主任从期末操行评语的困难中解脱出来,让他们只补充一些学生的突出个性特征、典型事例,不用写空话套话或做文字变换游戏。二是提高品德测评的客观性并建构一种适合大规模选拔、考核学生品德的统测统评方法。现有的品德测评方法,其客观性与可比性都较有限,为了对学生品德进行大范围的比较与衡量,我们可采用 FRC 法进行,用同一标准、同一测评主体、同一测评系统对品德进行考核。它适合于德育工作和毕业会考及大规模选拔人才时使用,其步骤程序如图 11-2 所示:

[①] 肖鸣政著:《品德测评的理论与方法》,福建教育出版社 1995 年版,第 505 页。

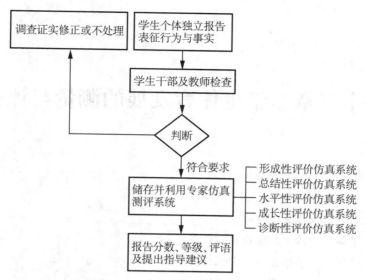

（根据肖鸣政的 FRC 品德测评程序框图改编）

图 11 - 2　FRC 品德测评程序框图

关键术语

思想品德　思想品德结构　思想品德发展　思想品德测量与评价　思想品德测评方法

内容提要与小结

本章认为学生思想品德测量与评价是困难的，但又是可以测评的。传统以主观经验为主的操行评语法虽有一定的可操作性，但存在一些缺点。因此，采用科学的、多元化的教育测量与评价技术来改进德育测评工作非常有必要。根据此观点，本章论述了学生思想品德的概念、学生思想品德测量与评价的意义、学生思想品德测量与评价的原则、学生思想品德测量与评价的内容及方法。

练习与思考题

1. 你是如何理解学生思想品德及其结构的涵义的？　请陈述你的理由。
2. 学生思想品德是如何形成和发展的？
3. 请你谈谈学生思想品德测量与评价的困难与可能性。
4. 思想品德测量与评价有何意义？
5. 学生思想品德测量与评价的原则是什么？
6. 学生思想品德测量与评价的主要方法是什么？

第十二章　学生体育发展的测量与评价

学习目的

学完本章后，你应当能够：

1. 理解体育的定义。
2. 认识学校体育的目标。
3. 了解学生体育发展的目标框架。
4. 了解中小学体育与健康课程标准。
5. 掌握对学生体育发展的评价方法。
6. 定义体能及学生体能。
7. 了解学生体能的发展。
8. 领会学生体能发展的意义。
9. 确认学生体能发展的内容。
10. 了解学生体质健康评价方法和标准。

编写者及课任教师建议的阅读文献

1. 《人体测量与评价》编写组编写：《人体测量与评价》，高等教育出版社1990年版。
2. 张世林著：《体育测量评价理论与方法》，中国社会科学出版社2001年版。
3. ［日］松浦义行著，高景麟等译：《体力测定法》，人民体育出版社1989年版。
4. 薛留成主编：《体育测量与评价》，河南大学出版社1993年版。
5. 中华人民共和国教育部：《体育（1—6年级）体育与健康（7—12）年级课程标准（实验稿）》，北京师范大学出版社2001年版。
6. 教育部、国家体育总局关于实施《国家学生体质健康标准》的通知，教体艺〔2007〕8号。
7. 教育部关于印发《国家学生体质健康标准（2014年修订）》的通知，教体艺〔2014〕5号。
8. 孙庆祝、郝文亭、洪峰主编：《体育测量与评价（第二版）》，高等教育出版社2010年版。
9. _____
_____
10. _____
_____

第一节　学生体育发展的目标及评价概述

体育是学校教育的重要内容。中共中央国务院在《关于深化教育改革　全面推进素质教育的决定》(下称《决定》)第 2 条中指出:"实施素质教育,必须把德育、智育、体育、美育等有机地统一在教育活动的各个环节中。学校教育不仅要抓好智育,更要重视德育,还要加强体育、美育、劳动技术教育和社会实践,使诸方面教育相互渗透、协调发展,促进学生的全面发展和健康成长。"同时,在该《决定》第 5 条中又说:"健康体魄是青少年为祖国和人民服务的基本前提,是中华民族旺盛生命力的体现。学校教育要树立健康第一的指导思想,切实加强体育工作,使学生掌握基本的运动技能,养成锻炼身体的良好习惯。……培养学生的竞争意识、合作精神和坚强毅力。……培养学生良好的卫生习惯,了解科学营养知识。根据农村的实际条件和需要,有针对地加强农村学校的体育和卫生工作。"在本节中,我们针对学生体育发展的一般目标及评价问题作一探讨。

一、学生体育发展的一般目标

在学校教育环境下,体育是指通过体育课程及体育活动促进学生身体的正常发育与发展,指导学生学习、掌握体育及有关健康的基本知识与技能,使学生形成体育锻炼意识和体育价值观,提高学生的体育活动的能力的教育。因此,体育既是学校教育的有效手段,又是学校教育的重要内容。学校教育工作者应当充分认识体育的重要性,理解卢梭的名言——教育的最大秘诀是使身体锻炼和思想锻炼互相调剂——的深刻含义。

由于体育具有典型的身体(物质属性)和思想(精神属性)的双重特点,因此,学生体育发展的一般目标,可从身体领域发展、体育认知领域发展、体育情感领域发展和体育动作技能领域发展这四个维度来分析。

1. 身体领域发展目标

学生身体领域发展目标,本质上是学生身体发育和增强体质。伟大领袖毛泽东同志早年提出的"发展体育运动,增强人民体质"的口号,充分说明了发展体育运动对于增强民众一般身体素质的重要性。学校开设体育课程和开展体育活动最基础、最直接、最原始的目的,就是促进青少年儿童身体的正常发育,增强学生的体质,从而提高学生的健康水平与适应能力。体育的这一基础性目标,对于实现体育教育的其他领域目标以及促进其他学科教育目标的实现具有"基础性""物质第一性"的重要作用。理解这一点,我们就能够正确地理解"健康第一"这四个字的内在涵义。一般说来,学生身体领域的发展可包括学生身体发育水平、学生身体素质(体质)、学生身体形态、学生身体健康状态等。学生身体领域发展的评价可采用测量和观察评定相结合的方法。

2. 体育认知领域发展目标

体育认知领域发展目标,是指通过体育课程及体育活动促进学生对体育与健康的认知能力的发展。体育认知领域发展是学生体育发展目标的重要组成部分。过去学校体育教学往往停留在体育活动与体育技巧的训练方面,不重视甚至忽略了体育认知领域发展目标,故在一定程度上阻碍或延迟了学生对体育的个人觉知(self-awareness)的发展,进而影响甚至阻碍学生形成体育价值观和体育行动体(agency)。

学生体育认知领域发展包括体育运动或体育活动、身体及健康、安全与急救、体育发展历史、体育与社会发展、体育与人类发展、体育与文化发展等领域或专题。学生体育认知领域发展的评价方法可以采用观察评定、作业、书面测验、口头测验和研究报告等方式。

3. 体育情感领域发展目标

体育情感领域发展目标,主要是指学生在体育教育教学影响下形成的意识、态度、兴趣、倾向性、习惯、情绪、鉴赏、审美、价值观、责任感、适应性、意识品质等。在新的课程教学观下,学生体育情感领域的教育目标是非常重要的,受到大家的高度重视。例如,在台湾地区"九年一贯"新课程改革方案中,"健康与体育"课程目标有七项,它们是:养成尊重生命的观念、丰富健康与体育生活;充分促进健康的知识、态度与技能;发展运动概念与运动技能,提升体能;培养增进人际关系与互动的能力;培养营造健康社区与环境的责任感和能力;培养拟定健康与体育策略及实践的能力;培养运用健康与体育的资讯、产品和服务的能力。在这七项课程目标中,其中就有四项目标涉及情感领域。

体育情感领域发展的评价,通常采用行为观察、评定量表、问卷测验以及档案袋评价的方式进行。至于情感领域的评价要素,可以根据学生的年龄特征和体育课程内容特点,借鉴克拉斯沃尔和布卢姆等人对情感领域教育目标(接受、反应、估价、组织、内化)的分类方法,对学生的运动参与、兴趣、态度、价值观、合作、审美、内心体验、社会适应等进行全面的评价。

4. 体育动作技能领域发展目标

学校体育教育还要促进学生在动作技能领域的发展。在教育目标分类学中,美国学者哈罗(A. J. Harrow)把动作技能领域的目标从简单到复杂分解成反射动作、基本基础动作、知觉能力、身体能力、技巧动作和协调沟通六个层次。而另一位学者辛普森则把动作技能领域的目标分成七个层次,它们依次是:知觉、定势、指导反应、机械化、复杂的外显反应、适应、创作。哈罗与辛普森的分类方法,对于我们描述与评价学生的动作技能发展水平有重要的指导意义。

当然,学生体育动作技能领域的发展目标还可以从加德纳的身体—动觉智力并结合具体活动项目加以规划与界定。在本书第九章中我们已经谈到,身体—动觉智力是加德纳的"八种智力"中的一种,它是指运用整个身体或身体一部分解决问题或制造产品的能力,表现为个体能够较好地控制自己的身体,对外界有较好的身体反应能力,擅长手工操作以及善于利用身体或身体的某个部分来表达思想情感及意向的能力。培养与提高学生的身体动觉能力尽管是学校中许多课程具有的责任与目标,但学校的体育课程能直接地促进学生的身体动觉能力的发展。运用技能有联系也有差异。动作技能强调动作习得水平,可以从与生俱来的反射动作到高度复杂的动作反应以及高度发展的动作创意来考虑。而身体动觉能力强调用身体来解决难题和创造产品所表现出来的一种智能,是"身"与"心"得以有机联系和身体得以完善展现的能力。所有的身体动觉能力表现都需要有敏锐的时间感知、恰当运用身体、身心和谐、动作协调、展现技巧、创意等,加德纳的身体—动觉智力的行为表现和哈罗以及辛普森等人的动作技能行为目标有许多联系。动作技能中的许多高层次行为目标,如动作适应与创作等,可看成是加德纳的身体—动觉智力的一个组成部分。

总之,学生体育发展的一般目标框架可以从不同的侧面加以分析与研究,但在制定体育课程目标和评价标准时,可以综合不同的分类方法,有创造性地建构体育课程的标准及学生发展的目标。

二、基础教育《体育与健康》课程目标及评价

1. 新课程《体育与健康》的设置思路与内容框架

我国新一轮基础教育课程改革,对课程体系、结构、内容、理念、教学方法及考试评价等进行全面的变革。2001 年教育部制定了《体育(1—6 年级)、体育与健康(7—12 年级)课程标准(实验稿)》(以下简称《体育与健康课程标准》)。该课程标准指出,体育与健康课程是一门以身体练习为主要手段、以增进中小学生健康为主要目的的必修课程,是学校课程体系的重要组成部分,是实施素质教育和培养德、智、体、美、劳全面发展人才不可缺少的重要途径。体育与健康课程的基本理念是:坚持"健康第一"的指导思想,促进学生健康成才;激发运动兴趣,培养学生终身体育的意识;以学生发展为中心,重视学生的主体地位;关注个体差异与不同需求,确保每一个学生受益。

在深化基础教育课程改革的过程中,教育部组织了一大批有关专家对义务教育课程标准进行修订、对普通高中阶段课程标准进行研究制定,并于 2011 年颁布了《义务教育体育与健康课程标准》修订版,2017 年颁布了新版的《普通高中体育与健康课程标准》,这为中小学体育教育教学工作以及学生体育发展策略与评价提供了可操作的依据。

【阅读材料】

《体育与健康(修订版)》课程目标

一、课程目标

通过体育与健康课程的学习,学生将:

1.0 增强体能,掌握和应用基本的体育与健康知识和运动技能;

2.0 培养运动的兴趣和爱好,形成坚持锻炼的习惯;

3.0 有良好的心理品质,表现出人际交往的能力与合作精神;

4.0 提高对个人健康和群体健康的责任感,形成健康的生活方式;

5.0 发扬体育精神,形成积极进取、乐观开朗的生活态度。

二、学习领域目标

1.0 运动参与目标

1.1 具有积极参与体育活动的态度和行为;

1.2 用科学的方法参与体育活动。

2.0 运动技能目标

　　2.1 获得运动基础知识;

　　2.2 学习和应用运动技能;

　　2.3 安全地进行体育活动;

　　2.4 获得野外活动的基本技能。

3.0 身体健康目标

　　3.1 形成正确的身体姿势;

　　3.2 发展体能;

　　3.3 具有关注身体和健康意识;

　　3.4 懂得营养、环境和不良行为对身体健康的影响。

4.0 心理健康目标

　　4.1 了解体育活动对心理的作用,认识身心发展的关系;

　　4.2 正确理解体育与自尊、自信的关系;

　　4.3 学会通过体育活动等方法调控情绪;

　　4.4 形成克服困难的坚强意志品质。

5.0 社会适应目标

　　5.1 建立和谐的人际关系,具有良好的合作精神和体育道德;

　　5.2 学会获取现代社会中体育与健康知识的方法。

资料来源:中华人民共和国教育部:《体育(1—6 年级)体育与健康(7—12)年级课程标准(实验稿)》。

　　《体育与健康课程标准》的设计程序为:其一,确定课程的总目标。其二,根据课程总目标把课程内容划分为五个学习领域,它们分别是运动参与、运动技能、身体健康、心理健康和社会适应五个领域。其三,确定各个学习领域的目标。其四,根据学生身心发展特征,把中小学的学习划分为六级水平,并在各个学习领域按水平设置相应的水平目标。水平一至水平五分别相当于 1—2 年级、3—4 年级、5—6 年级、7—9 年级和高中学段学生预期达到的学习结果。体育课程标准在各个领域设立水平六,作为高中学段学生学习体育与健康课程的发展性学习目标,其他学段的学生也可以将高一级水平目标作为本阶段的发展性学习目标。其五,根据可操作性和可观察性要求确定具体的学习目标。其六,根据课程发展性要求建立评价体系,把学生的体能、知识与技能、学习态度、情意表现和合作精神纳入学习成绩评定范围。学习成绩评定不仅是教师的责任,而且也是学生参与(自我评价和相互评价)的教育目标之一。

　　根据教育部制定的《体育与健康课程标准》,我们把该课程的学习领域、目标及各个学习水平的测评点数作了整理,其结果如表 12-1 所示。

2. 《体育与健康课程标准》中关于学习评价的要求

　　课程评价改革是新一轮基础教育课程改革的关键环节。课程评价包括对学生的学习、

教师的教学和课程的实施运作等三个方面进行评价。对于体育与健康课程的学习成绩评定工作,该课程标准中提出如下建议:

① 学习成绩评定内容涉及:体能、知识与技能、学习态度、情意表现与合作精神。

② 学习成绩评定的标准,可采用绝对性标准与相对性标准相结合的方法进行。如体能测试成绩标准可参照《学生体质健康标准》进行绝对评价,同时又可根据每位学生的基础及提高的幅度进行相对评定。

③ 成绩评定方法,可因年级、学习领域不同而有所差异。对于低年级学生,如1—2年级学生采用评语制,其他年级学生采用等级评定与评语相结合的方式。同时,建议在成绩评定中要重视建立学生成长记录袋等。

④ 学习成绩评定形式有教师评定、学生自我评定、组内互相评定等。最后依据学生学习目标达成度、行为表现和进步幅度,对体能、知识与技能、学习态度、情意表现与合作精神等方面的学习内容作出综合评定。

表 12-1　体育与健康课程学习领域、目标及各级水平的测评点数

五大学习领域	领域目标代码	各个水平目标测评点数					
		水平一(1—2年级)	水平二(3—4年级)	水平三(5—6年级)	水平四(7—9年级)	水平五(高中学段)	水平六(发展性)
1.0 运动参与	1.1	2	2	2	3	2	3
	1.2	0	0	0	3	7	3
2.0 运动技能	2.1	0	2	8	5	5	2
	2.2	5	5	6	6	9	2
	2.3	0	3	2	3	2	2
	2.4	0	0	0	0	3	3
3.0 身体健康	3.1	3	2	3	0	0	0
	3.2	5	3	4	3	2	4
	3.3	3	3	4	3	2	2
	3.4	0	0	4	5	4	3
4.0 心理健康	4.1	0	2	3	3	4	3
	4.2	0	2	3	4	2	3
	4.3	0	2	3	4	2	2
	4.4	2	2	3	3	2	3
5.0 社会适应	5.1	4	3	4	2	3	2
	5.2	0	0	3	2	2	2

第二节　学生体能发展的意义与内容

体能(又称为身体素质),是指人体在运动、劳动和生活中所表现出来的力量、速度、耐力、灵敏及柔韧等素质能力。体能水平的高低,不仅决定于肌肉本身的解剖生理特点,而且它与肌肉的供能系统、内脏器官和神经系统的调节能力等相关。学生体能,是指学生的各器官系统在运动、学习、生活中所表现出来的机能能力(包括力量、速度、耐力、灵敏和柔韧等基本身体素质)以及基本活动能力(包括走、跑、跳、投掷、攀登、爬越、悬垂和支撑等)。体能的各项机能水平,通过系统的身体运动可以全面地获得提高。若当某一个人具备了一定的体能,对于学习、工作、生活、运动和人身安全是大有益处的。体能也是展现一个人身体健康和精神面貌的重要标志。

一、学生体能发展概述

学生体能是由生理发展规律和身体锻炼的作用以及现代教育的发展所决定的,故学生体能的发展主要可从力量、速度、耐力、灵敏及柔韧等几方面素质表现出来。

1. 力量素质的发展

（1）**力量素质发展的生理基础**

① 肌肉解剖生理特点。

肌肉力量的大小,往往与肌肉的生理横断面积相关。即肌肉的生理横断面越大,伸展性和弹性越好,肌肉的力量也就越大。而肌肉的生理横断面增大是由肌纤维增粗决定的,它可通过经常性的身体运动获得。

② 神经调节机制的改善。

神经调节机制的改善,可使肌肉的力量明显增大。如,当神经调节机制改善后,它可以调动更多数量的肌纤维参加活动,可以使主动肌与协同肌、对抗肌、支持肌间的相互协调关系得到改善,可以使大脑皮层神经传导的强度和灵活性得到改善,从而促使肌肉的力量增大。

③ 骨杠杆形态的改善。

身体各部位骨的形态结构不同,产生的杠杆效率也不同,肌肉的力量大小也不一样。经常运动者可使骨的形态结构发生变化,杠杆作用更加显著,使肌肉的力量更大。

（2）**力量素质发展的基本要素**

① 注重力量锻炼的科学性。

力量锻炼应遵守超负荷、针对性、结合动作实际等原则,严格控制运动负荷,处理好运动强度与运动量的关系,合理安排力量锻炼的时间间隔,并注意考虑力量的全面发展。在锻炼过程中,要注意动作的规范性和姿势的正确性,以及呼吸的调节和机体放松与恢复等,这样才能使力量发展达到最好的效果。

② 注重力量素质发展的生理规律。

根据人体的生理规律进行力量锻炼,对更好地发展力量素质是极为必要的。如,男子 18 岁以前,力量稳定而持续地增长,18—25 岁增长变慢,25 岁达到最大力量,30 岁以后逐渐下降,所以男子在 18—25 岁之间发展力量最好,30 岁以后要注意保持和发展力量。女子 10 岁以前力量的增长和男子相同,20 岁力量达到最高水平,30 岁以后力量开始下降,故女子在 17—20 岁之间进行力量锻炼效果最好,20 岁以后要注意维持和适当发展力量。

2. 速度素质的发展

（1）速度素质发展的生理基础

① 反应速度。

实际上反应时间可以说明反应速度的快慢。从生理机能上看,反应时间的长短取决于感受器肌肉解剖生理特点（如"力量素质的发展"中所述的肌肉解剖生理特点）,而且它只有通过经常性的身体运动才能获得。

② 动作速度。

动作速度的快慢与肌纤维类型构成的百分比及面积、肌肉的组织兴奋性高低、刺激强度高低等相关。

（2）速度素质发展的基本要素

① 速度素质发展的年龄特点。

据专家调查,在我国人群中速度发展最快的年龄阶段,男子在 7—14 岁,女子在 7—12 岁,速度素质的成绩达到高峰的年龄男子为 19 岁,女子为 20 岁,进入稳定阶段,男子在 19—30 岁,女子在 20—25 岁。

② 速度素质发展的其他考虑因素。

在发展速度素质时,应熟练地掌握技术动作,同时发展其他相关的素质,并严格控制练习时间和时间间歇。

3. 耐力素质的发展

（1）耐力素质发展的生理基础

① 有氧耐力。

有氧耐力是指机体长时间进行有氧工作（靠糖元和脂肪有氧分解供能）的能力。这种有氧耐力可以通过人体的最大摄氧量反映出来,并通过呼吸器官和心血管系统的机能改善获得提高。

② 无氧耐力。

无氧耐力是指身体在缺氧情况下,较长时间对肌肉收缩供能的能力。它可以通过肌肉内无氧酵解供能能力、机体缓冲乳酸的能力、脑细胞对血液酸碱度变化的耐力能力等提高而获得改善。

（2）耐力素质发展的基本要素

在发展耐力素质时,要充分考虑学生的年龄、性别及生理特点,并应在发展有氧耐力的基础上发展无氧耐力。其中施加适量的运动负荷与间歇、练习过程中中等动作速度对耐力素质的提高最为有效。

4. 灵敏素质的发展

（1）灵敏素质发展的生理基础

灵敏素质的发展主要与大脑皮层神经传导的灵活性、机体的各种感官分析器机能、年龄与性别、体重与身高等相关。其中，人体在产生疲劳时灵敏性相应变差。因此，要提高灵敏素质，除改善上述因素外，保持人体处于良好的精神状态是很有必要的。

（2）灵敏素质发展的基本要素

要发展灵敏素质必须考虑年龄与性别特点，在运动技能形成的基础上发展灵敏素质。力量素质越发展，灵敏素质就越要加强锻炼，以防止僵死现象的出现。

5. 柔韧素质的发展

（1）柔韧素质发展的生理基础

柔韧素质的发展与关节的结构、韧带、肌腱、肌肉和皮肤的伸展性及年龄、性别相关。

（2）柔韧素质发展的基本要素

要发展柔韧素质，应注重循序渐进，动作幅度不能过大，超过正常的生理范围。要与速度及放松练习相结合，注意动静结合，每次练习的时间不宜过长。

二、体育锻炼对体能发展的影响

1. 体能锻炼主要项目

（1）身体素质锻炼

- 力量：握力、背肌力量、腹肌力量、腿部肌肉力量、仰卧起坐、单杠引体向上（男）、双杠双臂屈伸、俯卧撑等。
- 爆发力：纵跳（垂直跳）、立定跳远。
- 悬垂力：单杠屈臂悬垂（女）、单杠斜身屈臂悬垂（女）。
- 柔韧性：站立体前屈、俯卧背伸。
- 灵敏和协调性：10 m×4 往返快跑。
- 平衡性：闭眼单足站立。
- 耐力性：耐力跑或快走 1500 m（男）、1000 m（女），蛙泳或自由泳 200 m，滑冰 1500 m（男）、1000 m（女），速度滑雪 1000 m。

（2）运动能力锻炼

- 跑：快速跑 50 m、100 m。
- 跳：急行跳远、跳高、摸高（弹跳力）。
- 投：投实心球、投手球、掷垒球、推铅球、投掷手榴弹。

2. 体育锻炼对学生身心发展的意义

（1）促进大脑的发育

经常参加锻炼可促进学生体能的发展，从而获得更健全的身体和充沛的精力，使大脑得到充足的营养和氧气供给，使大脑的重量增加、皮层增厚，为智力发展提供了良好的物质基础。

（2）**提高大脑的反应速度**

大脑传递信息的速度快慢，是鉴别智力水平高低的重要依据。学生通过经常锻炼后体能发展了，可促使感觉器官更为敏锐，反应速度更加快速。

（3）**提高记忆力**

紧张的学习与适度的锻炼交替，能避免大脑的思维中枢神经由于长时间的高度兴奋而使机能减弱。实验证明，在学习和工作的间隙，做适度的运动，除可促使学生体能发展外，还可提高视、听觉感受力，并加强记忆力，提高学习效率。同时，还能促进大脑分泌有助于记忆和智能发展的物质。

（4）**有助于掌握各种学科技能技巧**

运动除可促进学生体能的发展，还可为发挥大脑的灵活性和注意、判断能力提供机会，从而使人更加灵巧、协调，提高了对环境的应变能力，这有助于掌握各种学科的技能技巧。

（5）**有助于良好品质的培养和智力因素的发挥**

精神和智能是建立在良好的体能基础上的，顽强的毅力、勇敢的精神等这些非智力因素能在身体锻炼后的体能发展基础上获得。然而，具有良好的非智力因素的人更能使智力得到充分的发挥，从而获得优异的学习成绩或工作业绩。

3. 体育锻炼对体能发展的影响

青春期体能的发展与形态、机能发育是一致的，体能的各项素质指标随年龄的增长而提高。在形态发育加速期结束后1—2年，体能各项素质的快速增长也基本结束。体能各项素质的发展大体是：速度、速度耐力、腰腹肌力量在最先；其次是下肢爆发力；发展比较缓慢的是臂肌静止耐力。女生的腰腹肌力明显滞后于其他几项指标的增长。体能的发展对于个体一生的健康、学习和工作有极其重要的意义，掌握其发育规律及体能发展特征，有助于提高学生体能测量的准确性，更有助于提高体育锻炼的效果。体育锻炼对学生不同时期的主要影响表现为：

（1）**对儿童的影响**

儿童一般是指六七岁到十一二岁这一年龄阶段的小学生。在终身体育全过程中，儿童体育侧重于培养孩子们的体育兴趣，促进身体的正常生长发育和内脏器官机能的提高；其次是全面发展身体素质，学会正确的坐立行姿势，养成锻炼身体的良好习惯。在儿童体育中，不仅要完成学校体育教学大纲中规定的走、跑、跳、投、体操、舞蹈、球类和游戏等运动项目，而且将各种游戏、野外活动、登山、滑冰和传统的地方体育项目充实到儿童体育中，做到学校体育与生活体育、社会体育与家庭体育的结合。在体育养护上，做好营养保健和心理保健的工作，以满足儿童肌肉发育快，对热能、蛋白质的需求量较高的特点；克服情绪波动大，自卑感、孤独感等不良心理。

（2）**对少年的影响**

少年一般是指十二三岁至十七八岁这一年龄阶段的初高中学生。少年期为青春发育期，女孩子出现月经初潮、男孩初次遗精是进入青春发育期的重要标志。这个时期是儿童向青年过渡的时期。它具有半儿童、半成人的特点。发展心理学家把性成熟分为第一和第二两个阶段。第一性成熟期恰值少年初期,进入青春发育期的开始年龄一般是女孩比男孩早两年左右。在青春发育期,少年的身体形态、身体机能和心理状态均发生一系列迅速而深刻的变化。因此,少年时期是人生中的一个关键时期,人在成年后的身体形态、各种身体特征均与少年期关系密切。从终身体育看,少年生长发育时期是打好身体基础和发展学生体能的"黄金时期"。可根据少年身心发展的规律与特点,通过一定的体育活动,促进少年的正常生长与发育,增强体质,形成正确的姿态和基本活动技能,培养兴趣、爱好,养成锻炼身体的习惯,奠定少年终身体育的基础。如少年期身体锻炼的内容可包括游戏、体操、跑步、跳跃、投掷、平衡、越障碍、旱冰、游泳等,这个时期尤其要重视并采取有助于学生身高增长的锻炼方法和发展学生身体素质的锻炼手段。

（3）**对青年的影响**

青年是指 18 至 25 岁左右年龄段的大学生或成人。人进入 18 岁就标志着成人的开始。此时,身体的正常生长发育基本结束,在身高等形态结构上的发育一般已基本完成,性发育已进入成熟期。在人的一生中青年时期是体格最健壮的时期。运动素质的发展在青年期达到相当高的水平,参加各种体育运动不受限制,身体锻炼内容选择范围大,具备了从事各种竞技运动的身体条件。该时期的体育主要任务就是增进青年的身心健康,为他们高效率地学习和工作奠定基础。

课堂讨论题

谈谈你对"健康第一"和"德育为先"这两种理念的看法。

第三节　学生体能发展的测量与评价

一、学生体能发展的测量与评价原则

学生体能发展的测量与评价要遵循客观性原则、可靠性原则、有效性原则和实用性原则。

1. 客观性原则

测量的客观性是指两个以上评分者(如裁判、教师)对同一受测量者进行测验时,所取得评分结果的一致程度。因为由不同测量者对同一受测量者施行测验时,由于测量者的不同性格、爱好等的影响,会得出不同的测量值。然而,测量往往不只限于由同一测量者施行,相反,一旦测验方案编制成型,则将由许多的测量者所应用。因此,一个好的测验,即使由不同测量者对同一受测量者测量,也必须得出相等的测量值,有时尽管得出的测量值不相等,但也必须表明具有较高的一致程度。测量的客观性主要受评分细则的详细程度和测量者所掌握测量技巧的熟练程度等因素的影响。在贯彻可靠性原则时要求:先严格规定测量的条件、方法与要求;事先严格训练测试人员,使他们熟练地掌握测试方法;在测量过程中,具体操作要格外认真、细致;通过复测及时发现问题,并及时地加以纠正。

2. 可靠性原则

测量的可靠性是指在相同的测量条件下,对同一批受测量者使用相同的测量手段,重复测量结果的一致程度。在相同的条件下,只要受测量者本身不发生变化,对同一批受测量者进行同一测量,测量的结果应该是一致的。但实际测量结果总还是有误差的,这种误差的大小,在很大程度上决定了测量的可靠性。但是,凡是测量必有误差,这是客观存在的事实。我们在实际工作中要做的,就是尽可能地把测量误差控制在尽可能小的程度。要保证高的有效性就需要有高的可靠性。评价测验时,应首先从可靠性入手,因为可靠性低的测验肯定不会具有高的有效性。

3. 有效性原则

测量的有效性是指所选择的测量手段能否达到测量目的的准确程度。有效性包含两层意思,即测量结果与测量目的的一致性及测量结果的可靠性。一个有效的测量,其结果要与预期的目的相符。有时测量的结果虽缺乏有效性,但可能是可靠的,然而,只有通过可靠的测量取得的结果,才有可能是有效的,即可靠性是有效性的必要条件,但可靠的测量不一定都有效。如要了解下肢爆发力,选择立定跳远要比选择助跑摸高有效;要了解身高发育水平,采用身高计测量的方法会显得很有效。有效性受测量的可靠性、测量者的性别与年龄特征、测量者的能力水平以及测量指标的数量等因素的影响。

4. 实用性原则

实用性是对测验实施从简便、易行等实用角度提出要求的。对此,我们必须考虑到,测验实施方法越简便,越有利于更多的人使用,而且能够提高客观性和可靠性。当测验得到的身体运动成绩需要技巧、复杂的感觉和身体四肢之间的协调时,当测验目的不是测定技巧和协调性时,可靠性、客观性就很低。因此,我们更要注意用具和器具使用的简易性,测验实施场所的限制以及有无测定值的解释标准等方面的实用内容。

【阅读材料】

体育测量

体育测量是由人体测量开始的。最早的人体测量可以追溯到公元前3500—前2200年,当时的埃及已有类似人体测量方法的应用。现代人体测量的建立是19世纪中叶产生的。1854年比利时的蔡司(Zeissing)发表了有关青年男子人体测量的重要论文。1880年哈佛大学的萨金特实施了有组织的测量。他于1893年发表了不同年龄男女大学生各项指标的百分位数,并将第50百分位数作为基准值分别制成评价图表,在当年的世界博览会场陈列展览,引起了大家的关注。追溯它的发展阶段,大体经历了五个阶段:人体测量阶段;肌力测量阶段;循环机能测定阶段;运动能力测验阶段;综合性标准化测量阶段。

二、学生体能发展的测量与评价方法

在体育教育和体育运动过程中,常用如下一些方法来测量与评价学生的体能发展。

1. 台阶试验

它是测试心血管机能的一种简易方法(又称定量负荷机能试验)。主要是通过一定时间内的定量负荷运动与负荷后心率恢复速度的相应关系(即台阶试验指数)评定心血管机能水平。

（1）测试仪器

男、女踏台若干个(男台高 30 cm,女台高 25 cm),秒表,台阶测试仪器或节拍录音带。

（2）测试方法

受测量者站立在踏台前方,从预备姿势开始,当听到节拍器第一响声时,一只脚在台上;第二响时抬腿伸直,另一只腿跟上,在台上站立;第三声时,先踏在台上的脚下来;第四声响时,另一只脚下来还原成预备姿势。用 2 秒上下一次的速度,连续做 3 分钟。做完后,立刻坐在椅子上测试运动后 1 分钟至 1 分半钟、2 分钟至 2 分半钟、3 分钟至 3 分半钟的三次脉搏数。记录三次 30 秒脉搏的次数。

（3）注意事项

其一,运动中如出现坚持不下去或上下台阶慢了三次的情况,要立即停止运动,并以秒为单位记下此刻的时间,同样测试三次脉搏数。其二,受测量者必须严格按照节拍器的节奏做上下台阶运动。其三,每次登上台阶时,受测量者膝关节必须伸直,不得弯曲。其四,测试人员必须严格要求,准时、准确地记录运动后三次 30 秒的脉搏。

（4）评价方法

在规定的时间和规范动作练习后,受测量者的运动后脉搏次数越少,运动后恢复安静脉搏越快,说明受测量者的心血管机能越好,反之则越差。

2. 握力测试

握力测试主要是测量前臂及手部肌肉的力量。

（1）测试仪器

弹簧式握力计或电子握力计。

（2）测试方法

将握力计指针调到零位,受测量者手持握力计,转动握具调整旋钮,使食指第二关节屈成 90 度的距离为受测量者的理想距离。测试时,受测量者两脚自然分开,身体直立,两臂自然下垂,用有力的手以最大力紧握上下两个把柄。测试两次,取最大值,记录以"kg"为单位,不计小数。

（3）注意事项

持握力计要手心向内,握力计指针向外。用力时禁止摆臂或接触身体。如果受测验者分不出有力手,可两手各测试两次,并取最大值。

（4）评价方法

按动作的要求,握力计上的数值越大,说明受测量者的握力越好,反之则越差。

3. 坐位体前屈

坐位体前屈主要测试躯干、腰、髋等部位的关节、肌肉、韧带的伸展性和柔韧性。

（1）测试仪器

坐位体前屈测量计。

（2）测试方法

根据受测量者脚的大小调节标尺的高度，使受测量者的脚尖接近标尺的背面的下沿。测试时，受测量者坐在平地上，两腿伸直，脚跟并拢，脚尖分开约 10—15 cm，踩在测量计平板上，然后两手并拢，两臂和手伸直，逐渐地使上体前屈，用两手中指尖轻轻推动标尺上的游标向前滑（不得有前振动作），直到不能继续前伸时为止。做两次，记录最好成绩，以"cm"为单位。

（3）注意事项

两臂前伸时，两腿不得弯曲。

（4）评价方法

按动作的要求，体前屈测量计上的标尺数值越大，说明受测试者躯干、腰、髋等部位关节的伸展性和柔韧性越好，反之则越差。

4. 纵跳

主要测试爆发性力量。

（1）测试仪器

纵跳计。

（2）测试方法

受测量者站在纵跳计前端或踏板上，系好绳带与地面垂直并刚好绷直，且测试计的指针恰在零位。先屈腿原地双脚蹬地和摆臂尽力向上跳起，指针所指示的长度为纵跳高度。测试两次，取最好成绩。记录单位为"cm"。

（3）注意事项

每次测试前指针要回零。起跳前两脚不得移动或有垫步动作，只能向上垂直起跳，不能向前后、左右方向跳。

（4）评价方法

按规定动作，纵跳计上的长度数值越大，表示受测量者的弹跳力越好，反之则越差。

5. 10 m × 4 往返快跑

测试人体移动的速度和灵敏性。

（1）测试场地与仪器

10 m 的往返跑道若干条，在跑道的两端线外 30 cm 处各画一条横线，木块 4 块，其中 2 块放在目标线外的横线上，1 块放在起跑线外的横线上，1 块受测量者手持。计时秒表若干个。

（2）测试方法

受测量者手持一木块用站立式起跑，听到测试人员发出"跑"的口令后，从起跑线起跑，当跑到目标线前面用一只手交换木块随即往返跑,跑到起跑线前再交换木块,然后跑回目标线交换另一木块,最后持木块冲出起跑线,记录跑完全程的时间。记录以"秒"为单位。要用一只手交换木块随即往返跑,跑到起跑线前再交换木块。

（3）**注意事项**

受测量者取木块时,脚不要超过起跑线和目标线。

（4）**评价方法**

在规定的距离内,跑完后记录的时间越短,表明受测量者的速度和灵敏性越好,反之则越差。

6. 俯卧撑

测试上肢的力量。

（1）**测试场地与器材**

平坦的地面,垫子或其他垫物若干块。

（2）**测试方法**

受测量者两手撑地,手指向前,两手间距与肩同宽,两腿向后伸直,身体挺直,然后屈臂使身体平直下降,使肩接近水平面,躯干、臀部和下肢要挺直,然后撑起,恢复到开始预备姿势为完成一次,记录完成的次数。

（3）**注意事项**

要求撑起时躯干始终平直。

（4）**评价方法**

按动作要求,完成次数越多,表示受测量者的上肢力量越好,反之则越差。

7. 一分钟仰卧起坐(女子甲组)

测试腰腹肌的力量。

（1）**测试仪器**

垫子、秒表。

（2）**测试方法**

受测量者全身仰卧于垫子上,两腿分开,屈膝成 90 度左右,两手交叉贴于脑后,另一同伴压住受测量者两踝关节,起坐时以两肘触及或超过两膝为完成一次,仰卧时两肩胛必须触垫。测试人员发出"开始"口令的同时开表计时,记录一分钟内完成的次数。

（3）**注意事项**

禁止用肘部撑垫或借臀部上挺和下落的力量起坐;一分钟到时,受测量者虽已坐起,但两肘未触及或超过两膝时,该次数不计。测试过程中要给受测量者报数。

（4）**评价方法**

在规定时间内,规范完成动作的次数越多,表明受测量者的腰腹肌力量越好,反之则越差。

8. 闭眼单足站立(乙组)

测试人体平衡能力。

（1）**测试仪器**

秒表。

（2）测试方法

受测量者两手叉腰、闭眼，用习惯脚单足站立在平地上，另一腿屈膝使脚离开地面时开始，至离地脚落地或站立脚移动时停表，计算闭眼单足站立的时间。记录以"秒"为单位。

（3）注意事项

受测量者离地的脚不能着地。整个测试过程中受测量者不能睁开眼睛。

（4）评价方法

在规范的动作中，记录的时间越长，表明受测量者的平衡能力越好，反之则越差。

9. 反应时(乙组)

主要测试机体神经系统动态反应速度的生理指标，也是衡量衰老程度的一个指标。

（1）测试仪器

反应尺。

（2）测试方法

受测量者坐在桌边，测试臂放松，平放在桌子上，手指伸出桌边约 8—10 cm，大拇指与食指距离不超过 2.5 cm，大拇指与食指上缘呈同一水平，且做好准备。测试人抓住尺子的上端，置尺子下端于受测量者大拇指与食指之间（不要碰到手指），尺子的零点基线与拇指上缘在同一水平。受测量者两眼凝视反应尺的下端，不得看测试人员的手，听到测试人员发出"预备"口令后，视尺子下落时急速将尺子接住，记录大拇指上缘尺子的刻度。测试 5 次，去掉最高值和最低值，计算中间 3 次的平均值，记录以"cm"为单位。

（3）注意事项

要在能使受测量者注意力集中的环境中测试。正式测试前要练习 3—4 次。几次测试，喊"预备"后到放开尺子的时间间隔要有变化，应保持在 1.5—2 秒左右。发现受测量者有明显的预抓动作，则该次无效。

（4）评价方法

按规定的动作和要求，记录的尺子数值越小，表明受测量者的反应越快，反之则越慢。

10. 背力测试

测试背肌力量。

（1）测试仪器

背力计。

（2）测试方法

受测量者自然站立于背力计踏板的指定位置，随后将背力计握柄的高度调至恰好使受测量者上体斜倾 30 度的位置，或同膝关节齐平的位置。然后受测量者双手紧握把柄，伸直双腿，用最大的力量直臂上拉背力计，测 2—3 次取最大的值记录。

（3）注意事项

上拉背力计时不得屈膝、屈臂或身体后倒。

（4）评价方法

按规定动作，背力计的读数越大，表明受测量者背肌力量越好，反之则越差。

11. 屈臂悬垂

测试上肢屈肌群静力性力量耐力。

（1）测试仪器

单杠、秒表。

（2）测试方法

受测量者站在凳子上,用双手正握(或反握)单杠屈臂,使下颌位于横杠之上。当受测量者双足离开凳面时开表计时,当头顶低于横杠上缘时停表。以"秒"为单位记录。

（3）注意事项

身体不得前后摆动。

（4）评价方法

按规定动作,受测量者坚持的时间越长,表示其上肢屈肌群静力性力量耐力越好,反之则越差。

12. 引体向上

测试上臂屈肌群的动力性力量耐力。

（1）测试仪器

单杠。

（2）测试方法

受测量者立于杠下,跳起双手正握单杠成悬垂姿势。然后,屈臂引体至下颌超过横杠上缘,再慢慢伸直双臂,还原成悬垂姿势,即为 1 次。

（3）注意事项

身体不得摆动。不合乎规格要求的动作不计数。

（4）评价方法

按规格要求,受测量者的引体次数越多,表示其上臂屈肌群的动力性力量耐力越好,反之则越差。

13. 50 m 跑

测试人体的位移速度。

（1）测试场地与仪器

在平坦的地面上,划若干条长 50 m 的跑道,地质不限;秒表、发令枪(或旗)、哨。

（2）测试方法

受测量者至少二人一组,用站立式起跑快速跑至终点。计时员见到起跑信号开表,当受测量者的胸部到达终点线垂直面时停表。记录以"秒"为单位。

（3）注意事项

受测量者须穿平底鞋跑,不准抢跑和串道。

（4）评价方法

在规定的距离内,受测量者的到达时间越短,表示其速度越快,反之则越慢。

14. 立位体前屈

测定髋关节及膝关节后侧韧带、肌腱及肌肉的伸展性。

（1）测试仪器

将标有刻度的直尺（长 50—60 cm）垂直固定于测量台（或桌、凳），直尺的零点位置与台面齐平。

（2）测试方法

受测量者立于测量台，两腿并拢伸直，足尖分开约 5 cm，并使足尖与固定直尺的台缘齐平。然后上体慢慢前屈，同时双手与臂充分伸直，沿直尺尽力向下伸，当中指尖停止不动时，即在中指尖下端所指的刻度上读数。台上为负数，台下为正数。记录单位为"cm"。

（3）注意事项

不得用爆发力。测试者应待受测量者的整个身体平衡之后再读数。

（4）评价方法

按规定动作，受测量者所触及的直尺刻度越大，表明其髋关节及膝关节后侧韧带、肌腱及肌肉的伸展性越好，反之则越差。

15. 俯卧背伸

检查脊柱的伸展性。

（1）测试仪器

直尺。

（2）测试方法

受测量者取俯卧姿势，两腿伸直，两脚左右分开 45 cm 左右，另有助手帮助受测量者固定两腿。然后令受测量者将双手置于头后慢慢仰头、伸背，尽力将上体抬高，测试人员手持直尺测量下颌点至地面的垂直距离。记录单位为"cm"。

（3）注意事项

应在静止状态下读数。

（4）评价方法

按规定动作，受测量者背伸时下颌点至地面的垂直距离越大，表示脊柱的伸展性越好，反之则越差。

16. 立卧撑

测定灵敏和耐力素质。

（1）测试仪器

秒表。

（2）测试方法

令受测量者由直立姿势开始，顺次快速完成站、蹲、伸撑、蹲、站的连贯动作为一次。记录 10 秒钟内完成立卧撑的次数。

（3）注意事项

成俯卧撑时，头、躯干及下肢应挺直成一直线，起立还原时身体要直立，只要有一个动作不合要求,则不予计数。

（4）评价方法

按规定动作,受测量者的立卧撑次数越多,表明其灵敏和耐力素质越好,反之则越差。

三、中国学生体质健康评价方法和标准

为贯彻落实健康第一的指导思想,切实加强我国学校体育工作,促进学生积极参加体育锻炼,养成良好的锻炼习惯,提高体质健康水平,2007 年 4 月,教育部、国家体育总局颁布了新的《国家学生体质健康标准》,该标准是《国家体育锻炼标准》的有机组成部分,是《国家体育锻炼标准》在学校的具体实施,是国家对学生体质健康方面的基本要求。为贯彻落实《国家中长期教育改革和发展规划纲要(2010－2020 年)》、国务院办公厅转发教育部等部门《关于进一步加强学校体育工作若干意见的通知》(国办发〔2012〕53 号)和教育部关于印发《学生体质健康监测评价办法》等三个文件的通知(教体艺〔2014〕3 号)有关要求,教育部、国家体育总局再次修订并颁布了《国家学生体质健康标准(2014 修订版)》,适用于全日制普通小学、初中、普通高中、中等职业学校、普通高等学校的学生,将学生按照年级划分为不同组别,身体形态类中的身高与体重的 BMI 指数,身体机能类中的肺活量,以及身体素质类中的 50 米跑、坐位体前屈为各年级学生共性指标。国家学生体质健康标准具有激励和教育功能、反馈功能和引导锻炼功能。各组测试项目以及分数结构如表 12 - 2 所示。

表 12 - 2 《国家学生体质健康标准(2014 年修订版)》评价指标及分值

组别	评价指标(测试项目)	分值
所有年级	体重指数(BMI)	15
	肺活量	15
小学一、二年级	50 米跑	20
	坐位体前屈	30
	1 分钟跳绳	20
小学三、四年级	50 米跑	20
	坐位体前屈	20
	1 分钟跳绳	20
	1 分钟仰卧起坐	10
小学五、六年级	50 米跑	20
	坐位体前屈	10
	1 分钟跳绳	10
	1 分钟仰卧起坐	20
	50 * 8 往返跑	10

续　表

初中、高中、大学各年级	50 米跑	20
	坐位体前屈	10
	立定跳远	10
	男生引体向上、女生 1 分钟仰卧起坐	10
	男生 1000 米跑、女生 800 米跑	20

注1：体重指数（BMI）＝体重/身高的平方（体重的单位为 kg，身高的单位为 m）

注2：本标准的学年总分由标准分与附加分之和构成，满分为 120 分。标准分由各单项指标得分与权重乘积之和组成，满分为 100 分。附加分根据实测成绩确定，即对成绩超过 100 分的加分指标进行加分，满分为 20 分；小学的加分指标为 1 分钟跳绳，加分幅度为 20 分；初中、高中和大学的加分指标为男生引体向上和 1000 米跑，女生 1 分钟仰卧起坐和 800 米跑，各指标加分幅度均为 10 分。根据学生学年总分评定等级：90.0 分及以上为优秀，80.0～89.9 分为良好，60.0～79.9 分为及格，59.9 分及以下为不及格。

研究性学习专题

　　《体育与健康》课程的学科核心素养有哪些？可选择中小学的某一个学段进行研究。

【阅读材料】

体质健康与体质评价

　　从国际体质评价指标体系的演变来看，各个从事体质测试的国际组织和国家，在解释体质的概念和选择测试指标方面都想尽力取得一致，但是由于各国际组织和国家的某些观点尚有不同，因而在各自测试指标上，也还存在着较大差别。美国在体质研究上有很长的历史，学科发展完善，基本完成了由测试"运动技术指标"向测试"健康指标"的过渡。在美国比较普遍使用的健康体质测试方法，可以归纳为四个方面：(1)心肺功能；(2)肌肉力量与耐力；(3)身体柔韧性；(4)身体组成。良好的心肺功能可以预防心血管疾病，特别是冠心病的发生；强健的肌肉是完成人体各种运动的必需；柔韧性可以防止在活动中的损伤；适宜的身体组成可避免由肥胖导致的各种疾病。所以，这四个方面的良好状态，提供和保证了人们安全地从事运动的能力，即具备了优良的体质水平。而日本在 1998 年也对沿用了 30 多年的体力诊断和运动能力测试进行了修订，指标数量减少，包括耐久跑、握力、50 m 跑、立定跳远、坐位体前屈、仰卧起坐等，指标更向健康评价靠近。

　　世界卫生组织对健康的定义为："健康不仅仅是指没有疾病或不虚弱，而是生理、心理的健康和社会适应的完好状态。"对体质的定义在体育、教育和卫生系统，也已基本形成共识，即"体质，是指人体的质量，它是在遗传性和获得性的基础上表现出来的、相对稳定的特征"。

从健康和体质两个定义中不难看出对身、心两方面提出的要求。以往我国评价学生的体质时,更多地使用了学生的运动成绩作为评价的标准。随着社会的发展,人们越来越认识到形态对人体健康的重要性,因为一定的形态结构,必然表现为一定的生理功能。因此形态将作为评价的一个方面。另外,现代医学和运动生理学的研究结果表明,人体心血管系统及呼吸系统功能的强弱是反映一个人健康与否的重要标志,也是左右人们寿命和工作时间的重要因素。应该把发展学生心血管系统及呼吸系统功能贯穿身体运动的始终。因此,机能的评价也应作为学生体质健康标准的重要内容。

资料来源:中国学生体质健康网。

💡 关键术语

学生体育发展　体育课程目标　体育与健康课程　学习领域　学生体质　学生体能发展　国家学生体质健康标准

📋 内容提要与小结

本章主要对体育概念、体能概念、体育课程、学生体育发展目标、基础教育体育课程改革及评价等问题进行论述,对学生体能发展的内容、体育锻炼对学生体能的影响、学生体能测量与评价原则以及学生体质健康标准和评价方法等问题作了介绍。

📖 练习与思考题

1. 学生体育发展目标包括几个方面?
2. 中小学体育课程在哪些方面做了改革?
3. 《义务教育体育与健康课程标准(2011年版)》中对课程的学习评价有何建议?
4. 体育锻炼对学生的身心发展有何意义?
5. 体育锻炼对学生的体能发展有何影响?
6. 学生体能测量与评价要遵循哪些原则?
7. 学生体能测量与评价有何方法?

第十三章 现代教育测量与评价的发展趋势

学习目的

学完本章后,你应当能够:

1. 了解经典测验理论的优点。

2. 了解经典测验理论的局限性。

3. 掌握现代测验理论的要点。

4. 了解项目反应理论的优点。

5. 了解项目反应理论的局限性。

6. 了解现代测量与评价的发展趋势。

编写者及课任教师建议的阅读文献

1. 张敏强著:《教育测量学》,人民教育出版社1998年版。

2. 漆书青、戴海崎、丁树良编著:《现代教育与心理测量学原理》,江西教育出版社1998年版。

3. 王宝墉编著:《现代测验理论》,心理出版社1993年版。

4. 李坤崇著:《多元化教学评量》,心理出版社2000年版。

5. 黄光扬编著:《心理测量的理论与应用》第十二章,福建教育出版社1996年版。

6. 戴海崎、张锋主编:《心理与教育测量(第四版)》第十七章,暨南大学出版社2018年版。

7. 罗照盛著:《认知诊断评价理论基础》,北京师范大学出版社2019年版。

8. _____

_____

9. _____

_____

第一节　经典测验理论的特色

当前,教育测量与评价不仅在理论上不断趋于完善和丰富,而且在教育实践中的应用也日趋广泛和深入。本章通过对经典测验理论和现代教育测验理论的比较,评析近时期国内外教育测量的发展趋势。

一、经典测验理论的主要优点

经典测验理论(简称 CTT)是最早的测验理论,也是最实用的测验理论。现在许多通用的测验仍然是根据这种传统的方法来编制的,并建立起测验资料间的实证关系。本书前面各章的主要内容及其理论基础仍然是经典测验理论及其发展。经典测验理论的核心概念包括真分数、信度和效度等,因为它的主要目的是估计某个测验实得分数的信度,也就是说它企图估计实得分数与真实分数之间的关联程度。经典测验理论的理论基础是真分数模型,所以又称它为"真分数理论"。所谓的真分数在测验统计学上的定义是:被试的真分数是观测分数(或说测量实得分数)的数学期望值。

我们知道,真分数模型是以弱假设为基础的,即这些假设很容易验证并易被大多数测验数据资料所满足。经典测验理论的假设内涵主要是以真实分数模式为理论架构,依据弱势假设而来的,它的理论模式发展已久,计算公式简单明了,浅显易懂,适用于大多数教育与心理测验的情境,为目前教育与心理领域中应用较广的测验理论。

经典测验理论有一整套理论及统计分析方法,对于教育和心理测验,经典测验理论要求被试完成一定数量的作业或试题,然后根据其实际作答的表现来推论和评价其心理特质发展水平。所以教育测验编制的程序和要求、测验题目的质量的定性与定量分析、测验本身质量的信度、效度的评估等,皆能反映经典测验理论的特色。经典测验理论具有如下一些优点:

① 经典测验理论是以弱假设为基础的,这些弱假设条件容易被绝大多数测验数据资料所满足。所以从实际应用来说,假设条件容易满足,其应用具有广泛性。

② 经过几十年的发展,经典测验理论形成了一套以真分数理论为基础的较完善的测验理论和对题目与测验进行统计及分析的方法,且这些方法在计算上较为简单,意义上也直观明了,易被教育工作者理解和掌握,所以应用上具有普遍性。

③ 我国教育工作者在使用过程中和实践中不断形成和完善了一套适合国情的具体应用方法和应用原则。

二、经典测验理论的主要局限性

经典测验理论的统计分析方法得到的各项指标,依赖于特定的被试样本。比如说,被试样本组的能力水平很高,那么测验题目对他们而言会很容易,因此题目的难度就小;而若同一组题目施测于能力水平低的被试样本组,题目难度显然增大。若被试样本组的能力水平参差不齐,那么他们在某测验中的得分会有高有低,该测验对被试的区分力就会大;而若被试样本组都是能力高者(或能力低者),那么他们在测验上的得分差别不会很大,因而该测验的区分力就变小。可见,用经典测验方法所求得的参数会受到不同样本组能力水平的影响。

在经典测验理论的条件下,题目参数和考生得分是在不同的基础上分别求得的,所以经典测验理论无法建立考生得分与测验题目参数之间的函数关系,即考生能力的估计会由于测验的改变而改变。

经典测验理论中两个相当重要的假设条件,严格平行测验和误差,与真分数不相关,在实际操作中是难以做到的。实际操作中,考生的记忆、发展新技巧、遗忘等心理因素就足以影响这两个假设条件的成立。我们从信度计算公式的分析推导可看到,经典测验理论的信度值只是低限估计,我们假定测验误差对每个被试都是一样的。从某种意义上说,经典测验理论所提供的被试分数的有关信息是有误差叠加的。这就难以实施与考生实际能力水平相当的考试,以确保学生在考试中发挥出最高水平。对于大规模的考试更是如此。[1]

课堂讨论题

　　无论是国家教育考试,还是学校内的教育考试,抑或是社会考试,人们通常把同样的考试分数看成同样的能力水平,这种简单评判和使用分数进行决策,有什么优缺点?

第二节　现代测验理论的优势

现代测验理论有许多模式,其中项目反应理论最具优越性。项目反应理论(简称 IRT)是建立在潜在特质理论的基础上的。项目反应理论认为,在认知测验中,潜在特质指所要测的内在能力。因为一个人的行为举止就好像处于自身某些心理品质的定量控制之中,要定量地估计个体在每一种特质上的位置是心理测量的任务。反之,也可用所估计到的特质的量去预测和解释个体在相应情境中将会产生的行为反应。但是由于心理特质的潜在性在实践中给心理测量带来很大的困难,心理学家只能依据可观测的变量来鉴别和定义这些特质,并希望能探明哪些特质所起的作用是重要的,哪些特质对人的行为发展起着重要的作用等。要查明潜在特质的量数,以及这些量数所决定的个体行为发展是教育与心理测量的主要目的之一。

一、项目反应理论的主要优点

项目反应理论的最大特点是:它找到了一条题目特征曲线(简称 ICC)并且以多种数学表

---

[1]　张敏强著:《教育测量学》,人民教育出版社 1998 年版,第 285 页。

达式(即数学模型)来描述它和逼近它。显然,不同的数学模型对曲线有不同程度的逼近,也含有个数不同的参数。题目特征曲线的数学模型一般都包含两方面的参数:①对测验题目的特征进行刻画的题目参数;②对考生的特征进行刻画的潜在特质或称能力参数。根据这些参数值,我们可以对题目质量作出评价,并按需要选取高质量的题目。又可以预言考生个体在任一测验题目上的反应,从而估计出考生个体的各种潜在特质的量数,即考生完成测验题目时所具有的能力或特质。从理论上说,项目反应理论有效地解决了经典测验理论中无法建立考生得分与测验题目参数之间的函数关系的问题。

项目反应理论是在如下的假设中建立的:

假设1:一维性(即考生的某一测验结果只取决于一种潜在特质或称能力,其他能力的影响均可忽略);

假设2:局部独立(即考生答题时不受其他试题影响);

假设3:适合的数学模型(须经拟合度检验)。

项目反应理论的优点是:

① 题目难易度的估计不因样本不同而不同。项目反应理论的题目参数估计是独立于考生样本组的。根据项目反应理论的有关性质,项目反应理论的题目参数具有不变性,而不管考生组的能力分布如何。

② 考生能力的估计不因测验的改变而改变。项目反应理论在提供题目参数的同时,提供了每一个考生在完成题目时的能力参数。在这种条件下,就可以使考生能力发展水平的估计独立于所施测的题目组,为不同水平的考生实施题目不同的测验或设立自适应测验奠定理论和方法基础。

③ 测量误差的估计因考生程度不同而不同。由于题目信息函数和测验信息函数与个人有关,测验标准误差就会因人而异,从而为准确地估计每个考生的能力水平提供了准确的信息。另外,也可以通过增加或减少测验题目来调整测量的精确度,为实施具有相同水平的、测验精确度高的个别测验提供工具。

④ 为多种形式测验的实施提供了更为完美的理论和方法。在题目分析和估计学生能力的同时,可以得到题目信息函数和测验信息函数两个统计量。有了这两个统计量,就能更精确地估计每个考生的能力水平,为控制不同能力水平的考生的测量误差提供标准,即为自适应测验提供必要的实施条件。

二、项目反应理论的主要局限性

项目反应理论的主要局限性表现在如下几个方面:

① 对数学模型与实测数据的拟合要求较高。在实际应用中,我们发现,实测数据与模型拟合,也会受到考生样本容量大小及题目数量多少这两个因素的制约。所以使用项目反应理论分析时,还必须对拟合度作统计检验。常用的检验方法有χ^2(卡方)检验等。当拟合度检验表明了题目反应模型与测验数据之间的拟合良好时,项目反应理论的各种优点才能发挥出来。此外,拟合度还与所选择的模型有关。

② 题目反应理论是一维性假设，是对任何数学模型的共同假设，这是源于测验编制者希望提高测验分数的可解释性。但到目前为止，尚没有一种能验证一维性假设的方法。研究结果表明，人们对学科知识的理解和掌握是靠平时知识的积累和学习，所以具有多方面的能力。显然，项目反应理论的一维性假设是一个强假设。因素分析方法可用来检验一组测验题目作一维性假设的合理性，并且可能规定在第一特征占多大比重时就认为满足一维假设，但这在实际操作时是有困难的。另一些方法是使用四分相关或 Φ 相关。对四分相关来说，一组题目的一维性的充分条件是题目的四分相关矩阵只有一个公共因子，但这个条件并非必要条件。且四分相关的计算较繁琐，矩阵不一定是正定的，这也是作因素分析的难题之一。

三、经典测验理论与现代测验理论的比较

1. 参数稳定性

经典测验理论使用的题目分析法所得的题目统计量数受样本的抽样影响较大。对题目的难度 P 值而言，受到被试的能力高低影响；对题目区分度 D 值而言，如果样本具有较高的同质性时，所得的 D 值较小，反之样本具有较大的异质性时，所得的 D 值就较大；对信度指标而言，经典测验的信度估计方法受样本测验分数变动性的影响。现代测验理论 IRT 的方法具有局部独立和参数独立等特点。题目参数估计是独立于被试样本和题目样本的。

2. 能力的比较

经典测验理论对被试能力间的比较只能在相同的测验或平行复本的情况下进行。一般成就测验和性向测验较适用于中等能力的被试，对于能力较高或较低的被试，估计时就不太准确。测验的题目难度如能适合被试的能力水准，则有益于提高测验的效度。也就是说，即使减少测验的题目数也不会降低测验的效度。难度与能力的适切配合也是经典测验的难点之一，而现代测验 IRT 是自适性测验或电脑自适应测验，它的处理较方便且灵活。

几个复本的题目难度不同时，使用不同复本的被试之间难以比较。如，两个被试分别在两个不同难度的复本中都达到了 50% 的水平，其能力并不相等。所以用经典测验理论的方法与程序处理能力比较时会产生许多困难。

3. 平行复本难实现

经典测验理论最基本的概念是测验的信度。而信度的设定来自平行复本的假设。但事实上平行测验是很难达到的，被试不可能在两次测验中得到完全相同的结果。影响测验结果的因素很多，如遗忘、学习新知识新技能、动机及焦虑程度等。经典测验理论常依赖平行复本的假设，所以研究者在现实实施中只能接受下限的信度估计或具偏差的信度估计。

4. 缺乏预测力

经典测验理论无法预测被试在一个新的测验中可能的表现。如果测验与被试的能力水平一致就能得知被试答对某题的概率，那么测验的编制者就可以根据项目的概率来预测某些群体的得分情况。如预测贫困山区、偏远学校的可能结果，或是为某些特定的群体设计合适的测验。

现代测验 IRT 就是使用概率的观念来表示被试能力与项目的关系的。$P(\theta)$ 表示具有

某种能力 θ 的被试答对某题的概率 P。

5. 测量标准误

经典测验理论是假定所有被试的测量标准误都是相等的。事实上,不难发现,不同能力组表现在测验上的稳定性是不同的。如施测几个复本,可能高能力组比中能力组稳定性高。良好的测验模式应能针对某一测验得分或被试能力进行精确的估计,不同的得分或能力有其不同的概率误差,而非统一的测量标准误。

除此之外,经典测验理论在测验的设计、偏误题的认定、测验的等值问题上还没有得到满意的解决。[1]

第三节 现代教育测量与评价的发展趋势

心理与教育测量理论的发展经历了两个时期:20 世纪 50 年代之前只有经典测验理论,称为经典测验理论阶段;20 世纪 50 年代之后,除了经典测验理论外,还有项目反应理论、概括力理论(简称 GP)等,是多种理论并存的阶段。经典测验理论在测验发展中有着重要的作用,它是历史上第一个测验理论,也是测验中最一般、最基本的理论,到目前仍有广泛的应用。现代测验理论是在经典测验理论的研究基础上,针对某方面存在的问题发展起来的。如项目反应理论是为克服经典测验理论中题目参数等指标的变异性发展起来的;概括力理论是针对经典测验理论的信度问题发展起来的。

新的理论形成之后,可能会衍生出更新的理论或模式。如项目反应理论,它从基本的模式出发,形成了许多新的模式:多维模式、多变量模式、多等级模式、多成分模式等。现代测验理论的发展优势在于:测验等值和适应性测验。现代测验理论的发展也促进了测验应用的发展,如标准参照测验的编制、题库建设、计算机化自适应测验、测验等值、测验偏差侦查等。

目前,教育测量与评价发展呈现出如下特点,通过这些特点我们可以看到近期教育测量与评价的发展趋势。

一、教育测量与评价的政治性得到加强

由于社会发展要求深化教育改革,并且需要对教育改革的成效作出正确的评价,这就使教育测量与评价的地位得到了提高。人们对教育测量与评价提供的资料也寄予了更大的希望,从而使教育测量与评价产生了更大的政策性督促作用。政策制定者们寻求加强教育说服力的途径,由此对教育测量和评价产生了新的需求和期望。20 世纪 70 年代到 80 年代间,美国由于当时大量高中毕业生缺乏走进社会所必需的基本技能,教育者们应用最低能力测验和教师测验来弥补这一缺陷,开展了基本能力测验运动,以提高学生素质。测验应用的第二次扩展,使教师测验得到了更多的重视。教师在上讲台授课之前,必须经过一系列测验才能取得教师资格。在最低能力测验和教师测验中遇到了同样突出的问题:测验内容范围如

---

[1] 王宝墉编著:《现代测验理论》,心理出版社 1993 年版,第 329 页。

何确定？如何获得效度证据？如何确定标准？如何检定和消除测验偏向的来源？等等。这些是目前正在逐渐解决和试图解决以及未来继续研讨的问题。现代教育测量与评价不仅只是为了评价学生，而是转向了测验资料的多方面利用，尤其是在课程评价、办学评价、教学评价、教师评价等方面的作用日益受到关注。

二、教育测量与评价的教育功能得到强化

随着认知心理学和人工智能研究的发展，心理学家开始日益关注个体信息加工系统的内部过程，教育领域也受到很大的影响。教育工作者们对教育测验产生新的期望，测验已被视作教学过程的一个不可缺少的部分，已不再局限于对学生未来成功与否的预测，而更主要的是用于诊断学生目前的学习状态，并更有效地指导学生争取最大进步。在教育实践中，人们提高了学业成绩测验、能力测验的地位，更强调诊断性测验，而相对冷落了能力倾向测验。能力倾向测验只是一种预测。一个人的潜在能力能否在将来完全实现很难确定，但其结果往往使教育工作者们忽视那些在能力倾向测验中表现不佳的学生，而重视那些表现较好的学生，这样做并不符合教育的真正目的。目前，人们更关心的是学生已发展的能力、已显示的才能以及已获得的知识，也更关心教与学中存在的问题。测验在此越来越多地显示出诊断和补救的作用。

三、教育测量与评价的理论研究得到突破性进展

从 20 世纪初发展起来的教育测量理论称之为经典测量理论，由于其理论结构的局限性，其客观存在的实际应用范围受到一定的限制。从 20 世纪 60 年代开始，在教育科研工作者的努力下，项目反应理论、潜在等级分析等现代测量理论得以引进和应用。教育测量在 20 世纪 70 年代最重要的发展之一是：项目反应理论在实际测验问题上的应用得以逐步的扩展。项目反应理论为教育测验解决了一些经典测验理论无法解决的问题，并且为测验设计、测验误差的测定、测验等值、计算机化自适应性测验的设计与评分等问题提供了解决的途径。此外，统计理论与方法日益完善和深化，其在教育测量中的广泛应用使测量分数的解释更加全面、细致且客观。特别是现代教育评价理论模式逐步摆脱传统"心理计量学中心"的影响，关注教育目标理论、人本心理学、认知心理学以及现代建构主义文化的最新研究成果，提出了许多新的评价模式与方法，比如，对手式评价、决策定向评价、目的游离评价、实质性评价、司法式评价、自然主义评价、交互式评价、阐释性评价、发展性评价、增值评价、质化评价、基于表现的评价、动态评价、元认知评价以及对教育测量与评价方案本身进行的所谓"元评价"和效用评价等，使教育评价理论模式与应用研究有了飞跃性、突破性的发展。

【阅读材料】

台湾地区学者归纳教育测验与评价（量）发展趋势

● 简茂发教授等人指出，国际上心理与教育测验发展的主要趋势有三：一为测验理

论更深入化、多元化,测验理论融入认知心理学理论、项目反应理论、贝叶斯(Baysian)思考模式与测验整合分析概念;二为测验编制趋向精密量化与个别化,着重测验与电脑技术的结合,编制适性测验与少数民族测验;三为测验与教学的结合,重视正确使用测验与避免误用或滥用,强调测验道德规范与正确认识法律规章。

● 庄明贞教授指出,美国的教育测验与评量(assessement)的发展趋势朝向下列七项重点:①测验强调促进教与学的功能。②鼓励教师使用标准参照测验。③性向测验强调学生的学习能力,成就测验朝向更复杂的学习结果。④实施多元化评量与使用变通性评量。⑤从个别评量转变成团体评量。⑥提倡领域参照测验的编制方法。⑦大众对使用测验的关心程度提高。

● 李坤崇教授指出,台湾地区教学评量的发展趋势如下:①教学与评量统合化、适性化。②评量专业化、目标化。③评量方式多元化、弹性化。④评量内容生活化、多样化。⑤评量人员多元化、互动化。⑥结果解释人性化、增强化。⑦结果呈现多元化、适时化、全人化。⑧评量避免误用或滥用。⑨评量电脑化、网络化。⑩教师逐渐运用标准参照测验。⑪社会大众、家长关心与期许。

资料来源:李坤崇著:《多元化教学评量》,心理出版社 2000 年版,第 120—129 页。

四、计算机技术的发展提高了测验的效率

现代计算机技术和网络技术对人类社会有极大的影响。现代教育测验的发展及其应用与计算机技术的发展更是紧密相联。计算机阅卷评分的出现,使得很多客观测验题能迅速计分,为测验效率的提高作出了很大贡献。20 世纪 80 年代以来,计算机技术进一步加快了测验计分与报告的效率,并使测验题库得以建立,测验方式多种多样。随着计算机的普及,计算机技术在测验中的功用更为显著,用计算机施测成为可能,被试在计算机上测验,可以减少很多无关因素的影响,同时也提高了计分、分析、报告等过程的效率。与此同时,计算机化自适应测验出现并迅速发展。这种测验以现代项目反应理论为根据,它与常规测验的最大区别是:后者对所有被试使用相同的固定题目,而前者则根据被试的反应选题。这类测验既减少了被试的测验时间,又提高了测验的精度,更有效地测量了被试的能力水平,并且能从每一道测题中获取有关被试的最大量信息,从而促进测验的教学指导价值。可以说,计算机化自适应测验是新世纪教育测验发展的重要方向之一。

五、测量理论与认知心理学结合更加紧密

传统的教育与心理测量通常基于各种测验分数之间的相关分析以及采用一些完全归属于统计学上的模型来解释测验分数背后的能力结构,这难免具有一定的抽象性和模糊性。但认知心理学认为,光用相关分析方法是无法真正揭示和表达分数背后的教育学意义和心理学意义的。要弄清测验分数的本质意义以及正确使用测验分数以作出有效决策,必须借

助现代认知心理学的思想方法。通过认知心理学与现代教育测量理论的有效结合，我们不仅可以知道学生是否答对问题，而且可以知道学生为什么这样应答。同时，通过测量理论与认知心理学相结合，当前国际上对认知诊断测验开展积极研究，这成为新世纪测验发展的又一个方向。对于教育和学生而言，教育测量和评价的功能不应只是停留在报告能力水平上，更重要的是能够对学生的能力结构进行辨识和诊断，以便教师采用有效的个别化的教育措施，真正实现因材施教。在国内，认知诊断测验尤其是具有诊断功能的计算机化自适应测验的研究和发展已经得到越来越多人的关注。对认知诊断测验理论感兴趣的读者，可以阅读本章开头所推荐的一些书籍和文献。

研究性学习专题

学校教育中如何在更大范围内践行"因材施教""因材施测"和"因材施评"的先进理念？

关键术语

经典测验理论（CTT）　现代测验理论　潜在特质　项目反应理论（IRT）　题目特征曲线（ICC）　概化理论（GT）　题目参数　真分数　题库　计算机化自适应测验　测验等值　认知诊断测验

内容提要与小结

1. 经典测验理论CTT是最早的测验理论，也是最实用的测验理论。现在许多通用的测验仍然是根据这种传统的方法来编制的。经典测验理论的理论基础是真分数模型，所以又称它为"真分数理论"。

2. 经典测验理论具有许多优点，适应面广。但经典测验理论也有其致命的缺点，如题目参数估计极大地依赖于被试样本等。

3. 现代测验理论有许多模式，其中项目反应理论最具优越性。项目反应理论IRT是建立在潜在特质理论的基础上的。项目反应理论的优点是题目难易度的估计不因样本不同而不同；项目反应理论的题目参数估计是独立于考生样本组的；考生能力的估计不因测验的改变而改变；测量误差的估计因考生程度不同而不同；为自适应测验提供了必要的实施条件。项目反应理论的主要局限性表现在：对数学模型与实测数据的拟合要求较高；项目反应理论是一维性假设，但到目前为止，尚没有一种能验证一维性假设的方法。

4. 现代测验理论是在经典测验理论的研究基础上，针对某方面存在的问题发展起来的。如项目反应理论是为克服经典测验理论中题目参数等指标的变异性发展起来的；概括力理论是针对经典测验理论的信度问题发展起来的。新的理论形成之后，可能会衍生出更新的理论或模式，如IRT理论的多维模式、多变量模式、多等级模式、多成分模式等。

5. 现代测验理论的发展也促进了测验应用的发展，如标准参照测验的编制、题库建设、计算机化自适应测验、测验等值、测验偏差侦查等。

6. 教育测量与评价发展呈现出如下特点：教育测量与评价的政治性得到加强；教育测量与评价的教育功能得到强化；教育测量与评价的理论研究得到突破性进展；教育测量与评价的应用和现代信息技术紧密相连等。测量理论与认知心理学的结合更加紧密，促进了认知诊断测验理论的发展和应用。

练习与思考题

1. 经典测验理论的中心概念有哪些？
2. 经典测验理论为什么能得到广泛的应用？
3. 项目反应理论在哪些方面超越了经典测验理论？
4. 项目反应理论主要应用在哪几个方面？
5. 计算机化自适应测验的先进理念表现在哪里？
6. 测量理论与认知心理学结合的发展趋势表现在哪里？

附录一

中小学教育质量综合评价指标框架（试行）

引自教育部《关于推进中小学教育质量综合评价改革的意见》，教基二〔2013〕2号。

评价内容	关键指标	指标考查要点	评价主要依据
品德发展水平	行为习惯	学生在文明礼貌、勤俭节约、热爱劳动、爱护环境等方面的认知和表现情况。	社会主义核心价值观、义务教育课程方案和相关学科课程标准、普通高中课程方案和相关学科课程标准、《中小学德育工作规程》《中共中央国务院关于进一步加强和改进未成年人思想道德建设的若干意见》《中小学生守则》《小学生日常行为规范（修订）》《中学生日常行为规范（修订）》《中小学文明礼仪教育指导纲要》等。
	公民素养	学生在珍爱生命、遵纪守法、诚实守信、团结友善、乐于助人等方面的认知和表现情况。	
	人格品质	学生在自尊自信、自律自强、尊重他人、乐观向上等方面的认知和表现情况。	
	理想信念	学生的爱国情感、民族认同、社会责任、集体意识、人生理想等方面的情况。	
学业发展水平	知识技能	学生对各学科课程标准要求的基础知识、基本技能的理解和掌握情况。	义务教育课程方案和各学科课程标准、普通高中课程方案和各学科课程标准以及其他相关规范性文件等。
	学科思想方法	学生对各学科思想和方法的理解和掌握情况。	
	实践能力	学生关注现实生活、参加社会实践和志愿服务活动、解决实际问题、进行职业准备等方面的情况。	
	创新意识	学生独立思考、批判质疑、钻研探究，解决问题的思路、方式方法等方面的情况。	
身心发展水平	身体形态机能	学生身高、体重、肺活量和身体运动能力等达到《国家学生体质健康标准》要求的情况以及视力状况等。	义务教育课程方案和相关学科课程标准、普通高中课程方案和相关学科课程标准、《国家学生体质健康标准》《国务院办公厅转发教育部等部门关于进一步加强学校体育工作若干意见的通知》《中小学学生近视眼防控工作方案》《中小学健康教育指导纲要》《中小学心理健康教育指导纲要（2012年修订）》。
	健康生活方式	学生对健康知识与技能的了解和掌握情况，生活与卫生习惯、参加课外文娱体育活动等方面的情况。	
	审美修养	学生在审美情趣和艺术修养等方面的发展情况。	
	情绪行为调控	学生对自己情绪的觉察与排解、对行为的自我约束情况，应对和克服学习、生活中遇到的困难的态度和表现情况。	
	人际沟通	师生关系、同伴关系、亲子关系等方面的情况。	

续　表

评价内容	关键指标	指标考查要点	评价主要依据
兴趣特长养成	好奇心求知欲	学生对某些知识、事物和现象的专注、思考和探求情况。	《学校艺术教育工作规程》《教育部办公厅关于在义务教育阶段中小学实施"体育、艺术2+1项目"的通知》以及其他相关规范性文件等。
	爱好特长	学生课余生活的丰富性,在文学、科学、体育、艺术等领域表现出的喜好、付出的努力和表现的结果。	
	潜能发展	学生在某些方面表现出的突出素质和进一步发展的能力。	
学业负担状况	学习时间	学生上课时间、作业时间、补课时间、睡眠时间等。	义务教育课程方案和各学科课程标准、普通高中课程方案和各学科课程标准、《中共中央国务院关于加强青少年体育增强青少年体质的意见》《中小学学生近视眼防控工作方案》《教育部关于当前加强中小学管理规范办学行为的指导意见》以及其他相关规范性文件等。
	课业质量	课程教学、作业和考试(测验)的有效程度以及学生的感受和看法。	
	课业难度	课程教学、作业和考试(测验)的难易程度以及学生的感受和看法。	
	学习压力	学生在学习过程中表现出的快乐、疲倦、焦虑、厌学等状态。	

附录二

附表1 W 显著性检验时 S 的临界值表

K / N	$P=0.05$					$P=0.01$				
	3	4	5	6	7	3	4	5	6	7
3			64.4	103.9	157.3			75.9	122.8	185.6
4		49.5	88.4	143.3	217.0		61.4	109.8	176.2	265.0
5		62.6	112.3	182.4	276.2		80.5	142.8	229.4	343.8
6		75.7	136.1	221.4	335.2		66.5	176.1	282.4	422.6
8	48.1	101.7	183.7	299.0	453.1	99.8	137.4	242.7	388.3	579.9
10	60.0	127.8	231.2	376.7	571.0	85.1	175.3	309.1	494.0	737.0
15	89.8	192.9	349.8	570.5	864.9	131.0	26.8	475.2	758.2	1120.5
20	119.7	258.8	468.5	764.4	1158.7	177.0	364.2	641.2	1022.2	1521.9

① 若 $K>7$，检查 W 的显著性按下列步骤：(1)把 W 代入下式求 χ^2。$\chi^2=K(N-1)W$，(2)把计算出按 χ^2 按 $df=N-1$ 查 χ^2 值表，查出的显著水平为 0.01 或 0.05 的 χ^2 值比较，若前者大于后者，则 W 达到显著水平，这个 W 有意义。

附表 2　正态分布表

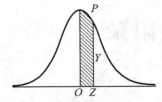

（曲线下的面积与纵高）

Z	Y	P	Z	Y	P	Z	Y	P
.00	.39894	.00000	.30	.38139	.11791	.60	.33322	.22575
.01	.39892	.00399	.31	.38023	.12172	.61	.33121	.22907
.02	.39886	.00798	.32	.37903	.12552	.62	.32918	.23237
.03	.39876	.01197	.33	.37780	.12930	.63	.32713	.23565
.04	.39862	.01595	.34	.37654	.13307	.64	.32506	.23891
.05	.39844	.01994	.35	.37524	.13683	.65	.32297	.24215
.06	.39822	.02392	.36	.37391	.14058	.66	.32086	.24537
.07	.39797	.02790	.37	.37255	.14431	.67	.31874	.24857
.08	.39767	.03188	.38	.37115	.14803	.68	.31659	.25175
.09	.39733	.03586	.39	.36973	.15173	.69	.31443	.25490
.10	.39695	.03983	.40	.36827	.15542	.70	.31225	.25804
.11	.39654	.04380	.41	.36678	.15910	.71	.31006	.26115
.12	.39608	.04776	.42	.36526	.16276	.72	.30785	.26424
.13	.39559	.05172	.43	.36371	.16640	.73	.30563	.26730
.14	.39505	.05567	.44	.36213	.17003	.74	.30339	.27035
.15	.39448	.05962	.45	.36053	.17364	.75	.30114	.27337
.16	.39387	.06356	.46	.35889	.17724	.76	.29887	.27637
.17	.39322	.06749	.47	.35723	.18082	.77	.29659	.27935
.18	.39253	.07142	.48	.35553	.18439	.78	.29431	.28230
.19	.39181	.07535	.49	.35381	.18793	.79	.29200	.28524
.20	.39104	.07926	.50	.35207	.19146	.80	.28969	.28814
.21	.39024	.08317	.51	.35029	.19497	.81	.28737	.29103
.22	.38940	.08706	.52	.34849	.19847	.82	.28504	.29389
.23	.38853	.09095	.53	.34667	.20194	.83	.28269	.29673
.24	.38762	.09483	.54	.34482	.20540	.84	.28034	.29955
.25	.38667	.09871	.55	.34294	.20884	.85	.27798	.30234
.26	.38568	.10257	.56	.34105	.21226	.86	.27562	.30511
.27	.38466	.10642	.57	.33912	.21566	.87	.27324	.30785
.28	.38361	.11026	.58	.33718	.21904	.88	.27986	.31057
.29	.38251	.11409	.59	.33521	.22240	.89	.28848	.31327

续 表

Z	Y	P	Z	Y	P	Z	Y	P
.90	.26609	.31594	1.25	.18265	.39435	1.60	.11092	.44520
.91	.26369	.31859	1.26	.18037	.39617	1.61	.10915	.44630
.92	.26129	.32121	1.27	.17810	.39796	1.62	.10741	.44738
.93	.25888	.32381	1.28	.17585	.39973	1.63	.10567	.44845
.94	.25647	.32639	1.29	.17360	.40147	1.64	.10396	.44950
.95	.25406	.32894	1.30	.17137	.40320	1.65	.10226	.45053
.96	.25164	.33147	1.31	.16915	.40490	1.66	.10059	.45154
.97	.24923	.33398	1.32	.16694	.40658	1.67	.09893	.45254
.98	.24681	.33646	1.33	.16474	.40824	1.68	.09728	.45352
.99	.24439	.33891	1.34	.16256	.40988	1.69	.09566	.45449
1.00	.24197	.34134	1.35	.16038	.41149	1.70	.09405	.45543
1.01	.23955	.34375	1.36	.15822	.41309	1.71	.09246	.45637
1.02	.23713	.34614	1.37	.15608	.41466	1.72	.09089	.45728
1.03	.23471	.34850	1.38	.15395	.41621	1.73	.08933	.45818
1.04	.23230	.35083	1.39	.15183	.41774	1.74	.08780	.45907
1.05	.22988	.35314	1.40	.14973	.41924	1.75	.08628	.45994
1.06	.22747	.35543	1.41	.14764	.42073	1.76	.08478	.46080
1.07	.22506	.35769	1.42	.14556	.42220	1.77	.08329	.46164
1.08	.22265	.35993	1.43	.14350	.42364	1.78	.08183	.46246
1.09	.22025	.36214	1.44	.14146	.42507	1.79	.08038	.46327
1.10	.21785	.36433	1.45	.13943	.42647	1.80	.07895	.46407
1.11	.21546	.36650	1.46	.13742	.42786	1.81	.07754	.46485
1.12	.21307	.36864	1.47	.13542	.42922	1.82	.07614	.46562
1.13	.21069	.37076	1.48	.13344	.43056	1.83	.07477	.46638
1.14	.20831	.37286	1.49	.13147	.43189	1.84	.07341	.46712
1.15	.20594	.37493	1.50	.12952	.43319	1.85	.07206	.46784
1.16	.20357	.37698	1.51	.12758	.43448	1.86	.07074	.46856
1.17	.20121	.37900	1.52	.12566	.43574	1.87	.06943	.48926
1.18	.19886	.38100	1.53	.12376	.43699	1.88	.06814	.46995
1.19	.19652	.38298	1.54	.12188	.43822	1.89	.06687	.47062
1.20	.19419	.38493	1.55	.12001	.43943	1.90	.06562	.47128
1.21	.19186	.38686	1.56	.11816	.44062	1.91	.06439	.47193
1.22	.18954	.38877	1.57	.11632	.44179	1.92	.06316	.47257
1.23	.18724	.39065	1.58	.11450	.44295	1.93	.06195	.47320
1.24	.18494	.39251	1.59	.11270	.44408	1.94	.06077	.47381

Z	Y	P	Z	Y	P	Z	Y	P
1.95	.05959	.47441	2.30	.02833	.48928	2.65	.01191	.49598
1.96	.05844	.47500	2.31	.02768	.48956	2.66	.01160	.49609
1.97	.05730	.47558	2.32	.02705	.48983	2.67	.01130	.49621
1.98	.05618	.47615	2.33	.02643	.49010	2.68	.01100	.49632
1.99	.05508	.47670	2.34	.02582	.49036	2.69	.01071	.49643
2.00	.05399	.47725	2.35	.02522	.49061	2.70	.01042	.49653
2.01	.05292	.47778	2.36	.02463	.49086	2.71	.01014	.49664
2.02	.05186	.47831	2.37	.02406	.49111	2.72	.00987	.49674
2.03	.05082	.47882	2.38	.02349	.49134	2.73	.00961	.49683
2.04	.04980	.47932	2.39	.02294	.49158	2.74	.00935	.49693
2.05	.04879	.47982	2.40	.02239	.49180	2.75	.00909	.49702
2.06	.04780	.48030	2.41	.02186	.49202	2.76	.00885	.49711
2.07	.04682	.48077	2.42	.02134	.49224	2.77	.00861	.49720
2.08	.04586	.48124	2.43	.02083	.49245	2.78	.00837	.49728
2.09	.04491	.48169	2.44	.02033	.49266	2.79	.00814	.49736
2.10	.04398	.48214	2.45	.01984	.49286	2.80	.00792	.49744
2.11	.04307	.48257	2.46	.01936	.49305	2.81	.00770	.49752
2.12	.04217	.48300	2.47	.01889	.49324	2.82	.00748	.49760
2.13	.04128	.48341	2.48	.01842	.49343	2.83	.00727	.49767
2.14	.04041	.48382	2.49	.01797	.49361	2.84	.00707	.49774
2.15	.03955	.48422	2.50	.01753	.49379	2.85	.00687	.49781
2.16	.03871	.48461	2.51	.01709	.49396	2.86	.00668	.49788
2.17	.03788	.48500	2.52	.01667	.49413	2.87	.00649	.49795
2.18	.03706	.48537	2.53	.01625	.49430	2.88	.00631	.49801
2.19	.03626	.48574	2.54	.01585	.49446	2.89	.00613	.49807
2.20	.03547	.48610	2.55	.01545	.49461	2.90	.00595	.49813
2.21	.03470	.48645	2.56	.01506	.49477	2.91	.00578	.49819
2.22	.03394	.48679	2.57	.01468	.49492	2.92	.00562	.49825
2.23	.03319	.48713	2.58	.01431	.49506	2.93	.00545	.49831
2.24	.03246	.48745	2.59	.01394	.49520	2.94	.00530	.49836
2.25	.03174	.48778	2.60	.01358	.49534	2.95	.00514	.49841
2.26	.03103	.48809	2.61	.01323	.49547	2.96	.00499	.49846
2.27	.03034	.48840	2.62	.01289	.49560	2.97	.00485	.49851
2.28	.02965	.48870	2.63	.01256	.49573	2.98	.00471	.49856
2.29	.02898	.48899	2.64	.01223	.49585	2.99	.00457	.49861

Z	Y	P	Z	Y	P	Z	Y	P
3.00	.00443	.49865	3.35	.00146	.49960	3.70	.00042	.49989
3.01	.00430	.49869	3.36	.00141	.49961	3.71	.00041	.49990
3.02	.00417	.49874	3.37	.00136	.49962	3.72	.00039	.49990
3.03	.00405	.49878	3.38	.00132	.49964	3.73	.00038	.49990
3.04	.00393	.49882	3.39	.00127	.49965	3.74	.00037	.49991
3.05	.00381	.49886	3.40	.00123	.49966	3.75	.00035	.49991
3.06	.00370	.49889	3.41	.00119	.49968	3.76	.00034	.49992
3.07	.00358	.49893	3.42	.00115	.49969	3.77	.00033	.49992
3.08	.00348	.49897	3.43	.00111	.49970	3.78	.00031	.49992
3.09	.00337	.49900	3.44	.00107	.49971	3.79	.00030	.49992
3.10	.00327	.49903	3.45	.00104	.49972	3.80	.00029	.49993
3.11	.00317	.49906	3.46	.00100	.49973	3.81	.00028	.49993
3.12	.00307	.49910	3.47	.00097	.49974	3.82	.00027	.49993
3.13	.00298	.49913	3.48	.00094	.49975	3.83	.00026	.49994
3.14	.00288	.49916	3.49	.00090	.49976	3.84	.00025	.49994
3.15	.00279	.49918	3.50	.00087	.49977	3.85	.00024	.49994
3.16	.00271	.49921	3.51	.00084	.49978	3.86	.00023	.49994
3.17	.00262	.49924	3.52	.00081	.49978	3.87	.00022	.49995
3.18	.00254	.49926	3.53	.00079	.49979	3.88	.00021	.49995
3.19	.00246	.49929	3.54	.00076	.49980	3.89	.00021	.49995
3.20	.00238	.49931	3.55	.00073	.49981	3.90	.00020	.49995
3.21	.00231	.49934	3.56	.00071	.49981	3.91	.00019	.49995
3.22	.00224	.49936	3.57	.00068	.49982	3.92	.00018	.49996
3.23	.00216	.49938	3.58	.00066	.49983	3.93	.00018	.49996
3.24	.00210	.49940	3.59	.00063	.49983	3.94	.00017	.49996
3.25	.00203	.49942	3.60	.00061	.49984	3.95	.00016	.49996
3.26	.00196	.49944	3.61	.00059	.49985	3.96	.00016	.49996
3.27	.00190	.49946	3.62	.00057	.49985	3.97	.00015	.49996
3.28	.00184	.49948	3.63	.00055	.49986	3.98	.00014	.49997
3.29	.00178	.49950	3.64	.00053	.49986	3.99	.00014	.49997
3.30	.00172	.49952	3.65	.00051	.49987			
3.31	.00167	.49953	3.66	.00049	.49987			
3.32	.00161	.49955	3.67	.00047	.49988			
3.33	.00156	.49957	3.68	.00046	.49988			
3.34	.00151	.49958	3.69	.00044	.49989			

附表3 积差相关系数(r)显著性临界值表

$df = N - 2$	$a = .10$	.05	.02	.01
1	.988	.997	.9995	.9999
2	.900	.950	.980	.990
3	.805	.878	.934	.959
4	.729	.811	.882	.917
5	.669	.754	.833	.874
6	.622	.707	.789	.834
7	.582	.666	.750	.793
8	.549	.632	.716	.765
9	.521	.602	.685	.735
10	.497	.576	.658	.708
11	.476	.553	.634	.684
12	.458	.532	.612	.661
13	.441	.514	.592	.641
14	.426	.497	.574	.623
15	.412	.482	.558	.606
16	.400	.468	.542	.590
17	.389	.456	.528	.575
18	.378	.444	.516	.561
19	.369	.433	.503	.549
20	.360	.423	.492	.537
21	.352	.413	.482	.526
22	.344	.404	.472	.515
23	.337	.396	.462	.505
24	.330	.388	.453	.496
25	.323	.381	.445	.487
26	.317	.374	.437	.479
27	.311	.367	.430	.471
28	.306	.361	.423	.463
29	.301	.355	.416	.456
30	.296	.349	.409	.449
35	.275	.325	.381	.418
40	.257	.304	.358	.393
45	.243	.288	.338	.372
50	.231	.273	.322	.354
60	.211	.250	.295	.325
70	.195	.232	.274	.302
80	.183	.217	.256	.283
90	.173	.205	.242	.267
100	.164	.195	.230	.254

附表 4　*t* 值表

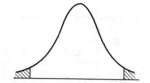

df	最大 *t* 值的概率(双侧界限)								
	0.5	0.4	0.3	0.2	0.1	0.05	0.02	0.01	0.001
1	1.000	1.376	1.963	3.078	6.314	12.706	31.821	63.657	636.619
2	.816	1.061	1.386	1.886	2.920	4.303	6.965	9.925	31.598
3	.765	.978	1.250	1.638	2.353	3.182	4.541	5.841	12.941
4	.741	.941	1.190	1.533	2.132	2.776	3.747	4.604	8.610
5	.727	.920	1.156	1.476	2.015	2.571	3.365	4.032	6.859
6	.718	.906	1.134	1.440	1.943	2.447	3.143	3.707	5.959
7	.711	.896	1.119	1.415	1.896	2.365	2.998	3.499	5.405
8	.706	.889	1.108	1.397	1.860	2.306	2.896	3.355	5.041
9	.703	.883	1.100	1.383	1.833	2.262	2.821	3.250	4.781
10	.700	.879	1.093	1.372	1.812	2.228	2.764	3.169	4.587
11	.697	.876	1.088	1.363	1.796	2.201	2.718	3.106	4.437
12	.695	.873	1.083	1.356	1.782	2.179	2.681	3.055	4.318
13	.694	.870	1.076	1.350	1.771	2.160	2.650	3.012	4.221
14	.692	.868	1.076	1.345	1.761	2.145	2.624	2.977	4.140
15	.691	.866	1.074	1.341	1.753	2.131	2.602	2.947	4.073
16	.690	.865	1.071	1.337	1.746	2.120	2.583	2.921	4.015
17	.689	.863	1.069	1.333	1.740	2.110	2.567	2.898	3.965
18	.688	.862	1.067	1.330	1.734	2.101	2.552	2.878	3.922
19	.688	.861	1.066	1.328	1.729	2.093	2.539	2.861	2.883
20	.687	.860	1.064	1.325	1.725	2.086	2.528	2.845	3.850
21	.686	.859	1.063	1.323	1.721	2.080	2.518	2.831	3.819
22	.686	.858	1.061	1.321	1.717	2.074	2.508	2.819	3.792
23	.685	.858	1.060	1.319	1.714	2.069	2.500	2.807	3.767
24	.685	.857	1.059	1.318	1.711	2.064	2.492	2.797	3.745
25	.684	.856	1.058	1.316	1.708	2.060	2.485	2.787	3.725
26	.684	.856	1.058	1.315	1.706	2.056	2.479	2.779	3.707
27	.684	.855	1.057	1.314	1.703	2.052	2.473	2.771	3.690
28	.683	.855	1.056	1.313	1.701	2.048	2.467	2.763	3.674
29	.683	.854	1.055	1.311	1.699	2.045	2.462	2.756	3.659
30	.683	.854	1.055	1.310	1.697	2.042	2.457	2.750	3.646

df	最大 t 值的概率(双侧界限)								
	0.5	0.4	0.3	0.2	0.1	0.05	0.02	0.01	0.001
40	.681	.851	1.050	1.303	1.684	2.021	2.423	2.704	3.551
60	.679	.848	1.046	1.296	1.671	2.000	2.390	2.660	3.460
120	.677	.845	1.041	1.289	1.658	1.980	2.358	2.617	3.373
∞	.674	.842	1.036	1.282	1.645	1.960	2.326	2.576	3.291
df	0.25	0.2	0.15	0.1	0.05	0.025	0.01	0.005	0.0005
	更大 t 值的概率(单侧界限)								

附表 5 高考标准分与百分等级对照简表

标准分	百分等级	标准分	百分等级	标准分	百分等级	标准分	百分等级
250	0.62	415	19.77	580	78.81	745	99.29
255	0.71	420	21.19	585	80.23	750	99.38
260	0.82	425	22.66	590	81.59	755	99.46
265	0.84	430	24.20	595	82.89	760	99.53
270	1.07	435	25.78	600	84.13	765	99.60
275	1.22	440	27.43	605	85.31	770	99.69
280	1.39	445	29.12	610	86.43	775	99.70
285	1.58	450	30.85	615	87.49	780	99.74
290	1.79	455	32.64	620	88.49	785	99.78
295	2.02	460	34.46	625	89.44	790	99.81
300	2.28	465	36.32	630	90.32	795	99.84
305	2.56	470	38.21	635	91.15	800	99.87
310	2.87	475	40.13	640	91.92	805	99.09
315	3.22	480	42.07	645	92.65	810	99.90
320	3.59	485	44.04	650	93.32	815	99.92
325	4.01	490	46.02	655	93.94	820	99.93
330	4.46	495	48.01	660	94.52	825	99.94
335	4.59	500	50.00	665	95.05	830	99.95
340	5.48	505	51.99	670	95.54	835	99.96
345	6.06	510	53.98	675	95.99	840	99.966
350	6.68	515	55.96	680	96.41	845	99.972
355	7.35	520	57.93	685	96.78	850	99.977
360	8.08	525	59.87	690	97.13	855	99.981
365	8.85	530	61.79	695	97.44	860	99.984
370	9.68	535	63.68	700	97.72	865	99.987
375	10.56	540	65.54	705	97.98	870	99.989
380	11.51	545	67.36	710	98.21	875	99.991
385	12.51	550	69.15	715	98.42	880	99.993
390	13.57	555	70.88	720	98.61	885	99.994
395	14.69	560	72.57	725	98.78	890	99.995
400	15.87	565	74.22	730	98.93	895	99.996
405	17.11	570	75.80	735	99.06	900	99.997
410	18.41	575	74.34	740	99.18		

主要参考文献

1. 国务院:《关于基础教育改革与发展的决定》,国发〔2001〕21 号。

2. 教育部印发:《基础教育课程改革纲要(试行)》,教基〔2001〕17 号。

3. 教育部:《义务教育体育与健康课程标准(2011 年版)》,北京师范大学出版社 2011 年版。

4. 中共中央国务院:《新时代公民道德建设实施纲要》,2019 年。

5. 新课程实施过程中培训问题研究课题组编写:《新课程与评价改革》,教育科学出版社 2001 年版。

6. 许建钺等编译:《简明国际教育百科全书——教育测量与评价》,教育科学出版社 1992 年版。

7. 刘本固著:《教育评价的理论与实践》,浙江教育出版社 2000 年版。

8. 教育部考试中心主编:《高考标准分数制度宣传手册》,福建教育出版社 1997 年版。

9. 张厚粲、刘昕编著,国家教委考试中心"标准参照测验理论研究""七·五"课题组编:《考试改革与标准参照测验》,辽宁教育出版社 1992 年版。

10. 张厚粲主编:《大学心理学》,北京师范大学出版社 2001 年版。

11. 张厚粲主编:《心理与教育统计学》,北京师范大学出版社 1993 年版。

12. 国家教育委员会考试管理中心主编,郑日昌等编:《考试的教育测量学基础》,高等教育出版社 1990 年版。

13. 漆书青主编:《教育统计与测量》,广东高等教育出版社 1999 年版。

14. 郑日昌主编:《中学生心理诊断》,山东教育出版社 1994 年版。

15. 漆书青、戴海崎、丁树良编著:《现代教育与心理测量学原理》,江西教育出版社 1998 年版。

16. 黄光扬编著:《心理测量的理论与应用》,福建教育出版社 1996 年版。

17. 戴海崎等主编:《心理与教育测量》,暨南大学出版社 1999 年版。

18. 王孝玲编著:《教育测量》,华东师范大学出版社 1989 年版。

19. 张敏强著:《教育测量学》,人民教育出版社 1998 年版。

20. 范晓玲著:《教学评价论》,湖南教育出版社 1999 年版。

21. 瞿葆奎主编:《教育学文集:美育》,人民教育出版社 1989 年版。

22. 侯光文著:《教育评价概论》,河北教育出版社 1996 年版。

23. 吴钢著:《现代教育评价基础》,学林出版社 1996 年版。

24. 陈玉琨著:《教育评价学》,人民教育出版社 1999 年版。

25. 王汉澜主编:《教育评价学》,河南大学出版社 1995 年版。

26. 王汉澜主编:《教育测量学》,河南大学出版社 1987 年版。

27. 王孝玲编著:《教育评价的理论与技术》,上海教育出版社 1999 年版。

28. 季明明、叶齐炼主编:《学校教师工作评估实用手册》,中央民族学院出版社 1993 年版。

29. 季明明主编:《中小学教育评估》,北京师范大学出版社 1997 年版。

30. 柯惠新等编著:《调查研究中的统计分析法》,北京广播学院出版社 1992 年版。

31. 张祥明编著:《教育评价的理论与实践》,福建教育出版社 2001 年版。

32. 肖鸣政著:《品德测评的理论与方法》,福建教育出版社 1995 年版。

33. 白先同主编:《德育新观念》,广西师范大学出版社 2000 年版。

34. 施光明著:《学校德育新探》,知识出版社 1999 年版。

35. 《人体测量与评价》编写组编写:《人体测量与评价》,高等教育出版社 1990 年版。

36. 张世林著:《体育测量评价理论与方法》,中国社会科学出版社 2001 年版。

37. [日]松浦义行著,高景麟等译:《体力测定法》,人民体育出版社 1989 年版。

38. 薛留成主编:《体育测量与评价》,河南大学出版社 1993 年版。

39. 许惠英著:《人格教育论——青少年的人格培养》,学苑出版社 2000 年版。

40. 陈雪枫等编著:《中小学生心理测评与心理档案》,暨南大学出版社 1997 年版。

41. [美]B·S·布卢姆等著,邱渊等译:《教育评价》,华东师范大学出版社 1987 年版。

42. [苏]赞可夫编,杜殿坤等译:《教学与发展》,人民教育出版社 1985 年版。

43. 李坤崇著:《多元化教学评量》,心理出版社 2000 年版。

44. 黄坚厚著:《人格心理学》,心理出版社 1999 年版。

45. 王宝墉编著:《现代测验理论》,心理出版社 1993 年版。

46. 周天赐著:《动态评量:发展与改进儿童学习潜能的媒介式学习》,心理出版社 1999 年版。

47. 〔美〕R·L·桑代克、〔美〕E·P·哈根著,叶佩华等主译:《心理与教育的测量和评价》(上、下册),人民教育出版社1985年版。

48. 〔美〕N·E·格朗兰德著,郑军等译:《教学测量与评价》,河北教育出版社1997年版。

49. 〔美〕霍华德·加德纳(Haward Gardner)著,沈致隆译:《多元智能》,新华出版社1999年版。

50. 〔美〕R·J·斯腾伯格著,吴国宏、钱文等译:《成功智力》,华东师范大学出版社1999年版。

51. 〔美〕雷吉尔(David Lazear)著,郭俊贤、陈淑惠译:《落实多元智慧教学评量》,远流出版事业公司2000年版。

52. 〔美〕Linda Campbell等著,王成全译:《多元智能教与学的策略——发现每一个孩子的天赋》,中国轻工业出版社2001年版。

53. 〔美〕L·W·安德森、L·A·索斯尼克主编,谭晓玉等译:《布卢姆教育目标分类学——40年的回顾》,华东师范大学出版社1998年版。

54. 黄光扬、王晞编著:《基础教育学生发展的测量与评价》,中央文献出版社2007年版。

55. 黄光扬等:《培养学生创新精神和实践能力的支持系统研究》,中国书籍出版社2015年版。

56. 戴海崎、丁树良、罗照盛主编:《心理与教育统计测量专题研究文集(1995—2004)》,江西科学技术出版社2005年版。

57. 〔美〕Lewis R. Aiken著,张厚粲、黎坚译:《心理测量与评估》,北京师范大学出版社2006年版。

58. 〔美〕比尔·约翰逊(Bil. Johnson)著,李雁冰主译:《学生表现评定手册——场地设计和前景指南》,华东师范大学出版社2001年版。

59. 〔美〕Robert L. Linn、〔美〕Norman E. Gronlund著,国家基础教育课程改革"促进教师发展与学生成长的评价研究"项目组译:《教学中的测验与评价》,中国轻工业出版社2003年版。

60. 〔美〕James Barton、〔美〕Angelo Collins主编,国家基础教育课程改革"促进教师发展与学生成长的评价研究"项目组译:《成长记录袋评价——教育工作者手册》,中国轻工业出版社2005年版。

61. 李兵、刘海峰著:《科举:不只是考试》,上海教育出版社 2018 年版。

62. 郑日昌主编:《心理与教育测量(第三版)》,人民教育出版社 2015 年版。

63. 刘志军主编:《教育评价》,北京师范大学出版社 2018 年版。

64. 戴海崎、张锋主编:《心理与教育测量(第四版)》,暨南大学出版社 2018 年版。

65. 邵朝友著:《基于学科素养的表现标准研究》,华东师范大学出版社 2017 年版。

66. 张厚粲、徐建平著:《现代心理与教育统计学(第四版)》,北京师范大学出版社 2015 年版。

67. 黄光扬主编:《教育统计与测量评价新编教程(第二版)》,华东师范大学出版社 2020 年版。